새로운 제국 - 중국

나남출판

나남신서 1116

새로운 제국 – 중국

2005년 11월 15일 발행
2005년 11월 15일 1쇄

저자_ 로스 테릴
역자_ 李春根
발행자_ 趙相浩
디자인_ 이필숙
발행처_ (주) **나남출판**
주소_ 413-756 경기도 파주시 교하읍
       출판도시 518-4
전화_ (031) 955-4600 (代)
FAX_ (031) 955-4555
등록_ 제 1-71호(79. 5. 12)
홈페이지_ www.nanam.net
전자우편_ post@nanam.net

ISBN 89-300-8116-9
ISBN 89-300-8001-4 (세트)
책값은 뒤표지에 있습니다.

나남신서 · 1116

새로운 제국 - 중국

로스 테릴 / 이춘근 역

나남출판

The New Chinese Empire

by

Ross Terrill

Copyright ⓒ 2003 by Ross Terrill

All rights reserved

발 간 사

　저희 자유기업원은 자유시장경제 발전을 위해 연구, 저술 및 교육활동을 담당하는 기관입니다. 그동안 경제 및 경영관련 연구에 집중해왔지만 국제문제에 관한 올바른 이해 역시 대한민국의 자유시장경제 발전을 위한 필수적 지식이라는 사실을 인식하고, 지난 2001년부터 국제정치학을 자유기업원의 연구분야 중 하나로 설정하게 되었습니다.

　그동안 자유기업원은 국제이슈 해설, 열린사회 아카데미에서의 국제정세 이해를 위한 교육, 한미관계 등 국제문제의 올바른 이해를 위한 세미나 개최 등 국제관계 연구를 위한 제반활동을 진행해왔습니다. 작년부터는 1년에 5권 정도씩 국제관계에 관한 양서발간을 기획하여 외국의 명저들에 대한 번역출간과 국내 학자들의 연구결과를 간행하는 사업을 진행해 오고 있습니다. 지금까지 6권의 국제정치 관련 서적들이 출간되었고 이제 7번째 책인 《새로운 제국—중국》이 간행되게 되었음을 기쁘게 생각하고 있습니다.

　우리나라 사람들은 국제정치에 대해 이상주의적, 감상주의적 태도를 가지고 있는 것 같습니다. 냉엄한 국제정치질서를 현실적으로 보는 안목이 필요하다고 생각됩니다. 험난한 세상을 헤쳐나가기 위해서 입니다.

《새로운 제국—중국》이라는 이 책은 중국의 부상을 어떻게 인식해야 하며 대처해야 하는가에 대한 현실주의적 시각을 제시하는 좋은 책이라고 생각됩니다. 중국을 무조건 위협이라고 생각할 필요도 없고, 중국을 우리와 우호적 강대국이라고 천진난만하게 생각해서도 안 됩니다. 그러나 최근 중국에 관한 우리나라 사람들의 입장은 중국을 중립적 입장에서 냉철하게 분석하는 것이기보다는 중국에 우호적 편향성을 지닌 것들이 많았던 것 같습니다.

자유기업원과 나남출판사가 간행하는 이 책이 중국에 관한 보다 새롭고 현실적인 이해에 도움이 될 것을 믿어 의심치 않으며, 책의 출판을 함께 기뻐하고자 합니다.

2005년 10월
자유기업원 원장 김 정 호

저자 서문

《새로운 제국—중국》이 한국 국민들과 저를 연결시키는 창을 열게 해주신 데 대해 기쁜 마음입니다. 여러분들은 이 책을 읽으시고 한국문화와 역사의 충분한 시각을 통해 중국의 과거, 현재, 그리고 미래에 대해 여러분 스스로의 결론을 내리시기 바랍니다.

우리 외국인들은 한국의 역사를 위대함과 비극이 혼합된 역사로 보고 있습니다. 적어도 1300년 이상 지속된 독특한 왕국이었던 한국은 가족을 중심으로 삼는 강력한 사회를 발전시켰으며, 불교 및 많은 예술적 기예를 일본 및 다른 나라에 전파했습니다. 그러나 한국은 1894년 일본과 중국 사이의 전쟁에, 그리고 1905년에는 일본과 러시아 사이의 전쟁에 말려들었고 1910년 독립을 잃었으며, 1950년 6월 공산주의 침략으로 냉전에 빠져 들어갔습니다.

미국, 유럽, 호주에서 본다면 중국은 멀리 떨어져 있는 나라입니다. 그러나 한국은 중국과 가깝습니다. 먼 곳에 있는 나라들은 한국으로부터 중국은 존경되어야만 하는 한편 균형을 이루어야 한다는 사실을 배워야 할 것입니다. 중국의 영화(榮華)는 오히려 중국이 위험하다는 사실이 될 수도 있습니다. 당나라는 이룩한 업적이 많았지만 한국을 침략하기도 했습니다. 한국은 국가의 자존심, 근면성, 솔직한 태도를 가지고 있으며, 1950년대 및 다른 시점에서 습득한 바처럼 약하다는 사실은 위험을 불러일으키고 오로지 힘만이 평화를 유지한다는 사실 등 국가의 자존심을 지키는 데 필요한 자산들을 보유하고 있습니다.

앞으로 언젠가 통일을 이룩한 한국은 분명히 세계 10대 강국의 반열에 포함될 것입니다. 지리적 현실은, 한국은 그때도 역시 중국과 일본 사이에 놓여 있는 나라라는 사실은 분명합니다. 한국인들은 미국인들보다 일본과 중국의 관계가 동북아시아 미래의 상당부분을 결정한다는 사실을 더 잘 알고 있습니다. 한국은 앞으로 이 두 개의 강대국을 1880년 이후 몇십 년간 그랬던 것보다는 훨씬 잘 다룰 수 있기를 기대합니다. 중국은 한국의 왕들을 다루면서 중국의 제국적 방안들을 배웠습니다. 지금 현재 경제에 초점을 맞추고, 세계화를 표방하는 중국이 과연 제국적 방안들[천명(天命)과 천하(天下)라는 개념은 종식되어야만 합니다]을 잊고, 국제사회의 일원이 될 수 있을까요?

2005년 10월
하버드대학에서
로스 테릴

Preface for the Korean Translation
of *The New Chinese Empire*

I am delighted that *The New Chinese Empire* opens a window between Korean people and myself. Please read these pages and draw your own conclusions about China's past, present, and future through the rich lens of Korea's culture and history.

We foreigners see Korea as a mixture of greatness and some tragedy. A distinguished kingdom for at least 1300 years, it developed a strong society with the family as center, and transmitted Buddhism and many arts to Japan and other places. But Korea was caught up in war between China and Japan in 1894 and war between Japan and Russia in 1905, lost its independence in 1910, and became embroiled in the unfolding of the Cold War through Communist aggression in June 1950.

For America, Europe, and Australia, China is quite far away, but for Korea it is close. Those afar can learn from Korea that China must be respected yet also balanced. China's brilliance can also be its danger. The Tang Dynasty had many achievements but it attacked Korea! In retaining its dignity, Korea has assets, including national pride, hard work, straightforward ways, and the lesson from 1950 and other moments that weakness invites danger and only strength keeps the peace.

One day a reunified Korea will certainly be among the top dozen powers in the world. Geography ensures that Korea will remain poised between China and Japan. Korean people can see-better than Americans-that relations between Japan and China will determine much of East Asia's future. May Korea? handle these two giants with more success and good luck than in many decades following the 1880s! China learned some of its imperial ways in dealing with the Korean kings. Can China now, focused on economy and embracing globalization, forget imperial ways ('tian ming' and 'tian xia' should be finished!) and be one nation among others?

October 2005

Harvard University

Ross Terrill

역자 서문

중국이 급격히 부상하고 있다. 인구 13억이 넘는 세계 최대의 인구대국인 동시에, 남북한을 합친 면적의 40배가 넘는 영토대국인 중국이 1970년 대 말엽 개혁개방을 이룩한 이래 연평균 9% 이상의 경이로운 경제발전을 보이고 있다. 경제발전만 경이로운 것이 아니다. 중국은 지난 10년 동안 연평균 17%씩 군사비를 증액시켜 오고 있다. 세계 대부분의 나라들이 냉전의 종식을 맞이하여 군사비를 대폭 감축한 것과 정반대의 일이 중국에서 일어나고 있는 것이다.

중국과 같이 큰 나라가 급속도로 경제력, 군사력을 증강시키고 있다는 사실은 국제체제 변동의 중요한 원인이 되며, 과거의 역사는 강대국간 힘의 균형이 급격히 바뀌는 시기는 가장 불안정하며 전쟁발발 가능성도 높은 시기였다는 사실을 보여준다. 중국 국력의 급격한 성장은 마치 19세기중 독일 국력의 급격한 성장과 같은 느낌을 준다고 평하는 전문가도 있다. 독일의 힘의 급격한 증가에 제대로 대처하지 못한 결과 세계는 제 1차, 2차 세계대전이라는 혹독한 대가를 치러야 했다.

　중국의 급격한 국력증대는 필연적으로 국제정치상 힘의 구조에 변동을 불러 올 수밖에 없다. 중국은 당연히 아시아에서의 패권국이 되려고 노력할 것이며, 궁극적으로 미국과 패권경쟁을 벌일 것이다. 중국이야말로 21세기 자신의 패권적 지위에 도전할 가능성이 제일 높은 나라라고 상정한 미국은 중국의 본질을 이해하고 이에 대처하기 위한 다각적 차원에서의 준비를 시작한 지 이미 오래 되었다. 정치가들과 군인들은 물론 언론인 학자 등 다양한 전문가들이 중국 부상의 본질과 중국의 국력증가가 국제체제에 미칠 영향에 관해 연구하고 있다.

　중국의 부상에 대해 이미 많은 논문과 저서들이 발표되었지만 상당부분은 중국의 부상이라는 주제를 국제문제에 대해 비교적 관심을 많이 가지고 있는 일반시민들의 흥미를 충족시키는 수준의 책들이라고 평할 수 있겠다. 중국과 미국이 곧 전쟁이라도 벌일 것처럼 흥미위주의 분석을 제시하는 대중적 책들도 있고 소설도 있다.

　또한 중국에 대한 견해는 두 가지로 크게 나뉘고 있는데, 중국을 위협으로 보는 견해와 중국을 우호적 강대국으로 보아 중국의 부상을 환영할 만할 일로 보는 견해가 그것이다. 그러나 이 두 가지 견해를 대변하는 저술들의 대부분은 자신들의 주장을 뒷받침할 수 있는 심오하고 막강한 정치학 및 국제정치학의 이론과 실제에 근거하여 작성된 것은 아니었다.

　그러나 시간이 지남에 따라 중국연구는 보다 본질적이며 학술적인 방향으로 진행되고 있다고 말할 수 있다. 중국의 현실적 경제발전, 정치발전, 대외정책에 관한 연구는 물론 중국의 본질을 캐고 들어가는 역사학자들의 연구결과도 본격적으로 출간되기 시작했다. 중국의 전쟁관련 고전인 무경칠서(武經七書)를 샅샅이 분석함으로써 중국 국가전략의 공격적 본질을 밝힌 아이안 존스턴의 저서, 중국의 만리장성을 분석하여 중국의 전략적 본질을 밝힌 아더 월드론 등의 저술들은 미국에서 중국연구를 보다 심오한 학술적 차원으로 끌어올렸다. 이 책들은 중국의 역사를 정밀 분석함으로써 중국이 나가는 길을 분석하려 한 역사학의 훌륭한 저술들이다.

로스 테릴이 저술한 이 책《새로운 제국―중국》은 역사적 분석에서도 탁월하지만 역사학자이기보다는 정치학자에 의해 행해진 또 다른 차원의 수준 높은 중국연구라고 할 수 있다. 중국의 정치사상, 중국의 정치사는 물론 비교정치학과 국제정치학의 이론들을 총 동원하여 새로이 부상하는 중국의 본질을 밝힌 책이 바로 이 책이라고 생각했고, 이 책을 번역한 동기가 되었다. 테릴 박사는 지난 수십 년 동안 중국을 내부에서 혹은 외부에서 관찰한 학자로서 현재와 미래의 중국을 분석하기 위해 중국의 오랜 역사와 사상에 대한 분석을 기본으로 제시하는 방법을 사용한다.

로스 테릴은 중국이라는 나라가 우리들이 일반적으로 생각하는 '나라'와는 본질이 다르다는 사실에서부터 중국에 대한 분석을 전개한다. 중국을 연구한 많은 학자들의 주장처럼 중국은 '나라'이기보다는 '문명'이라는 사실을 강조한다. 문명의 요인이 더 많은 중국이 민족국가인 것처럼 행동하는데서 나오는 갈등요인들이 오늘날 중국과 세계가 당면한 문제점의 본질이라고 분석한다. 독자들은 로스 테릴이 이 책에서 제시한 중국에 대한 분석시각을 가지고 오늘날의 중국을 들여다보면 여러 가지 어려운 문제가 풀리는 것 같은 기분을 느끼게 될 것이다.

로스 테릴이 제시하는 중국과 세계는 낙관적인 것은 아니다. 그러나 테릴이 제시하는 중국이 평화를 파괴하는 비관적 세력도 아니다. 테릴이 보여주는 중국은 현실적인 중국이다. 우리나라 사람들 중에는 중국에 대해 맹목적 우호감정과 이상주의적 태도를 가지고 있는 사람들이 많이 있다. 이 책은 중국에 대해 모호한 생각을 가진 사람들에게 보다 분명한 시각을 제시해 줄 것이라 생각된다.

책을 번역할 때마다 번역하는 일이 저술하는 일보다 더 어렵다는 생각이 든다. 그러나 로스 테릴의 이 책은 역자로 하여금 또 다시 고역과 같은 일을 하도록 유혹했다. 이 책을 번역하는 동안 또 여러 사람들의 도움을 받았다. 우선 책을 번역하기 시작한 때부터 출간되는 때까지 줄곧 조교와 독자와 편집자의 역할을 모두 담당해 준 아내에게 감사드린다. 원서의 각주와 참고문헌의 편제가 번역본과 달라 이 모든 것을 타이프 한 수고도 역시 아내의 몫이었다. 또한 큰딸 우경이도 아빠와 함께 이 책의 번역과정에 동참하여 고생을 나누었다.

역시 이 책에도 해석이 잘 안 되는 부분이 여러 곳 있었다. 그럴 때마다 찾아가서 잘 이해되지 않는 페이지를 펼쳐놓고 그 부분을 쉬운 영어로 풀어 달라고 부탁할 수 있는 미국인 친구가 있다. 자기 일처럼 즐겁게 역자를 도와준 Rob Black 씨에게도 감사드린다.

이 책은 자유기업원 국제관계 시리즈 No.7의 책이다. 국제문제에 관한 올바른 이해야말로 자유민주주의와 자유경제발전의 필수적 부분이라 생각하여 자유기업원에 국제문제 연구부문을 만들었고, 이처럼 국제문제관련 연구 및 출판활동을 가능하게 한 자유기업원 원장 김정호 박사님께 감사드리며, 아울러 이 책의 출간을 위해 동분서주한 자유기업원 곽은경 양께도 감사드린다.

자유기업원 국제관계 시리즈의 출판을 맡아서 벌써 7권째인 책들을 모두 품위 있는 학술서적으로 만들어 주신 나남출판 조상호 사장님께도 감사의 말을 드린다.

  여러 차례 교정을 보았지만 그럼에도 불구하고 혹시 본의 아닌 오역이 남아 있을까 두렵다. 독자들의 양해와 지적을 기대한다.

2005년 10월

이 춘 근

▪ 일러두기

외래어 표기원칙
1) 신해혁명(辛亥革命, 1911년)을 기준으로 이전 인물은 우리 한자음으로 표기하였으며, 이후 인물은 중국어 발음으로 표기하였다.
2) 지명은 중국어 발음으로 표기하였으며, 우리 한자음대로 발음하는 것이 관용화된 것은 그에 따랐다.
   예) 톈안먼(天安門) → 천안문(天安門)

나남신서 · 1116

새로운 제국 ― 중국

차 례

제 1 장
중국의 문제

중국문명은 지구상 가장 위대한 문명 중 하나다. 중국은 지구상 어느 나라보다도 오랜 세월 동안 핵심적 영토 위에서 정치적 통치권(*political governance*)을 유지한 나라다. 중국의 국민들은 기회가 주어졌을 때마다 특이한 재능과 부지런하다는 사실을 보여주었다. 프랑스혁명이 발발하기 이전까지 중국제국은 아마도 그 범위, 인구, 관료적 치밀성, 경제력은 물론, 중국의 어느 도서관이나 화랑에서도 알 수 있듯이 예술, 기예 및 문학에서 다른 어떤 나라들보다 압도적으로 우월한 지위에 있었다. 20세기가 시작될 무렵 중국인들은 과감하게 군주제를 무너뜨려 버렸다. 중국인이 무너뜨린 군주제는 간헐적 단절이 있기는 했었지만 미국역사의 거의 10배나 되는 오랜 세월 동안 지속되었다. 물론 중국의 신화는 과장되기도 했고, 현실에 압도당하기도 했다. 그렇지만 한마디로 말하자면, 중국은 세계를 풍요롭게 만들 수 있는, 지도자적 현대국가가 될 수 있는 충분한 자질을 갖추고 있는 나라다.

그러나 중국의 19세기와 20세기는 정치 측면에서 보건대 대단히 졸렬한 시대였다. 존 패튼 데이비스(John Patton Davies)는 1972년에 출간한 회고록 (*Dragon by the Tail*)에서 1911~1912년 혁명으로 군주제가 붕괴된 이후의 중국은 누구에게도 실망스러운 나라였다고 쓰고 있지만, 이것은 그다지 큰 과장은 아니었다. 1949년 이전 중국에서 오랫동안 근무한 경험이 있는 미국의 외교관은 "서방 측 기업가, 선교사, 교육자들은 모두 중국을 근대화시키려 노력했지만 실패했다. 일본의 군국주의자들은 군사력으로 중국을 점령하려 했으나 실패했다. 미국정부는 중국을 민주화시키고 통일을 이루려 했으나 실패했다. 중국을 교묘하게 통치하려 했던 소련의 지도자들도 실패했다"고 말하고 있다. 더욱 안 된 일은 중국인들 스스로의 정치적 실험도 실망스러운 것이라는 점이다. 또한 데이비스는 "장제스(蔣介石)도 실패했고", "마오쩌둥(毛澤東)도 실패했다"고 회고하였다.[1] 반세기에 걸쳐 마오쩌둥, 덩샤오핑(鄧小平), 장쩌민(江澤民)의 통치를 거치는 동안 중화인민공화국(PRC)은 세계의 주요 국가들 중에서 가장 이율배반적인 나라였다. 중국이라는 국가는 지탱할 수 없는 신화와 연계된 권위주의적 전통과 이미 변해버린 사회와 경제를 합치(*match*)시키기 위한 공허한 현대적 정치적 형식 사이를 우왕좌왕했다.

2천 5백년 전통의 유교적-법가적 군주제가 1911~1912년 사이에 붕괴된 이후 ─ 이 역사적 사실은 베르나르도 베르토루치(Bernardo Bertolucci)의 영화 〈The Last Emperor〉(마지막 황제)에서 절절하게 묘사되었다 ─ 중국은 값어치 있고 정당한 정치체제를 건설하지도 못했고 민족국가로서 적응하지도 못했다. 20세기 초반의 이상주의적 민족주의자들과 지역에 기반을 둔 장군들[일반적으로 사용되는, 그러나 너무 극적인 용어로는 군벌(軍閥)들]의 권력투쟁에서부터 1989년 천안문(天安門) 광장에서 발발했던 레닌주의자들과 민주주의를 요구하는 대학생들과의 투쟁에 이르기까지 중국은 자유를 농단

---

1) Davies, 1972, p.429.

했지만, 무질서의 위험이 감지될 때면 언제라도 중국은 자유를 포기하고 독재를 택했다. 중국정치를 연구하는 고든 베넷(Gordon Bennett) 교수는 "오늘날 중국은 그들이 원하는 것이 무엇"이기보다는 "원하지 않는 것이 무엇인지를 더욱 분명히 밝히고 있다"고 말하고 있다.[2)]

군주제를 대체할 수 있는, 존경받을 수 있고 현대적인 대안을 발견하지 못했다는 사실은 북경의 공산주의자들이 과거 제국의 방식을 좇고 있다는 사실과 연계된다. 21세기가 시작되는 오늘날 주요 강대국들 사이 국제관계의 체스 판에서 중국이라는 국가는 부적합한 나라다. 루시안 파이(Lucian Pye)의 말을 빌리자면 중국은 "국가임을 표방하는 문명"으로 남아 있다.[3)] 우리들이 제 5장 및 제 6장에서 자세히 살펴보겠지만 중국은 자국민에 대해 겸손하다. 그러나 중국은 지속적으로 변화하는 국제적 세력균형 상황에서 여러 나라 중의 한 나라로 존재하는 것을 아직도 불편해 하는 나라다.

과거의 제국들은 역사의 쓰레기통으로 들어갔다. 그러나 중국제국의 사례는 특이하다. 1911~1912년 청제국의 몰락과 함께 제국적 구조는 붕괴되었지만 제국을 구성하던 요인들이 완전히 없어지지는 않았다. 제국이란 단순히 크고 범위가 넓은 영역만을 의미하는 것은 아니다. 정치적 구조물로서 제국이란 그 본질상 억압적인 것이다. 왜냐하면 제국이란 다양한 문화를 하나로 엮을 수 있는 기구, 그리고 신화를 요구하기 때문이다. 현대 민주주의 국가는 다르다. 현대 민주국가는 정치적 조직체로서, 부분들의 열려있는 합(合)이며, 그것이 바로 시민이다. 현대국가는 시민의 표현된 의지에 따라 국가의 진행방향이 결정된다(물론 순수한 형식의 제국과 민주국가 사이에 다양한 종류의 정치조직이 존재할 수 있을 것이다). 국가(nation)란 진정으로 현대국가(modern nation)를 말하며, 이는 앤토니 스미스(Anthony Smith)가 말하

---

2) 고든 베넷 교수가 필자에게 해준 말, 2002년 7월 4일 텍사스 주립대학에서.

3) Pye, 1990, p.58.

는 바처럼 '시민국가'(citizen nation)를 의미하는 것이다. 고대의 정치체제는 종족국가였지 민족국가가 아니었다. 민족국가이기 위해서는 공공의 문화 (public culture)가 필요하다. 많은 "민족국가들 내부에는 지역, 신화, 기억 등 전근대적 요소들이 많이 존재"한다. 반면 민족이라는 요소는 18세기 이전에는 존재하지 않았다.[4]

제국의 정의에 의하면, 중화인민공화국, 즉 영토의 3분의 1 이상의 지역에 중국인이 아닌 다른 사람들이 주로 사는 나라를 독재적으로 지배하는 중국이라는 국가는 진정으로 우리 시대의 제국이며, 이는 마치 나무 위에 물고기가 사는 것처럼 이치에 맞지 않는 것이다. 기본적 측면에서 중국은 국가의 속성(traits)을 결여하고 있으며, 국가라고 생각하고 행동하지도 않는다. 중국은 지속적으로 제국적 전통의 독재적 정치기술 측면을 활용하며, 중국의 목표는 과거 중국제국들의 목표와 같다. 역사적으로 볼 때 중국은 어떤 시점에서는 제국(empire)이었고 어떤 시점에는 나라(country)였다. 중국의 마지막 왕조였던 청(만주)은 대체로 제국이었고 오늘날 중국 공산주의자들이 통치하는 나라가 바로 이 나라다.

중국이 제국주의적이라고 말함은 중국이 미국을 밀어내고 세계를 지배할 것이라는 사실을 의미하는 것은 아니다. 나는 북경정권은 국내적으로는 막강하지만 국제적으로는 오히려 허약하다고 믿는다. 중화인민공화국은 세계를 공산화시킨다거나 혹은 세계를 지배하려고 한다는 측면에서는 오히려 반제국주의적(反帝國主義的)이다(과거의 소련은 제국주의적 팽창을 목표로 삼았다). 중국의 제국적(imperial) 행동은 대체로 동북아시아, 동남아시아, 남아시아 및 중앙아시아 등 중국의 이웃에 한정되어 있다. 그러나 중화인민공화국은 중국제국들의 이념을 다시 추려낸다는 면에서, 그리고 2천 5백년 전통의 전체주의(全體主義, totalitarianism)를 통해 자국인민을 통제하고 중

---

4) Anthony Smith, 1991, pp.44, 46, 70.

국인이 아닌 이웃나라들의 다른 국민들을 겁주고 있다는 점에서 제국이라고 말하는 것이다.

그래서 중화인민공화국의 정치체제는 민족국가로 구성된 세계에서 역기능적(*dysfunctional*)이다. 중화인민공화국은 중국의 통일을 유지하겠다는, 중국을 현대화시켜야 한다는, 현실적으로 타당치 못한 이념에 묶여 있다. 중국의 통일이란 이념은 아마도 현대적 조건에서는 반테제적인(*antithetical*) 것일지도 모른다. 1949년 이래 맑스주의적 보편주의는 중국의 신제국주의적 요구를 강화시켰는지도 모른다. 북경정부가 소리높이 외친 사회주의는 모든 나라 국민들의 운명이 아니었던가? 사회주의인 동방(東方)이 자본주의인 서방을 '묻어버려야' 했을 것이 아닌가? 1980년대 이후 몰락하는 맑스주의는 중국공산당으로 하여금 전근대적인 중국적 보편주의, 즉 대일통〔大一統, 위대한 전체로서 하나의 체제(*Great Systemic Whole*)〕의 이념에 관심을 두게 하였다.[5] 이는 바로 정치적-도덕적 단일체로서 가능한 모든 철학의 영역을 포괄하는 것이다. 그러나 북경정권이 역사를 왜곡하고, 중국의 변방지역에 관한 잘못된 지도를 무기로 사용하는 동안 독재는 강화되었고, 제국적 감각은 다시 변호되었으며, 이완된 사회와 자유주의적 경제 사이에 나타나는 모순은 더욱 악화되는 중이다.

대일통의 이념이 전제되는 한 해랄드 보크만(Harald Bøckman)이 말한 대로 중국은 자신의 '역사적 짐'으로부터 벗어날 수 없을 것이며, '성공한 역사의 희생제물'이 될 것이다. 그러나 보크만의 견해와 달리 나는 한(漢)족 — 공산주의자들 — 주도의 보편주의는 미래가 없다고 보고 있다. 점차 많은 수의 중국인민들은 그들의 실제생활에서, 그리고 그들의 마음에서 그들을 질식시키는, 그들이 보기에 제국주의적이고 상의하달식이며, 교조주의와 권력의 혼합인 대일통의 국가이념을 더 이상 지지하지 않기 시작한 것이다.

---

5) Bøckman, 1998, p.332.

20세기 말엽, 그리고 21세기 초엽의 세계에 적합하지 못한(*misfit*) 나라임에도 불구하고 중국 공산주의 국가는 취약함을 강점으로 전환시키는 데 때때로 성공한 적이 있었다. 중국은 곰팡내 나는 빵 껍질을 가지고 멋있는 진수성찬을 차리기도 했다. 1949년 이래 중화인민공화국은 수많은 놀랄 만한 나라들로부터 존경심을 도출해 낼 수 있을 정도로 노력하였다. 1970년대 초반 십여 개 국가들에게 '하나의 중국' 정책을 설득하는 데 성공하기도 했다. 하나의 중국정책이란 중국과 분리된 대만 섬 위에 존재하는 정치공동체를 중화인민공화국의 일부라고 주장하는 것이다. 장제스도 대만으로 피신가며 중국 본토는 중화민국(*Republic of China*, ROC)의 한 부분으로 포함된다고 주장한 바 있었다. 1970년대 말엽 북경정부는 미국, 소련과 더불어 세계적 차원에서의 전략적 삼각형을 구축했다. 소련 편에서부터 미국 편으로 자신의 비중을 기울임으로써 중국은 비록 미국과는 상대가 될 수 없을 정도로 약하고 소련보다는 한참 약함에도 불구하고 국제정치의 세력균형 판도를 바꿀 수 있었다.

1991년 소련은 소멸되었고, 중국은 위축적인 전략적 미래에 당면하였다. 그러나 클린턴 대통령이 재임하던 8년 동안 중국은 힘이 약했음에도 불구하고 세계 유일의 초강대국으로 경제력, 문화, 그리고 군사적 측면 모두에서 압도적 힘을 보유하던 미국과의 관계에서 지속적으로 의제를 설정하는 주도권을 잡을 수 있었다. 1999년 예기치 않은 나이에 일찍 사망한 제럴드 시걸(Gerald Segal)은 그가 죽기 전 마지막 쓴 논문에서 "중국은 이류의 중급 국가"이지만 "외교의 술수에 도통한 나라다. 중국은 우리들이 중국의 힘에 대해 믿을 수 없는 것들을 스스로 믿지 않을 수 없게 만들었다"고 했다.[6]

---

6) Segal, 1999, p.24.

중화인민공화국의 지도자들은 헨리 키신저의 장엄한 모습을 즐기고 있었다. 키신저는, 1971년 저우언라이〔周恩來〕가 자신의 비밀스러운 베이징〔北京〕 방문에 동의했다는 말을 거침없이 뿜어내는 냉철한 사람이었다. 키신저는 "이것은 2차대전과 중국내란 이후 가장 큰 분수령"이라고 했다.

1972년, 닉슨 대통령이 최초로 저우언라이 수상과 동석했을 당시, 첫 번째 주제는 비밀유지에 관한 것이었다. 닉슨은 국가로서 중국의 광채 속에 휘말려든 것처럼 말했으며, 미국이 자유의 나라라는 사실을 거의 잊어버린 듯했다. 닉슨은 오직 자신만이 키신저가 북경에 왔을 때 했던 말의 사본을 보았으며, 오직 닉슨 자신만이 앞으로 시작될 대화의 기록을 볼 수 있을 것이라고 했다. "통역은 당신네들의 사람이요"라고 하는 등 닉슨은 자신이 항복했다는 사실을 인정하기 위해 열정적이었다. 그는 저우언라이에게 미국 관리들은 "비밀을 유지하는 데 문제가 있다"는 점을 말해 주었다.

키신저는 후에 닉슨에게 "영국을 제외한다면 세상을 보는 관점에서 미국과 가장 가까운 나라는 중국이며, 어떤 나라의 지도자라도 저우언라이와 마오쩌둥 수준의 시야(視野)와 상상력은 물론 장기적 정책을 추구할 수 있는 능력과 의지를 가지고 있지 못하다"고 했다. 마오쩌둥과 또 다른 회담을 한 이후 키신저는 다음과 같이 기록했다.

"그는 권위의 광채와 심오한 지혜를 발휘하고 있었다.… 나는 지난번보다 이번 회담에서 마오쩌둥의 위대한 카리스마에 대해 더욱 깊은 감명을 받았다."

워싱턴의 지도자들이 북경의 조정에서 느꼈던 경외감은 미국의 일반시민들에게 반영된 것과는 상이한 정책적 입장을 도출케 했다. 키신저는 닉슨에게 "평범한 용어로 말한다면 이제 우리는(미국과 중국은) 은밀한 동맹국이 된 것입니다"라는 내용을 글을 써 보냈다.[7] 그러나 닉슨 행정부는 미국국민들에게는 그렇게 말하지는 않았다.

물론 닉슨이 중국을 개방한 데에는 타당하고 중요한 이유가 있다. 중국의 중요성에 관한 키신저의 강력한 주장은 공화당 내, 그리고 다른 곳에서 닉슨의 정책에 대한 지지를 획득하기 위한 계산된 노력이라는 사실도 역시 인정할 수 있다. 그럼에도 불구하고 북경이 보기에는 워싱턴으로부터 들려오는 수사(rethoric)들은 2류 국가인 중국에게는 엄청난 외교적 성공이었다고 평가할 수 있는 것이었다. 미국 지도자들은 "중국으로 갔고 그후 중국화(sinified)되었다." 라이후아〔來華〕라는 중국어는 "와라, 그리고 중국인이 되라"고 번역한다. 이 용어는 오랫동안 유교에 의해 영향받은 군주들이 열등한 인간들을 문명화시키는 중국의 능력을 나타내고, 다른 나라로부터 중국이 실질적으로 차용한 것을 너그러이 봐주는 것을 상징하는 것이다.

중국과 미국의 관계만이 마오쩌둥과 저우언라이가 약한 것을 강한 것으로 바꾸어 놓은 유일한 사례는 아니다. 중국은 소련 및 다른 나라들에 대해서도 그렇게 했다. 마오쩌둥은 정상회담을 수영장에서 개최한다든가 혹은 끊임없이 홍차를 제공한다든가 하는 등 간단한 기술로 니키타 흐루시초프(Nikita Khrushchev)를 교묘하게 속였다(흐루시초프는 수영을 할 줄 몰랐고 차를 좋아하지 않았다). 흐루시초프와의 정상회담에서 마오쩌둥은 자주 수영장에 들어갔는데, 그동안 흐루시초프는 물가의 의자에 뻣뻣하게 정신차리고 앉아 있어야 했다. 흐루시초프는 중국차를 전혀 마시지 않았음에도 불구하고 차를 가득 담은 새 잔이 계속 나왔으며 먼저 가져왔던 잔은 치워졌다. 이 같은 기술은 중국이 곧 "미국이라는 카드"를 가지고서 흐루시초프의 후계자인 브레즈네프를 가지고 놀 때도 그대로 채택되었다. 중국은 모스크바를 모욕하는 과감한 언어를 사용했다. 1960년대 및 1970년대 중국과 소련은 문서상의 동맹국이었으며, 그때 중국이 소련을 향해 사용했던 말들은

7) 키신저와 닉슨의 언급은 모두 Mann, 1999, pp.29, 41, 60, 61, 63에서 인용한 것임.

오늘날 다시 읽어보아도 믿기 어려울 정도다. 1972년 닉슨이 중국을 방문한 이후부터 1991년 소련이 몰락할 때까지(아마도 소련진영에서 중국의 배반은 소련의 몰락을 촉진시켰을지도 모른다) 공산주의 진영에서 동생 지위에 불과하던 북경정권은 자신보다 훨씬 막강한 소련을 비난하며 무시했다. 물론 약한 국가가 강한 국가로부터 처벌받지 않으면서 강대국을 골탕먹일 수 있기는 하다. 그러나 중국의 경우는 20세기의 대표적 사례다.

1971년 나는 중국이라는 나라의 정교함을 실제로 경험할 수 있었다. 중국이 미국, 호주 및 다른 나라들과 긴장완화를 이룩하기 시작한 초기 나는 중국을 방문했는데, 아주 대접을 잘 받았고, 나의 방문은 중국의 언론에 보도되기도 했다. 그 이유는 내가 호주의 정치지도자와 중국정부의 중개인 역할을 했기 때문이다. 북경주재 프랑스 대사도 중화인민공화국과 호주의 관계개선을 위한 작전에 개입했다.[8] 1971년 중국을 방문할 당시 나는 중국으로 초대된 '귀빈'으로 불렸다. 이 말은 사실은 부정확한 말이었다. 그러나 중국이 그처럼 아부하며, 자세를 낮추었던 것은 현명하고도 극적인 일이었다. 초대된 귀빈은 통제될 수 있었다. 사적인 개인은 그렇게 할 수 없었을 것이지만 말이다. 아마 어떤 개인이 마치 내가 그랬던 것처럼 '중국의 친구'라고 중국정부에 의해 공식적으로 불렸다면 그는 아마 무엇인가를 이루어야 한다는 압력에 당면하였을 것이다.

1971년 중국을 방문했던 어느 날, 당시 중국 외교부의 직원이었고 훗날 홍콩주재 중국 외교부의 대표가 된 조우난은 그의 동료와 함께 나를 외교사절단들이 몰려 있는 구역의 국제클럽에 초대했다. 나는 곧 그 모임이 구체적 목표를 가지고 있다는 사실을 알아차렸다. 나는 키신저를 약간이나마 알고 있었고, 또한 중국인들로부터 중국의 친구라는 칭호를 받고 있었다.

---

8) Whitlam, 1985, p.55; Manac'h, 1980, pp.382~383, 405, 408, 419~420; Terrill, 1992, 94ff.

그들은 내가 키신저와 그의 국제정치관이 무엇인지를 완전하게 설명해 줄 것을 기대하고 있었다. 내가 미국시민이 아니라 호주시민이라는 사실은 그들로 하여금 나를 더욱 쓸모 있는 대화의 대상으로 생각토록 했다.

　조우난은 미국의 국가안보보좌관(키신저)이 왜 소련을 혐오하는지에 대해 설명해 달라고 요구했다. 사실 얼마 전 키신저는 나에게 소련의 변덕스러움에 대해 불만을 털어놓은 적이 있었다. 그는 백악관의 사무실에서 소련인들은 "마치 정부가 두 개가 있고, 그 정부는 각각 반대방향을 향해 끌어당기는 것처럼" 결정된 사항을 갑자기 뒤집는다고 했다. 나는 이 사실을 중국 외교관 두 명에게 말했다. 이 모든 것을 받아 적으면서 기쁜 내색을 분명하게 나타낸 조우난은 러시아인들의 이 같은 스타일은 중국의 전국시대(403~202 B.C.) 이야기를 생각나게 한다며 말했다. "아침에는 진나라에 충성하고 저녁에는 주나라에 충성한다." 조우난은 이어서 "그러면 이제 키신저는 일본을 어떻게 보는지 말씀해 주십시오"라고 물었다.

　또 다른 모임에서 조우난은 나에게 호주의 어떤 저널리스트가 중국에 대해 가장 우호적인지 알려달라고 부탁한 적이 있었다. 북경정부는 곧 중국을 방문하게 될 호주의 야당지도자의 중국방문 취재를 위해 일부 호주 언론인들에게 비자(초청장)를 발급하려고 준비중이었다. 호주의 야당지도자는 호주의 수상이 될 수도 있는 사람이었다. 중국의 관리는 어떤 기자들을 초청해야 제일 좋을지 나에게 자문을 구함으로써, 손님인 나를 그들을 도와주어야 하는 사람으로 만들어버렸다. 이 같은 일에서 손님은 책임질 의무는 없다.

　호주의 야당지도자 고프 휘틀럼(Gough Whitlam)이 시드니로부터 북경에 도착했을 때의 일이다. 그가 북경에 있던 7월의 비오는 더운 날 저녁 그는 천안문 광장의 인민대회당(Great Hall of the People)으로 나오라는 연락을 받았다. 나는 그를 수행하던 일행 중 한 명이었다. 저우언라이 수상이 우리를 기다리고 있었다. 휘틀럼을 놀라게 한 것은, 그 모임은 6명의 호주 기자들 앞에서 이루어진 공개적 모임이었고, 그 기자들은 바로 조우난이 비자를 발급해 준 사람들이었다. 이렇게 함으로써 저우언라이는 호주의 지도자를 일종의 강압적 상황으로 몰아넣은 것이다. 휘틀럼은 특히 중국과 국교를 맺고 대만을 시궁창에 처넣을 것을 약속했다. 그의 약속은 돌에 새겨질 말이었다. 당시 중국의 저우언라이 수상은 그의 제국적 야망을 분명하게 밝혔다. 그는 모임이 끝날 무렵 큰 목소리로 말했다. "지금까지는 말로만 했습니다." "당신이 호주로 돌아가서 수상이 되면 당신은 행동을 취할 수 있을 것입니다." 이 같은 외교적 술책들은 모두 중국의 제국적 전통에서 빌린 것들로서 맑스주의라는 표제가 부여된 것일 뿐이다.

오늘날의 미국은 중국과 달콤하면서 동시에 시큼한 관계에 놓여 있다. 미국은 점차 근대화된 경제와 사회를 가진 중국에 대응하는 한편, 동시에 오랜 전통에서 나오는 술수를 활용하는 레닌주의적 중국과도 대항해야 하기 때문이다. 이 권위주의적 국가는 때로는 선택적으로, 때로는 기회주의적으로 3천년 이상의 오랜 제국주의적 전통을 수립하였다. 많은 나라들이 전체주의적 과거를 가지고 있다. 그러나 중국처럼 고대의 군주제가 20세기에도 살아 있는 나라는 없다. 중국의 왕조국가들은 스스로를 도덕의 관리자, 더 높은 교리의 수호자로 생각했다. 하늘로부터 명을 받았기 때문에 중국이라는 국가의 통치영역은 문명세계의 경계와 마찬가지였다. 중국제국은 아직 중국황제의 직접적 지배의 혜택을 누리지 못하는 변방주민들을 문명화시켜야 한다는 사명을 갖는다. 중국 내부에서 황제는 가족을 이끄는 아버지처럼 가부장적 권한을 상징한다.

민주주의 국가든 제국이든 모두 다문화적(多文化的)일 수 있다. 그러나 방식은 다를 것이다. 미국사회의 다문화적 성격은 개인들의 투표를 통해 형성된 정부차원에서 조정된다. '토인'(*natives*, 영국제국의 스타일) 혹은 '소수민족'(*minorities*, 소련 혹은 중국제국의 스타일)들은 제국 중심부의 고상한 계획하에 제국을 구성하는 벽돌(*building block*)들이다. 자신의 영역 내에 있는 다양한 문화들을 하나의 중앙에 복종토록 만드는 것은 제국의 독재적 통치방식이다.

미국이나 구소련은 모두 다문화적 사회라고 보일 수 있을 것이다. 그러나 모스크바는 우크라이나, 우즈베키스탄, 그리고 다른 공화국들을 제국을 상기시키는 모양으로 붙들어 매고 있었던 반면, 미국은 미국 내의 히스패닉 혹은 비앵글로색슨적 문화를 자유스러운 헌법적 형식으로 엮고 있다. 우크라이나는 소련연방이라는 건물을 구성하는 벽돌이었다. 미국 시민권을 획득한 멕시코인들은 마치 백인과 흑인들이 국가와 연방정부를 관련시키는 것과 마찬가지 방식으로 법치주의 내에서 자신의 (문화적으로는 상이한) 삶을 영위하는 히스패닉계 미국인 개인인 것이다.

중화인민공화국은 마지막으로 남은 다문화적 제국이다. 다문화제국 중 가장 최근에 몰락한 것이 소련이다. 다문화제국으로서 중국은 종족상으로는 한족(漢族)이 지배하며, 이는 마치 러시아인이 다문화제국인 소련을 지배했던 것과 같다. 중국이 티베트를 장악하는 모습은 마치 고르바초프 이전의 소련이 에스토니아, 라트비아, 리투아니아를 장악하는 모습을 연상시킨다. 체링 샤크야(Tsering Shakya)는 그의 권위적 티베트 연구에서 중국의 민족주의는 "티베트를 대중국의 일부로 통합시키는 정책을 추구하고 있고, 이는 중국이 티베트를 중국역사의 한 부분으로 간주한다는 관점에 근거한 것이며, 그렇기 때문에 티베트인들의 관점이나 희망은 고려대상이 되지 않는다"고 말하고 있다.[9] 마찬가지로 중국문화와는 상이한 터키문화를 보유하고 있으며, 한족이 거주하기 이전부터 오늘날 서부중국의 '자치지역'인 신

---

9) Shakya, 2000, p.447.

지앙〔新疆〕성에 거주했던 위구르인들도 권리를 가진 시민으로 취급되기보다는 다수종족인 한족의 집단적 후견 아래 생활하는 '소수민족'으로 취급당하고 있다.

미국 내에서 우리들은 중국인을 표방하는 사람들을 별 생각 없이 환영하고 있다. 뉴욕이나 샌프란시스코의 차이나타운은 우리들에게 위협으로 받아들여지지 않는다. 왜냐하면 미국은 자유의 나라이며, 어떤 종족에 속하는지 불문하고 모든 개인들은 민주적 절차에 의해서 수립된 법치주의 아래 자신들의 생활을 영위할 수 있기 때문이다. 이와는 반대로 새로운 중국제국에서 중국인이 아니라는 사실은 진정 고통스런 자각의 경험이 아닐 수 없다. 서구의 서적이나 연극들은 자기 마음 내키는 대로 할 수 있는 중국공산당에 의해 언제라도 갑작스레 "부르주아 자유주의"라고 매도당할 위험성이 있다. 신지앙의 회교도와 라사의 불교도는 독재적 한족국가의 의심스런 눈초리의 대상이다. 2001년 심지어 중국계 미국인 학자조차도 "대만을 위해 간첩짓을 했다"는 명목으로 체포되어 실랑이를 벌인 적이 있었을 정도다.

이처럼 중국정부가 방어적 자세를 보이는 것은 중국문화 탓으로도 돌릴 수 없는 일이고, 중국의 보통사람들에게서도 찾아 볼 수 없는 일이다. 루시안 파이 교수는 "중국으로부터 느끼는 실망은" "특히 골치 아픈 것인데 … 외국인들은 개인으로서의 중국인들과는 안락하고 심지어는 따뜻한 인간관계를 설정하기도 쉽다. 그러나 언제라도 문제점의 근원이 되는 것은 중국정부의 행동이다"고 말한다.[10] 문제가 되는 것은 바로 중국이라는 나라의 본질이다. 중국은 압제적 나라인 동시에 아직도 자국민을 두려워하는 나라다.

중국의 기업, 정부, 예술 혹은 교육에 관한 정보를 가진 많은 미국인들은 중화인민공화국의 본질적 조건이나 의도에 대해 불확실하거나 완벽하게 반대되는 견해를 가지고 있다. 일부 사람들은 중국은 곧 이웃나라들을 팔고

---

10) Pye, 1990, p.57.

살 수 있을 정도로 막강한 경제력을 가진 경제대국이 될 것이라고 말한다. 또 다른 사람들은 중국은 지리멸렬하여 쪼개져버릴 나라라고 기대한다. 중국은 민족주의 국가이며 앞으로 나가고 있는가? 중국은 공산주의 거인으로 남아 있을 것인가? 중국은 이미 인구 10억이 모여 사는 지구촌의 한 마을인가? 클린턴 정부가 주장한 것처럼 중국은 미국의 '전략적 파트너'인가? 혹은 부시 대통령이 말하듯 중국은 미국의 '전략적 경쟁자'인가?

중국에 대한 보고서는 우리 신문들에 넘쳐나고 있지만 일관성 있는 모습으로 이런 정보를 추스르는 일은 쉽지 않다. 우리가 중국의 미래에 대해 불확실하게 생각하는 이유 중 하나는 일반인들과 엘리트들이 다른 차원의 세상에서 살고 있다는 데서 연유한다. 중국사회의 상당부분은 경제적 자유의 증가 및 신(神)과 동격이었던 마오쩌둥이 1976년 죽음으로써 끝나게 된 열광적 정치로부터 한숨 돌릴 수 있게 되었다는 사실 때문에, 현재의 중국사회에 대해 만족스런 반응을 보이고 있다. 그러나 중국을 지배하는 공산당은 결코 만족하지 않고 있다. 중국공산당은 주변에서 발생하는 일들을 두려워하고, 역사의 불만에 사무쳐 있으며, 중국의 능력과 목표 사이의 간격 때문에 좌절하고 있다. 이 같은 중국의 이중성은 베이징에 있는 당정국가(党政國家, Beijing party-state)의 교묘한 수수께끼를 밝혀내지 않는 한 이해하기 어렵다.

중국의 본질은 이미 잘 알려져 있는 것은 아닌가? 북경 혹은 상하이〔上海〕의 정치지도자들은 이미 중국사회로 하여금 돈을 버는 데 온 신경을 집중하는 것을 허락하기 위해 한 발 비켜선 것은 아닌가? 그렇지 않다. 일부 분석자들은 중국정부를 '평범한 제 3세계의 독재정권'이라고 묘사한다. 다른 사람들은 중국은 (공산주의로부터) 변화하는 과정에 있는 국가라고 말한다. 혹은 중국을 '시장 레닌주의'라든가 '후기 전체주의'(post totalitarianism), 또는 '안정된 억압적 중심'(stable inhibited center) 등으로 묘사한다. 중국이라는 국가의 본질에 대해 혼란이 존재하는 것이다.

미국이나 다른 나라의 관리들, 분석가들, 그리고 학자들은 중국의 본질에 대해 제대로 언급하지 않는다. 거기에는 그럴 만한 이유가 있다. 상당한 분석가들은 문화와 경제는 운명이라고 믿는다. 사회가 발전함에 따라 정치가 그 문제를 알아서 해결할 것이라고 생각하는 것이다. 문화주의자들은 좀더 조심스러운데, 그들은 맑스주의와 민주주의는 중국적 맥락에서는 인식될 수 없다고 생각한다. 경제를 제일 중요한 것으로 생각하는 분석가들은 낙관적 경향이 있다. 그들은 상업화된 사회는 고통 없이 근대화된 정부를 건설할 수 있다고 생각한다. 장기적으로 이들 중 어느 한 견해가 타당한 것으로 입증될 것이다. 그러나 앞으로 다가올 상당기간 동안 정치는 중화인민공화국의 운명이다. 1990년대 10년 동안 미국의 대통령들은 세 번에 걸쳐 중국의 경우 공산주의적 독재정치는 과거의 유물이 될 것이라고 언급한 바 있었다. 클린턴 대통령은 1998년 북경을 여행하기 직전 중국과 관련된 세 번째 언급에서 다음과 같이 말했다. "한때 중국과 소련에서는 국가사회주의의 족쇄가 기업들을 질식하게 만들었지만 이제 두 나라는 자유민주주의 공동체에 진입하고자 한다."[11] 독재적 전통에 익숙해 있고, 사회가 이완되고 있으며, 점차 상업화되는 경제체제를 가지고 있다 해도 러시아는 새로 등장하는 민주주의 국가이고 중국은 레닌주의 체제라는 사실은 결코 간과할 수 있는 차이가 아니다.

오늘날 중국의 당정국가는 중국의 과거를 자신의 독재적 목표에 합당하게 취사선택하고 있다. 중국의 역사는 풍부하고 복잡하다. 그리고 중국의 정권은 권력을 유지하고 국민들을 평정하기 위한 방안으로 중국의 역사를 주기적으로 신격화시키고 있다. 과거의 변하지 않는 중국의 일반적 모습 ― 통일을 이루고, 질서를 유지하며, 이상과 현실을 일치시키고, 자신의 이웃 나라들 앞에서 거만하게 수동적 태도를 유지하며, 누구와 비교해도 유구한

---

11) *New York Times*, May 19, 1998.

역사를 지닌 나라라는 - 은 슬기로운 소설과 같은 면모를 가지고 있는 것
이다. 중국의 역사책은 이야기와 규범의 혼합이며, 권력이란 목표 아래 주
기적으로 왜곡되었다. 중국의 정치체제는 격랑의 역사를 가지고 있는 것으
로, 어떤 때는 실제로 작동하는 힘이었고, 또 어떤 때는 상상 속의 왕국이기
도 했다. 중국의 중앙적 성격과 통일성은 다른 민족의 영토를 장악한 이후
그것을 정당화시키는 근거로 사용되었다. 중국공산당은 자신의 신제국주의
적 프로젝트를 위해 중국의 풍요하지만 애매한 역사적 유산의 요점을 효율
적으로 추출해 내고 있는 것이다.

어느 나라도 - 중국도, 일본도, 러시아도 - 본질상 제국주의적이지 않은
나라는 없다. 1930년부터 1960년대 사이, 일본은 강성(强性)의 불만족스런
제국으로부터 바르게 행동하며 경제적으로 번영하는 민주국가로 변신하였
다. 1930년대, 그리고 1940년대 일본이 '동아시아 공영권'이라는 미명 아래
아시아를 굴복시켰던 일은 짧은 기간이기는 했지만 대단히 폭력적인 것이
었다. 이 기간 동안 일본의 국내정치는 군사화되었다. 그러나 2차대전이
끝난 이후 일본의 외교정책은 협력적 외교의 모델이 되었을 뿐만 아니라,
일본의 국내정치도 다원화되었고 언론도 자유를 누리게 되었다.

1990년대 러시아는 과거의 제국주의적 행보를 포기했고, 블라디미르 푸
틴(Vladimir Putin)이 통치하는 2002년 현재, 러시아는 이미 상당 정도의 민
주주의 국가가 되었으며 친서방국가가 되었다. 2001년 러시아는 본격적으
로 NATO에 가입하였으며, 러시아 경제는 제국주의적이며 군국주의적인
독재국가가 해체된 이후 10여 년 동안은 어려움을 겪었지만 이제는 연평균
5%의 성장을 기록하고 있다. 레온 아론(Leon Aron)은 2002년 다음과 같이
말했다. "지난 1990년대 10년 동안의 러시아보다 이웃국가들에게 덜 제국
주의적이고, 덜 군국주의적이며, 덜 위협적인 러시아는 근대 러시아 국가의
역사 450년 중 한 번도 나타난 적이 없었다."[12] 이 모든 일은 전쟁에 패배
해서, 그리고 승자에게 점령당했기 때문에 발발한 일은 아니었다. 모스크바

의 새로운 정치적 지향은 러시아 국가가 변했기 때문에 가능했다. 선거와 시장경제의 도래는 이 같은 새로운 러시아를 창출한 도구들이었다. 2001년 9월 선거를 통해 선출된 푸틴은 러시아 역사상 처음으로 군사비보다는 교육비를 더 많이 쓰고 있다는 사실을 말했다.

중화인민공화국이라는 왕조의 첫 번째 황제인 마오쩌둥이 죽은 후 중국은 경제적으로는 발전의 길을 택했지만 정치적으로는 어정쩡한 다른 길을 택했다. 두 번째 길, 즉 정치적 길은 제국주의적 길로서 과거 (일부) 황제들이 답습했던 길이다. 결과적으로 정치와 경제 사이에 나타나게 된 이율배반은 2002년의 제 16차 공산당 전당대회에서 장쩌민이 후진타오〔胡錦濤〕에게 잠정적으로 양여한 통치의 본질적 부분, 즉 시민의 권리, 이데올로기, 그리고 중국은 세상에서 어떻게 행동해야 할 것인가 등의 제반 문제들을 관통하는 것이다.

21세기를 맞이할 때 중국에서 일어난 에피소드와 그것이 우리들의 연구주제에서 차지하는 중요성을 생각해 보자. 최근에 발발한 세 가지 사건에서 우리는 중국의 적나라한 제국주의적 민족주의와 제국주의적 민족주의가 중국의 헤어진 정치구조로부터 삐져나온 살점 없는 뼈와 같은 모습을 보고 있다. 역사와 현실은 쓰레기 속에 던져버렸다. 그리고 신화가 이를 대체하였다.

첫 번째 사건은 1995년에 발생했다. 당시 대만 총통이었던 리덩후이〔李登輝〕가 코넬대학에서 연설하기 위해 미국을 방문했을 때의 일이다. 리덩후이는 여러 해 전 코넬대학에서 박사학위를 받았다. 1995년의 여행에서 그는 워싱턴을 방문하지 않았고 클린턴 행정부와도 접촉하지 않았다. 그러나 북경정부는 리덩후이 총통이 국제적으로 여행하고 있다는 사실, 그리고 모든 측면에서 존경받는 주권국가로 인정받는 2천 2백만 대만시민의 선출

---

12) Leon Aron, "Putin's Progress," *The Weekly Standard*, March 11, 2002, p.21.

된 지도자로서 비치고 있다는 점 ─ 그것은 정확한 인식이기는 했다! ─ 에 분노했다.

미국과 중국 관계는 중국정부가 미국정부에 리덩후이 총통의 미국 입국을 거부해야 한다고 요구하는 바람에 흔들거렸다. 사실 클린턴 대통령은 북경정부로 하여금 리덩후이 총통의 비자는 발급되지 않을 것이라고 믿도록 했다. 그러나 미국 국회의원 대부분이 반대하는 바람에 클린턴은 급히 마음을 바꾼 것이다. 그러나 어느 직책이었던 결코 중국인민의 선거에 의해 선출된 적이 없는 장쩌민 주석은 선거를 통해 선출된 미국 및 대만의 지도자들을 향해 양국관계에서 해야 할 일, 혹은 해서는 안될 일을 말하고 있었다. 이는 참으로 우스꽝스러운 일이다. 그러나 중국의 국가이성(*raison d'e-tat*)에 의한다면 이는 완벽하게 논리적인 일이었다.

다음해에 비슷한 일이 또 야기되었다. 1996년 3월 대만 총통선거가 있었는데, 선거 직전 중국은 대만해역에 가까운 지역을 향해 미사일 발사실험을 강행한 것이다. 이 같은 놀라운 행동은, 중국정부는 대만의 분리주의를 인정하지 않는다는 사실을 과시하기 위한 목적을 가지는 것이며, 또한 중국정부는 대만은 중화인민공화국에 속한다는 허구를 선호하고 있다는 점을 보여주는 것이다. 북경의 거만한 지도자들은 수백만 대만시민들을 겁줄 수 있다고 생각하고 있었으며, 이를 통해 그들이 북경이 규정하는 '하나의 중국' 정책을 거부하는 리덩후이 총통에게 투표하지 못하도록 하는 반면, 중화인민공화국의 요구에 타협적인 후보에게 투표하도록 영향을 미치려했다.

리덩후이 총통은 예상보다 큰 차이로 선거에 승리했다. 대만의 현실과 새로운 중국제국이 대만을 보는 입장 사이에는 간격이 더 크게 벌어진 것이다. 독자들은 북경정권이 대만에 민주주의가 도래한 데 대해 당황하고 있을 것이라고 생각할지 모른다. 중화인민공화국에서는 민주주의를 지향하는 정당이 합법적이지 않을 뿐 아니라 받아들일 수도 없을 정도일 터이니 말이다. 또한 독자들은 중국의 지도자들은 20세기 후반의 세계에서 이웃나라의

선거결과에 영향을 미치기 위해 미사일을 발사한다는 사실을 주저했을 것
이라고 믿을지도 모른다.

그러나 북경의 지도자들은 이 책을 읽는 독자들이 논리적이라고 생각하
고 도출하는 결론을 이끌어내지는 않을 것이다. 그들은 본질적 정치이슈에
서 아래로부터 올라오는 견해는 고려하지 않기 때문이다. 중국의 공산독재
정부는 중국의 왕조적 정치체제와 마찬가지로 위로부터의 강요를 통해 정
치를 집행한다. 리덩후이는 (중국이 생각하기에는) 이교적 이념 ― 민주주의 ―
을 대변하는 사람이며, 민주주의는 중국정부 자신만이 할 수 있는 정통성에
위배되는 것이다. 중국공산당은 스스로 도취된 중국 역사에 대한 이상적
해석에 따라, 대일통(大一統)의 이름 아래 2천 2백만 명의 대만시민을 향해
누가 그들을 이끌어야 할 지도자가 되어야 할지, 누가 되면 안될지 말하는
것이다. 실제로는 대만이 자신들 스스로의 정부를 가질 수 없다는 사실을
말하는 것이다.

1990년대 북경정부와 당시 영국이 통치하던 홍콩 사이에서 비슷한 논란
이 발발한 적이 있었다. 1997년에 홍콩을 중국에게 반환한다는 영국과 중
국의 약속을 준비하는 과정에서 홍콩에 제한적 민주주의를 부여하려는 역
할을 담당한 크리스 패튼(Chris Patten) 총독은 북경의 관영매체들에 의해
'동방의 창녀'라고 지칭되었다. 패튼 총독은 역사적으로 중국이 야만인(비중
국인)을 지칭할 때나 사용하던, 그리고 최근에는 1960년대 중국의 문화혁명
당시에 사용되었던 이교도에게나 쓸 수 있는 욕설을 뒤집어썼다. 북경정부
는 역사의 긴 복도를 응시하며, 영국의 총독을 "천 세대 동안 저주받을 범죄
자"라고 불렀다.[13]

실질적 이슈는 홍콩에서도 대만의 경우와 마찬가지로, 중국공산당의 제
국주의적 입장에서 주권을 하늘의 뜻(*mandate of heaven*)이라고 보는 관점

---

13) Patten, 1999, p.57.

과〔중국공산당은 이를 역사의 뜻(*mandate of history*)이라고 다시 규정했다〕, 주권이란 아래로부터 국민들의 의지에 의해 형성된다고 인식하는 민주주의적 관점이 양립할 수 없다는 데서 나오는 것이다. 리덩후이 총통과 패튼 총독을 향해, 신중국제국의 오만한 국가는 놀랄 만한 성실성으로 자신의 이념을 표현하고 그 권리를 강요하는 것이다. 다행스럽게도 클린턴 대통령은 1996년 3월 대만지역에 항공모함 전투단을 파견함으로써 리덩후이 총통을 향한 중국정부의 오만한 거품을 터트릴 수 있었다.

두 번째 사례는 1999년 5월 북대서양조약기구(NATO)의 폭격기들이 실수로 벨그라드의 중국 대사관을 폭격한 것으로서, 중국 대사관 건물의 구조와 주거지가 파괴되었고, 3명의 중국인이 사망한 사건이었다. 중국의 국민들은 분노했고 그것은 당연한 것이었다. 중국은 남부유럽지역에 대해서는 상업적 이해 이외에는 다른 이해관계가 상대적으로 적은 편이다(중국은 유고슬라비아에서 그다지 큰 이익을 보지도 못한다). 그리고 벨그라드에서 중국의 처지는 위기를 감수한다든가, 혹은 재수 없는 일 또는 그 같은 비극의 원한을 살 만한 입장도 아니다.

더구나 중국인들이 화가 난 것은 중국 대사관이 폭격당하기 이전 여러 주 동안 발생한 일 때문이었다. 중국의 독자들과 시청자들의 유고슬라비아에 대한 인식은 '미국 제국주의자들'에 의한, 죄 없는 세르비아에 대한 사악한 공격으로 각인되었다. 4월 9일자 《차이나 데일리》(*China Daily*) 지의 만화는 세르비아를 코소보라는 어린양에게 피난처를 제공하는 숫양으로 묘사한 반면, 북대서양조약기구(NATO)를 이빨을 드러내고 있는 늑대와 호랑이로 묘사했다. 중화인민공화국의 어떤 언론매체도 코소보 문제를 위와 같이 소개하고 있었다.

북경의 미국 대사관, 그리고 중국 내의 다른 미국시설에 몰려와서 편지를 흔들면서, "중화인민공화국의 재산과 생명에 대한 미 제국주의의 의도적 공격"을 비난하는 구호를 외치는 사람들을 보면서 놀랄 사람들이 누구일까? 미국 대사관의 담장에 쓰인 전형적 슬로건은 제임스 사써(James Sasser) 주중 미국대사가 생명의 위협을 느낄 정도로 위축되었던 "미국 백정놈들은 중국에서 나가라"라는 구호였다. 그러나 이들 백정들은 중국이 수출하는 상품의 4분의 1 이상을 구입하고 있으며, 오늘날 중국의 경제적 건강에 본질적 기여를 하는 사람들이다.

사실 그 비극에 대해 중국인들을 화나게 한 것은 그것이 꼭두각시 쇼일 뿐이라는 사실이었다. 북경 오페라의 실제적 드라마는 우리가 '잘못된 국가'(Wronged State)라고 부를 수 있는 중국이라는 국가에 의해 주도된 것이다. 미국에 대항하여 데모를 벌인 중국의 학생들은 중국 정부기관에 의해 약속된 장소까지 버스로 수송되었다. 아마도 그들은 대학생들이 도시로 행진하여 북경의 공산당사에 대해 분노를 표출하는 것을 사전에 막으려 했던 것인지도 모른다. 몇 주일 동안 언론매체들의 편향적 보도와 숨막히는 선택적 보도 이후 벨그라드의 중국 대사관에 대한 폭격이라는 결정적 사건이 발발한 것이다. 클린턴 대통령은 즉각 텔레비전 방송을 통해 중국정부에 대해 오폭을 사과했고 북대서양 조약기구의 사령부도 중국에 사과했다. 사건을 철저하게 조사하겠다는 약속도 했다. 중국인들이 분노의 와중에 있던 주말, 중국에 대한 클린턴 대통령의 언급과 다른 사과문들은 전혀 중국의 언론에서 취급되지 않았다. 중국의 언론매체들은 계속해서 중국 대사관에 대한 폭격은 사전계획된 폭격이라는 점을 반복해서 보도했다. 이런 상황에서 어떻게 중국의 독자들과 시청자들, 그리고 데모하는 사람들이 다르게 생각할 수 있겠는가? 중국에 대한 일부 낙관주의자들이 생각하는 것과는 달리 중국의 중산층들은 인터넷을 통해서 뉴스를 얻지 못한다. 중국을 완전히 독점하는 중국의 관영 언론매체들은 미국을 나치 독일처럼 생각하기를 좋아한다.[14]

---

14)《인민일보》, 1999년 5월 15일.

40

중국정부가 톤을 바꾼 지 사흘 후에 나타난 상황은 정말 놀랍다. 클린턴 대통령과 나토의 사과문은 결국 (요약된 형식이기는 하지만) 중국인민들에게 전달되었다. 마치 미스테리처럼 — 데모가 어떻게 그렇게 자발적으로 야기되었는지 아는 사람들을 제외한다면 — 분노했던 시민들은 흩어져버렸고 미국의 시설물들에 대한 공격도 중지되었다. 잘못된 국가의 제국주의적 방종은 국가를 위해 만족스러운 것이기도 하고 유용하기도 한 것이었다. 적어도 어떤 시점까지는 그럴 수 있을 것이다. 중국공산당이 거부할 수 없는 모티프는 '애국자 대 제국주의자'라는 도식이다. 특히 중국공산당이 좌절감을 느낄 때(물론 코소보에 대한 나토의 작전에서 중국은 배제되었다), 혹은 중국이 코너로 몰릴 때 그런 모티프는 유용할 것이다. 그러나 중국은 궁극적으로 현대국가를 지향하는 방향으로 나갈 것이다. 중국정부는 정보가 풍부하고, 상당 정도 합리적이며, 좋은 시장을 알 수 있게 될 것이다. 제국주의적 방종의 일시적 발작은 북경정부의 미국에 대한 무역확대 및 미국의 투자 유인, 그리고 미국기술을 추구하려는 정책과는 모순되는 것이다.

같은 시기인 1999년 봄, 당시 중국 총리였던 주룽지〔朱鎔基〕는 세계무역기구(WTO)에 가입하기 위해 미국의 지지를 확보하기 위해 노력했다. 바로 이러한 이유 때문에 마치 호스 물처럼 갑자기 시작되었던 반미데모는 마찬가지로 호스 물처럼 일주일도 채 되지 못한 상태에서 갑자기 중단된 것이다. 인민들의 분노는 실제적인 것이었다. 그러나 그것은 중국공산당에 의해 흐름이 생길 수도, 흐름이 없어질 수도 있도록 조작되었다. 새로운 중국제국에도 이중성이 나타나고 있다. 미국은 그들에게 필요한 적국인 동시에 현재 진행중인 중국 경제성장의 열쇠이기도 하다. 잘못된 중국이라는 국가가 일시 분출했다. 그러나 중국은 스스로를 피해자처럼 꾸며낸 사치스러움이 초래하게 될 손해가 얼마나 큰지도 보았다.

세 번째 사건은 1999년 4월 파룬공(*Falungong*, 法輪功) 추종자 만 명이 천안문 광장에 집결해서 중화인민공화국 사회 내에서 정식적 대우를 받기 위해 벌인 침묵의 데모였다. 파룬공은 철학, 숨쉬는 기예인 기공(氣孔), 교육의 열정, 자비, 친절과 약간 이상한 지구종말론의 관념에 의거하며, 불교의 영향을 받은 운동이다. 데모하던 사람들의 대부분은 톈진(天津)에서 온 사람들이었는데, 이들은 당시 거의 모든 학술적 논문들에 의해 미친 사람들이라고 매도당했다. 중국공산당을 놀라게 만든 것은 그들이 도대체 어디에서 나타났는지 모른다는 것이다. 북경정부는 자신의 잘못으로 인해 1989년 천안문 민주화운동 이래 가장 많은 사람이 천안문 광장에 모였다는 부담을 갖게 된 것이다.

몸 속의 에너지 흐름을 증진시키기 위해 부드럽게, 천천히 운동하는 파룬공 추종자들은 해산되었다. 많은 사람이 체포되었고, 그 중 일부는 옥중에서 죽었다. 국가가 주도하는 신뢰성, 믿음성 심지어 파룬공 회원들의 정신이상 여부에 대한 공격이 시작되었다. 1999년 7월 파룬공 모임은 금지되었다. 무엇인가를 두려워하는 북경정부는 회원의 대부분인 늙은 중국인들 수백만 명이 건강을 증진시키기 위해 선택한 삶의 양식이며 무해한 파룬공을 붉은 중화제국의 '안정과 통일'을 위협하는 세력으로 만들어 놓았다.

군에 있거나, 경찰 혹은 공군에 있는 중국공산당의 충성스럽고 조용한 원로당원들 중 일부도 파룬공 회원이며, 파룬공이 국가에 대한 잠재적 혹은 의도하지 않은 위해를 가하는 세력이라고 생각하지 않는다.[15] '안정과 통일'이 중국의 주문(呪文)임은 확실하다. 그러나 그것은 심오한 의미를 잃는 것은 아니다. 그것은 중국의 공산당에 융합된 권력과 교리의 타협할 수 없는 이익인 것이다. 이것은 바로 왜 북경정권이 불과 1세기 전 독일과 러시아로부터 수입한 맑스-레닌주의의 원칙을 수호한다는 이름 아래 2천 년 중국의 역사 전통에 의거하는 운동을 거부하는 과감한 위험을 감수하는지 말해 준다.

---

15) Vermander, 2001, pp.1~7, 9.

  자신을 대일통의 정점에 있다고 생각하는 중국이라는 국가는 "파룬공은 이교적 종교"라고 말한다. 공산주의 사상의 '유물론'(*materialism*)은 파룬공의 지도자인 리훙지〔李洪志〕의 입으로부터 나온 '유심론'(*idealism*)에 의해 거부당했다고 생각하기 때문이다. 이는 북경정부의 제국적 신화가 얼마나 허약한 것인가를 보여주는 놀라운 사례다. 파룬공을 따르는 아직 갈피를 잡지 못하는 명상주의자들이 위대한 중국공산당의 철학적 도전자로 추켜세워졌으니 말이다!

  마오쩌둥 사후 새롭고 정상적인 중국이 존재하기 시작했다고 말한다. 사회나 경제의 모든 측면을 보면 이는 사실이다. 그러나 국가의 모습을 보면 그렇지 않다. 파룬공에 대한 캠페인은 마오쩌둥 시절의 이데올로기적 운동과 다를 바가 없는 것이다. 중국공산당 내부에서조차도 마오쩌둥 사상이 다양한 평가를 받고 있는 데도 불구하고 말이다. 만약 파룬공이 그 회원들의 건강에 나쁜 것이라면, 1958년부터 1959년 사이에 행해진 마오쩌둥의 대약진운동 역시 수백만 중국 농민들의 건강에 진정 나쁜 것이었다고 기억되어야 할 것이다. 무려 3천만 명에 이르는 중국 농민들이 대약진운동의 이상주의적 오류 때문에 굶어 죽었다. 2000년 북경의 TV는, 파룬공은 파룬공 추종자의 일부를 정신병자(마치 마오쩌둥 시절 '계급의 적'들이 어떤 의학적 증거는 없지만 정신병자라고 '증명'되었던 것처럼 말이다)로 만들었다는 사실을 '증명'하는 정신병원 수용소의 모습을 방영했다. 파룬공의 탄압을 직접 목격한 엘리자베스 페리(Elizabeth Perry)는 다음과 같이 쓰고 있다.

  "1950년대 초반 반혁명분자들에 대한 탄압 이후 우리는 부분적 저항의 위협에 대해 국가의 관심이 이처럼 지속되는 것을 본 적이 없다. 그리고 이처럼 단 하나의 표적에 대해 국가의 공격이 집중된 것을 본적도 없다."16)

실제로 파룬공에 대한 탄압의 역사는 마오쩌둥 통치 이전까지 거슬러 올라간다. 정통과 이교 간의 양립 불가능성은 중국 왕조국가의 고전적 입장이었다. 정치적 본질의 진리는 변할 수 없는 것이다. 철학적 견해차이는 일반적으로 국가에 대한 위협으로 간주되었다. 중국공산당 정부는, 파룬공은 '등록되지 않은 것'이기 때문에 모이거나 말하는 것이 허락될 수 없다고 주장한다. 실제로 1999년 4월 파룬공 회원 1만 명이 모인 목적은 바로 등록된 지위를 추구하기 위해서였다. 왜 파룬공 조직은 평화적으로 추구한 등록을 거부당하는 동시에 등록되지 않은 단체라고 비난받는 것일까?

가장 일반적인 견해는 지구에서 제일 막강하다는 국가관료들이, 늙은 불교도들이 리듬에 맞춰 운동하며 종말론적 세계관을 가지고 있다는 사실을 두려워한다는 것이다. 오로지 총구에서 나온 힘을 통해 권력을 잡았다는 사실을 잊을 수 없는 중국공산당은 맑스주의 범주 밖에 있는 어떤 체계적 철학을 보유한 그 누구도 무서워할 수밖에 없다는 점이다. 더욱 중요한 사실은 파룬공 조직이 인터넷을 사용해서 국가 전체로 확대됨에 따라 중국 내의 1천만 명 이상의 회원은 물론 국외에도 수천만 명의 추종자가 나타났다는 점이며, 그 지도자는 미국의 뉴욕에 살고 있다는 사실이다. 천명(天命, mandate of heaven) 그 자체가 위기에 처한 것이다. 두려워하는 국가가 세계를 향해 자신 스스로를 의문시하고 있다는 허약한 모습을 들어내 보인 것이다.

이상에서 말한 세 가지 에피소드 — 대만의 민주주의에 대한 중국의 반응과 민주화를 향한 홍콩에 대한 반응, 벨그라드의 중국 대사관 오폭에 대한 반응, 중국공산당과 불교도들의 정신 및 건강을 위한 조직의 충돌 등 — 을 통해 중국이라는 국가는 자신이 거만하며, 고뇌스러워하며, 두려워하는 나라라는 사실을 보여준 것이다. 중화인민공화국은 상호의존적 국제정치 상황과 제국적 국가로서 일방적이고 겸손한 척하며, 이념적 선언들 사이에서

---

16) Perry, 2000, p.69.

타협하고 상호영향을 미쳐야 하는 어정쩡한 위치에 놓인 것이다.

　그러나 또 다른 측면의 이야기가 있다. 중국의 제국적 국가는 자신의 희망과 두려움 뒤에 안주해야 하는 긴 역사와 강력한 이유를 가지고 있다. 존 패턴 데이비스가 지적한 것처럼 20세기의 중국은 완전한 실패는 아니었다. 사회, 경제, 외교 등 여러 가지 영역에서 중국은 변화와 발전을 경험했다. 그러나 정치적 측면에서 20세기의 중국은 지속적으로 잘못된 출발을 경험했으며, 주기적으로 정치적 폭발이 야기되었다는 사실은 중국문명의 위대성에 비견해 볼 때 대단히 졸렬한 모습이었다.

　이 모든 이율배반에도 불구하고 공산주의 중국은 국내 및 국외에서 일부 성공을 이루기도 했다. 만약 그것이 거꾸로 뒤집혔다면 중국과 다루기 힘든 비중국지역의 관계, 그리고 중국의 세계강국으로서의 야망은 대단했을 것이다. 그러는 동안 미국은 중국과의 관계에서 그들이 과연 비틀거리는 공룡을 대하는 것인지 혹은 전통과 근대의 천재적 합성물을 대하는 것인지 판단해야 했다.

　중국인이 아닌 우리가 북경정권이 당면한 통치의 문제를 이해하기는 어렵다. 중국은 세계인구의 다섯 명 중 한 명이 사는 나라이며 미국인구의 4배가 되는 나라다. 중국은 북, 서, 그리고 남쪽으로 14개 국 이상과 국경을 마주하고 있으며, 티베트, 회교도 지역인 신지앙, 그리고 몽골의 일부분을 느슨하게 장악하고 있다. 중국은 영토의 넓이, 언어, 문화 측면에서 보면 대체로 유럽 전체와 비슷하다. 중국인들이 제 1차 세계대전을 '유럽인들의 내란'이라고 부른 것은 놀라운 일이 아니다. 중국은 '프랑스'와 '독일', 그리고 '이탈리아'를 포함하고 있으며, 그 외의 더 많은 나라들을 불규칙하게

다. 마오쩌둥은 혁명을 주도했고 중국공산당의 권력을 확보했다. 덩샤오핑은 개혁시대를 이끌었고, 그의 사회, 경제적 정책들은 마오쩌둥 사상을 붕괴시키는 원인이 되었으며, 중국인의 천재적 상인정신이 되살아나도록 하였다. 장쩌민은 과거 영웅적 투쟁시대의 혁명적 과업을 수행했다는 장점이 없는 새로운 세대를 대표한다. 그에게 당면한 도전은 덩샤오핑 시대의 경제발전 우선원칙을 어떻게 제도화시킬 것인가, 그리고 경제발전의 결과 권력이 지방 및 성으로 분산된 상황을 어떻게 헤쳐나가야 할 것인가의 문제들이다. 장쩌민은 이 문제에 대처하는 데 대체로 실패했다고 보인다. 그는 단지 조정자의 역할을 하려 하며, '통일과 안정'을 유지한다는 명목 아래 우왕좌왕하고 있었다.

그러나 장쩌민은 1980년대와 1990년대 이루어진 경제변화의 정치적 의의가 무엇인지 이해하고 있다. 그는 때때로 각 성에서 나타나는 현상을 '제 멋대로 가는 것'이며, 중국의 통일 그 자체를 위협하는 것이라고 말한다. 그러나 다음에 살펴 볼 것이지만 상황은 그보다 훨씬 복잡하다. 확실히 중국의 새로운 상업주의는 공산당적 당정국가의 형태를 위협하고 있음에 틀림없다. 압제에 대한 거부는 정당함을 요구하며, 이는 새로운 중국제국의 관료(mandarin)들이 추구하는 '통일성과 안정성'을 훼손하고 있다. 바로 이것이 장쩌민이 십수 년간 권좌에 있으면서도 단 하나의 중요한 정책도 제도화시키지 못하는 이유가 되는 것이다. 장쩌민이 성취한 업적은 역사상의 업적은 되지 못하는 것으로서, 중국이 "분열되지 않고, 혼란스럽지 않은" 상태를 유지할 수 있었다는 정도일 것이다.

이 책은 중국의 퇴화가 중국을 분열상태로 이끌고야 말 것이라고 결론내리지는 않는다. 어떤 시점에 이르면 중국공산당은 북경정권에 대한 위협이 놀라운 수준에 올라 있다는 사실에 경각심을 가질 것이고, 그 같은 퇴행적 상황을 돌이키기 위해 경제적 대가가 얼마나 큰 것인지는 따지지 않은 채, 정치적 외형을 구하려는 수단을 강구할 것이다. 우리들은 중국권력의 퇴화가 중국 일부지방의 경제적 성공과 인간적 이득을(이 이득은 장기적 견지에서 볼 때 중국제국의 이익과는 상이한 것이지만) 불러왔다는 사실을 인정해야만 할 것이며, 이 같은 상황이 지속되어야 한다고 주장하는 데에는 타당한 이유들이 존재한다. 중국의 국내시장은 거대하며, 마오쩌둥 시절의 궁핍을 해소하기 위해 느슨한 부분을 고칠 일은 엄청나다. 이 일들은 지방분권화된 정책결정 과정에 자극을 받았고, 25년 동안의 경제개혁은 중국의 여러 측면에서 대단한 발전을 초래했다.

중화인민공화국 내부에서 분열적 본능을 나타내는 부분은 별로 없다. 그들 중 누구라도 스스로의 결단으로 분열하겠다고 하지는 않는다. 다만 북경정권이 중화인민공화국의 외부에 대한 장악력을 잃어버리는 경우 무질서가 초래될 것이다. 중화인민공화국의 외부란 압도적으로 비중국적인 중국의 변방을 의미한다. 그러나 오늘의 북경정부는 청(淸)나라(1644~1912)조차 멸망할 때까지는 당면하지 않았던 한족 내부의 특수한 문제에 봉착하고 있다. 중국영역 전체에서 가장 근대화되었고 부유한 지역인 대만과 홍콩이 그 방식은 다르지만 북경의 통치를 거부하는 것이다. 그들의 열정과 분노는 제국을 자처하는 중화인민공화국이라는 화약고를 폭발시킬지도 모를 불씨가 될 수도 있을 것이다.

한족의 범위를 벗어나는 지역에서는 — 그곳이 광둥성의 경우처럼 내부적 중국이든 혹은 대만의 경우처럼 중국이 탐내고 있는 곳이든 — 외부 중화인민공화국의 '소수 인민'이 거주하고 있다. 서부(이슬람교의 신지앙성), 남서부(티베트), 북부(내몽골)들이 바로 북경정권의 제국주의적 방식에 불만을 표시하는 지역이며, 이들은 중화인민공화국을 해체시킬 수도 있는 잠재력을 가지고 있는 지역들이다.

북경정권의 북부 혹은 서부변방에 대한 정책을 이해하기 위해서는 중국의 전통적 세계 질서관이 미치는 영향력을 이해해야만 한다. 중국의 역대 왕조들은 예외 없이 내란(안으로부터의 무질서)과 외환(밖으로부터의 위협)이라는 두 가지의 쌍둥이 같은 무시무시한 위협에 당면했을 경우 붕괴되거나 쇠락의 길을 걸었다.22) 바로 이 점이 오늘날의 북경정권이 두려워하는 점 이다. 새로운 중국제국은 새로이 등장하는 중화인민공화국 내의 사회경제 적 요인, 중앙집권적인 레닌주의적 통치의 비통함, 그리고 21세기에 다문화 적 제국으로 남아 있겠다는 시대착오적 사고 등으로 특히 이 같은 이중적 골칫거리 앞에 취약한 상태다.

1996년 백악관의 스태프 회의에서 클린턴 대통령은 "나는 우리나라의 대 중국정책을 싫어한다"며 화를 낸 적이 있었다.

"내가 의미하려는 바는 … 우리는 그들에게 '무역의 이득'을 제공하고, 중 국에 대한 우리의 상업정책을 수정했는데도 불구하고 중국이 실질적으로 변한 것은 무엇인가? 라는 점이다."23)

2001년 해남도에서 항공기 충돌사건이 발발한 후 부시 대통령은 자신이 거만하고 난처한 중국이라는 국가를 대하고 있다는 사실을 알게 되었다.24) 앞으로 미국의 대통령들은 중국이 WTO에서 보인 기만적 행동에 대해 위 와 비슷한 짜증을 느끼게 될 것이다. 북경정부는 제네바에서 확신을 주었지 만 동시에 중국의 중요한 성들로 하여금 WTO에 대한 약속을 어겨도 된다

22) Fairbank, 1968, p.3.

23) *Washington Post*, June 21, 1998.

24) Ross Terrill, "A Crisis That Beijing Really Needed," *Los Angeles Times*, April 15, 2001.

고 허락했다. 궁극적으로 북경정부가 원하는 바가 무엇인지 추적할 수 없는 이유는, 당정국가인 중국은 자신의 권력을 유지하고, 제국주의적 아젠다 (agenda)를 보호하기 위해 습관적으로 역사를 새로 쓰며 현실을 호도하기 때문이다. 제국주의적 아젠다는 몇 가지 독특한 행동을 초래하게 된다. 중국공산당은 일반시민들이 공허하다고 생각하여 하품하는 교리에조차 사로잡혀 있다. 다른 나라들과 주거니 받거니 하는 일이 중국이라는 당정국가에는 자연스러운 일이 되지 못한다. 중국공산당에 의하면 역사란 외부인의 눈에는 보이지 않지만, 중국이라는 당정국가에 운명적으로 작용하는 것이라고 본다.

중국이 미국 및 그 주변국가들에 대해 야기하는 문제점들이 잘못 언급되는 경우가 흔히 있다. 이는 왜냐하면 중국은 20세기에서는 이해하기 어려운 제국주의적 도전의 한 양식을 반영하기 때문이다. 18세기부터 제 2차 세계대전이 발발할 때까지 영국은 경찰, 깃발, 법정, 그리고 학교 등으로 상징되는 공식적 제국이었다. 소련(1917~1991)은 맑스주의 노선과 군사력을 통해 불가리아로부터 쿠바에 이르는 식민지를 유지하고 있었다. 오늘날 미국의 압도적 우위는 미국의 기술, 투자, 대중문화가 거둬들인 예상치 않았던 승리의 결과에 의거하는 것이다. 미국의 경우 군사적 개입은 있는 경우도 있고 없는 경우도 있었지만, 간접적 영향력 세 가지(기술, 투자, 대중문화)는 항상 존재하는 것이다.

새로운 중국제국은 다르다. 겸손한 동시에 건방진 중국제국은 가식의 제국이며 뻔뻔한 제국이다. 중국제국은 국내적 압제와 국제적 야망의 동시적 산물이다. 중국제국의 무기고에는 비밀, 기만, 그리고 중국의 이익과 야망을 장기적 관점에서 볼 수 있도록 하는 역사적 감각이 포함되어 있다. 새로운 중국제국의 본질적 속성은 다음의 세 가지이다. ① 중국의 추진력은 아래로부터가 아니라 위로부터 나온다. ② 중국은 자신을 진리의 수호자라고 본다. ③ 중국이 다른 강대국과 체결하는 어떤 타협도 그것은 본질적으로

제 2 장
_____

중국제국의 형성

중국에서는 국가가 모든 것이라고 말할 수 있다. 역사가 그런 사실을 설명한다. 중국의 경우 국가란 다른 국가들과의 관계에서 자신의 자리를 차지하기 위해 스스로 책임져야 하는 그런 조직이 아니다. 서양의 경우 국가들은 독립적 권력을 가진 교회, 봉건제도, 그리고 귀족들에 대해 국가의 입지를 강요해야 하며, 상인들과 거래해야 하고, 자본가들의 지원을 얻어내야 한다. 중국의 경우 국가란, 애초부터 혹은 적어도 진(秦)나라(B.C. 221)가 수립된 이래 이미 성립되었던 현실이었다.   -쟈끄 게르네[1]

제 1장에서 주장했던 것처럼 오늘날의 중국은 자신의 운명에 관한 감각, 계몽적 성향, 인민과의 거리감, 국제관계에서의 공인된 어색함 등에서 대단히 독특한 나라이다. 이들은 사실 국가에 장애(handicap)라고 말할 수 있는 요소들이다. 그러나 중국 공산주의 국가는 적어도 지금까지는 과거 중국의

_____

1) Gernet, 1985, xxxii.

상전과 마찬가지의 파트너였던 소련이 당한 운명을 회피하는 데 성공하였
다. 중국은 교묘한 정치적 연극을 통해 국가를 생존시켜나가는 능력을 보이
고 있다.

그럼에도 불구하고 중국이란 국가는 이미 모순으로 가득 찬 나라가 되었
다. 2000~2001년 사이 WTO에 가입하기 위해 애 썼던 것처럼 중국은 현대
적, 국제적 국가가 되고자 한다. 그러나 중국은 세계를 향해, 특히 미국에
무엇을 가르쳐 주겠다고 거들먹거리고 있다. 중국은 마치 미국이 중국의
영역 내에 있지만 중국의 말을 전혀 잘 듣지 않는 요인인 것처럼 간주한다.
중국은 입으로는 낡아빠진 교리를 말하는 동시에 마키아벨리적 현실주의로
행동할 수 있는 능력이 있다. 이 모든 것들은 스탈린주의와 중국에 아직도
선택적으로 남아 있는 제국주의적 과거의 일부로부터 연원하는 것이다.

최근 미국의 정치학 속에는 소련 스타일 국가 혹은 지난 천 년 동안 중국
의 역사에 단속적(斷續的)으로 존재했던 중앙집권적 국가에 관한 논의는 없
다. 미국의 정치학은 국가를 이익집단적으로 접근하며, 그 경우 정부란 "모
든 수입을 총괄하고, 그리고 나서 사회적 행위자들의 정치권력과 선호도의
평균을 측정하는 금전등록기(*cash register*)처럼 인식한다."[2] 미국의 정치학
에서 보이는 국가개념은 최대한의 중국제국을 상징하는 신화, 가부장제도,
팽창주의, 의식, 압도적 강제력 등과는 무관한 것이다. 모튼 H. 프라이드
(Morton H. Fried)는 제도로서의 국가에 관한 중요한 논문에서 루이 14세의
"짐은 국가다"라는 개념은 오늘날 우리가 아는 국가를 이해하는 데 아무런
'유용성'이 없기 때문에 무시되어야 한다고 주장했다. 그러나 루이 14세의
언급은 과거 중국의 제국주의적 지배는 물론 오늘날 마오쩌둥의 지배 등
두 가지 모두를 설명하는 데 대단히 유용하다.[3] 민주주의 체제와 독재정치

2) Krasner, 1984, p.227.
3) Fried, 1968, p.143.

체제가 같은 부류의 정치체제로서 연구될 수 없다는 결론을 이끌어 내기는 쉽다.

가브리엘 알몬드(Gabriel Almond)는 미국인들이 국가에 대한 견해가 단편적인 이유를 다음과 같이 설명하고 있다.

"19세기 및 20세기에 걸쳐 서구사회에서 나타났던 엄청난 정치적 동원(*political mobilization*)과 새로운 정치제도 — 정당, 압력단체, 매스 미디어 등 — 가 확산되었기 때문이다."[4]

한마디로 말하면, 민주주의와 다원주의의 파도는 우리들로 하여금 국가를 느슨하게 볼 수 있는 견해를 가지도록 했다는 것이다. 데이비드 시플리(David Ciepley)는 1920년대와 1930년대에 야기되었던 전체주의의 흥기에 대한 반동의 여파로서 "미국의 사회과학 연구분야에서 국가에 관한 연구가 제외되었다"는 사실을 발견했다.[5] '국가는 힘'(*the state is force*)이라고 생각하는 일부 유럽인들의 말을 들으면 중국인들은 그 말에 동의한다며 고개를 끄덕일 것이다. 그러나 적어도 백 년 전, 아더 벤틀리(Arthur Bentley)가 《정부과정론》(*Process of Government*)을 저술한 이래, 미국의 정치분석에서는 국가에 관한 어떤 고려도 "정치현상의 연구에서 제외"되어버렸다.[6] 벤틀리는 '국가의 이념'에 관한 연구는 "과거에 대한 지적 오락의 하나일 뿐"이라고 했다.[7] 데이비드 이스턴(David Easton)은 1953년 간행된 그의 《정치체제론》(*The Political System*)에서 정치학자들은 '국가'라는 단어의 사용을 피해야만 한다고 했다.[8]

---

4) Almond, 1988, p.855.

5) Ciepley, 2000, p.157.

6) D'Entrèves, 1967, pp.4, 59~60.

7) D'Entrèves, 1967, p.62.

오늘날 미국에서는 '계량적 방법론'만이 방법론의 모두가 아니며, 문화적 측면도 살펴봐야만 하는 '지역연구'(area studies)의 분야만이 과거, 그리고 현재의 '강력한 국가'라는 개념과 맞닥뜨리고 있으며, 국가의 기원에 대한 탐구가 이루어지는 유일한 연구분야이다. 라틴아메리카를 연구하는 알프레드 스테판(Alfred Stephen)은 국가를 종속변수 이상의 중요한 변수로 취급해야 한다고 주장하는 몇 명 안 되는 학자 중의 하나다. 그는 국가를 단순한 사회 그 이상의 실체라고 분석한다. 그 결과 어떤 면에서 보기에 세계에서 가장 막강한 '국가'라고 보일 수 있는 중국(Chinese state)이라는 연구주제는 정치학의 이론을 잘 알지 못하면서 중국의 역사를 주로 연구하는 역사학자들에게 떠맡겨진 상황이다. 20세기의 전체주의를 몸소 체험해 본 적이 있는 유럽의 중국 연구자들은 중국의 본질에 대해 본능적 감각(感覺)을 가지고 있다. 헝가리에서 태어났고, 전체주의의 학정을 피해 도망친 난민이었던 에띠엔느 발라즈(Etienne Balazs)는 "우리는 이미 아는 것만을 이해할 수 있을 뿐이다. 게다가 우리는 개인적으로 우리의 삶에 직접 영향을 미친 것에 대해서만 진정한 관심을 가질 뿐이다"고 했다.9)

20세기의 중국인들은 그 자신이 혁명적 민족주의자인 쑨원〔孫文〕(1866년생)이든, 보수주의적 민족주의자인 장제스(1887년생)이든, 공산주의적 민족주의자인 마오쩌둥(1893년생)이든, 모두 왕조시대의 중국에 뿌리를 두고 있으며, 이들은 모두 중국이라는 국가의 특성, 자신에 대한 감각을 공유하고 있으며 이를 나타내고 있다. 중국의 마지막 왕조를 붕괴시키는 데 결정적 역할을 담당한 쑨원은 중국에 파견된 모스크바의 대표로부터 공산주의의 교리를 들은 다음 "맑스주의에 새로운 것이라곤 아무것도 없다. 그것들은 이미 2천 년 전 중국의 (유교) 고전에 모두 쓰여져 있었다"고 선언했

---

8) D'Entrèves, 1967, p.63.
9) Balazs, 1964, p.14.

다.10) 마오쩌둥은 청나라가 몰락한 직후 후난〔湖南〕성 도서관의 벽에 걸려 있는 지도를 본 적이 있었는데, 그것은 마오쩌둥이 그의 생애 처음으로 본, 중국이 다른 나라들에 의해 둘러싸인 지도였다. 그 이전 마오쩌둥이 본 지도는 모두 중국이 한복판에 놓여 있고 중국의 주변은 뿌옇게 표시된 것이었다.11)

중국이라는 국가를 다루기 위해서는 서구이론의 한계를 넘어서야 하며, 중국이라는 국가를 단순히 국가, 국민, 정부라는 관점에서 제 3세계의 '신생국'과 비교하는 것은 무의미한 일이다. 예로서 인도네시아라는 국가는 1940년대 네덜란드인들이 떠났을 때 수많은 섬들이 스스로의 정치체제를 구성함으로써 비로소 존재하기 시작한 나라다. 중국이라는 국가를 인도네시아와 같은 수준에서 말할 수는 없는 일이다.

파이너(S. E. Finer)는 정부의 역사에 관한 방대한 그의 책에서 "국가가 건설되는 방법은 국가가 차후 어떻게 통치될 것인가를 결정하는 데 가장 중요한 요인"12)이라고 했다. 미국이라는 국가는 골치아픈 나라로부터 바다를 건너온 이상주의적 난민들의 풀뿌리적 요구에 의해 건설된 나라다. 그렇기 때문에 미국인들은 미국의 가치와 세계의 보편적 가치를 동일시하는 태도를 보인다. 영국의 경우, 근대 이전 반동세력은 지배하는 왕을 살해했다. 그래서 오늘까지도 영국은 군림은 하지만 통치하지 않는 장식용 군주제도를 가지고 있다. 호주는 애초 정부가 모든 일을 다 맡아 했던 죄수들의 정착지(*prison settlement*)로서 출발한 나라다. 그래서 호주인들은 민주주의 국가에서는 찾아보기 힘들 정도로 많은 것을 정부에 의존하는 멘탈리티를 가진 국민이 되었다. 중국이란 정체(政體, *polity*)는 위에 말한 나라들, 그리고

10) Short, 1999, p.136; 쑨원은 대동사상(*Great Community*)이라는 약한 형태의 사회주의를 생각했을지도 모른다.
11) Snow, 1961, p.141.
12) Finer, 1997, p.4.

세계 대부분의 나라들과는 전혀 판이한 기원을 가진 나라다.

중국의 정부제도는 오래 되었지만 우리가 아는 지구 위의 정부에 관한 최초의 기록은 중국이 아니라 중동에서 시작된다. 기원전 3천 5백 년경 메소포타미아 남부의 수메르에서 도시국가들이 출현했으며, 기원전 2850년경 나일강 유역의 이집트에서는 최초의 정치체제가 출현하였다. 중국의 경우 기원전 16세기에 이르러 상(商)왕조의 건설과 함께 최초의 정부가 나타났다. 상왕조는 청동기술, 말이 끄는 전차, 문자의 발달이 특징적이며,[13] 이 무렵 일관성 있는 중국의 정치체제가 뿌리내리기 시작했다. 상 세계의 변방에 있었던 친척들로 이루어진 주(周)왕조(1045~256 B.C.)에 이르렀을 때 중국의 정체는 이미 오늘날 우리가 사는 시대까지 그대로 이어져 내려오는 특징을 가진 정치체제의 모습을 띠고 있었다.[14] 중국 정치체제의 뚜렷한 모습이란 신조(creed)로서의 통합성, 교리에 의거한 왕의 존재, 덕에 의한 통치의 주장, 엄격한 위계질서, 세계의 중앙에 놓여 있다는 가정 등이다.

주왕조의 마지막 무렵 공자와 맹자는 중국문명에 가장 큰 영향을 미친 공공철학(public philosophy) ― 후대 사람들에게 유교라고 알려진 ― 을 제공하였다. 유교철학의 일부는 모호하며 또 일부는 믿을 수 없는 미래의 행운과 같은 것이기도 했다. 모든 사람이 자주 인용하는 "제국을 차지하는 유일한 길이 있으니, 그것은 바로 국민의 마음을 얻는 것이다. 그들의 마음을 얻는 길이 있으니, 그들이 원하는 바를 그들에게 제공하는 것이다"[15]라는 맹자님 말씀의 심오함을 이해하고 있지는 않다. 그러나 유교는 정부와 국민을 종합적 윤리체제 내에서 하나로 엮는 역할을 담당하였다.

진(秦)나라(221~206 B.C.)는 철권의 독재정치체제를 확립했다. 오늘날 마오쩌둥이 그를 칭송했다는 사실과 시안[西安] 근처의 진시황릉에서 발견

---

13) Hucker, 1975, p.28.

14) Hucker, 1975, p.41.

15) Schrecker, 1991, p.20.

된 테라코타 병사들로 더욱 잘 알려진 진시황제는 중앙집권화된 정치체제를 확립, 덕치를 비웃는 대신 강력한 법과 칼에 의한 지배체제를 확립하였다. 진나라의 경우 주나라에 비해 종교가 행하는 영향력은 훨씬 줄어들었다. 진나라의 황실은 촌스럽고 대단히 믿기 어려운 나라이기는 했지만, 힘을 어떻게 장악하고 행사해야 할지에 대해서는 잘 알고 있었다. 진나라는 경합하던 다섯 나라를 멸망시킨 후 전체주의 정권을 수립했는데, 이는 전체주의를 상징하는 'totalitarianism'이라는 영어가 나타나기 이미 2천 년 전의 일이었다. 진시황제의 정책은 국민들의 좋은 행동을 이끌어 내는 것이 아니라 국민들이 나쁜 행동을 하지 못하게 하는 방안을 강구하는 것이었다. 진시황제의 칙령 중 하나는 "정치 혹은 철학적 논의를 하는 자는 사형에 처할 것이며, 그의 시체는 대중에게 공개될 것임"을 말하고 있다.[16] 마치 유럽에서 마키아벨리가 담당했던 바처럼 진시황제는 중국을 건설하는 역할을 담당했다. 그는 진나라가 통일을 이룩하기 이전 중국에서 나타났던 여러 가지 정치체제가 경합하는 세상에서 하나의 정치체제를 확립하는 통일을 이룩했으며, 근대유럽에서 사용되는 것과 동등한 의미의 '국가'라는 개념을 중국에 소개하였다.[17]

진나라의 잔인하지만 효과적 현실주의 정치(*realpolitik*)에 대항하는 반동이 한(漢)나라(202 B.C. ~A.D.220) 왕조의 핵심에서 야기되었다. 이때 칼에 의한 지배와 덕에 의한 지배가 타협점을 찾아냈다. 유교적 취향에 젖은 군주는 인구가 6천만에 이르렀으며, 오늘날 미국영토의 3분의 2나 되는 중원지역의 농민들을 엮어내어 거대한 관료국가를 건설했고, 또한 도덕에 의한 설득으로 통치했다. 이 왕조로부터 한인(漢人, *Hanren*)이라는 개념이 도출되었다. '한런'이란 오늘날의 중국인을 지칭하는 일반명사이다. 한왕조 이

---

16) *Shiji*, juan 87.
17) Machiavelli, 1960, chap.1; Sabine, 1968, p.328.

후 혼란과 갈등의 시대가 도래했다. 이 혼란시기는 중국역사에서 유일무이
한 것은 아니다. 강력한 성격의 수(隨)나라(589~618)에 이르러 중국은 비로
소 다시 통일을 이룩할 수 있었다.

  수나라가 겨우 30년 동안 존속한 이후 영광스런 당(唐)나라(618~907)가
중국의 정치체제를 다시 발명했고 복잡한 법체계(法體系)를 건설하였다.
당나라의 수도인 오늘의 시안은 2백만 명의 인구를 자랑했으며 당시 세계
제 1의 대도시였다(당나라 이후 수백 년이 지났을 때에도 유럽의 도시들은 동
아시아 및 중동의 도시들과 비교하면 상대가 될 수 없을 정도로 작은 것들이었
다. 가장 번영했을 당시 베니스의 인구는 당나라 시안이 보유한 인구의 5%에
불과했다). 당나라 시대에는 시문학(詩文學)과 불교조각이 정점에 달했다.
당나라의 중국황실은 2백만 권의 장서를 자랑했던 국립도서관을 가지고
있었으며, 수만 권의 장서를 보유한 대규모 사설 도서관들이 즐비했다.[18]
한나라로부터 물려받은 정치체제는 다시 정교하게 발전되었고, 이웃나라
인 일본은 7세기 당나라를 송두리째 모방하려고 노력할 정도였다. 세금을
거둘 수 있는 기반이 확충되었고, 그 결과 도시화가 진행되었다. 유교경
전의 이해도를 기본으로 인재를 선발하는 과거제도가 완전히 꽃피었다.
이 같은 과거제도는 후세 중국역사에 유교적 교리를 강화시키는 데 엄청
나게 중요한 역할을 담당했다. 당나라는 당나라 이외의 다른 나라 귀족들
과의 결혼, 혹은 무력공격을 통해 중국 이외의 지역인 한국, 페르시아의
일부, 그리고 베트남 등으로 영역을 확대하였다. 시안에 있는 산시〔陝西〕
역사박물관에서 볼 수 있는 당나라 예술품은 우리가 중국의 문명을 결코
얕보면 안 되는 여러 가지 이유 중의 하나이며, 어떤 중국인들도 끈기 있
는 역사에 대한 자부심을 갖도록 하는 요인이다.

  그러나 당나라는 755년부터 763년까지 지속된 안녹산(安綠山)의 대규모

18) Schafer, 1963, pp.271~272.

반란으로 결정적으로 약화되었고 결국 붕괴되었다. 안녹산의 반란 이후 제
국의 권위는 쇠퇴했으며, 9세기 말 중국 곳곳에서 야기된 농민봉기는 당나
라의 쇠퇴를 재촉하였다. 한나라의 종식과 마찬가지로 당나라의 몰락은 또
다른 혼란의 시대를 초래했다. 비록 그 혼란은 다른 시기보다 훨씬 짧은
60년 동안 지속되었을 뿐이었지만 말이다. 그러나 당나라를 통해 중국의
정치체제는 지구 전체의 통치사(統治史)에 중요한 기준으로 등록될 수 있었
다. 군주제와 관료제가 혼합되었으며, 강성과 취약함, 행정과 심리학, 총과
순수한 허세가 기만적으로 혼합된 중국의 정치체제는 중국이라는 공동체가
다른 국가들과는 이율배반적 관계에 있는 자신을 어떻게 정리할 수 있었는
가에 대한 중요한 모델이 된다. 중국의 정치체제는 문명적 통치(*civilization-
al rule*)라 불렸던 찬란한 도구였다. 그럼에도 불구하고 중국의 정체체제에
는 때때로 중국이란 국가와 중국이란 영토 사이에 무엇인가 잘 들어맞지
않는 불일치가 존재했다.[19]

　주요 강대국들 사이에서도 별나 보이는 국가인 중국은 오늘날에만 별나
보이는 나라는 아니다. 중국이라는 나라는 천 년 전의 세계에서도 별난 나
라였고, 2천 년 전의 세상에서도 별난 나라였다. 실제로 '국가'라는 말은
'통치'(*governance*)와 '중국적'(*Chineseness*)인 것을 연계시키는 적합한 단어
는 아니었다. 중국이 자신을 문명이라고 생각하는 것은 중국정부가 효율적
으로 통치될 수 있는 정체로서의 중요성만큼이나 중요한 것이었다. 약 400~
500년 전 유럽에서 소멸된 봉건주의 시대 이후 유럽인들이 보는 국가라는

---

19) Tu, 1991, pp.15~16; 문명국가(*civilization-state*)라는 유사한 용어를 사용하
　고 있음.

개념은 중국왕조의 역사가 19세기 후반 나라가 망할 단계에 진입할 무렵까지는 중국정치의 이론과 실제에 나타나지 않았던 생경한 것이었다.

물론 세계 정치사의 초기단계에 나타난 중국문명의 지배양식이 다른 문명들과 특별히 다른 것은 아니었다. 이집트, 메소포타미아, 그리고 다른 지역에서도 중국의 주(周)왕조에 나타났던 왕정(王政)과 비교될 수 있는 유사한 정치체제가 발견된다. 그러나 예수 탄생 이후 2천 년 동안 중국 왕조체제와 유사한 고대 정치체제는 어디에도 존재하지 않았다. 중국의 청(淸)나라가 멸망할 무렵의 서태후(西太后, Empress Dowager)의 통치(1835~1908)는 서양인들이 보기에는 경이로운 것으로서, 바로 문명적 통치라고 말할 수 있는 중국만의 특이한 지배양식이었다. 바로 중국의 문명권적 통치양식은 오늘날 미국과 중국의 관계를 복잡하게 만드는 요인이기도 하다.

역사학자 왕궁우 교수는 송(宋)나라(960~1279)와 그 이후 중국왕조가 어떻게 외교정책을 추구했는가에 관한 그의 초기 저작에서 다음과 같이 기술하고 있다.

"이 세상 다른 어느 나라에서 2천 년 전 혹은 천 년 전에 기록된 외교관계 문서가 오늘날에도 그처럼 강력하게 살아남아 영향을 미치는 경우를 찾아 볼 수 있단 말인가?"[20]

오늘날 중국의 정책에서 나타나는 많은 것들은 유럽이 중요한 정치체제로 부상하기 훨씬 이전에 발명된 것들이다. 당나라 왕조의 개념에 의하면 중국은 "누구도 중국 밖에 놓이면 안 된다." 이 세상에 존재하는 어떤 왕조 혹은 어떤 정치 공동체라도 중국적 관점에서 어떤 특정한 지위를 부여받아야만 한다. 송사(宋史)에는 "외국이 다가올 때 그들을 거절하지 말라. 외국이 도망갈 때 그들을 추적하지 말라"[21]는 외국에 대한 금언이 있다. 이것이

20) Wang Gungwu, 1968, p.61.

바로 우리가 더 이야기할 조공(朝貢)체제의 이상적 형태이다. 조공이란 이
웃에 있는 나라들이 중국으로부터 공격당하지 않기 위한 일종의 보험정책
으로 중국의 황실에 대해 존경의 예를 바치는 것이다. 중국의 모든 왕조는
본질적으로 현실적인 이중정책 — 즉, 표피는 덕(德)이라는 부드러운 껍질
로 포장되었지만 핵심에는 위(威), 즉 힘이라는 요소가 존재하는 — 을 채택
하였다. 비단으로 싸인 장갑 속에 강철로 된 주먹이 숨겨져 있었다.22) 중국
의 우월성에 관한 도덕적 언급을 이해하지 못하는 나라들에 대비하여 무력
침공이란 대안은 항상 준비완료된 상태에 있었다.

   이 모든 것들이 오늘날 중국의 외교정책에 그대로 투영되어 있다. 중국
의 다양한 과거에 나타나는 권위주의적 요소들을 이어받은 중국공산당은
슬프게도 가장 억압적이고 가장 비인간적인 측면을 그대로 반복하는 것이
다. 파이너의 관점은 다음과 같은 말로 표현될 수 있을 것이다.

   "정치체제의 본질 — 특히 중국의 경우는 그 역사가 길기 때문에 — 은 그
   것이 어떻게 생성되었고 성장했느냐의 여부에 달려 있는 것이다."

   국가란 무엇인가? 고대의 경우 국가란 어떤 특정한 영토에 살며, 공통의
권위에 의해 지배당하는 인간들의 일부를 의미했다. 특별한 개인들과 군사
력은 국가권위의 형태와 근육을 형성했다. 이처럼 특정한 영토에 살며 공통
된 권위의 지배를 받는 일군의 인간들은, 자신들은 다른 '나라'와 구분되며
그들과는 별개라고 생각했다.23) 파이너의 정의를 따른다면 그와 같은 고대

---

21) *Song shi*, juan 485.
22) Wang Gungwu, 1968, pp.47, 49, 53, 55; Fletcher, 1968, p.207.

국가들은 우리들이 오늘날 생각하는 근대적 국가개념인 인식의 공동체, 아래로부터의 참여라는 개념을 가지고 있지는 않았다.[24] 물론 고대의 국가들은 국민의 의지에 의해 공통의 권위가 형성된다는 개념도 가지고 있지 않았다.

그러나 고대국가의 이러한 속성들은 중국의 정체에는 해당되지 않았다. 중국의 영토는 줄었다가 불어나고 불어났다가는 줄어들었다. 중국의 국경은 모호했다고 말하는 것은 천 년의 역사를 과소평가하는 것이다. 오랫동안 중국은 국경이라는 개념 자체를 인정하지 않았다. 당나라 황제의 칙령은 다음과 같이 선언했다.

> "황제의 높음은 하늘만큼 위대하며 황제의 광대함은 온 세상만큼 크다. 그의 광채는 태양이나 달에 버금가며, 황제의 정직함과 신뢰는 4계절과 같다."[25]

이 같은 우주적 관점 아래 영토가 가지는 의미가 과연 무엇일까? 한나라 당시 나온 언급에서 우리는 분명한 답을 얻을 수 있다. "漢나라(중국)의 도덕적 힘에는 국경이 없다."[26] 중국인들을 주변의 다른 나라 사람들과 구분하는 것은 지도 위에 그려진 선이 아니라 중국의 문화, 생활양식, 그리고 우주론적 사고방식이었다. 후세의 왕조에서도 관리들이 그린 국경선은 모호한 것이어서 "어디서 중국지도가 끝나고 어디서 세계지도가 시작되는 것인지 알기 어려웠다."[27] 물론 중국의 왕조들은 편의에 따라 국경을 인정했음이 사실이다. 그러나 중국은 무한대의 통치권이란 개념을 항상 남겨두고

---

23) Finer, 1997, pp.2~3.
24) Nettl, 1968, pp.565~566.
25) *Tang da Zhaoling Ji*, juan 13, 77.
26) Wang Guowei, 1984, p.1150.
27) Richard J. Smith, 1996("*Mapping* …"), p.53.

있었다. 국가의 붕괴를 초래했던 봉건시대 유럽에서 충성심의 문제는 "당신은 누구의 사람인가?"였지 "당신은 어느 나라에 살고 있는가?"가 아니었다. 중국의 전통도 이와 마찬가지였다. 아마 중국의 통치권역과 관련하여 보다 타당한 질문은 "당신은 어떻게 사는가?"일 것이다.

중국의 국경은 항상 변하는 것이었으며 일부러 모호한 채로 놔두기도 했다. 그러나 중국인이 된다는 사실은 서서히 변하는 것이었으며 아주 분명한 것이었다. 만약 당신이 중국인이라면 당신은 어떤 특정한 의식을 행할 줄 알고, 한자를 쓸 줄 알며, 밭을 경작하고, 젓가락을 사용해서 식사하며, 황제의 아들일 것이다. 만약 당신이 중국인이 아니라 할지라도 중국제국은 당신을 정복하고 당신을 '중국화'시킬 것이다. 그 경우 당신이 중국적 인간이 될 수 있다는 점은 보장되어 있다. 비록 맹자는 국민을 존경하는 정부만이 정당한 정부라고 가르치고 있지만, 중국에서 권위를 정당화시키는 방법이 국민들로부터 나온 경우란 결코 없었다.

중국의 정체는 너무 오랫동안 존속했기 때문에 '중국'이 언제 시작되었는지 정확하게 말하기는 곤란하다. 주왕조 당시 '중국'이란 존재하지 않았다. 주(周)나라 이전인 상(商)나라의 경우에도, 그리고 상나라 이전인 하(夏)의 경우, 훗날 중국이 되는 작은 조각들이 존재할 뿐이었다. 중국인 또는 중국민족을 나타내는 '종꿔런'〔中國人〕, '한주'〔漢族〕 등의 중국어는 최근에 만들어진 단어들이다.[28] 지난 천 년 동안 수많은 변형과 단절이 있었다는 사실이 발견된다. 주나라 이전의 왕조에는 종교지도자로서의 왕이 존재했지만 그후 중국제국시대의 마지막 천 년 동안 신정정치(神政政治)의 흔적은 거의 찾아볼 수 없을 정도였다. 상왕조(B.C.16~18세기)는 주왕조 이후의 왕조들과는 몇 가지 중요한 점에서 대단히 상이한 나라였다. 공자님의 가르침을 이해하는 정도를 기준으로 관료주의 지도자를 선발하는 과거제도는 당나라

28) Wilkinson, 2000, p.96.

시대에 비로소 생긴 제도였다. 남부의 광둥성은 당나라 시대가 되었을 때 비로소 중국화되었던 지역이다. 남동쪽의 푸젠〔福建〕성과 장시〔江西〕성은 한참 후인 송나라 당시 중국이 되었다. 윈난〔雲南〕과 구이저우〔貴州〕성은 명(明)나라 시대 이후(명나라는 1644년 멸망했는데, 이는 하버드대학이 설립된 1636년보다 몇 년 후의 일이었다) 비로소 중국에 의해 통치되기 시작했고 중국적 삶의 방식을 받아들였다.[29] 중국은 국가이기도 했고(송나라, 명나라의 경우처럼) 제국이기도 했다(한, 원, 청, 그리고 중화인민공화국의 경우).

파이너가 말하는 국가가 가지는 두 번째 속성은 중국의 정체에도 해당된다. 중국은 이집트, 로마와 마찬가지로 민간인 공무원과 군대가 사회를 정리하고 국가를 방위하기 위한 임무를 담당했다. 그러나 파이너가 말하는 국가의 세 번째 속성은 중국의 경우에는 나타나지 않았다. 중국이라는 정치체제는 다른 나라와 자신을 비교가능한 대상으로 간주하지 않았다. 물론 이스라엘과 유다의 유대 이스라엘 왕국들도(1025~598 B.C.) 그들 자신이 보기에 그들은 "다른 나라들과는 동떨어진" 나라였다. 그러나 중국의 황제는 다른 모든 나라들과 동떨어진 것 그 이상이었다. 그는 하늘 그 자체를 대표하는 유일한 통치자였다. 업적이 대단하지 못한 송나라(960~1279) 왕조와 비교할 때 자신의 업적이 얼마나 위대했는가를 느꼈던 태종을 생각해 보자.

"우리나라는 중국과 야만인을 변화시키는 영향력을 행사했다. 우리의 영향력은 동물과 식물들에게까지 미쳤다."[30]

중국이 그리스의 폴리스(도시국가), 아시리아 혹은 초기 일본과는 다른 종류의 나라라면 주나라, 한나라, 그리고 당나라 시대의 '중국'이란 무엇을

29) Ting, 1931, p.11; Ma, 1987, pp.142~143.
30) *Song buiyao jigao*, ce 7, 6874.

의미하는 것일까? 중국의 정치체제는 애초에는 주로 황하유역에 거주하며
중국어를 사용하는 사람들로 구성된 농경사회를 통치하기 위한 '우리와 그
들'이라는 시스템의 모습을 하고 있었다. 기원전 2000년대 중반무렵 황하유
역에 정착민 사회가 형성되기 시작했고, 이는 기원전 7세기 이전까지 존재
했던 화전농업을 대체하는 것이었다.[31] 주나라 왕조 당시(B.C. 11세기~3세
기) 중국의 왕은 자신을 하늘의 아들이라고 부르기 시작했고, 더 넓은 '국제
적' 영역에 대해 ― 사실은 거의 무한정한 영역에 대해 ― 자신의 통치권을
행사하고자 했다.

　기본적으로 두 개의 계급으로 구성된 패턴으로 문화를 갖춘 엘리트들은
농업사회에 대해 질서를 강요하기 위한 통치기술과 정통성의 신화를 개발
했다. 의례를 통해 천자의 세계와 천자의 통치영역은 단순히 가부장적 통치
의 대상인 일반서민들과 구분되었다. 중국의 정치적 문건에 '자유'라든가
'평등'이라는 단어들은 거의 존재하지 않는다. 이 중요한 서구 정치사상의
개념들은 의무와 위계질서를 중심으로 하는 중국의 통치체제에서는 존재할
수 없는 개념이었다. 황제마저도 조상들을 떠 받쳐야 하는 의무가 있을 정
도였다. 물론 선친에 대한 존경은 선친으로부터 유래한 후손들을 잘 돌본다
는 것과 분리될 수 있는 것은 아니다.

　중국의 정치체제는 막강한 힘을 보유하고 있었다. 당나라 이후 막강한
세습적 귀족제가 존재하지 않았던 상황은 중국의 정치체제에 권위, 지속력,
그리고 확실한 합리성을 부여했다. 정권을 장악한 사람들에 의해 해석되는
공자 및 맹자에 의한 위계질서와 의무에 관한 윤리적 교리는 강요된 정치질
서를 정당화시키는 정교한 근거가 되었다.

　이 같은 시각에서 본 페레로모프(Perelomov)와 미르티노프(Martynov)는 "세계
는 두 개의 부분으로 구성되었다. 하나는 그들(문명화된 엘리트) 자신의 고유

―――――――――

31) Elvin, 1973, p.23.

72

한 영역인 문명의 영역과, 또 다른 하나는 다른 사람들(중국의 농민들과 중국인이 아닌 사람들)의 세계로서 혼돈의 영역이었다"고 기술하고 있다.[32] 이 관점은 거만해 보이는 것이기는 하지만 지속적 통치의 기준을 제공했다. 앞으로 우리가 살펴 볼 것이지만, 이 같은 이중성과 중국의 가부장적(*paternalism*) 특성 사이에는 수많은 굴곡이 존재하기는 했지만 이들을 연결시키는 하나의 선이 존재했음을 볼 수 있다. 적어도 마오쩌둥 시대까지는 그랬다.

1964년 중국을 처음 방문한 이후 1970년대에 중국을 자주 방문하면서 저자는 모두 다 아는 마오쩌둥의 국가와 국가에 무엇인가를 기대하는 인민들 사이에는 엄청난 간극(間隙)이 있다는 사실을 보고 놀랐다. 중·고등학교와 대학에서 나는 젊은 학생들에게 졸업하면 무엇을 하고 싶은가 물어보았다. 이 질문에 대한 학생들의 대답이 너무나 천편일률적이었다는 사실을 나는 결코 잊을 수 없다. "국가가 결정해 줄 것입니다." 마찬가지로 중국을 소련보다 더 빛나는 사회주의 국가로 만들기 위한 목적으로 정치 및 경제단위를 조직화한 코뮌(*commune*)을 방문했을 때, 나는 농민들에게 다음에는 어떤 작물을 경작할 것이냐를 물어보았다. 당연히 "그것은 국가가 결정할 일이다"는 대답이 나왔다. 물론 이 대답들이 항상 정직한 것은 아니었다. 그러나 마오쩌둥 당시 중국인들이 공개석상에서 무릎을 꿇고 받아들여야만 하는 규범은, 자신의 경력, 농업의 우선순위, 심지어는 기술적 문제까지도 ― 가치가 개입된 주제는 물론이거니와 ― 공산주의 당정국가에서 지시하는 바를 복종해야 한다는 것이었다. 중국공산당의 관료들은 반은 정치적 기계의 우두머리였고, 반은 마을의 목자와 마찬가지로서 인민들의 '아버지와 어머니'를 상징하는 제국의 관리였다. 이들 관리들은 중국의 왕조체제를 지탱하는 기둥이었다. 하늘은 통치자를 "인민들의 부모로 만든다."[33] 국가의 꼭

---

32) Perelomov and Martynov, 1983, p.101.
33) Mei, 1929, p.44.

결과인 동시에 원인인 것이다.[44]

중국의 정치체제는 자신들의 고유한 '하늘' 개념과 고유한 가치를 가진 야만인들에 대해 정반대의 칭호를 제공했다. 중국의 황실은 그 같은 야만인들을 — 터키(돌궐족, 突厥族)인들이 계속 이 같은 사례로 거론되었다 — 하늘을 거부하는(逆命) 자들이라고 명명했다. 이처럼 말을 듣지 않는 야만인들은 결과적으로 중국의 공격을 당하는 존재가 된다. 만약 패배한다면 위축된 야만인들은 그 다음 차선책의 범주인, 즉 "항복을 통해 도를 받아들이는" 일을 택하게 된다.

이 같은 교훈은 한 단계 더 나간다. 패배한 고집불통의 야만인은 만약 차후 더 나아진 태도를 보일 경우 등급이 상승되는 보답을 받는다. 그는 중국의 도를 잘 추종함으로써 '귀강'(歸降) 등급으로부터 '귀순'(歸順) 등급으로 오를 수 있다. 1771년 북방 칼미크족을 칭찬했던 청나라 황제 건륭제는 약 20년이 지난 후 남쪽의 네팔인들을 하늘을 거역하는 자들이라 선언하고, 그 이유로 네팔을 정복해버렸다. 이로써 네팔의 왕은 '귀강'의 범주에 들어가게 되었고, 이는 항복을 통해서만 중국의 도를 따르는 것을 의미했다. 그러나 건륭제는 차후 카트만두(네팔의 수도)에서 나오는 "심오하고 진실된 후회"를 알아차리게 되었다. 건륭제는 '귀강'이라는 칭호를 벗겨주고 네팔을 '귀순'의 범주에 넣어 주었다. 우주는 다시 조화로운 상황을 맞아하게 된 것이다.[45] 방법과 시간에 차이는 있었지만 중국의 황실은 열등한 족속들의 복종을 확보해 나갔다.

---

44) Perelomov and Martynov, 1983, p.118.
45) Qi, 1884, juan 15.

새로 형성된 중국의 왕조는 전형적으로 중국을 동심원의 중심에 놓고 진행되는 네 단계 작업으로 세계를 만들어 나갔다. 이 네 단계의 작업은 중국의 국내정치에서부터 외교정책에 이르기까지, 즉 중국인들 사이에서의 '우리와 그들', 그리고 중국과 다른 나라 사이에서의 '우리와 그들'을 확인하는데 불완전한 영향력을 미치고 있었다. 첫 번째, 새로운 통치자는 중국 내부(inner China)의 영토에 대한 확고한 통치력을 확보해야 하였다. 이 지역에 대해서는 무질서, 이단, 부족함의 위험 등이 존재하면 안 되었고, 재정적, 교리적, 그리고 조직적 측면에서의 통치가 확립되어야 했다.

　두 번째, 지역 — 이 지역은 오늘날 말하는 외부의 중국(outer China)에 해당(제 7장에서 논의될 예정임) — 에 대해서 새로운 왕조는 이 지역에서 발생할지 모르는 군사적 위험을 무력화시키기 위해 모든 노력을 기울여야 했다. 이 지역은 중국의 북, 서부지역으로 유목민족이 거주하던 곳이었다. 외부 중국에는 몽골, 티베트, 투르키스탄 등이 포함되기도 한다. 이 지역에서는 물리적 폭력사용이 일상적 현상이었다.

　세 번째, 중국의 왕조는 중국의 일반적인 정치적 패권이 가정하는 지역에 대해 정치적 영향력을 미치기 위해 노력해야 했다. 오늘날의 중국과 베트남 등이 이 지역에서 가장 중요한 나라들이었다. 명나라 황제는 한국의 왕이 불교에 대해 관심을 가지고 있다는 말을 듣고 마치 아버지가 아들을 꾸짖는 것처럼 한국의 왕을 꾸짖었다. 이 명나라 황실은 베트남으로부터는 똑같은 존경심을 받아내지 못했다. 베트남은 939년 독립을 추구한 이후 수 세기 동안 중국으로부터 독립해야 한다는 기운이 감돌았다. 이 지역들에 대해서는 다양한 방법이 동원되었다. 1405년 베트남을 규탄하는 황제의 문건(imperial denunciation)을 베트남으로 보냈다. 이 방법이 통하지 않을 경우 군대가 파견될 것이다.

　명나라 황실은 비록 베트남에 대해서 폭력적 수단을 행사하기는 했지만 다른 한편으로는 '덕에 의한 지배'의 원칙을 고수하고자 하였다. 중국이 베트남을 공격할 때마다 황제의 성명(*imperial manifesto*)이 발표되었다. 황제의 성명은 "안남(安南, 오늘날의 북베트남 지역)에 거주하는 모든 인민들은 나의 작은 어린이들이다"고 선언하고 있다. 중국의 황제는 군사력을 동원하게 된 이유를 말을 잘 듣지 않는 베트남의 지도자에서 찾았다.

　　"베트남의 지도자는 베트남인들을 잔혹하게 통치하기 때문에 베트남인들
　　은 그 지도자에 대한 원한이 뼛속까지 사무친다. 하늘과 땅의 정신은 이
　　같은 것을 용납할 수 없다."

　중국 황제는 원정을 떠나는 중국의 군사들에게 다음과 같이 말했다.

　　"제군들이 베트남으로 향하는 이유는 그곳 사람들의 고통을 덜어주기 위
　　함이며, 이 같은 임무를 마지못해 담당해서는 안 된다."[46]

　아마 수십만 명 이상의 베트남인들이 살해되었을 것이다. 그럼에도 불구하고 중국은 베트남에 대한 공식적 지배권을 확립하는 데 실패했다.

　오늘날 중국인민공화국의 역사학자들은 아직도 베트남이나 남서부의 윈난성은 중국의 여러 황제들에 의해 처벌되고 응징되었던 지역이라고 말한다. 이는 중국의 거만한 전통이 얼마나 견고하게 지속되고 있느냐를 말해주는 예가 된다.[47] 더 나쁜 것으로서, 중국공산당의 문화담당 관리는 프랑스인들이 19세기 동남아시아에 오기 이전까지의 베트남은 중국의 일부였다

---

46) *Ming Shi Zong shilu*, juan 197~200.
47) Wade, 2000, p.43; Ma, 1987, pp.143~155.

80

고 말함으로써 조공관계와 소유관계를 혼동하고 있다. 2002년 시안의 산시 역사박물관에는 베트남에 관해 다음과 같은 글이 쓰여 있었다.

"(베트남은) 2백 년 전까지는 중국의 일부였다. 그리고 오늘에도 베트남인들의 집에 가면 중국 글자들을 볼 수 있다."

위의 말은 베트남에 거주하는 베트남인과 중국인을 혼동한 것 같다. 중국의 젊은이들은 중국이 베트남을 비롯한 인근 국가들을 통치하기 위해 얼마나 오랜 기간 동안 침략하고 학살했던 기록을 가지고 있는지 알지 못한다.

네 번째, 세계는 중국이 잘 알지 못하는 곳인데, 새로 형성된 중국의 왕조들은 이들 지역이 우주론적 측면에서 이론적으로 어떤 지위를 차지하는지 정의하기 위해 관심을 가지고 노력했다. 이들 지역은 때로 '남방의 바다' 혹은 '서방의 바다' 영토라고 불렀다. 여기에 포함되는 지역은 남아시아의 섬들과 유럽이다. 이들 지역은 중국에 위협이 되는 곳으로 생각되지는 않았고, 중국은 이 지역에 대해 별 야망이 없었다. 그러나 지구 전체의 질서라는 면에서 중국의 황제가 이 지역에 대해 관심이 없었다면 그는 하늘의 아들이 될 수 없을 것이다.

1372년의 선언에서 명나라 황제 주원장(朱元璋)은 다음과 같이 말하고 있다.

"서쪽 바다에 있는 나라들을 원방(遠邦)이라고 부르는 것은 타당한 일이다. 그들은 바다를 건너 우리에게 온다. 그들이 우리에게 오기 위해 걸리는 시간을 해와 달로 계산하기는 쉽지 않을 것이다. 그들의 숫자가 얼마이든 간에 그들이 멀리서 온 이상 우리는 그들을 자비스럽게 대할 것이다."[48]

우리들은 1950년대의 중국이 제 3세계, 특히 아프리카에 대해 얼마나 거

48) Perelomov and Martynov, 1983, p.184.

만한 대도를 취했는지 살펴볼 것이다.

일반적으로 왕조가 수립된 초기 이처럼 중국을 중심에 놓고 세계를 네 개의 지역으로 나누어 분석하는 작업은 어느 정도 성공적인 일이었다. 그러나 왕조의 후기에 이르면 거의 예외 없이 세계를 이처럼 네 개의 부분으로 나누는 일은 무의미하게 된다. 왜 그런 일이 벌어졌는가는 아주 중요한 일로서 다음 장에서 알아 볼 것이다. 이론과 현실 사이의 격차를 좁히려는 노력은 끊임없이 반복되었다. 중국인들과 야만인들 사이의 삶의 방식의 차이는 진정으로 해소되기 어려운 것이었다.

북부 몽골지방에 근거를 둔 흉노족을 어떻게 대처해야 할지에 대해서는 중국의 조정 내부에서도 의견이 분분하였다. 훈족과 겹치는 흉노족은 알타이어족에 속하며 샤머니즘을 신봉하고, 바지와 기병을 발명했던 족속이다. 기원전 1세기 무렵 흉노는 물리적 측면에서 중국과 맞먹는 힘을 가지고 있었다. 흉노족 족장인 마오둔이 통치하던 당시 중국의 감찰관인 쳉징은 황제에게 탄원했다.

"우리는 그들에 반대할 수 없습니다. 흉노족은 그 본질상 짐승처럼 몰려 다니며, 또는 새처럼 흩어지기도 합니다. 그들을 추적한다는 것은 마치 자신의 그림자를 추적하는 것과 같습니다. 만약 황제께서 지금 흉노를 공격하려 하신다면 황제의 고매한 덕에도 불구하고 위험만을 초래할 것 같아 두렵습니다."[49]

---

49) Perelomov and Martynov, 1983, p.57.

　진-한(秦-漢)시대에 이 같은 주장은 때로 무시되었다. 그러나 결과가 항상 좋은 것은 아니었다. 고매한 덕을 가졌다 할지라도 재앙적 결과를 초래하는 경우가 많았다.

　무슬림족, 티베트족, 그리고 다른 서방족속들과의 관계에서 중국은 때때로 결혼정책을 사용하기도 했다. 중국이 이들 적들과 싸워서 이기기 힘들다고 생각했을 때, 이들 왕조와 결혼을 통해 연계를 맺음으로써 전쟁을 회피하려 했다. 그러나 중국이 결혼조약을 선호한 것은 아니었다. 애초에 평등관계를 상정하지 않는 중국의 천자에게 결혼동맹은 혐오스러운 일이었기 때문이다. 오늘날 중국공산당의 역사학자들은 중국과 주변국 사이에 평등관계가 있었다는 사실을 부인한다. 심지어 주변국과 '국제관계'가 존재했다는 사실조차 부인한다. 샤오지싱은 '결혼조약'은 "우리나라(중국) 내부의 형제애적 단결성을 더욱 강하게 만든 것"이라고 말하고 있다. 결혼조약이 가족 내의 조화를 어떻게 더욱 강화시켰는가에 관한 당나라의 역사를 인용하며, 그는 결혼조약은 "국가의 통일성을 증진시켰다"고 주장하고 있다.[50]

　당나라에 관한 연구는 중국이 마음에 내키지 않지만 공개적으로 거부할 수 없는 결혼조약에 대해서는 어떻게 발뺌하려 했는지 보여준다. 위구르족과 티베트가 막강할 당시 이 같은 일이 발생했다. 중국인이 아닌 통치자들과 결혼한 21명의 중국 공주들 중에서 3명만이 진짜 황제의 딸이었고 나머지는 가짜였다.[51] 서기 658년 티베트는 중국에 새로운 결혼조약을 맺자고 요구했다. 몇십 년 동안 중국 황실은 이 문제를 질질 끌었다. 702년 황비인 우(중국의 왕위를 계승받은 유일한 여자황제)는 원칙적으로 티베트와의 결혼동맹을 지지한다고 했다. 그러나 티베트가 지속적으로 강요한 후인 706년 중국은 신부감을 선발하였다. 티베트인들에게는, 신부는 당나라 황제 고종

50) Xiao Zhixing, "Han-Tang de 'heqin' zujinle woguo lishishang geminzu de youhao tuanjie," *Guangming ribao*, Dec. 9, 1978(emphasis added).

51) Guang, 1935, pp.49~50, 52~56, 65(table of all marriage pacts).

의 손자의 딸 리라고 말했다. 황제가 직접 기른 자식이라고 중국인들에게는 말했다. 그러나 위의 말은 모두 사실이 아니다. 그럼에도 불구하고 중국은 황제와 떠나는 소녀 사이의 눈물의 환송연을 연출했고, 황실의 시인은 이 장면을 시로 남겼다.[52]

중국인들은 덕으로 다스릴 수 있지만 야만인들에 대해서는 보다 강압적인 정책을 취해야 한다는 말은 어느 정도 타당한 말이다. 사실 공자의 고전인 《좌전》(左傳)에도 그 같은 말이 쓰여 있다.

> "중화의 인민들에 대해서는 덕치가 가능하다. 그러나 중국의 사방에 있는 야만족들에게는 처벌이라는 수단이 채택되어야 한다."[53]

결혼조약은 평등과 통치 두 가지 측면을 다 포함하는데, 덕에 의한 통치와 칼에 의한 통치의 중간부분에 어정쩡하게 놓여있는 것이다. 중국 주변의 이민족들은 모두 궁극적으로는 중국 영역의 일부분으로 간주되었다.

세계를 정리하는 중국의 기능은 진나라까지는 황제 그 자신의 임무였다. 그러나 한나라 이후 중국인의 우월성, 그리고 거기서 나오는 통치의 권리는 왕뿐만 아니라 유교적 교육을 받은 엘리트들의 임무로 넓혔다. 교육을 받은 도덕적 존재들은 세계를 정리하는 일을 함께 담당할 수 있었다. 그 결과 중국(華)과 야만족(夷)들 사이에 벽은 더욱 높았다. 덕이란 중국의 유교적 가르침을 충실히 따르는 사람들로부터 나오는 것이었다. 야만족들은 오로지 중국의 천자를 바라다보면 되는 것이며, 야만인들의 국가는 중국 황실과의 관계에서 결코 신하(vassal) 이상으로 취급될 수는 없었다.

우리는 중국인들의 이 같은 사고는 익히 알려진 어떤 국제관계의 패턴과도 다르다는 사실을 인식할 수 있을 것이다. 여기서 연원하게 되는 세계관

---

52) Demieville, 1952, pp.1~5.

53) *Zuozbuan*, Xigong, ershiwu nian.

에서 이론적으로 중국보다 더 강한 나라는 존재할 수 없다. 실제로 중국과 같은 수준의 정치체제도 존립할 수 없다. 중국과 동등한 지위를 가지는 정치체제의 존재는 불가능할 것이다. 아마 자신을 독립국가라고 생각하는 국가의 존재자체도 불가능할 것이다. 페레로모프와 마르티노프가 잘 요약한 바처럼 "화(華, 중국문명)와 이(夷, 오랑캐)의 구분은 이웃나라들과의 접촉경험에서 나온 것이 아니라 중국이라는 국가의 구조에서 나온 것"이라고 말할 수 있을 것이다.[54]

중국의 황실은 외교정책을 시행하지 않았다는 것은 어느 정도까지는 진실이다. 중국에서 외교정책이란 가부장적 국내정치의 연장이었다.[55] 중국의 영역 내에서 '우리와 그들' 사이의 이중성은 유럽국가들에서 나타난 왕족과 귀족, 그리고 평민의 관계와 같은 것이었다. 중국인이 아닌 사람들에 대해서 중국인들의 거만함은 더욱 현저하게 나타나는 것이었다. 물론 중국은 보다 강한 나라를 맞아 권력을 잃은 적이 있었다. 몽골족의 중국 지배가 그 예였다. 그러나 중국인들은 결코 비중국적 실체에 대해 자신들의 문화적 우월성을 굽힌 적이 없었다.

그렇다면 야만인들과의 관계에서 무엇이 잘못되었다는 말인가? 중국인들은 인간과 땅의 정상적 관계를 경작(농업)이라고 보았기 때문에 목초지에 거주하는 야만인들을 비정상으로 보고 있었다. 중국의 문헌에 의하면 야만인들은 종잡을 수 없는 제멋대로 된 사람들이었다. 이 같은 점이 단순히 야만인들은 중국의 세계관을 공유할 수 없다는 것을 의미하는 것은 아니다. 중국인이 보기에 야만인들의 내적 문제는 야만인들이 존재한다는 사실 그 자체였다. 이는 중국의 가부장제의 역사에 나타나는 공통적 신드롬으로 국가와 가족을 동일시하는 데서 연원한다. 만약 당신이 어머니-아버지와 같은

---

54) Perelomov and Martynov, 1983, p.187.
55) Tikhvinsky and Perelomov, 1981, p.26.

제 3 장

중국제국의 방어적·우월적 전통:
중국이 곧 세계다

중국은 자신의 업적을 대단히 높게 평가하는 나라였으며, 다른 나라를 경멸하던 나라였다. 이 같은 사실은 우리의 습관이 되었으며, 자연스러운 일로 생각되었다.

　　　　　　　　　　　　　　　　　　　　　　　　　　　　　-쑨원〔孫文〕[1]

　성숙한 중국제국은 오늘날의 중국에 의해서도 그대로 모방되는 하나의 존재였다. 중국제국은 스스로를 세계역사에서 가장 탁월한 존재로 생각했으며, 이는 20세기에 들어와서 중국이 소련식의 파시스트 정권을 채택하기 이전까지 그랬다. 군사, 경제, 혹은 정치적 힘 등 어느 것을 측정하는 경우라도 중국제국의 우월성은 전방위에 걸친 것이었으며, 본질적인 것이었고, 우주론적으로 당연한 것이었다. 중국의 세계는 마치 "당구공처럼 스스로 내부적으로 단단한 것이었다."[2]

---

1) Sun, 1956, p.188.
2) Peyrefitte, 1989, ix.

중국의 황실과 거래해 본 사람이라면 누구라도 — 그들이 한국의 사절이든, 러시아의 상인이든, 회교의 정복자 티무르 그 자신이든 — 중국인이 스스로를 압도적으로 우월한 지위에 놓고 있다는 사실을 알 수 있었을 것이다. 중국의 엘리트들은 스스로 자신들의 우위성을 확신했다. 상대적으로 보아 보편적 제국이었던 당나라의 경우, 만약 중국에 거주하는 외국인이 중국 여인을 부인이나 첩으로 얻으려 한다면, 그는 다시는 중국을 떠나 자기 나라로 돌아갈 수 없었다. 중국의 여인이 문명 밖의 지역에서 거주한다는 것은 말이 되지 않는 일이었기 때문이다.3)

이 같은 확신을 뒷받침하는 교리는 우주론적, 계층론적 사회윤리에 근거하는 것이었다. 그러나 여기에는 일말의 현실주의가 내포되었다. 유교의 사회윤리는 낙관적 인본주의, 가족의 중심성, 그리고 가르침의 대상이 될 만한 사람들에 대한 교육의 중요성을 포함한다(비록 비유상으로만 그렇다 할지라도). 가족과 중국이라는 공동체 사이에는 탄탄한 유대가 존재하는 것이다. 의무의 관계 — 권리의 관계가 아니라 — 가 이 같은 이상을 이루는 근간이었다. 황제는 그 자신이 하늘의 아들로서, 그리고 인민의 아버지로서 각 마을들과 하늘을 연계시키는 존재였다. 황제의 앞에서 관리들이 큰절(고두, 叩頭)을 하는 것은 마치 아이들이 아버지 앞에서 큰절을 하는 것과 마찬가지였다.4) 오로지 황제만이 모두를 위해 하늘과 땅에 제사를 올릴 수 있는 것이다. 하늘의 아들은 하나 뿐이고, 천자의 행동은 우주의 원리와 일치하는 것, 적어도 일치해야 하는 것, 또는 일치되어야 할 것으로 믿었다. 이 같은 이상이 흔들리는 경우, 그곳에는 항상 법과 칼이 존재했다. 고대중국으로부터 명·청 시대의 중국에 이르기까지 중국의 지도에는 중국을 중심으로 하는 땅뿐만 아니라, 태양이 꼭대기에 놓여 있고, 달이 바닥에 놓여

---

3) Schafer, 1963, p.25.
4) Rawski, 1998, p.297.

있는 하늘도 함께 표시되었다.5) 많은 고대의 정치체제가 자신들을 세상의 '한복판'에 있다고 생각했다. 그러나 중국처럼 자신이 그 누구보다도 월등하다고 생각한 나라들은 없었다.

명나라(1368~1644)의 영락제는 중국의 황위에 대해 아주 단순한 언급을 했다. "우리는 공경하는 마음으로 중국은 물론 외국을 지배하기 위해 하늘의 명을 받들고 있다."6) 이 같은 생각은 《서경》(書經)에 나타난 "황제의 땅이 아닌 곳은 없다"는 말까지 소급되는 것이다. 자기 자신을 독립적이고 자존심 있는 나라라고 생각하는 어떤 이웃나라일지라도, 어떤 특정한 이익과 필요성 때문이 아닌 한 중국의 이 같은 거만함을 참는 것은 쉬운 일은 아닐 것이다. 이 같은 우월성은 취득하기 위해서 노력해야 하는 것도 또는 증명해야 하는 것도 아니었다. 한 만주인 지도자는 중국이 아닌 다른 어떤 나라 사람들이라도 반대할 수 있는, 천자의 우주론적 거만함을 간단한 용어로 표현했다.

"하늘 아래 모든 나라를 다 지배할 수 있는 통치자는 하늘 그 자체 외에 는 아무도 없다."

'작동하는 것'과 '올바른 것'에 대한 미국인의 구분기준이 중국인들의 세계관 속에는 존재하지 않는다. 국가의 힘은 단순히 국가의 덕을 표현하는 것이다. 마크 맨콜(Mark Mancall)은 중국에서 "힘은 곧 정의다"라고 지적하고 있다. 힘은 결코 정의를 만들어 낼 필요가 없는 것이다. 미국인들이 이해하는 힘과 정의 사이의 간극은 중국에는 존재하지 않는다.

"힘의 사용은 힘 그 자체가 존재한다는 사실로서 정당화되는 것이다. 애

---

5) Richard J. Smith, 1996, pp.3, 37~38.
6) Fletcher, 1968, p.206.

초에 정의가 없었다면 힘도 존재할 수 없을 것이기 때문이다."[7]

청나라의 옹정제(雍正帝, 1722~1735 재임)는 오늘날 미얀마지역에 대한 자신의 군사적 정벌작전을 다음과 같은 말로 설명했다.

"나는 애초에 이 무모한 (미얀마의) 지도자를 파멸시키기 위한 원정군을 보낼 생각이 없었다. 나는 그에게 경고했지만 그는 자신의 잘못을 고치려 하지 않았다. 오히려 더욱 야욕스럽게 행동했다."
"이 무도한 지도자의 행동은 하늘과 땅과 신령을 참을 수 없게 했다. 나는 지역의 군사령관에게 그 무모한 지도자를 제거하기 위한 진격명령을 내렸다."[8]

옹정제는 더 강력한 제재수단이 사용되지 않을 수 없다는 슬픈 결단을 내린 것이다. 중국이 이웃나라를 무력공격할 때, 중국은 그것이 항상 야만족을 위해 좋은 일이라고 생각했다. 하늘은 중국황제라는 수단을 통해 사물의 적당한 질서를 바로잡아 주는 것이다.

때로 다른 나라 정부는 자신을 중국의 세계관에 일치시킴으로써 이득을 보기도 했다. 미얀마의 경우는 중국이 중국제국의 이미지를 고양시키기 위해 얼마나 큰 대가를 지불해야 했는지의 좋은 사례가 된다. 루시안 파이 교수는 중국을 향한 미얀마의 첫 번째 조공사절은 값싼 물건만을 가지고 중국에 왔다는 사실을 지적한다. 그러나 중국은 미얀마 사절단에게 값비싼 물품을 제공했다. 이처럼 이득을 본 미얀마는 기쁜 나머지 매년 조공을 바치겠다고 중국에 제의했다. 중국은 이를 말리고 매 5년마다 1회의 조공이면 충분하다고 했다. 이 두 나라 사이에는 차이점이 많았다. 미얀마는 매

---

7) Mancall, 1963, p.18.
8) *Ming Ying Zong shilu*, juan 76, 7b~8a.

2~3년마다 중국의 황제 앞에서 머리를 바닥에 조아리는 대가로 상당한 물질적 이익을 얻을 수 있다고 생각했다. 파이는 "미얀마인들은 중국의 위대함에 대해 아첨을 떨 경우 얼마나 많은 이득을 취할 수 있을지 보여주었다"고 관찰했다.[9] 그러나 어떤 외국이 중국이 기대하는 수준에 미치지 못하는 수준의 조공을 바칠 경우 그것은 중국의 분노 혹은 더 나쁜 결과를 초래할 수도 있었다. 수나라 황제(煬帝, 수양제)는 그가 서역지역의 나라들에 대해서 아낌없는 자비심을 베풀었음에도 불구하고 두 나라, 즉 인도와 비잔틴이 중국에 조공을 보내지 않는다는 사실에 불만을 표시했다. 수양제는 인도를 그의 분노를 표출하는 도구로 삼았다. 그러나 인도는 중국의 침략을 피할 수 있을 정도로 먼 곳에 있었다.[10]

중국제국의 두 번째 특징은 중국이 노력도 하지 않은 채 스스로를 제일 우월하다고 생각하는 데서 야기되는 간극이다. 천자는 자신의 제국을 경영하지만 강압적으로 다스린 것은 아니다. 느슨하게 다스린다는 한나라 시대부터 유래한 말인 '기마'(羈縻)라는 용어는 중국인들이 더욱 선호하는 통치양식으로 적용되었다. 이러한 통치양식은 중국 국경의 범위 내 혹은 범위 밖에 공통적으로 적용되는 것이었지만, 이 용어의 언어학적 감각은 야만족과 소를 같은 수준에서 비교할 정도로 비열한 것이었다. 느슨한 통치정책은 강압적 정책과 현저하게 대비되는 것이다. 변두리에 사는 사람들은 구속(속박)되어야 할 사람들이지 지배되어야 할 사람들이 아니었다.

당나라 시대가 되었을 때 느슨한 통치정책이 제도화되기 시작했다. 중앙정권은 변방에 있는 현(縣)의 지도자는 중국인이 아니라 종족상으로 그 지역의 인물이어야 한다는 사실을 받아들였다. 그들은 중국 내부의 지방관리들처럼 시안의 중앙정부에 대해 자신이 통치하는 지역의 인구 또는 재정

---

9) Lucian Pye, 저자와의 대화, July 23, 2002.

10) *Xing Tangshu*, juan 221(1).

상태를 보고해야 할 임무를 면제받았다. 이는 마치 2002년 당시의 북경과 홍콩의 관계와 유사한 것이었다. 북경의 역사가는, 청나라는 변방을 통치하는 데 지역에 따라 유연성 있는 정책을 채택했고, 그 지역의 습관에 의거한 통치방법을 택했다고 기술하고 있다.[11]

물론 예외적 시대도 여러 번 있었다. 특히 진시황제 시대는 예외로서, 그는 모든 면에서 느슨한 통치와는 전혀 어울리는 인물이 아니었다. 그러나 그는 경험적으로 가볍게 통치하는 것이 다른 방법보다 더 좋은 통치방법임을 알았다. 다른 방법은 오히려 더 많은 폭동을 유발했다.

유교적 가르침은 법 혹은 물리적 강제력보다는 도덕적 방법에 의한 통치를 강조하는 경향이 있다. 중국이 하나의 나라 혹은 여러 나라의 조합이기보다는 제국이라고 보인 시절에도 중국제국의 중앙집중 정도는 로마나 비잔틴제국의 중앙집중도에 미치지 못했다. 중국제국은 중앙의 법 혹은 중앙의 가치가 항상 제국 전체를 지배할 수는 없었던 페르시아 혹은 오토만제국과 더 유사해 보인다. 중국의 통치는 다른 나라들과 비교해 볼 경우 항상 이완된 통치(relaxed rule)였다고 말할 수 있다. 청나라가 정점에 올랐을 때, 특히 중국의 경제는 국가에 의해 미시적으로 운영될 수 없었다. 중국 본토의 18개 성의 경우에도 그랬다. 시장이 번성했고 사회적 이동도 상당 수준에 이르렀다.

또 다른 구조적 문제들이 중국 중앙정부의 장악력을 제한하는 요소가 되었다. 황제와 황제를 보위하는 대규모의 관료기구가 항상 조화를 이루고 있었던 것은 아니었다. 중국의 관료들은 자신들이 동의하지 않는 정책은 시간을 질질 끌며 시행을 보류할 수 있었다. 황제는 관료기구를 분할통치하는 방식으로 통제할 수 있었다. 왕루이라이는 송나라를 연구하면서 황제와 관료는 서로를 견제했다고 말하고 있다. 그럼으로써 위에 있는 자와 아래에

---

11) Li Shiyu, 2000, pp. 22~23.

있는 자, 힘이 센 자와 약한 자가 상호 균형을 유지할 수 있었다는 것이
다.[12] 초기 청나라 황제는 막강한 전사의 모습이었다. 그들은 관료와 군을
확실하게 장악하고 있었다. 청나라 후기의 황제들은 그와 반대였다. 그들의
정권 장악력은 허약했다. 일반적으로 말한다면 초기의 중국왕조들의 경우
관료에 대한 황제의 장악력은 후기 중국왕조의 경우보다 약했다고 보인다.[13]

중국의 관료제는 보이는 바와는 다르다. 막스 웨버(Max Weber)가 말하는
관료제의 특성은 통치 시스템, 비인격성, 위계질서, 전문화(專門化)를 의미
한다. 그러나 이 같은 모델은 중국사회의 충격에 의해 크게 조정된 것이다.
중국의 사회질서는 개인적 인간관계, 유교적 가르침, 그리고 지방차원에서
의 자족(自足) 등으로 연결된 1차 집단을 대단히 강조한다. 실제로 중국의
관료제는 그 합리성 때문에 유명하다. 그러나 중국의 관료제는 관료제를
망가뜨릴 수 있는 사회질서 내부에서 작동해야만 한다. 일부 학자들은 '나
라'라고 불리기도 민망할 지경으로 중국의 왕조가 허약할 때에도 관료들에
의한 간접적, 지역적 지배의 존재를 느끼고 있다.[14]

C. K. 양은 중국의 사회질서는 "최소한도의 공식적 정치구조만 제공받을
수 있다면 그 자체로서도 작동할 수 있다"고 말하고 있다. 더 넓은 세상의
존재는 "관료주의의 구조가 붕괴된 연후에도 다시 살아남을 수 있는 유연성
을 부여했는지도 모른다."[15] 그래서 다음과 같은 역설이 나온다.

"중국 정치체제가 오랜 세월 지속될 수 있었던 하나의 이유였던 지배와
관습의 교호작용은 때로는 중국제국의 비효율성과 붕괴의 멍에였다."

12) Wang Ruilai, 1985, p.107.
13) Fu, 1993, p.65.
14) Grimm, 1985, pp.49~50.
15) Yang, 1959, pp.134~135, 164.

놀라운 일이지만 중국인들의 우월감과 느슨한 통치라는 개념은 문화적으로 이질적인 유목민족들과의 거래에서 이율배반적인 것은 아니었다. 중국의 황실로 하여금 야만족들에 대해 우월감을 느끼도록 한 중국인들의 자만적 견해는 태종황제가 경멸적 어투로 말했듯 "머리를 풀어헤친 채로 돌아다니며 음식을 익혀먹지도 않는"16) 사람들과 거리를 두는 방향으로 기울었다. 때로 중국의 우월감은 놀라울 정도의 비정상적 정책에 의해 유지되었다. 예로서 야만족의 침입으로부터 '방어'한다는 것은 야만인들을 중국화시키는 혹은 중국화시키는 척하는 것으로 인식되었다.

　중국의 언어와 철학이 심각한 영향을 미쳤고, 농경생활양식이 중국 내부 지방과 거의 비슷한 베트남 혹은 한국 등을 포함하는 중국화된 지역(sinic zone)의 사람들을 대할 경우에도 중국은 야만인들을 대하는 것과 유사한 방안을 택했다. 한국에 대한 중국의 강력한 영향력은 때로는 군사력에 의해 유지된 것이며, 또는 거만하기는 하지만 부드러운 정책과 도덕의 영향으로 성취되었다. 중국에 대한 베트남의 관계도 특별히 다르지는 않다. 베트남의 엘리트들은 중국의 문화에 대해 유혹당하기도 했다. 그러나 군사력이 주기적으로 동원되었고, 중국은 베트남을 거의 천 년 동안(한나라 시대부터 939년까지) 점령하기도 했다. 베트남이 독립을 유지했던 당시 중국에 반대하던 베트남의 왕은 차후 중국을 방문하여 자신의 죄를 용서받아야 했다.17) 중국의 황실이 자신의 존재에 대해 확신을 가지고 있고, 야만족이 폭동을 일으키지 않는 동안에는 중국은 변방의 민족들에 대해 아낌없이 베풀었다. 당나라 태종은 647년 다음과 같이 선언했다.

---

16) *Song buiyao jigao*, ce 7, 6874.
17) Lam, 1968, p.174.

"옛적부터 모든 통치자들은 중국인들에게만 큰 관심을 가지고 야만족은
경멸했다. 그러나 나는 중국인들과 야만인들을 똑같이 사랑하겠다. 그것
이 바로 모든 족속과 민족이 마치 그들의 아버지와 어머니에게 하듯 나에
게 복종하는 이유인 것이다."[18]

그러나 야만족들에 대한 중국의 자비심은 적당한 존경심이 없을 경우,
혹은 중국의 황실이 여러 가지 문제 때문에 곤란을 겪는 경우 혼란을 불러
일으키게 된다. 수나라 황제 양제는 한국으로부터 원하던 수준의 존경심을
받아내지 못하자 분노해서 한국인들을 '작은 괴물'이라고 불렀다. 중국 동
북방의 이웃나라들은 나의 황실에 존경을 표시하기는커녕 중국을 침략하기
위해 다른 나라들과 연합하고 있다." 수양제는 의례와 도덕에 관한 책들을
옆으로 집어던지고, '사악한' 한국인들을 다루기 위해 거대한 규모의 군사
력을 파견했다.[19]

중국은 인도양을 거쳐 아프리카에 도달할 수 있는 해군력을 보유하던 명
나라 시대에서조차 외국에 식민지를 점령하고 유지하지 않았다는 언급이
있다. 중국인들이 아시아 내부에 신경을 쓰느라 해양지역에 대해서 신경을
쓰지 못했던 것은 사실이다. 그러나 유목지의 민족들에게 적용된 중국-야만
족의 모델은 예외적으로 비창조적인 것으로 보인다. 중국이 야만족에 대항
하기 위해 군사력을 사용한 경우가 종종 있었지만, 중국은 결코 자신의 삶
의 양식을 유목민족에게 완전히 이식시킬 수는 없었다. 모리스 로사비
(Morris Rossabi)는 몇 개의 왕조, 즉 한나라 혹은 당나라 등은 "주변 유목민
족을 점령하고자 했고, 점령에 성공하기는 했다. 그러나 그들의 승리는 지
속시간이 짧았다"고 기록하고 있다.[20] 중국의 왕조가 성숙하고, 그리고 쇠

---

18) *Zizhi tongjian*, juan 198.
19) *Sui shu*, juan 4.
20) Rossabi, 1983, p.2.

망의 길을 걷게 될 경우 중국의 왕조들은 중국의 내부문제에 신경을 집중하게 되었다는 전형적 패턴을 보였다. 중국의 정치체제는 — 중국인들과는 달리 — 말을 타고 달리며, 우유를 마시고, 고기를 날것으로 먹는 잠재적이며 위험한 적들과 대항하기 위해서 다른 방안을 강구해야만 했다.

아마도 중국의 지리는 중국인들로 하여금 수동적으로 가운데라는 생각을 가지게 했을 것이다. 벤자민 슈와르츠(Benjamin Schwartz)는 "중국은 중국의 이웃국가들로부터 중국에 대해 문화적 측면에서 심각한 도전을 제기할 수 있는 보편국가의 출현 및 도전을 당하지 않았다"고 쓰고 있다.[21] 고대세계의 여러 나라들은 그 통치영역이 중국에 훨씬 못 미치는 나라들이었다. 예로서 이집트는 나일강유역의 좁은 지역을 차지했으며, 다른 왕조들도 이집트에 가까운 곳에 위치했다. 경제활동영역이 주로 궁정 내부에 한정되었던 메소포타미아의 오이코스(*oikos*)와 달리 중국의 통치영역은 넓게 펼쳐진 지역을 포함했다. 중국의 변방은 중국의 수도로부터 천 마일(1,600km) 혹은 그 이상 떨어진 곳이었다. 중국은 동등한 나라들과 거래해 본 경험이 없었다. 20세기 초반 다재다능한 능력을 겸비했던 중국의 학자 딩원장〔丁文江〕은, "중국은 고대로마의 경우처럼 자극제가 될 수 있었던 아테네 혹은 (이웃의 막강한 문명인) 알렉산드리아를 가진 적이 없었다"고 말하고 있다.[22]

다른 모든 제국들과 비교해 볼 경우, 명나라 및 청나라 당시 류큐왕국(중국지역의 일부였던)에 대한 중국의 정책은 겸손한 체하는 측면이 있기는 했지만 강압적인 것은 아니었다. 류큐에 대한 중국정책은 노자가 말한 것처럼 큰 영역을 — 이 경우에는 동아시아를 의미한다 —통치하는 일은 작은 물고기를 요리하듯 해야 한다는 가르침을 따르는 것이었다. 즉, 가능한 덜 휘저어야 한다는 것이다. 물론 중국인의 거만함이 배어있기는 하다. 차후 살펴

---

21) Schwartz, 1968, p.281.
22) Ting, 1931, p.10.

보겠지만 류큐의 왕은 중국 황제의 책봉을 받아야 했다. 중국의 황실은 류큐 왕을 "하늘의 황실(celestial court, 즉 중국 황실)의 신하"라고 불렀다.

그러나 류큐는 중국과의 관계로 엄청난 문화적 이득을 얻은 것이 사실이다. 무역하는 경우에도 류큐는 마치 중국이 가격을 무시한 것처럼 중국에 대해 값을 깎아달라고 졸랐다. 또한 중국은 류큐가 중국과 관계를 맺는 동시에 일본과도 친하게 지낸다는 사실을 무시하였다. 1873년 중국과 일본 사이에 류큐에 대한 통치권 분쟁이 야기되었을 때, 류큐의 관리는 일본의 외무장관에게 류큐는 중국을 아버지로 여기고 있으며, 일본을 어머니로 여기고 있다는 내용의 요령 있는 편지를 보낸 바 있다.[23] 중국은 류큐로부터 존경받기를 원했고 이를 받아냈다. 그러나 작은 물고기는 부서지지도 않았고 너무 타지도 않았다.

변방의 민족들을 대하는 데 있어 중국은 언제 그들과의 거래를 중단해야 할지 알고 있었다. 이들에 대한 중국의 장악력이 너무 강했기 때문에 존경 및 영향력을 추구하려던 노력이 파괴의 폭풍에 의해 무산된 적이란 없었다. 페어뱅크 교수가 말한 바처럼 중국의 지배라는 공허한 용어는 바로 그것이 성공하게 된 비밀이었다. 변방에 대한 중국의 지배가 가혹해지는 경우 그것은 중국의 지배가 정점에 올랐다는 사실을 의미하지는 않았다. 오히려 그것은 중국이 두려워하며 절망하고 있다는 상징이었다.

중국제국의 방어위주의 속성과 거만성은 동전의 양면이었다. 중국은 자신들이 말하는 그들 방식의 순수성을 방어하고자 했다. 중국인들이 유목지에 거주하는 종족들과 거래하는 경우 채택했던 주고받기, 상호관계, 그리고 평등한 협약들은 선택의 대안이었다. 그러나 이 같은 것은 (송나라의 경우를 제외한다면) 중국 황실 내에 자신들이 우월하다는 인식이 팽배했기 때문에 가능한 일이었다.[24] 이 같은 멘탈리티를 오늘날의 말로 표현한다면 '자신

---

23) Sakai, 1968, p.114.

있는 고립주의'(confident isolationism)가 될 것이다.

　중국제국의 더 놀라운 속성의 하나는 중국이 주장하는 교리는 그것이 위반되는 경우에만 지켜질 것이 강요된다는 것이다. 즉, 천자는 중국인은 물론 비중국인들을 대하는 경우 모든 것을 포괄하는 원대한 교리를 가지고 있지만, 중국에 적대적인 환경은 천자로 하여금 유교주의의 낙관적 가르침과는 반대되는 행동을 하도록 강요했다. 한마디로 천자는 현실주의적이어야 했다. 중국의 황실은 비록 그들의 정규적 역사에서는 이를 부정하고 있지만, 티베트 및 서역의 터키왕국, 북부로는 거란족과 여진족의 국가들과 타협해야만 했다. 실제와 동떨어진 교리를 가지고 있었지만, 중국인들은 그 교리를 포기한다거나 그것을 수정할 생각은 전혀 하지 않았다.

　오히려 중국인들은 그들이 교리와 동떨어진 행동을 하지 않았다고 은폐하기 위해 다양한 허구(虛構)들을 고안해 냈다. 청나라 당시 중국과 중국 이외의 나라 및 지역에 관한 작품을 보면 1667년 이탈리아가 중국에 조공을 바친 것으로 나와 있다. 그러나 이는 사실이 아니며, 교황이 몸소 중국의 황제에게 공물을 바쳤다는 말은 결코 일어난 적이 없었던 허구이다.[25] 공식적 기록인 《명사》(明史, 명나라 역사)에 의하면 "야만인들은 중국의 문화를 흠모했고, 중국과의 무역으로 엄청난 이득을 취했으며, 중국의 길거리는 (중국에 공물을 바치려는) 야만인들로 가득찼다"[26]고 쓰여 있다. 때로 이 같은 이야기가 사실인 경우도 있었다. 명나라와 청나라는 일반적으로 통치,

---

24) Xie, 1935, pp.52~53; Tikhvinsky and Perelomov, 1981, p.10.

25) Richard J. Smith, 1996("*Mapping* … "), p.84.

26) Mancall, 1968, p.70.

안정, 존경 등의 문제를 무역 이상의 것으로 생각했다. 그러나 중국인들은 때로 오직 야만인들만이 제공가능한 말(馬)을 부러워하기도 했다. 오늘날 중국이 이와 유사한 행동을 하는 것을 다음에 살펴보게 될 것이다. 중국은 세계로 하여금 중국이 미국을 필요로 하는 것보다 오히려 미국이 중국을 훨씬 더 필요로 한다고 믿도록 만들기 위해 노력하고 있다.

중국은 그들이 정기적으로 야만인들에 대해 군사력을 사용했다는 사실을 인정하려 하지 않는다. 중국인들은 야만인들이 덕에 의한 통치를 받아들였다는 허구를 선호한다. 사실 많은 외국인들이 중국인을 경멸하고 있었다. 8세기 무렵 터키의 왕이었던 콜테진은, 중국인은 "항상 달콤한 말, 호화로운 보석을 가지고 있으며, 이것들을 가지고 우리를 유혹한다. 중국인들은 멀리 있는 사람들을 강력하게 유혹하며, 멀리 있던 사람들이 가까워지면 그때는 악한 방법을 사용한다"[27]고 했다. 티무르를 계승한 무슬림 지도자는 명나라 황제에게 한 통은 아랍어로 또 다른 한 통은 페르시아어로 쓴 편지를 보내서 이교도의 습관을 버리고 이슬람을 따르라고 권고하기도 했다.[28] 이 터키왕국의 지도자는 티무르 지도자들이 북경으로부터 받았던 것과는 달리 군주가 다른 군주에게 보내는 형식의 편지를 중국 황제로부터 받았다. 중국 황제는 선물을 공물이 아닌 다른 선물로 받아들이겠다고 했다. 중국의 역사는 결코 이를 인정하지 않지만 중국은 양보해야만 했다.

농경사회인 중국의 경우 전쟁을 치르는 일은 서쪽과 북쪽의 유목사회에 비해 훨씬 손실이 큰 일이었다. 그럼에도 불구하고 티베트, 몽골, 만주족들과의 거래에서 전쟁은 도덕적 통치에 못지않은 큰 비중을 가지는 중요한 수단이었다. 물론 덕에 의한 통치라는 교리는 결코 포기하지 않았다. 명나라를 개국한 황제는 다음과 같이 말했다.

---

27) Mancall, 1968, p.70.
28) Frletcher, 1968, p.211.

106

"첫 번째 천자가 천하를 통치하기 시작한 이래 중국은 야만인들을 그들의 속에서부터 통치했고, 야만인들은 중국을 그들의 밖에서부터 흠모하는 마음으로 바라보았다."[29]

이 말은 진실이 아니다. 그러나 이 같은 언급은 전통적이고 흠 없는 정책을 오랫동안 추종하고 있다는 명나라의 입장을 변호해 주는 것이었다.

이 모든 것들이 오늘의 중국에 어떠한 의미를 가지는 것인가를 염두에 두면 독자들은 다음과 같은 의문을 가질 것이다. 중국은 압도적인 제국이었는가? 혹은 다른 심각한 도전자들과 함께 경기를 펼쳤던 여러 나라들 중의 하나였었는가? 주나라로부터 1911년~1912년 청나라가 멸망할 때까지 3천년 이상 지속된 중국의 정치체제는 압도적인 제국이기도 했고, 경합하는 여러 나라들 중의 하나이기도 했다. 때로 중국은 제국이기도 했으며, 때로 중국은 하나의 나라이기도 했다. 대개 중국과 야만국가들 사이에 이루어지는 힘의 균형상태 여부에 따라 중국은 건방진 태도를 보이기도 했고, 비굴한 모습을 보이기도 했으며, 자신의 교리를 큰 목소리로 강요하기도 했고, 조용히 계산하기도 했다.

당나라와 비교해서 티베트가 막강했던 8세기 무렵 — 당시 라사는 오늘날 신지앙성, 간쑤(甘肅)성, 칭하이(靑海)성의 대부분을 장악하고 있었다 — 티베트는 물고기를 부서지지 않게 한다는 관습을 가진 중국의 오만함을 거부하였다. 중국의 황실은 구리로 된 물고기를 제조하는 관습이 있었고— 물고기는 풍요의 상징이었다 — 중국과 조공국 간의 진실성을 상징하는 징표로서 물고기를 나누어 가지는 관습이 있었다. 물고기는 완벽하게 맞춰질 수 있도록 두 부분으로 잘렸다. 그 중 한 부분은 중국의 황실이 보관하고 다른 한 부분은 조공을 바치러 온 다른 나라의 사절단이 가져가도록 되어 있었다. 물고기는 중국의 황제가 외국의 사절에게 하사한 옷의 허리띠에

29) Wang Gungwu, 1968, p.34.

부착된 지갑에 넣게 되었다. 중국의 황실은 조공국가가 이러한 구리로 만든 물고기를 12마리나 가지고 있을 것을 요구했다. 각각은 일 년중의 한 달씩을 의미하는데, 중국에 도착한 조공사절단은 여행을 한 달에 해당하는 물고기의 한 부분을 중국 황실에 바쳐야 했다. 조공국의 사절단이 도착하고 그 사절단이 물고기의 반쪽을 바침으로써 구리로 만든 물고기가 하나의 완전한 모습이 되었을 때, 이는 조공을 바치는 사절이 진실한 사절이며, 세상과 조화를 이루고 있다는 증거가 되었다.[30]

그러나 서기 730년 티베트가 670년대 이후 간헐적으로 지속된 전쟁을 통해 중국과 거의 대등한 협상국이 되었을 때, 티베트의 관리들은 더 이상 쇳조각으로 만든 물고기를 가지고 노는 일을 거부하기로 결정했다. 당나라의 수도 — 오늘의 시안 — 를 방문한 티베트의 사절은 그러한 장식품(물고기 조각)은 티베트에서는 알지 못하는 것이며, 자신들은 그 같은 희귀한 선물을 아마도 받을 수 없을 것이라고 했다. 티베트의 사절은 구리로 된 물고기는 책봉관계를 고착시키기 위해 고안된 정치적 연극이라고 생각했다. 사실 그랬다. 당시 중국은 티베트의 입장을 받아들이는 외에 다른 방법이 없었다.[31] 그러나 세월이 지난 후 티베트는 힘을 잃게 되었고 중국으로부터 통치를 받게 되었다.[32]

때로 힘의 강성함과 쇠망이 불과 몇십 년 사이를 두고 나타나기도 한다. 기원전 221년 전국시대를 종식시키고 천하를 통일한 진나라의 시황제는 베트남을 공격하기 위해 50만의 군사력을 동원하였다. 그러나 불과 10여 년이 흐른 후 진시황제의 나라는 붕괴되고 말았다. 초기의 송나라는 남부에 있는 여러 왕국들과 가부장적 관계로 상징되는 '국제'관계를 맺고 있었다. 책봉국가로서 조공을 바치는 것이 의무였던 남쪽의 당나라와 한나라, 그리

---

30) Schafer, 1963, p. 26.

31) Richardson, 1970; Des Rotours, 1952, p. 63.

32) Courant, 1912, chap. VII.

고 월(越)왕국이 조공을 바치는 한 송나라는 그들을 마음대로 하도록 놓아두었다. 그러나 차후 송나라의 힘이 막강해졌을 때 송나라는 남당, 남한, 그리고 월 등 세 나라를 멸망시켜 버렸다.

그러나 북쪽에 대해서 송은 결코 압도적 우위를 차지한 적이 없었으며 준국제관계적 체제에 놓여 있었다.[33] 송나라는 몽골 동부의 목초지에 거주했던 거란(契丹)족과 대등한 관계를 유지했다. 이들은 나중에 요나라(僚, 907~1125)를 건설했다. 송나라는 또한 아무르 강변에서 발흥한 여진족과도 대등한 관계를 유지했다. 여진족은 금나라(1115~1234)를 건설했다. 요나라와 금나라는 모두 한때 중국의 황실이 자신들에게 조공바칠 것을 요구한 적이 있었다.[34] 권력의 변동은 거만함과 비굴함, 제국적 교리의 강요와 그 반대되는 행동 중 어느 것을 택할지 선택하는 기준이었다.

중국의 왕조를 보면 이 세상 어떤 정치체제도 그처럼 오래 지속된 것은 없다고 말할 수 있을 것이다. 그렇다면 중국의 왕조가 이처럼 오래 지속된 이유는 무엇일까? 나는 중국의 왕조가 오래 계속되었다는 점은 기술적 면에서만 그렇다고 생각하고자 한다. 사실 상당히 오랜 세월 중국의 정치체제는 도(道)에서 벗어나 있었으며, 분열된 적도 있었고, 야만인에 의해 지배받은 적도 있었다. 907년 당나라가 멸망한 이후 1911~1912년 중국왕조가 마지막 커튼을 드리울 때까지의 약 7백 년 동안 중국의 문명은 중국인이 아닌 다른 사람들이 지배했다. 원나라 혹은 만주왕조의 경우처럼 중국 영역의 전부가 이민족에 의해 지배받았거나 혹은 여진족이라든가 거란족(916~

33) Tikhvinsky and Perelomov, 1981, p.128; Xie, 1935, pp.19, 34, 38~39.
34) Rossabi, 1983, p.10.

1264)에 의해 중국의 일부가 지배받은 적도 있었다. 2천 년 동안의 기간중 단 3백 년 동안만이 중국인에 의해 중국의 영역 전체가 지배되었을 뿐이었다.

혹자는 중국인들은 운이 좋았다고 말할 수 있을 것이다. 그들은 19세기 까지 남쪽 및 동쪽 변방에서는 거의 무임승차할 정도였기 때문이다. 중국이 라는 정치체제가 오래 지속되도록 한 데에는 바다로부터 압박이 없었다는 사실이 대단히 중요하다. 유목지에서부터 발생했던 도전과 맞먹는 규모의 도전이 바다로부터 있었다면, 중국왕조의 역사는 훨씬 짧았을 것이라는 데 의문의 여지가 없다. 그러나 고립에 의한 행운 이상의 것이 중국에 있었다. 물론 아시아 내부에 대해서도 중국의 정치체제는 흥망성쇠를 거듭했고 결 과가 단순한 것은 아니다. 그러나 중국의 정치체제가 아시아 내부로부터의 공격에 의해 결코 완전히 정복되어 왕조가 종식된 적은 없었으며 새로운 지도세력이 오래 지속되지도 못했다.

중국의 정치체제가 지속성을 나타냈던 중요한 이유는 중국의 지도적 공 공철학이었던 유가사상과 법가사상이 적당하게 혼합되었다는 사실에서 나 온다. 주나라 말기의 혼동 속에서 궁극적 진리의 추구라기보다는 사회의 발전을 도모하기 위한 새로운 노력이 행해졌다.[35] 지속적 인본주의를 주 장했던, 어느 정도 세상을 불만스러워한 스승이었던 공자는 이 같은 과업 에 초점을 맞추었다. 유가사상에서 우주는 하나이며 불가분의 것으로서 하늘, 땅, 인간이 알 수 없는 모습으로 궁극적인 하나가 된 상태다. 상나 라 당시 중국인들은 사람의 형상을 하는 신의 존재 샹티[上帝]를 믿었다. 그러나 주나라가 끝날 무렵 인격화된 신은 모호하지만 모든 곳을 지배하 는 하늘(天)이란 개념으로 대체되었다.

유교적 렌즈에 의하면, 하늘은 인류를 향해 잘 펼쳐져 있지만 그 자체 목적을 가지고 있다. 효도, 존경, 복종하는 태도 등으로 표현되는 인간 사이

---

35) Hucker, 1975, pp.70~84.

의 덕은 우주적 조화와 연결되는 것이다. 맹자는 공자보다 평등주의를 더 강조했다. 그는 인민이라는 용어를 대중주의적으로 사용했다. 공자든 맹자든 기술적 지식, 군사적 용맹성, 그리고 후세의 이론에 대해서는 별로 말하지 않았다. 두 사람의 이론은 모두 한편으로는 종교적 견해와 중복되었고, 또 다른 한편으로는 법가사상의 법과 질서라는 개념과 중복되었다. 일반 중국인들의 다수는 일종의 보험처럼 그들의 세계관을 형성했다. 그들은 자신들의 가장 가까운 윗사람인 아버지와 남편은 물론 조심스럽게 신과 황제를 모셨다.

교육, 예의바름, 자신이 대우받기 원하는 것처럼 상대방을 대하는 것 등을 강조하는 유교적 덕목에 의한 정치는 만약 성공적이라면 야경국가 수준의 국가만 있어도 될 것이다. 만약 국민들이 잘 행동한다면 강력한 국가는 필요 없을 것이기 때문이다. 그러나 유교적 덕목은 왕왕 광야에서 홀로 외치는 소리가 되고 말았다. 송나라 휘종(徽宗)황제 당시 "왜 도덕은 분명히 하기가 어려운가? 그리고 왜 사회적 관습이 통일되지 않는 것인가?"라는 문제가 과거시험문제로 출제되기도 했다.[36]

인간의 질에 의거해 볼 때 중국의 통치는 때로 가혹한 것이었다. 가족, 그리고 교육의 영역은 중국의 상황에서 권력을 가진 사람들에 의해 조작되는 것이었다. 중국 통치의 역사를 본다면 유교주의는 법가사상의 현실주의 정치라는 적대개념과 혼합될 경우에만 자신의 역할을 쟁취할 수 있었다. 유교와 법가사상의 혼합은 국가통치를 위한 빛나는 전통을 수립했다.

중국의 법가사상은 서구 정치사상의 토마스 홉스(Thomas Hobbes)에 해당되며, 후진타오라고도 말할 수 있을 정도로 근대적인 것이다. 법가사상은 변치 않는 법과 질서의 언어를 이야기한다. 과거는 문제가 되지 않는다. 국가의 힘은 최대로 늘어나야 하며, 정치란 도덕과 아무런 관계가 없는 것

---

36) Bol, 2001, p.18.

이다. 지적 탐구는 의심스러운 일이며, 덕이란 희귀하고, 폭력은 정치와 불가분의 것이다. 폭력을 동원하지 않는 한 일반인으로부터 기대할 것은 거의 없다.

우리는 법가사상의 교리를 한비자(韓非子, 280~233 B.C.)의 저술에 찾아볼 수 있다. 한비자는 그의 조언이 주군으로부터 무시당하기는 했지만, 그의 철학체계를 저술했다. 과거로부터 전해져 오는 어떤 규범도 존재하지 않기 때문에, 정치적 조정은 경제상황과 인간본성의 처절한 현실에 의거하는 것이어야만 한다고 주장했다(국민들이란 '우둔하며 칠칠치 못하다.' 그들의 마음이란 '아기들의 마음처럼 믿을 수 없다.'). 한비자는 인간들이란 기근이 들 경우 자신들의 "어린 자식들조차 저버리지만" 풍년이 들 경우에는 "알지 못하는 사람"들이 찾아와도 이들에게 식사를 대접한다. 변수는 인간의 마음이 아니라 "가지고 있는 음식의 양이 얼마나 많은가"인 것이다.

한비자의 견해에 의하면 통치하는 자와 통치받는 사람들 사이의 이익은 서로 조화를 이루는 것은 아니다. 권위가 모든 것이다. 그는 전설적 황제(黃帝)를 인용, 다음과 같이 말한다. "우세한 자와 열등한 자는 하루에 백 번도 더 싸운다." 전투에서 죽을 경우 아버지에게 효도할 수 없을 일이 두려워 도망친 병사의 이야기를 들은 법가사상가 한비자는 냉정하게 언급했다. "아버지에게 효도를 바치려는 효성스런 아들도 자신의 군주에 대해서는 반역자가 될 수 있구나."37) 한비자의 친구인 또 다른 법가사상가 상앙(Lord Shang)은 잘 통치되는 나라와 그 반대되는 경우를 제시했다. "효과적 국가는 처벌 7에 상벌 3을 채택한다. 허약한 나라들은 처벌 다섯에 상도 다섯이다."38) 오늘 '범죄의 근원'이 무엇인가를 묻는다면 한비자는 다음처럼 말할 것이다. 모든 범죄가 발생하는 데는 하나의 이유가 있다. 그 이유란 범죄를

---

37) Han Fei의 언급은 Watson, 1964, pp.40, 95, 98, 106~107, 128에서 인용; Watson의 번역본은 Chen Qiyu, 1958에 의해서 감수된 것임.

38) *Shangjun shu*, juan 1.

억지하지 못했다는 것이다.

한비자는 유교에 대해 비꼬는 입장을 취한다.

"가난한 사람들에게 줄 선물을 만들기 위해 공공의 자산을 쓰는 일을 자비스러운 것이라 한다. 자신의 가족을 보호하기 위해 법을 어기는 일을 원칙을 지키는 것이라 한다. 호의를 베풀어 대중의 지지를 받게 된 것을 국민의 마음을 샀다고 말한다."[39]

한비자의 교리는 상앙(385∼333 B.C.)과 이사(李斯, 280∼208 B.C.)의 교리와 함께 진시황제에 의해 실행에 옮겨졌다. 이 네 사람 모두 유교에 대해서는 관심이 없었다. 상앙은 전체주의적 관료국가의 통치기술을 꿰고 있었다. 그의 논리는 다음과 같다.

"사람들이란 5명 혹은 10명으로 구성된 집단으로 조직되기 마련이다. 그들은 상호 감시되어야 한다. 그들은 자신이 속한 집단의 다른 사람이 잘못했을 경우 처벌받는다는 사실을 알아야 한다. 범죄를 알고도 신고하지 않는 자는 허리를 잘리는 죽음을 당해야 한다. 범죄를 신고하는 자는 적군을 죽인 사람에 해당하는 포상을 받아야 한다. 적을 보호한 자는 적에게 항복한 자와 같은 처벌을 받아야 한다."[40]

중국의 정치사는 두 개의 정반대 공공철학사상인 유교와 법가 사이의 투쟁으로 특징짓는다고 말하는 경우가 있다. 그러나 중국 정치체제의 반석(盤石)과 중국이 오래 지속된 가장 중요한 이유는 유교주의와 법가사상이 어정쩡하지만 상호연계되어 있다는 점에서 나온다. 결국 법가사상은 유교를 필

---

39) Hsiao, 1979, p.387.
40) *Shiji*, juan 68.

요로 했고, 유가사상은 법가사상을 필요로 했다. 법가는 통치의 과학에 관심이 있었고, 그들의 교리는 황제에게 "군주는 왜, 그리고 어떻게 통치해야 하는가"를 말해 주었다. 유가사상은 그것을 보완했다. 유교의 가르침은 국민들에게 "신하들은 왜, 그리고 어떻게 복종해야 하는가"를 가르쳤다.[41] 혹은 최악의 경우 어떻게 통치자를 쫓아내야 하는가를 가르쳤다.

초기의 유가사상가인 동중서(董仲舒, 195~115 B.C.)는 삼강(三綱, three bond)에 대한 중요한 설명을 제시했다. 삼강이란, 신하는 통치자에 복종해야 하며, 아들은 아버지에게 효도해야 하고, 여자는 남자에게 복종해야 한다는 것이다. 유교와 법가를 혼합하여 하나의 분명한 틀로 만들기 위해 동중서는 이 세 가지는 본질적으로 음양설(陰陽說)에 기초하는 것이라고 말한다. 이들은 우주적 개념인 것이다. 음은 달을 의미하며 복종을 의미하고 여성을 의미한다. 양이란 태양을 의미하며 남자를 의미하고 공격적인 것을 의미한다. 그렇기 때문에 중국의 통치자는 우주적이며 절대적인 힘으로 인식되는 것이다. 동중서는 다음과 같이 말한다.

"지도자는 인간의 삶과 죽음을 관장한다. 하늘과 더불어서 그는 변화와 변형의 힘을 보유한다."[42]

여기에는 단순히 도덕적 권위만 존재하는 것이 아니다. 채찍소리가 함께 있는 것이다.

한나라(202 B.C.~A.D. 220)와 당나라(618~907) 왕조의 법률을 읽으면 우리들은 진정 유교국가의 향취를 거의 느낄 수 없을 것이다. 한나라의 법률은 사형죄에 해당하는 범죄를 무려 409개나 나열하고 있다. 파이너 교수는 "중국법의 복잡함은 마치 미국정부 매뉴얼과 전화번호부를 보는 것 같다"고

---

41) Fu, 1993, p.49.
42) *Chunqiu fantu*, chaps. 53, 44; 이 번역은 Fu, 1993, p.51에서 인용.

말하고 있다.[43] 사실 "형량을 명확히 기록해 놓은 공법이라는 개념은 비유교적이라고 말할 수 있다." 그러나 한나라(명나라와 함께)는 중국사상 특히 '유교적' 왕조였다고 말한다.

여기서 말하려는 바는 유교는 법가사상과 연계되었다는 것이다. 시간이 흐르면서 유가사상은 법가사상에 의해 길들여진 것이다. 유가사상은 권력을 최대화하려는 사람들에 의해 선별적으로 이용되었다. 법과 질서를 확보하는 방편으로 이데올로기가 이용되었다. 이미 당나라의 형법은 엄청나게 무서운 것이었으며, 유가사상을 반영하여 가족의 중심성을 말하면서도 동시에 법가적 측면을 따르고 있었다. 부모를 때리는 일은 사형죄에 해당했다. 송나라의 유가사상가 장재(張載)는 "하늘은 나의 아버지이고 땅은 나의 어머니이다"라고 했다. 이 같은 생각은 이념적인 것이기는 했지만 권위적 위계질서를 유지하는 버팀목으로 사용되었다.[44] 우리와 그들이라는 중국 사회의 양 계급적 성격은 유가사상과 법가사상이 혼합되어 나타난 산물이다. 우수한 인간은 동시에 권위 있는 인간인 것이다. 현대 서양식 관점에서 볼 때 후회스러운 일이기는 하지만 유가-법가의 이중적 측면은 중국 정치체제의 안정을 위해 기여했다.

발라즈는 전통적 중국을 유교주의의 조화라고 묘사하는 것을 비판했다. 그러나 그는 중국의 전통에 유교적 조화가 있었다는 사실도 보았다. 그는 중국의 전통에서 유교적 조화와 법가적 완강함이 혼합되어 있음을 알아냈다. 발라즈는 "조용하고, 변치 않으며, 미소짓고 있던 중국의 땅덩어리가 20세기에 들어와서 갑자기 사회 및 민족주의 혁명의 햇불에 의해 불타는 지옥으로 바뀌게 되었다"는 언급을 거부한다. 그는 또한 중국을 외국의 사절 혹은 선동가들에 의해 자비스러운 예술, 정교화된 관습, 신비스런 지혜

---

43) Finer, 1997, p.757.
44) Schrecker, 1991, p.47.

등에 둘러싸인 3천 년 동안의 비몽사몽에서 갑자기 깨어난 호감가는 거인
이라고 묘사하는 것도 거부한다.

그러나 발라즈는 중국이 그토록 오래 지속된 데 대한 가장 은밀한 비밀
에 관한 힌트를 발견했다. 그는 중국이라는 이상화된 그림은 "순수히 발명
된" 것은 아니라고 말한다. 그는 명쾌한 통찰력을 가지고 "사회적 기제의
관성의 힘은 상호 갈등적 흡인력에 의해 형성되는 것이지만, 이들이 이미
오래 전에 형성된 주어진 것처럼 보이기 쉽다. 긴장은 무력에 의해 통제된
다. 그럼으로써 상호 중화작용을 하게 되며, 내부적 동학(dynamic)은 지속
적으로 평형을 유지하는 것처럼 보이는 것이다."[45] 우리는 중화인민공화국
의 경우에서도 긴장이 무력에 의해 통제되고 있다는 사실을 살펴 볼 것이다.

중국제국이 오래 지속되었다는 이야기는 오로지 진시황제 때문에 가능하
게 된 이야기이다. 법가사상이 없었다면, 그리고 법가사상에 의한 통치제도
가 없었다면 유가사상은 정부를 통치하는 이데올로기가 될 수 없었을 것이
다. 중원에서 등장한 유가사상의 7명의 현인들은 다음처럼 기록하고 있다.

> "이 철학은 중국의 일체성에 대한 핵심을 구성하고 있을지 모른다. 그러
> 나 이 사상이 우리가 중국이라고 아는 땅덩어리를 통일할 수 있었던 것은
> 아니다. 통일성은 진나라로부터 유래했다.… 진나라의 지도자들은 중원의
> 철학자들과 같은 비전을 가지고 있지는 않았다.… 진나라는 국가가 가장
> 막강한 통치자였으며 무력에 의해 지원되는 법률에 의해 사회를 재구성
> 했다."[46]

물론 명나라 시대가 되었을 당시 국가권력과 교리가 가깝게 연계된 진정
한 유교국가가 형성되었다고 주장할 수 있다. 또한 청나라 말엽 유교국가의

---

45) Balazs, 1964, p.152.
46) Sage, 1992, p.195.

속성이 드러나 보였다. 한 예로서 청나라 말엽 상업에 대한 관심이 아주 적었는데, 이는 청나라 초기를 포함 유교가 별로 중요하지 않던 시절의 중국에서는 나타나지 않았던 현상이다. 필자는 1949년 이후 공산주의 독재체제의 경우에도 유가사상과 법가사상이 상호작용했다는 점을 주장하고자 한다.

그러나 중국제국의 뿌리를 보면 법가사상이 막강한 강철기둥의 역할을 했고, 유가사상은 이를 부드럽게 감싸는 옷과 같았다. 진시황제 자신도 자신의 생각에 덧붙여 유가사상을 부흥하는 것이 좋을 것이라고 생각했다. 때로 진시황제는 자신이 온 세상을 다스리는 지도자라고 생각했다. 진나라의 공식문서는 진시황제의 막강한 힘을 "넓은 하늘 아래 있는 모든 사람들의 마음을 얻었고, 그들의 일을 조화롭게 해주고 있다"고 묘사하고 있다. 그러나 진시황제는 자신의 왕국과 자신이 자비를 베풀어야 할 "지구의 네 가지 중요한 방향" 사이에 경계선이 있다는 사실을 익히 알고 있었다. 진시황제는 법가적 권력의 과학, 민중을 유순하게 만드는 유가사상 두 가지 모두를 솜씨 있게 구사했다.

진시황제가 없었다면 마오쩌둥도 없었을 것이다. 유가사상과 법가사상의 기막힌 혼합과 변용은 지난 2천 년 이상 지속되었다. 중국 역사상 가장 방어적 왕조라고 치부되는 명나라조차도 그 지속기간 3백 년 동안 308회의 대외전쟁을 치렀다.[47) 유가사상-법가사상의 이원주의는 한나라 시대부터 덕에 의한 통치를 말하면서 손에 칼을 쥐고 있는 마오쩌둥에 이르기까지 지속되고 있다. 이러한 사상은 덩샤오핑과 장쩌민을 무장시키고 있다. 이 두 사람은 물론 입으로는 덕치를 말하고 있지만 행동은 신법가사상(*neo-legalist*)인 것이다.

---

47) Johnston, 1995, p.184.

중국의 정치체제가 오래 지속된 두 번째 이유는 천자(天子)가 환상주의를 추구하지 않았다는 사실이다. 천자의 관심은 초자연적인 데 있지 않았고 국가를 어떻게 통치하느냐에 있었다. 이 같은 사실은 중국제국을 페르시아를 제외한 고대 및 중세의 모든 다른 제국들과 달리 보이게 했다. 종교적 색채가 짙은 제국들은 비종교적인 중국제국보다 그 지속기간이 짧았다. 대부분의 초기 제국들에서 — 중국의 경우 희귀한 일이었지만 — 충성과 정치에 관한 이슈들은 폭발적이었다. 새로 발생하는 이데올로기는 정치안정을 위협하는 것이었고, 각축하는 종교분파들은 국가의 정치에 개입하였다.

유교가 때로 종교와 마찬가지 역할을 했다는 점은 진실이다. 중국의 지식관료들은 기독교 유럽국가들의 성직자들 혹은 회교국가의 이맘(imam, 회교국가의 종교지도자)과 비교될 수 있다. 명나라, 청나라 시대에 이르렀을 때 중국사회는 서구국가들을 기독교적이라고 부르는 것과 마찬가지로 유교적이었다. 비잔틴 같은 신정국가(神政國家)는 "하나의 신, 하나의 제국, 하나의 종교"를 부르짖기도 했지만 중국제국은 진나라 이후 결코 신정국가인 적이 없었다.

유가사상은 본질적으로는 윤리학이다. 유가사상은 자연의 영역을 제공하고, 그 다음 초자연적 영역을 제공하는 다른 위대한 종교처럼 이중적이지 않다. 윤리체계로서의 유가사상은 말세적 관점이 없고, 이슬람 혹은 고대로마제국에서 그러했던 것처럼 믿지 않는 사람들 혹은 다른 종교를 믿는 사람들에 대한 처벌 같은 것이 존재하지 않는다. 물론 유가사상은 불교, 도교, 그리고 다른 차원에서 법가사상과 겹치는 부분이 많다. "유가사상이란 다른 사람들에게 다른 것을 의미한다"고 약간 과장되어 말한다. "기독교는 모든 사람에게 하나여야 한다."

중국제국은 이집트가 자신의 믿음에 의해 흥망성쇠했던 것과는 달리 유교적 교리에 의해 건설되었거나 무너지지 않았다. 기독교가 고대이집트의 종교를 붕괴시켰을 때 "기독교는 파라오의 문화 전체도 동시에 파괴시켰다." 파이너는 다음과 같이 두 번째 비교를 하고 있다.

"유대교의 예언자, 기독교 교회, 그리고 이슬람이 국가의 형태 외부에 존재할 수 있었던 것과는 달리(실제로 이들은 국가에 대항해서도 존재했다), 그리고 초자연적 선언을 했던 것과는 달리, 유교는 국가와 함께 존재했고, 유교의 교리는 인간이 만든 것들이었다."[48]

이 세상(저 세상이 아니라)을 지향하는 유교는 역사에 대한 존경심을 의미하고 있으며, 보수적이고 안정지향적인 태도를 보인다. 선조들에 대한 경외심은 체제의 생존에 도움이 되었다. 해랄드 보크만은 선조에 대한 제사의 전통은 "서구문명에서는 나타나지 않는 과거로부터 유래하는 공통의 기원과 공통의 운명을 창출해냈다. 이는 신에 대한 수직적 정향이 아니라 과거에 대한 수평적 정향을 산출했다"[49]고 말한다.

윤리로서의 유가사상은 경쟁적 세계관들에 대해 주고받는 양보가 가능토록 함으로써 중국제국을 다른 제국들과 비교할 때 더 튼튼하게 만들었다. 중국에는 이미 전국시대 이래(475~221 B.C.) 공공정책의 근거가 되는 다양한 철학적 기반이 존재했다. 도가사상은 자연의 품속으로 돌아가는 사적 생활로의 회귀 및 미묘한 삶을 강조했고, 조직화된 세상을 다시 고치려고 시도하지 않았다. 유가사상은 주나라 왕들의 모범을 따름으로써 과거의 황금시기로 돌아갈 수 있다고 가르쳤다. 법가사상은 과거 혹은 저 세상에 대해서는 별 관심이 없었으며, 대신 권력의 과학을 추구했다.

---

48) Finer, 1997, p.821.
49) Bøckman, 1998, p.314.

물론 이 같은 철학적 다양성이 중국에서 개인의 자유가 보장되었음을 의미하는 것은 아니다. 교육받은 사람이든 그렇지 않은 사람이든 중국에서 자신이 살던 시대의 교조적 교리를 대처할 다른 대안을 제시할 자유를 누리고 있던 사람은 거의 없었다. 명나라의 탁월한 정치가요 학자였던 왕양명(王陽明, 1472~1529)처럼 이 같은 일을 시도한 사람이 있기는 했다. 그러나 그처럼 하는 것은 언제라도 위험한 일이었다. 장기적 관점에서 본다면 몇 가지 다양성은 존재했다. 시대별로 선택의 가능성은 약간의 탄력성을 보유할 수 있었고, 중국의 체제 속에서도 "움직일 수 있는 공간"이 존재하기는 했다. 피터 볼(Peter Bol)은 12세기 중국 송나라의 휘종이 이상주의를 포기하고 경험주의를 받아들였던 결정적 변화의 사례를 보여주고 있다. 1124년 과거제도의 시험문제는 고대, 그리고 우주는 "세상을 변화시킬 정치의 기본적 본질"을 제공하는 것이라고 가정했다. 그러나 1128년의 과거시험문제는 일반대중의 사물의 조건에 관한 철저한 연구를 강조하고 있다. "시민들의 상황을 조사해야 한다"라는 말이 전제로 나오고 있다.[50]

다른 각도에서 본다면, 중국제국은 안정을 위한 비밀스런 방안을 개발했기 때문에 오래 지속될 수 있었다고 말할 수 있다. 중국이 저절로 안정을 이룩할 수 있었던 것은 아니다. 중국의 황실은 안정을 유지하기 위한 끊임없는 투쟁을 벌였다. 황제는 대부분의 경우 미래의 비전과 계획보다는 안정을 더 중시했다. 중국인들이 흔히 따르던 교리인 유가사상이 적대적 이념 혹은 종교로부터 아무런 영향을 받지 않았던 것은 아니다. 한나라 이래 특히 당나라, 그리고 송나라 당시 막강한 (혹은 약한) 황제와 허약한 (혹은 막강한) 관료제도 사이에 줄다리기가 있었다. 이는 철학적 다양성과 마찬가지로 중국 정치체제에 탄력성을 불러일으키는 요인이었다. 환상적인 도(道)는 중국이라는 정치체제의 미혹적 힘의 중심을 정의했다.

---

50) Bol, 2001, p.25.

비중국적 종족들과 대처하는 경우 지속적 방법이 채택되었다. 즉, 조공을 받은 후 선물을 주는 방법인 부드러운 정책을 한쪽 끝으로 하고, 야만인들과의 전쟁을 다른 한쪽 끝으로 삼은 정책을 펼친 것이다. 이 범주 사이에 말로 하는 논쟁, 무역으로 인한 분규, 무력에 의한 공격 등이 존재했다. 중국의 현실과 동떨어진 듯한 극적인 정치는 원칙과 현실 사이의 왕래를 가능하게 했다. 이와 유사한 정치적 방법이 중국의 통일성이라는 신화를 지속시켰다. 오늘날의 용어로 말하자면 '하나의 중국'이란 신화인 것이다. 전쟁에 패한 경우라도 그것은 승리라고 꾸며졌다. 이것 또한 중국공산당이 물려받은 트릭 중의 하나다.

오늘날 중국을 다녀온 많은 여행자들은 자신이 왜 중국의 과거에 대해 많이 볼 수 없었는가에 대해 의아하게 생각한다. 이 의문에 대한 답은 중국의 과거는 불타 없어졌거나 혹은 썩어문드러져 버렸다는 것이다. 중국인들은 돌로 짓기보다는 나무로 건물을 지었다. 북경의 천단(天壇, *Temple of Heaven*)은 그리 오래된 건물은 아니고 명나라 시대에 건축된 건물 중 아직 남아 있는 몇 안 되는 건물이며, 이 건물은 나무로 된 대들보에 단 하나의 못이나 돌을 사용하지 않은 건물이다. 명나라 당시 나무로 지어진 건물들은 대부분 먼지가 되고 말았다. 에드워드 기본(Edward Gibbon)은 그가 로마제국의 역사를 쓰게 된 영감을 로마제국의 유적에서 얻었다고 말하고 있다. 로마제국의 유적들은 아직도 남아 있어 우리 눈으로 볼 수 있다.[51] 그러나 중국의 경우 '한(漢)나라의 역사'를 느끼며 글을 쓸 수 있을 사람은 아무도

51) Gibbon, 1932(1787), vol.3, p.880.

없다. 필자가 이해하기로 한(漢)나라 당시의 궁전, 극장, 길 중 아직까지 남아 있는 것은 없다.

나는 중국의 엘리트들은 도(道) 그 자체가 도를 상징하는 기념물보다 훨씬 중요한 것이라고 생각했다고 믿는다. 기념물이란 눈에 드러나는 명확한 (*explicit*) 것이다. 중국제국의 도는 눈에 드러나지 않는 잠재적인 것(*implicit*)이었다. 공자와 맹자의 글들은 수백 가지 다른 해석이 가능했으며, 이제까지 살아 내려오고 있다. 황제, 전사, 철학자들이 거주하던 처소는 해석할 일이 없는 것이며, 오늘날 우리가 조사해 볼 수도 없다. 공자는 "왕권에 관한 어떤 구체적 속성이 없어도 글을 쓰는 영역에서는 통치자처럼 행동할 수 있다"[52]고 말한다. 중국제국은 옛날이나 지금이나 그 상당부분은 상상에 의한 제국이었다.

파리의 돌들은 방문자들에게 중세(中世)라는 시대가 존재했다는 사실을 그대로 보여주고 있다. 그러나 오늘날 프랑스의 정치체제에는 필립 오거스투스(1180~1223 재위) 혹은 루이 9세(1226~1270 재위)의 정치체제의 흔적은 남아 있지 않다. 중국의 경우 그 반대가 맞다. 과거 건물의 흔적은 중국에 별로 없다. 그러나 통치방식, 사고 및 행동방식은 아직도 남아 있다. 중국의 도가 아직 남아 있는 이유는 부분적으로 그것은 내재적(*implicit*)이었고 유연했으며, 많이 훼손되기도 했지만 존경받았기 때문이다. 오늘의 중국 공산당은 중국공산당 자신의 사회공학적 이유 때문에 중국 역사로부터 더욱 권위주의적 요소를 추출하는 것이다.

도와 우주론적 현재를 건축물보다 더 위에 두는 이유가 무엇인지 감을 잡을 수 있다. 여기서 우리는 두 가지 관련되는 측면에서 로마제국과 중국 제국의 대비점을 생각할 수 있다. 로마의 정치는 중국의 정치보다 우주론적 관점이 덜 중요했으며, 로마황제는 중국의 황제보다는 더 공공(公共)의 인

---

52) Lewis, 1999, pp.364~365.

물이었다. 중국의 황제는 로마의 황제와는 달리 일반인들에게 자신의 얼굴을 보인 적이 거의 없으며, 그럼으로써 중국의 황제는 그의 교리가 그의 실제적 모습보다 훨씬 더 중요한 것임을 함축했다. 이와 비슷한 대비는 중국의 황제와 그리스 국가들의 통치자 사이에서도 찾을 수 있다. 우리는 기원전 776년 올림픽 게임의 시작을 선언한 그리스 왕처럼 체육행사의 개막식을 거행하는 천자를 볼 수는 없다.

중국 정치체제의 막강함에도 불구하고 중국의 각 왕조는 궁극적으로 쇠퇴했고 종식되었다. 주나라 이래 1911~1912년에 이르기까지 중국의 왕조가 지속되는 동안 주기적 혼란이 많이 발생했고, 이들 사이에는 큰 편차가 있었다. 왜 그랬는지 묻는 일은 교훈적이며, 한(漢)나라와 당(唐)나라의 몰락은 이 나라들이 어떻게 적응했고 몰락했는지에 관한 몇 가지 답을 제공한다.

로마제국과 한왕조는 비슷한 특징이 있다. 존재했던 시기가 비슷했으며 망한 방식도 비슷했다. 북쪽의 야만족들이 로마와 한나라를 위협했으며, 막강한 족벌들이 분란을 일으켰고, 농민들이 반란을 일으켰다. 새로운 종교가 발생했고 경제가 파탄하였다. 한나라의 말엽 머리카락이 주뼛 일어설 정도의 문제들이 발생했다. 세금의 회피, 홍수, 메뚜기 피해, 종말론적 종교들이 나타났다. 이 모든 것은 북에서는 황건적의 난을, 남에서는 '오두미도'(五斗米道, *Five Pecks of Rice Band*)의 난이 일어나게 된 원인이었다. 한나라 황실 내에서는 음모, 무능력, 학살 등이 야기되었다. 그러나 로마제국의 멸망은 한나라의 멸망보다 종말의 성격이 훨씬 강했다. 살아 있는 형식으로서 로마제국의 전통은 소멸되어버렸고, 과거 로마제국이 통치하던 지역으로 봉건주의가 곧바로 퍼져나갔다. 그러나 한나라(202 B.C.~A.D. 220)가 가지고 있었던 정치체제의 본질은 당나라에 의해 그대로 재건되었다.

당나라 수립 이전 중국이 약 350년 동안 통일된 정치체제를 보유하지 않았던 시기에도, 중국 정체체제 전반에는 이미 과거 한나라 정치체제의 모습들이 채택되기 시작했다. 양쯔 강을 중심으로 북부와 남부 사이에 차이가 나타나기는 했다. 그러한 차이는 어떤 때는 천천히, 그리고 어떤 때는 분명하게 지속되어 오늘날까지 이르고 있다. 불교와 도교가 일반민중 사이에 퍼져갔고, 유가사상은 이들 초월적 세계관과 함께 중국의 철학적 공간을 구성하는 필수적 요인이 되었다. 때로는 강제적으로, 또 다른 경우에는 전술적으로, 중국화의 현상도 일어났다. 각축을 벌였던 여러 정치체제 중에서 중국에 기원을 두지 않은 정치체제가 승리한 적도 있었다. 그러나 그들은 중국어를 사용하게 되었고(더욱 효율적으로 통치하기 위해서), 중국음식을 먹었으며, 중국의 방식대로 통치했다. 그래서 비록 약간의 변형은 있었지만 중국의 도(道)는 지속되었으며, 당나라의 경우 과거의 도는 더욱 막강하게 재건되었다.

그러나 한나라와 마찬가지로, 그리고 본질적으로 같은 이유 때문에 당나라도 3세기가 지난 후 멸망하였다. 당나라의 인내심과 번영은 편협함과 세금의 과도한 징수와 폭력을 초래했다. 907년 당이 몰락한 후 불과 50년도 되지 않았을 때 북부 중국에는 이미 5개의 왕국이 당나라를 잇기 위해 각축전을 벌였고, 남부 중국은 여러 나라로 쪼개졌다. 한나라와 당나라의 경우는 물론 다른 왕조의 경우에도, 붕괴는 두 가지 본질적 이유와 더불어 중국 왕조의 강점과 약점의 혼합을 초래한 다른 두 가지 요인 때문이었다. 정통성과 계승의 문제는 중국 정치체제의 두 가지 본질적 문제였다.

무엇이 더 우선인가? 하늘의 명이 더 중요한가 혹은 하늘의 명을 획득한 지도자의 자질이 더 중요한가? 만약 하늘의 뜻이 현실적인 것이라면, 그리고 권력을 행사하기 위한 절대적 조건이며, 황제에게 주어진 우주의 승인이라면, 어떻게 권력을 위한 투쟁이 발생할 수 있으며, 권력의 강탈이 반복적으로 야기될 수 있는가? 만약 황제의 권위가 하늘로부터 온 것이라면, 어떻게 그것이 땅에서 도전받을 수 있을까?

이 질문에 대한 확정적 답은 없다. 또한 하늘의 명을 부여받은 지도자가 통치하는 데 홍수가 나고, 가뭄이 들며, 지진이 나는 것들을 설명할 수는 없다. 믿음이 없는 사람들에게 이런 것들은 정치가가 통치를 잘못한 결과이기보다는 행운이 없는 결과일 수 있다. 우리는 황제에 대항하는 반동세력들과 하늘에 대한 관계는 무엇이라고 설명해야 할까? 그들이 하늘로부터 권위를 부여받은 천자의 권력에 도전하는 순간 황제에게 부여된 하늘의 뜻을 거역하는 것이 된다. 그러나 그 다음 순간 만약 반도(叛徒)들이 정권을 장악하는 경우, 그들의 성공은 하늘의 새로운 선택이라고 말하는 것이다!

농민 또는 다른 부류의 사람들에 의한 반란은 반복적으로 야기되었다. 그러나 나쁜 지도자는 쫓아낼 수 있다는 맹자의 가르침에도 불구하고, 하늘의 뜻은 누구를 지지해야 하고 누구를 반대해야 할지 미리 가르쳐 주지 않는다. 이집트에서도 그러했지만 중국에서도 두 가지 단계의 작업이 진행되었다. 권력을 추구하는 데 있어 모든 것은 권력을 추구하는 자의 능력과 자격에 따르게 된다. 그가 권력을 장악하게 되면 그의 권력은 그를 진짜 황제로 만드는 것이다.

이 문제는 우리들로 하여금 계승의 문제를 생각하게 한다. 하늘은 일단 제쳐두고, 황위의 계승은 전술, 파벌, 음모, 살인 등으로 결정되었다. 성(sex)도 결코 중요하지 않은 적이 없었다. 이런 사실은 중국 황실뿐 아니라 회교국가, 페르시아, 로마, 이집트, 그리고 다른 지역에서도 마찬가지였다. 중국 황실에서 황위의 계승을 두고 나타나는 권력투쟁에 항상 포함되는 것은 첩들, 부인들, 그리고 10대 나이에 이른 왕자들의 이야기다.

하늘과 혼란스런 땅 사이에서 황위의 계승에는 모종의 전통이 있는 것으로 가정된다. 천자의 아들은 그를 계승할 것이다. 그러나 어떤 아들이 계승한다는 말인가? 중국의 경우 가장 나이 많은 왕자가 황위를 계승한다는 확

정적 규칙은 없었다. 황제의 인생에서 여자들이 드리우는 구름은 ― 그들
대부분은 첩이었다 ― 황제의 직위를 계승할 아들이 많다는 사실을 나타냈
다. 어떤 시절에는 첩의 처지와 황비의 직위 사이에는 회전문 같은 것이
있은 적도 있었다. 이러한 사실은 고정된 황위계승의 법칙을 불가능하게
했다. 청나라의 경우 황제 강희제(康熙帝, 1662~1722 재임)의 아들이 20명
있었는데, 이들은 모두 황위계승을 위해 투쟁을 벌였다. 당나라 초기처럼
황위계승에 대해 비교적 질서가 잡혀있었던 시절에도 황제가 어떤 아들이
란 문제 때문에 당혹했던 경우를 발견할 수 있다. 642년 태종황제는 "나는
이미 마의 맏아들을 왕위 계승자로 정했다. 그러나 나의 형제들과 내가 낳
은 아들의 숫자가 거의 40명이나 된다는 사실이 나를 괴롭히는 원인이다"
고 했다.[53] 또 다른 한편, 아들이 없어서 문제가 된 적도 있었거나 황위를
이어받을 사람이 어렸기 때문에 문제인 때도 있었다. 이런 경우 음모, 작전,
암살 등은 거의 피할 수 없는 노릇이었다. 황제의 '마지막 결심'을 만들어
내는 것이 반복되는 일이었다. 진나라의 두 번째 황제는 황태자를 죽이고,
진시황제의 결심을 받아냄으로써 황제가 될 수 있었다. 이처럼 전제적 중국
제국의 황위계승에 나타났던 딜레마를 풀기 위한 방법들은 중국 정치체제
가 이 문제에 최초로 당면한 후 2천 년이 지난 오늘 중국공산당이 마오쩌둥
의 후계자를 선정하는 과정에서 또 나타났다. 중국공산당은 스탈린으로부
터는 물론 중국의 전제적(專制的) 전통으로부터도 배운 것이다.

---

53) Wright and Twitchett, 1973, p.249.

당나라가 여러 측면에서 위대한 나라이기는 했지만, 통치자의 지위에 오르기 위해 당나라 황비 우는 음모, 섹스, 폭력의 악몽을 거쳐야 했다.[54] 당 태종의 첩이었던 우 황비는 황제의 아들과 더불어 자신의 권력상승을 추구했다. 어느 날 황태자는 화장실을 가기 위해 황제의 처소를 나왔다. 황태자가 앞의 방으로 나오자 황제의 첩인 우는 금으로 만든 물잔을 들고 미소를 지으며 나타났다. 몇 분 후 중국의 황태자는 비단침대에서 자기 아버지의 첩과 뒹굴고 있었다.

　당 태종은 곧 죽었고, 우는 다른 첩들과 함께 불교사찰의 승려로 보내졌다. 그러나 이제 고종(高宗)황제가 된 황태자는 비단침대에서의 기억을 잊을 수 없었다. 이미 옆에 왕 여인을 황비로 두고 있었지만 그는 우가 거처하는 사찰을 방문할 핑계를 만들었고, 우에게 작은 지위를 부여하고 황실로 다시 불렀다. 우의 다음 번 계략은 자신이 왕 여인의 아이를 질식시켜 죽인 후 왕 여인이 아이를 죽였다고 고종에게 고해바치는 일이었다.

　첩이던 우는 왕 여인을 대신해서 황비의 자리에 올랐다. 황제의 아이 둘을 낳게 된 우는 성적으로 방탕한 고종을 견제하고, 여인들의 강력한 정치참여에 반대하던 늙은 정치가들을 거세할 수 있을 정도로 충분한 권력을 갖추게 되었다. 우는 국사의 많은 부분은 자신의 손으로 챙겼고, 거기에는 한국과의 전쟁도 포함되었다.

　683년 고종이 죽자 당시 55세였던 우는 황제의 미망인으로서 우아한 은퇴생활을 즐기려했다. 그러나 그후 왕위계승을 위한 치열한 다툼이 있었고, 그 과정에 우는 자신의 아들인 황태자 두 명을 거세해버리고 스스로 하늘의

---

54) Qu, 1963, pp.67~76; Fitzgerald, 1968, pp.15~19, 147~148; Chou, 1971, pp.27~28.

아들(딸)임을 자처, 690년에 스스로 황제의 직위에 등극했다. 중국의 최고 통치권자에 오른 첫 번째 여인이었다. 그녀의 통치기간은 (주라는 이름의 정권 공백기의 왕조였던) 고종황제가 사망한 이후 26년 동안 지속되었다. 유혹, 살인, 음모 등의 수단을 통해 그녀는 중국 정치체계 최상의 지위까지 올라갈 수 있었고, 실제로 중국제국을 거의 50년 동안 통치할 수 있었다.

모든 황제의 죽음이 당 태종의 죽음처럼 왕조의 몰락을 초래하는 것은 아니었다. 그러나 대체적으로 보아 각 왕조들은 정권계승 및 정통성의 문제 때문에 갈등을 겪었고 실패한 적이 많았다. 한왕조의 몰락 이후 다른 왕조를 세움으로써 문제를 해결하려고 했다. 새로운 왕조 역시 몰락의 길을 걷게 되었다. 오늘의 중화인민공화국의 경우에도 중국의 전체주의 정권은 정통성 및 권력승계에 관한 도전으로부터 답을 찾지 못하고 있다. 오늘날 중국의 정통성 및 정권계승 문제는 국제적 환경이 민주주의로 변한 현대적 상황에서 오히려 더욱 까다로운 문제가 되고 있다. 어떤 독재정권일지라도 정통성 및 권력승계를 둘러싼 문제는 항상 시한폭탄이었다는 것이 역사의 진리다.

중국제국의 정치체제가 강성과 허약성의 혼합이었다는 사실로부터 중국 체제의 혼란을 야기했던 원인 두 가지가 더 나온다. 하나는 중앙정부가 제국의 변방지역에 대해서는 큰 통제력을 보유하지 못했다는 사실이며, 다른 하나는 제국의 교리와 제국을 통치하는 실제 사이에 존재했던 간극이다. 이 두 가지 요인은 중국제국의 안정과 지속에 긍정적 역할을 하기도 했다. 그러나 긍정적 역할에는 한계가 있었다.

청나라에 관한 최근의 연구에서 린 밀러(Lynn Miller)는 "청나라의 현실은 제국적 권력이 현실세계와 엘리트 정치의 복잡함 속에서 그야말로 제한적이었다는 점이다. 청제국 후기의 황제들은 통치했다기보다는 오랫동안 단지 군림했을 뿐이다."[55] 중앙정부가 변방의 성들을 장악하지 못하고 있었다는 사실과, 중앙정부가 전쟁 및 다른 목적에 사용될 수 있는 세금을 징수하려는 노력은 언제라도 농민반란을 유발할 수 있는 위험한 일로 간주되어야 했다. 중국제국에서 농민반란의 문제는 로마제국 혹은 다른 제국의 경우보다 훨씬 어려운 요인이었다. 상당수의 왕조가 ― 한, 당, 원, 명 등 ― 시골에서 야기된 농민반란의 구조 속에서 붕괴되었다. 청나라는 말엽에 이르러 농민이 핵심이 된 6대 반란을 경험했다.

이론과 실제 사이의 간격은 잘 짜여진 소설에서는 잘 보이지 않는다. 현실과 환상 사이의 장막이 거두어짐으로써 소설이 환상이었음이 밝혀지지 않는 한 그러하다. 다음의 세 가지 소설들은 이 같은 사례가 된다. 우선, 중국이 우월하다는 감각은 경험이 없는 비중국적 사람들에게 적용된다. 그러나 중국의 천자가 잠재적 도전국의 힘을 과소평가할 경우 이 같은 소설(허구)은 오히려 해가 된다. 이 사실은 7세기 한국과의 관계에서 나타났다. 당시 한국과 세 번의 전쟁에서 패퇴한 이후 한국의 국가인 신라의 독립을 인정하지 않을 수 없었다. 한국을 야만족이라고 얕보았던 자만심이 실패의 원인이었다. 1840년대 영국과의 접촉에서 중국인들의 이 같은 잘못된 자만심이 중국 남부지역에서 다시 나타났다. 최근 북경의 당정국가체제의 정권은 대만의 여론이 무엇인지 스스로 속이고, 만약 인민해방군의 마술적 공격을 당하는 경우 대만은 자신들의 생각을 바꿀 것이라고 잘못된 상상을 하고 있다.

마찬가지로, 중국의 공식적 역사기록에 나타나는 과거에 대한 곡해는 양날의 칼과 같다. 명나라가 원나라 혹은 몽골왕조의 역사를 기술할 때(1264~

---

55) Miller, 2000, p.29; Kuhn, 2002, p.22.

1368), 몽골역사의 이단성(異端性)에 대처하기 위해 거의 70년이라는 세월
이 소비되었다. 만주가 명나라 역사를 기록할 때, 명의 역사를 바로 잡기
위해 90년의 세월이 걸렸다 한다. 조작된 역사는 최근의 역사에 대한 예쁜
그림을 제공함으로써 황실을 기쁘게 할 수 있을 것이며, 그럼으로써 현재에
대한 확신을 심어줄 수 있을 것이다. 중국의 금언은 "역사란 소녀와 같다.
그대가 원하는 대로 옷을 입힐 수 있는 것이다"고 말하고 있다. 그러나 기
록된 것이기 때문에 진실이라고 믿는다면 그것은 위험한 일이 될 것이다.
중국의 자료들은 1804년 영국의 왕인 조지 3세가 명나라의 황제 가정제에
게 조공을 바쳤다고 주장하며, 중국 황실의 관리들은 이 사실을 믿고 있다.
사실 조지 왕은 조공을 바친 적이 없다.56) 40년이 지난 후 "조공을 바치러
왔던 그 비천한 영국인들"은 청나라에게 혹독한 군사적 패배를 안김으로써
청나라를 놀라게 했다.

　명나라의 기록은 오늘날 우즈베키스탄 지역의 보석으로 된 도시 사마르
칸트를 본거지로 삼고 있었던 티무르 회교지도자가 중국의 황실에 대해 말
2백 마리의 조공을 바쳤고, 복속문서를 제출한 적이 있었다고 말하고 있다.
티무르의 사신이 북경을 방문했다는 관료의 보고서에 따라 위와 같은 언급
을 믿었던 명나라 황제는 1395년 회교국 황제에게 복속해온 데 대한 감사
의 표시로 중국의 사절단을 티무르로 파견했다. 그러나 티무르가 중국에
조공사절을 파견한 적은 없었다. 사마르칸트로부터 북경에 도달한 사절들
은 순전히 상업적 이유를 갖고 있었다. 1천 5백 명으로 구성된 중국의 사절
단이 중앙아시아에 도착했을 때 티무르는 중국이 자신들을 조공을 바치는
국가로 착각하고 있다는 사실을 알았다. 회교국 왕은 중국의 사신을 구금한
후 중국이 자신들을 능멸한 대가로 중국을 군사적으로 공격해서 복수하겠
다고 결의했다.

---

56) Feuerwerker, 1974, p.4.

130

명나라에게는 다행스럽게도 인도 및 다른 지역에서 일어난 일 때문에 티무르는 중국문제에 관심을 집중할 수 없었다. 그러나 1402년 새로운 중국황제 영락제가 중국의 황제가 되었다. 놀랍게도 명나라 영락제는 티무르왕의 분노심이 어느 정도인지 알지 못했다. 영락제는 사마르칸트에 8백 마리의 낙타와 더불어 새로운 사절단을 파견, 왜 사마르칸트가 지난 7년 동안중국에 대해 조공을 바치지 않는지 물으려 했다. 티무르는 낙타 8백 마리로구성된 대상을 체포했고, 중국 황제의 요구를 거부했으며, 명나라를 파괴하고 중국을 회교도로 개종시키기 위한 원정작전을 준비했다.

중국에게는 또다시 다행스러운 일로서 1405년 티무르는 북경으로 오는도중 죽고 말았다. 중국과 티무르가 이처럼 사이가 나쁜 와중에서 소수의중국 관리들은 황제에게 — 티무르가 중국 황제에게 회교로 개종하라고 권유했던 것 등 — 폭발적인 진실을 보고하지 않으려 했다. 로사비는 중국의황실은 "중국이 당면했던 위험의 본질을 잘 알고 있지 못했다"라고 기술하고 있다.57) 물론 수세기에 걸쳐 작고 이상한 나라들은 자신의 국민들을 속일 수 있었다. 그러나 지구의 대표적 문명이며 정치체제였던 중국이 자신의국민과 지도자를 대규모로 속이고 있었다.

중국이 당면한 재앙과 관련되는 세 번째 허구는 계몽적 통치와 우주론적조화 사이에는 인과적 관계가 있다는 주장이다. 자비스러운 황제가 통치하는 경우 기후도 좋아지고 농작물 수확도 풍요로워진다는 것이다. 때로 이말이 진리처럼 보이는 경우가 있다. 그러나 문제는 인간의 행동과는 전혀관계없는 홍수 혹은 운석 몇 개가 떨어지는 일들조차 모두 황제가 부덕한탓이라고 매도될 수 있다는 점이다.

황제에 반대하는 자들은 그 자신의 수중에 엄청난 폭탄을 가지고 있는것과 마찬가지다. 위에서 지적한 황제통치에 관한 세 가지 잘 짜여진 허구

57) Rossabi, 1976, p.16, passim.

들은 스스로 정치적 위험을 감수해야 하며, 20세기 중국의 역사에도 잘 나타나고 있다. 우리가 앞으로 살펴볼 것이지만 마오쩌둥, 덩샤오핑, 장쩌민의 시대에도 이 같은 사실이 나타났다.

중국왕조사가 후반부에 이르렀을 무렵 산업혁명으로 유럽의 국제팽창을 선도하던 영국은 바다를 통해 중국에 접근하였다. 영국인들이 비단, 도자기, 가구, 그리고 특히 중국차의 맛을 느끼게 되자 영국과 중국의 무역은 급격히 증가하였다. 영국은 주로 비정부적 조직인 동인도회사를 통해 중국과 거래하였다. 청나라 정부는 외국인들은 제국의 변방에 한정시킨다는 외교정책의 원칙에 따라 영국인들을 다룰 수 있는 회사를 광저우[廣州]에 설치하였다. 이곳은 신성시되었던 베이징으로부터 1,500마일 떨어져 있는 지역이었다.

칸톤에서 야기되는 마찰을 제거하기 위해, 그리고 중국과의 무역을 증진시키기 위해 영국정부는 1793년 베이징의 건륭황제와 직접 대화하기 위한 사절단을 파견하였다. 영국 사절단 단장인 매카트니 경(Lord Macartney)은 에드먼드 버크의 친구였고, 영국의 외교정책 및 무역에 관한 일가견 있는 경험을 갖춘 엘리트였다. 그의 경력상 초반부에 있었던 중국대륙을 통한 의무적 '대여행'에 관해 그는 파리에서 볼테르를 만났었다. 볼테르는 그 젊은이에게 "어떻게 당신 나이에 그렇게 많은 주제에 관해 그렇게 박식한 지혜를 갖출 수 있게 되었습니까?"[58]라고 물었다. 세인트 페테르스부르크, 카리브해, 마드라스 등 그가 있었던 지역들은 모두 상업적 이유를 가지고 있

58) De Beer, 1967, sec. pp.45~57.

132

었다. 1793년 매카트니는 중국으로부터 무역협정을 체결하고, 중국과의 무역을 위한 항구를 몇 개 더 확보하며, 베이징에 대사관 개설에 대해 중국과 합의하라는 지시를 받았다.

매카트니와 7백 명으로 구성된 그의 사절단이 도착하기 이전 이미 중국의 황실은 영국의 요구를 거부하는 황제의 칙령초안을 준비하고 있었다. 1760년 이래 영국의 왕이었던 조지 3세에게 전달될 청나라 황제의 칙령에는 다음과 같은 말이 쓰여 있었다.

"우리는 결코 순진한 물품들을 가치 있다고 생각한 적이 없다. 그리고 우리나라는 당신 나라에서 만든 어떤 물건에 대해 눈꼽만큼의 호기심도 가지고 있지 않다."[59]

건륭황제는 과거 명나라, 청나라 황제들이 포르투갈, 네덜란드, 그리고 러시아인들을 대할 때와 본질적으로 똑같은 태도를 취한 것이다.

매카트니 경과 건륭황제 치하의 중국 황실의 교섭 이야기는 중국제국의 정치문화에 관한 몇 가지 특징을 보여준다. 중국의 정치체제는 국제관계에 대해서도 위계질서적 입장을 적용시키고 있었다. 건륭황제의 칙령은, "비록 그대의 나라는 바다 먼 곳에 떨어져 있지만, 그대의 심장은 문명을 갈구하고 있기에 존경하는 마음으로 국서를 전달하기 위해 우리나라에 특별사절을 파견했고, 먼 바다를 항해해서 온 사신은 우리 왕실에 머리를 조아리고 있다"[60]고 말하고 있다. 실제로 매카트니는 고두(叩頭, 코를 마루바닥에 대는 큰절)를 거부했다. 중국제국은 허구를 만들어서 자신을 위로하는 것이다.

59) Macartney, 1963, p.340.
60) Macartney, 1963, p.337; 고두를 행하는 방법은 의자생활문화 시대라고 할 수 있는 19세기 중국의 경우, 매트 위의 문화라고 할 수 있는 당나라 시대의 고두에 비해 훨씬 더 비참한 것이었다(Wilkinson, 2000, p.106).

2세기 후 장쩌민은 클린턴 대통령과의 정상회담을 앞둔 시점에서, 당의 공식문서를 통해, 그리고 중국인민들에 대해서는 언론기관을 통해 자신을 추켜세우며 과시하고 있었다.

영국 사절단의 북경주재를 거부하는 중국 황제의 논점은 중국제국 황실이 꾸며낸 '규칙'을 반영하는 것이다. 중국인에 제시한 핑계는 영국 사절단이 중국어를 할 줄 모른다는 것, 그리고 영국사신이 입은 옷은 적절하지 못하다는 것이었다. 영국사절들이 '중국제국의 공무원'이 되어야 한다는 말인가. 물론 그들은 중국의 방식을 채용하라고 명령받게 될 것이다. "그러나 우리는 다른 이들이 하기 어려워하는 일을 하라고 강요한 적은 결코 없다."[61]

중국인들이 방어적인 한편 우수함을 과시했다는 이중적 성격은 여러 가지 충분한 근거가 있다. 건륭황제는 영국인들의 일에 간섭하려는 생각이 없었고, 엄밀하게 정의된 국가이익을 해치고 싶지도 않았다. 중국의 문을 두드린 것은 영국인들이지 중국인들이 영국의 문을 두드린 것은 아니다. 그러나 건륭황제가 매카트니와 그의 사절단을 경멸하듯이 내려다보았다는 사실에는 의문의 여지가 없다. 그는 영국 왕에게 보낸 편지에서 "천자에게 영원히 복종함으로써 그대들은 평화를 확보하고 국가의 번영을 도모할 수 있을 것이다"라고 말하고 있다. 거만함과 방어적 성격이라는 이중적 태도 속에는 중국이 자신과 멀리 떨어져 있는 나라에 대해서는 본질적으로 호기심을 가지고 있지 않았다는 점이 근저에 깔려있다.

영국 왕 조지에게 전달된 외교관계를 거부하는 황제의 칙령은 대단히 잘못된 가정을 배경으로 하고 있다.

"그 외에 만약 천자의 나라가 당신의 나라에 가서 영원토록 거주할 사람들을 보내기로 결심한다면 당신들은 그것에 동의하지 않을 것임이 분명

---

61) Macartney, 1963, pp.338~339.

하지 않겠나?"[62]

영국은 중국의 대사를 환영했을 것이다. 그러나 해외에 사절로 파견되는 자신의 사절단은 '하늘의 사절'(heavenly envoys, 天使)이라고 불렀던 중국은 평등한 관계에서 사절단을 교환한다는 개념을 가지고 있지 않았다.

중국 황실의 무식함과 자기 만족감은 중국이 자신의 제국적 꿈과 현실을 같은 것으로 생각할 수 있는 한 아무 문제가 되지 않았다. 그러나 매카트니 사건은 청나라가 그 힘의 정점에 있었던 1793년에 일어난 일이었다. 그 이후 청제국은 내리막길을 걷기 시작했다. 물질적으로 우수한 서방세계는 19세기 중국의 경직성과 비창조성을 드러내기 시작했다. 중국의 황실은 자신들을 최고라고 생각했다. 그러나 중국은 자신이 최고임을 증명해 보일 수 있는 대포가 없었다.

영국에서는 매카트니 사절단에 의해 중국에 대한 환상이 제거되고 있었다. 런던에서는 페이레피트(Peyrefitte)가 중국의 태도에 대하여 "만약 중국이 폐쇄된 채로 남으려 한다면 중국의 문을 부숴야 할 것이다"라고 기술했다.[63] 불과 수십 년 이내 중국은 충격을 받았고 약해졌으며, 자극을 받게되었다. 중국은 자신의 눈앞에서 마술을 부리고 있는 듯한 다른 사람들을 보게 되었다. 중국의 황실은 그리스 국가들의 폴리스, 혹은 메소포타미아 국가들의 도시국가라는 개념과는 달리 자신의 황실을 문명(文明)으로 인식하고 있었다. 그러나 동시에 청나라는 한나라와 야만족이 하나의 정치체제 속에 들어있는 제국이었다. 중국은 아시아 내부와 투쟁을 전개하면서 자신을 정의한 것이다. 중국이란 영역은 바다로부터 도전해 오는 새로운 야만족의 위협을 더욱 잘 막아내기 위해 다시 현대국가로 변신할 것인가?

이제 우리가 관심을 돌려야 할 부분은 청나라의 몰락에 관한 것이다.

---

62) Macartney, 1963, p.339.
63) Peyrefitte, 1989, xxii.

1911년에는 무슨 일이 일어났는가? 또는 무슨 일이 일어나지 않았는가? 그로부터 백년 후의 중국은 아직도 역시 문명, 제국, 그리고 국가가 혼합된 모습을 보이고 있다.

제 4 장

"왕은 죽었다; 왕이여 만수무강하소서":
왕조시대 이후 새로운 정치질서의 추구

황제체제를 대체할 새로운 원칙이 나타날 수 있을까? 혹은 어떤 이름으로
불리든 간에 제국적 역할이 중국 정치질서의 피할 수 없는 모습으로 나타날
수 있을까?　　　　　　　　　　　　　　　-어니스트 영(Ernest Young) [1]

세상에서 어떤 변화가 일어났던 간에 지난 2천 년 동안 지속된 중화제국의
관료주의는 아직도 벌겋게 살아남아 우리와 함께 있다.
　　　　　　　　　　　　　-에티엔느 발라즈(Etienne Balazs, 1957) [2]

　신속한 경제성장과 사회적 변동, 공식적 이데올로기에 대한 충성심의
결핍 등 오늘날 중국에 나타나는 특징적 모습들이라고 말할 수 있다. 중국
의 정치체제는 '개혁'을 지향하는 것 같으나 이는 본질적 국가체제를 바꾸

---

1) Young, 2000, p.196.
2) Balazs, 1964, p.27.

지 않는 범위 내에서의 일이다. 서방과 일본이 중국보다 잘 살고 있다는 사실은 고통스런 일이다. 비록 중국의 발전에 영감을 주고 있지만, 서방의 일부지역이 중국을 지속적으로 낙후된 지역으로 만들려 한다는 공포감도 있다. 중국 내에서는 조용하기는 하지만 이미 널리 알려진, 그리고 외국에 거주하는 중국인들은 큰 목소리로 떠들고 있는 사실은 "국가를 구하기 위해서" 현재 중국의 정치체제는 다른 것으로 대체되어야 한다는 것이다. 나는 지금 오로지 오늘날의 중국을 이야기하는 것일까, 혹은 19세기 마지막 무렵의 중국에 관해서 이야기하는 것일까? 실제로 앞에서 한 말은 두 시기 모두에 적용되는 것이다.

19세기 중 자존심은 높지만 작동이 잘 되지 못하는 중국제국의 실제 모습은 새로이 팽창하던 국가들, 특히 제국적 팽창범위가 중국에까지 미친 영국에 의해 천하에 드러났다. 자신만의 대륙적 제국을 건설하는 데 탁월한 역량을 보인 청제국은 엄청난 자존심을 보유하고 있었지만 해양으로부터 다가오는 야만족들에 대처하는 데에는 웃기는 실수를 저질렀다. 아편전쟁이 발발하기 이전 중국의 서양에 대한 생각은 "추상적이고 혼동스런 것"이었다. 1662년 위대한 학자 고염무(顧炎武)는 포르투갈이 '자바의 남쪽'에 있다고 생각했고, 포르투갈이 중국에 대해서 가지는 관심은 "작은 어린이들을 돈을 주고 사서 그들을 요리해 먹으려는 것"때문이라고 했다.[3] 중국의 진보를 위해서는 불행한 일이었지만, 만주와 중국의 엘리트들은 자신들이 머나먼 곳에 있는 다른 나라들보다 압도적으로 우월하다고 생각했기 때문에 실제적 세상물정에는 깜깜하였다. 중국으로 여행 왔고 중국의 북부와 서부를 장악했던 러시아인은 "중국인들의 그 같은 자만심을 이해할 수 없다"고 일기에 적었다. "중국인들은 중국의 것이 아닌 한 결코 칭찬하는 법이 없다."[4]

---

3) Richard J. Smith, 1996, pp.21, 56.
4) Paine, 1996, p.17.

1839년 남부 중국에 거주하던 영국의 무역대표는 광동 총독에게 중국과 영국 '두 나라'의 차이를 평화적 방법으로 해결해 줄 것을 강력하게 요구했다. 그러나 중국 관리는 '두 나라'를 미국과 영국을 의미하는 것이라고 오해했다.5) 중국은 '두 나라' 중의 한 나라가 될 수는 없는 나라라는 것이다. 중국의 엘리트들은 중화제국과 서방이 빈번하게 접촉하는 것이 중국의 정치체제, 실제적으로는 중국인들의 삶의 방식에 가해지는 위협을 인식하지 못했다. 그렇지 않았다면 건륭제는 새로운 시대에 중국의 이익을 보호하기 위한 목적에서만 매카트니와 거래했을 것이다.

왜 중국이 위험에 빠져 있었을까 라는 질문은 1백 년 전과 오늘이 다를 수 있는 질문이다. 그러나 아직 이 문제에 대해 일치되는 견해는 없다. 20세기 초반 중국의 많은 지식인들은 중국의 전통적 문화를 가난에 찌든 것이며, 역사의 쓰레기통에 처박혀야 할 것으로 생각했다. 그후 중국의 일부 지식인, 그리고 외국에 있던 중국 지식인들은 서방이 본질적 측면에서 청나라의 중국보다 더 '진보'된 것이 없다고 주장하기 시작했다. 서방은 단지 중국보다 폭력적이고 공격적일 뿐이라는 것이다.

오늘날 서양에는, 중국은 몇 가지 분명한 이유 때문에 세계 강대국의 반열에 늦게 도달했으며, 건방진 서방국가들에 의해 자신들이 횟대(perch)에서 떨어져버릴지도 모를 것을 염려하는 나라라고 생각하는 학파가 있다. 또 다른 학파는 청나라의 중국은 어떤 측면에서 보았을 때도 서방에 뒤질 것이 없는 나라였으며, 중국은 단지 다른 방법으로 근대화의 길을 택한 것이며, 어떤 측면에서는 서방보다 뒤졌지만 어떤 측면에서는 탁월했다고 주장한다. 이 두 학파는 상호 논쟁중에 있다. 경제사학자인 데이비드 랜드스(David Landes)에 의하면 인도에 있던 바스코 다가마(Vasco de Gama)가 유럽의 함선과 대포가 아시아의 함선 및 대포보다 막강하다는 사실을 알았던

5) Hsu, 1960, p.13.

15세기 이후 포르투갈은 세계를 변화시켰다. 랜드스는 15세기가 되었을 때 "중국은 해양에서의 항해 및 대포, 화약부문에서의 우위를 잃게 되었다"고 기록하고 있다. 랜드스는 "중국인들은 잘 배우지 못하는 사람들이었다. 반면 유럽인들은 배우는 것에 탁월한 사람들이었다"고 결론내리고 있다. 궁극적으로 1911~1912년 사이에 중국의 왕정이 붕괴한 것을 비롯하여 여러 가지 중국의 문제들이 이 같은 측면에서 설명되었다.

더 젊은 역사학자 피터 퍼듀(Peter Perdue)는 랜드스의 주장과는 달리 중국과 유럽은 18세기까지 경제력에서 비슷했다고 말한다. 그는 랜드스와 캠브리지대학에 있는 다른 학자들과의 논쟁에서 중국은 서양세계에 대해서 필요한 것이 있으면 가져가라는 태도를 취했다. 왜냐하면 중국인들은 서양에서 더 큰 부를 찾을 수 있다고 생각하지 않았다고 주장했다. 이 같은 입장은 최근 캘리포니아대학의 여러 학자들도 받아들이고 있다.[6]

이 같은 논쟁에 중간적 입장을 취하는 사람도 있다. 역사학자인 피터 볼은 "중국의 제국주의적 주장을 유념하라"고 말한다. 우리가 앞 장에서 본 것처럼 중국에는 이론과 실제 사이에 큰 간격이 있다. 중국의 황실은 자신이 가진 실체보다 훨씬 더 만족했던 것처럼 보인다. 경제학자인 드와이트 퍼킨슨(Dwight Perkinson)은 중국의 과학적 업적을 길게 나열하고 있다. 그러나 서양의 산업혁명 직전과는 달리 중국의 학문은 종합되지 못했다고 지적한다. 그렇기 때문에 중국의 과학은 중국의 사회경제적 발전에 큰 영향을 미치지 못했다.[7]

중국을 정체적이고 불변하며 고립된 사회라고 보는 관점은 20세기에 형성된 것이다. 부분적으로는 청나라가 망할 무렵을 관찰했던 서양인들의 견해에 의한 것이다. 랜드스는 서양문명의 세 가지 특징이 서양의 경제발전을

---

6) Pomeranz, 2000.

7) Landes, Bol, Perdue, and Perkins, Fairbank Center, Harvard University, Nov.8, 2000의 세미나에서 청취.

초래했다고 말한다. 자발적 힘으로서의 과학, 막스 웨버가 지적한 바와 같은 유럽인들의 가치, 이니셔티브, 투자, 단계적 학습에 관한 유럽인들의 기술이 그것이다.[8] 이들은 강력한 요소들이다. 그러나 이것은 현대세계의 환경에 비춰볼 때 유럽에 나타난 것이지 유럽만의 고유한 것은 아니다. 물론 오늘날의 아랍세계와 마찬가지로 어떤 문화가 어떤 특정 시기에 정체적이거나 외부로부터 학습하거나 또는 발전되지 못하는 경우가 있음은 분명하다. 이렇게 말하는 것이 이슬람에 대한 비판적 가치판단은 아니다. 왜냐하면 아랍의 세계는 세계의 발전에 첨병인 적도 있었기 때문이다. 안드레 군더 프랑크(Andre G. Frank)는 말했다, "유럽인들은 근대화되기는커녕 스스로 한 일은 없다." 이 말에는 일단의 진리가 있다.[9]

중국은 결코 서구문명이 갔던 같은 길을 더 느린 속도로 천천히 운행하는 열등한 문명은 아니다. 13세기 무렵 중국의 농업은 이 세계 어느 사회보다 앞섰다. 그 당시 중국은 세계에서 "가장 도시화된 사회였다."[10] 당시 유럽은 모호했고 분열되었으며, 무능하였다. 19세기까지 유럽의 어떤 내재적 속성도 그들을 중국보다 우월하게 하지 못하였다. 폴 로프(Paul Ropp)는 다음과 같이 지적한다.

"우리가 현재 서방세계가 당연히 갖추고 있다고 생각하는 사회 및 경제체제, 예술, 그리고 문화적 가치, 정치구조, 철학적 가정 등은 3백 년 전에는 전혀 존재하지 않았다. 그것들은 서방세계 어느 곳에도 존재하지 않았다."[11]

문명의 특징은 환경과 무관하지 않다. 동남아시아에서 중국인의 기업정

---

8) Landes, 1998, p.523.
9) Frank, 1998, pp.4~5, 33, 37, 258~259, 344, 355~356.
10) Elvin, 1973, p.129.
11) Ropp, 1990, x; see also Hostetler, 2001, pp.10, 21.

142

신이 성공했다는 사실을 보라. 마오쩌둥 시대에 중국 어디에도 이 같은 성공은 볼 수 없었다. 미국 캘리포니아에 있는 중국인들의 업적을 보면 그것은 동유럽 공산국가에 있는 중국인들의 업적과 현저하게 다르다. 기회가 주어지면 중국인들은 유럽인들과 마찬가지로 부지런하고 절약하며 기업가적이 된다. 중국의 역사는 중국이 때로는 개방적이었고 때로는 폐쇄적이었음을 보여준다. 당나라와 송나라는 그들이 외국으로부터 무엇인가 배울 수 있었다. 이것은 랜드스가 유럽인들을 칭찬했던 것들이다. 그러나 명나라와 청나라는 그렇지 못했다.

그러나 우리가 부정할 수 없는 사실은 중국이 20세기를 맞이하는 무렵, 그들의 정치적, 문화적 지도자들은 중국의 '도'를 잃어버렸고 위기로부터 탈출해야만 했다는 사실이다. 량치차오〔梁啓超〕는 아마도 청나라 말엽의 가장 탁월한 정치분석가였을 것이다. 량치차오는 1900년에 "지난 2천 년 동안 지속되었던 잘못된 믿음과 전통에 대한 도전"이 시급하다고 했다.[12] 이렇게 생각한 것은 서양인뿐만이 아니다. 중국을 지도하는 사람들, 그리고 수천만 중국의 평민들도 중국은 진행방향을 대폭 바꿔야 한다고 생각했다.

중국은 결국 19세기 서방과의 거래에 실패했다. 반면에 서방은 중국에 자신의 의지를 강요하는 데 성공했다. 이것은 중국의 해안지대에서 안정을 원하는 중국인과 공격적인 서양인들이 만났을 때 나타났던 본질적 사실이다. 그후 1백 년 이내에 중국은 영국, 프랑스, 독일, 일본과의 싸움에서 연달아 패배했다. 중국이 19세기에 실패한 이유는 다음과 같은 세 가지 때문이다.

먼저, 지리적으로 중국은 수세기 동안 바닷가로부터 아무런 도전을 받지 않았고 위협도 없었다. 청나라의 국방에 대한 능력은 바다를 향하는 서방에 대응하기에는 역부족이었다. 제레드 다이아몬드(Jered Diamond)가 지적한 바처럼 유럽은 해안선이 길고, 그것은 유럽인을 자극했다는 말은 설득력이

12) Tang, 1996, p.42.

있다. 유럽인들은 다원적이었기 때문에 상호간 경쟁을 해야만 하였다. 반면에 중국은 중앙집권화된 대륙제국이었고 홀로 막강한 위치에 있었다.13)

두 번째로, 최근 탁월한 수정주의적 역사학자들의 연구에도 불구하고, 역사상의 기록들은 청나라 말기의 중국인들은 편협한 마음을 가지고 있었고, 중국이 아닌 다른 세계에 대해서 거만한 태도를 취했다는 사실을 지적한다. 그것 때문에 중국인들은 대가를 치렀다. 강희제는 외부세계에 대해서 궁금해 했다. 그러나 그의 손자, 건륭제는 그렇지 않았다.14) 우리는 건륭제가 말한 다음과 같은 사실을 기억하면 될 것이다. 그는 영원히 후세에게 남겨줄 중국의 국경지방을 표시한 지도를 원했는데, 그 지도는 역사적 진보를 반영하기보다는 종교적 교조와 같은 것이었다.15) 결국, 엔디미온 윌킨슨(Endymion Wilkinson)이 말한 것처럼, "청나라는 중국 역사상 어떤 왕조보다도 더 많은 수의 지식인들이 숙청당했고, 더 많은 사람들이 투옥당했으며, 그리고 불태워지고 금지된 책의 숫자도 가장 많았다."16)

세 번째로, 중국의 정치체제는 초기에는 내부적으로 유연했고 창조성이 있었지만, 19세기에 들어와서 완고했고 진취성이 부족했다. 청나라의 마지막 단계에 이르렀을 때 어린이가 황제의 자리에 오르기도 했다.

이와 같은 세 가지 요소들의 결합은 중국의 정치문화가 진보를 추구하기보다는 균형을 추구했다는 사실을 보여주며, 정치 엘리트들은 옛 것을 존경했고 한계성을 받아들이려 했지 결코 한계를 극복하려 하지 않았음을 보여준다. 도날드 먼로(Donald Munro)는 "사고방식의 제국적 스타일"을 말하고 있다. "기왕의 전체적 지식을 최고로 생각하는 믿음은 어떠한 새로운 지식의 습득에도 방해가 되었다."17) 엘빈(Elvin)은 중국의 섬유산업에 관한 그의

13) Diamond, 1997, pp.412~416.
14) Hostetler, 2001, p.39.
15) Perdue, 1998, p.275.
16) Wilkinson, 2000, p.274.

연구의 결론부분에서 "중국인들은 발명과 개선을 가능하게 했던 경제적 및 지적 능력의 약화" 때문에 고통받았다고 했다.[18] 발라즈는 청나라 후기 또는 중국역사의 특정 시기에서 "중국의 기술적 발명을 파괴시킨 것은 중국이라는 국가였다"고 결론내린다.[19]

19세기 말엽 중국은 여러 가지 이유 때문에 일부는 분명하고 일부는 아직 논쟁적이지만, 역사상 어느 시기보다 또 다른 강력한 문명의 도전 앞에 군사적으로, 정치적으로, 그리고 문화적으로 대단히 취약했다. 중국을 어렵게 만든 또 하나의 중요한 요인은 인구의 압박이었다. 중국의 인구는 1580년에 2억 명이었고, 1850년에는 4억 1천만 명이나 되었다. 역사상 어떤 위대한 정치체제도 중국의 서태후가 당면했던 바처럼 병들고 위태로운 적은 없었다. 서태후가 능력이 없는 사람은 아니었다. 그는 다만 호기심과 정책을 결여했을 뿐이다. 청나라는 한 가지 이유 때문이 아니라 수백 가지 이유 때문에 망했고, 비전과 전략의 파산 때문에 망했다. 서구세계는 청나라가 가지지 못한 지식과 물건들을 가지고 있었다.

청나라의 멸망에 관해 이 책에서 주장하려는 중요한 관점은 중국의 오래된 군주제를 유지하려는 것과 중국이라는 민족을 구원하려는 것 사이의 간극이 존재했다는 점이다. 한나라 당시 또는 당나라의 그 누구가 바로 그들을 중국인이라고 정의하는 정치체제 그 자체를 붕괴시킴으로써만이 중국을 유지할 수 있을 것이라고 상상할 수 있었을까?

17) Munro, 1996, p.6.
18) Elvin, 1973, p.199.
19) Balazs, 1964, pp.11, 15~18.

20세기가 되었을 때 중국인들은, 중국은 급격히 변해야 한다는 흥분과 고뇌의 무드에 젖었다. 1899년과 1900년 사이에 나타났던 말세적이며 폭력적이고 반서구적인 이상한 사회운동은 중국의 비밀결사적 전통에 기반을 둔 것이고, 중국의 황실이 이율배반적 상황에 놓여있음을 분명히 했다. 이와 같은 운동은 의화단(정의를 위해 연합한 무장단체)으로 불렸으며, 서양에서는 의화단사건(*boxers rebellion*)이라고 알려져 있는데, 중국 북부지역에서 급속히 세력을 확대했다. 서태후는 의화단이 서방의 선교사와 외교관을 공격함에 따라 의화단의 반서구적 운동을 은밀히 부추겼다. 그러나 8개국으로 구성된 연합국이 의화단이 창궐하는 북경을 공격, 두 달간 북부 중국은 혼란에 빠졌으며, 중국은 이 외세에 대해 어마어마한 배상을 치러야만 했다. 의화단사건은 남중국의 경우 별 피해를 입지 않았지만, 죽느냐 사느냐의 정신으로 중국의 체제를 바꾸려했던 청나라 황실 내외의 많은 개혁주의자들의 마음을 긴장케 했다. 메리 라이트(Mary Wright)는 1900년, 중국의 모습에 관한 많은 외국인들의 평가를 다음과 같이 요약했다.

"이것은 우리가 알던 중국은 아니다. 새로운 중국이 나타났고 발전하려는 순간이다."[20]

'새로운 중국'은 중국인민의 발전이라는 더 높은 선(善)을 위해 과거 중국 왕조의 모든 것을 떨쳐버리려는 것 같다.

1900년 당시, 중국은 다른 모든 강대국들과 다르다는 사실을 과시했지만, 오래 지속된 중국의 정치체제는 위협당하고 있었다. 중국인들은 그들이 누군가에 대해서는 강력한 감각을 가지고 있었지만, 중국이라는 국가가 어떻게 되어야 할지에 대해서는 감이 없었다. 역사학자인 아더 월드론(Arthur

---

[20] Wright, 1968, p.3.

Waldron)은 다음과 같이 말한다.

"중국은 민족주의가 일반적으로 야기하는 문제에 당면하지는 않았다. 중국은 카부르 또는 비스마르크가 했던 것처럼 작은 조각들을 맞추어 큰 정치체제를 만드는 일을 할 필요는 없었다. 이미 중국은 커다란 실체였기 때문이다. 공화국은 상대적으로 쉽게 제국의 계승자가 될 수 있었다. 수도도 같았고, 똑같은 성들을 통치했으며, 통치를 당하는 사람들도 같았다."

공동체는 강했다. 그러나 정치체제는 약했다. 유럽의 규범과는 달리 중국이란 영역 속의 다양한 문화적 일체감은 "국가보다 더 우선하는 것이었고, 더 강했다."21) 그러한 사실은 오랫동안 형성된 것으로서 20세기 초반 중국의 수수께끼였다. 다양한 형태로서의 그것은 21세기 초기의 중국에서도 똑같은 수수께끼다. 에벌린 로우스키(Evelyn Rawsky)는 다음과 같이 기술했다.

"1911년 이후 시대의 일탈적 운동은 청제국과 중국이라고 불리는 민족국가를 단순하게 동일화시킬 수 없는 것이다."22)

청나라가 20세기에 물려준 중국이라는 나라는 민족(nation)은 아니다. 그러나 위안스카이〔袁世凱〕, 그리고 차후에 장제스, 그리고 마오쩌둥 역시 자신들의 나라를 제국이라고 부르려 하지 않았다.

오늘날 공산당의 당정국가가 붕괴했을 때, 마치 과거의 유교적 왕조가 붕괴했던 것처럼, 양자 모두는 법제도와 통치의 스타일이 끝난 것일 뿐이다. 제도의 변화에 앞서서 이 두 경우 모두에 세계관의 완만하지만 거역할

---

21) Waldron, 1995, p.271.
22) Rawski, 1998, p.301.

수 없는 쇠퇴현상이 나타났다는 것을 보여준다. 양자의 경우 모두 새로운 정치적 세력이 국민의 이익이라는 이름 아래 낡은 교리를 좇아버렸다. 맑스-레닌주의는 마치, 유교적 군주제가 "중국을 살리기 위해" 포기하였던 것처럼 "중국을 살리기 위해" 내동댕이쳐 질 것이다. 페어뱅크는 다음과 같이 말했다.

"1840년부터 1880년대까지의 조약체계는 중국을 서방세계로 끌어내기 위한 단순한 서양인들의 방식은 아니었다. 그것은 동시에 청나라가 서방에 적응하고, 서방을 중국이라는 세계에 편입시키기 위한 수단이기도 하였다."

요약하면 당시 서양의 힘과 중국의 힘 사이에 시너지가 야기되었다. 청나라는 서양이 강하다는 사실을 알 수 있었다. 그러나 청나라는 서양의 법제도를 수용할 생각이 없었다. 이것은 마치 한나라 혹은 초기의 중국왕조가 유목민인 흉노족이 강한 것을 알았지만 그 사실이 중국 황실의 가치를 바꾸어 놓을 수 없었던 것과 마찬가지다.

19세기의 약이 된 중국과 서양의 시너지는 성공적이지는 못했다. 페어뱅크는 그 이유를 다음과 같이 설명하고 있다.

"침략적 서양인들은 중국의 권력구조에 참여할 수 있었다. 그러나 과거의 야만족들이 중국의 문화를 받아들였던 것과 같은 능력을 가지고 있지는 못했다."[23]

19세기 말엽 중국의 관세행정이나 국제무역은 중국과 외국 간의 합작회사(joint venture)처럼 되었다. 그러나 중국과 서구의 정치문화 사이에는 어떠한 합작회사도 이루어지지 못했다. 아마도 중국은 오직 "국가-문화의 합

---

23) Fairbank, 1968, pp.259, 273.

성"만으로 통치될 수 있었을 것이다. 그러나 서양은 몽골 혹은 만주와는 달리 중국을 중국식의 문화 스타일로 통치하는 데 관심이 없었다. 그렇기 때문에 19세기의 시너지의 실패가 여기에 있는 것이다. 중국의 정치문화는 서양의 정치문화와 시너지를 이루지 못했다(일본과 서양의 정치문화는 메이지시대에 시너지를 이룩했다). 중국의 정치문화와 서양의 정치문화는 시너지를 일으키는 대신 충돌했다.

청나라 후기 중국인들은 시너지를 잘못 읽었다. 청나라는 서방으로부터 기술적 이득은 취하면서도 자신의 세계구조 속에 서방을 묶어둘 수 있다고 생각했다. 당시 중국인들의 설명에 의하면, 서양의 사절단들은 황제 앞에서 덜덜 떨었고, 신경을 쓰다 보니 그들의 문서를 떨어뜨리기도 했다. 위대한 중국의 황실은 항상 모든 것을 주관했다. 서양인들의 설명에 의하면, 수백만의 중국인들이 예수님의 팔에 안겼고, 젓가락을 버리고 칼과 포크를 쓰게 되었으며, 중국인들이 면화로 된 셔츠를 입는 것은 곧 맨체스터의 길을 금으로 포장할 수 있게 할 것이라고 생각하였다. 중국이나 서방 모두 실망했다. 그러나 계산을 더욱 잘못한 것은 중국이었다.

1911년~1912년의 이야기는 더욱 극적이다. 혁명이 진행됨에 따라 신해(辛亥)혁명(중국의 달력에 의해 이름이 지어진 혁명)은 독특한 것이 되었다. 이 혁명은 중국 중앙의 후베이[湖北]성의 혁명가가 은신하던 우한[武漢]의 어느 곳에서의 폭발사고로 말미암아 야기된 것이다. 다른 성에서 동시에 일어난 폭동은 청나라의 권위를 약화시켰다. 그러나 청나라에 반대하는 세력들이 연합한 것은 아니었다.

가장 유명한 혁명가였던 쑨원은 민중으로 구성된 비밀결사를 주축으로 삼았다. 다른 혁명가들은 새로운 군대라고 불리는 각 성들의 군사력을 청나라를 붕괴시키기 위해 가장 유용한 도구라고 생각했다. 쑨원은 청나라는 서방을 멀리했고, 그 결과 중국의 발전에 방해가 되었다고 비판했다. 또 다른 혁명가들은, 청나라가 서방에 대해 무기력하다는 사실을 비판했다. 때로 혁명가들을 같아 보이게 만든 것은 그들의 피부색깔뿐이었다. 만주족은 한족을 질식시키지 않았었는가? 글쎄 아닌 것 같다. 만주의 엘리트들은 대체로 19세기 후반 중국화되었기 때문이다. 그렇다면 1911년의 혁명은 진정 무엇일까?

1911년의 정치 드라마의 제1장은 중앙과 여러 개의 성이 결별했다는 것이다. 1911년 10월 10일을 기점으로 청나라의 17개 성이 하나씩하나씩 독립을 선언했다. 과거의 질서에 반대한다는 이유로 제기된 혁명가들의 다양하고 때로 모호한 이유들을 보면, 중국은 그다지 많이 변하지 않을 것이라는 점을 보여준다. 중국사회를 변화시킬 새로운 정치적 힘은 존재하지 않았다. 혁명가들은 즉각적 성공을 더 즐겼지 더 건설적인 아젠다는 생각하지 않았다. 요점은 청나라 황실은 정치적으로, 지적으로, 그리고 재정적으로 이미 붕괴했다는 것이다.

한족과 만주족의 긴장 사이에서 선택은 제한적이었다. 파이는 "메이지유신 당시의 일본이라든가 혹은 그보다 더 이전의 영국이 했던 것처럼, 중국은 입헌군주국으로 갈 수가 없었다. 왜냐하면 중국의 마지막 황실이었던 만주족은 이방인들이었으므로 중국의 민족주의를 피할 수 없었기 때문이다"라고 했다. 전통적 권위를 현대적 제도로 바꾸지 않은 상태에서 직접공화국이 된다는 것은 '대단히 어려운' 일이었다.[24] 쑨원은 전술적 능력이 있었으며, 만주에 반대하는 카드를 가지고 근대적 한족의 제국주의적 쇼비니즘(chauvinism)에 근거를 두려고 했다. 그것은 민주주의를 초래할 가능성은 없는 것이었다.

1911년 당시 '입헌주의'(constitutionalism)는 양반, 군 장교, 또는 다른 사람들에 의해 여러 가지 동기로 지지되었다. 국민들의 대규모 폭동은 야기되지 않았다. 갈등의 부분적 원인은 돈 때문이었다. 누가 철도로부터의 수입

---

24) Lucian Pye, 저자와의 대화, July 23, 2002.

을 차지할 것이냐. 청나라 정부는 전쟁과 그 배상문제로 재정이 고갈되고 있었다. 청나라 정부가 진 빚에는 의화단사건의 손해배상 3억 3천만 달러와 사채 등이 포함되어 있었다.

1911년 정치 드라마의 제2장은 독립을 선언한 성들이 황제체제의 종막을 고하고, 연방을 건설하기 위한 협의를 위해 모였을 때였다. 쑨원은 지구 저편 미국 콜로라도에서 기차를 타고 가던 중 중국의 신문을 읽고 후베이성의 폭발사고가 혁명의 도화선이 되었다는 사실을 알게 되었다. 그는 서둘러서 중국으로 돌아와 자신이 행하던 해외에서의 기금모금 활동을 왕조파괴 운동으로 바꾸었다. 혁명에 참여한 각 성들은 쑨원을 혁명정부의 임시대통령으로 선택했다. 1912년 초 위안스카이는 개혁적 마인드를 가진 중국의 군사지도자, 한족인 쑨원과 마찬가지로 수천 년 된 중국의 정치체제의 종말을 협상하였다. 1919년 2월 몇 가지 이상한 협상안이 나오게 되었다.

'푸이'라는 이름을 가진 만주의 6살 난 소년이 황제로서 남게 되었다. 공화국이 선포되었다. 그러나 공화국의 첫 번째 수반은 청나라 관리였던 위안스카이였다. 혁명의 당당한 지도자였던 쑨원은 혁명정부의 수반으로부터 은퇴하였다. 1912년 4월 위안스카이는 쑨원의 세력이 만든 헌법에 의해 북경에서 통치하고 있었다. 곧 대부분의 혁명적 계획들은 수포로 돌아가게 되었다. 위안스카이가 핵심적 인물이었다. 그는 심지어 행정단위로서의 성들을 제거할 생각도 하였다.[25]

1905년 동경에서 쑨원과 연합동맹[26]으로 형성된 국민당(KMT)은 위안스

---

25) Cohen, 1988, p.522.

26) 쑨원의 조직인 동맹회(*Tongmenghui*)는 때로 혁명동맹(*The Revolutionary Alliance*)이라고 번역되기도 한다. 그러나 에쉐릭이 지적하는 것처럼(1976, p.54), 쑨원이 혁명이라는 단어를 사용하자는 제안을 분명한 어조로 거부하였다. 그래서 번역하는 사람들이 혁명이라는 단어를 다시 삽입하는 것은 바람직하지 못하다.

카이의 정권에 의해 위협받게 되었다. 1913년 2월 국민당이 중국의 첫 번째 총선거에서 승리했을 때 ─ 비록 선거권은 대단히 제한적이었지만 ─ 위안스카이의 반응은 국민당의 지도자인 쑹자오런[宋敎仁]을 상하이 역에서 암살하려는 것이었다. 위안스카이를 전통주의자로 보았고, 그후 1930년대 국민당시대의 좌절을 몸소 체험했던 페어뱅크는 20세기가 끝날 무렵 다음과 같이 썼다.

"이 살인사건은 통치자가 법 위에 있다는 원칙을 과시한 것이고, 반대파는 그들의 지도자를 거세함으로써 가장 잘 통제할 수 있다는 전술을 과시한 것이며, 이것은 그 이후 중국의 민주주의를 불가능케 만들었다."[27]

왕정의 붕괴가 중국의 정신을 변질시키지 않은 단순히 기술적 변화일 뿐이라는 사실을 확인하듯, 위안스카이는 중국은 황제 없이도 존재할 수 있다고 설명한 후 자신이 대신 황제의 지위에 올랐다. 제국체제가 다시 돌아온 것이다! 위안스카이 입장에서 선거를 한다는 것은 무질서를 촉진시키는 것과 마찬가지였다. 국회를 만든다는 것은 혼란을 초래하는 것이라고 생각되었다. 야당의 존재는 단순한 반역으로 생각되었다.[28] 의회에 대해 책임을 지는 내각의 존재는 황제의 자리를 쳐다보는 장관들이라는 전통적 아이디어에 반하는 것이었다.

1년 이내에 위안스카이는 독재자가 되었고, 유교적 의식들이 국가 의례로 되돌아왔으며, 북경정부는 하늘로부터 정통성을 인정받는 구식의 우주론을 다시 받아들였다. 이 모든 것을 하기 위해 위안스카이는 영국으로부터 도움을 받았다. 이는 1873년 매카트니 사절단이 중국을 현대화시킬 수 있는 기회를 잃었다는 것을 생각할 때 역설적인 일이다. 외국의 자본, 제국주

---

27) Fairbank, 1983, p.222.
28) Zhang and Li, 1990, pp.33, 35.

의적 정치사상의 잔존, 그리고 풍부한 군비는 아마도 위안스카이가 보유하던 세 가지 중요한 자산이었다. 페어뱅크는 위안스카이가 왕위를 차지하게 된 확실한 논리를 보았다.

> "천자가 사라질 경우 중국의 정치생활은 궁극적으로 파괴되고 만다. 왜냐하면 중국의 지도자는 궁극적 권위를 행세하기 위한 이념적 재량을 결핍하기 때문이다."[29]

의심할 바 없이 위안스카이는 이 사실을 믿었다.

그러나 19세기의 중국은 위안스카이가 통치를 지속하기에는 너무 많은 것이 변해버렸다. 위안스카이는 막강한 중앙정부를 유지하기 위해서 지방 성으로부터 적절한 세금을 거둬들일 수 없었다. 지방의 성들은 다시 한번 베이징에 대항하여 폭동을 일으켰다. 중국에서 축출될 가능성에 당면한 위안스카이는 1916년 명예롭게 죽었다. 그러나 중국은 아직 공화국으로서 설 수 없었다. 영(Young)은 "질서와 정치경영에 관한 중국인들의 숨겨진 재능은 영리할지는 몰라도, 사악한 장군들의 탈선행위로 몰락해버렸다"라고 말하고 있다.[30] 위안스카이가 죽은 후 12년 동안 중국 정부는 9번 바뀌었고, 내각은 20번 바뀌었으며, 수상은 26번 바뀌었다.

청나라의 멸망 이후 초래된 무질서는 서기 220년 한나라의 멸망, 907년 당나라의 멸망 이후와 별로 다르지 않았다. 청나라의 마지막 황제가 몰락한 이후 중국의 통치영역에는 정치적 정통성을 주장하는 여러 세력이 항상 존재했다. 그와 같은 혼란은 20세기에도 지속되었다.

---

29) Fairbank, 1983, p.220.
30) Young, 2000, p.200.

매카트니 경의 사절단이 건륭황제를 만난 후 좌절스런 마음으로 중국은 분열되었다고 생각한 후부터 1백 년이 지난 후, 후난성의 어느 농장에서 남자아이가 태어났다. 중국의 긴 역사를 고려할 때 유교주의 및 법가사상에 의지한 군주제도가 1912년에 몰락한 것은 지금으로부터 그다지 오래된 일은 아니다. 혁명이 일어났을 때 마오쩌둥은 18살이었고, (그의 생각과는 무관하게) 이미 결혼했다. 그는 그의 한 발을 왕조주의적 중국에 담그고 있었지만, 1950년대에 그는 중국사회를 변화시키려는 일념으로 살았다. 그는 동시에 1970년대에는 리차드 닉슨과 악수를 했으며, 국제적 세력균형을 바꾸려했다.

1920년대의 마오쩌둥은 후난성에 그의 충성심을 바치려 했고, 후난성은 1911년 청나라로부터 독립을 선언한 후였다. 동시에 그는 중국에 대한 애국심을 느끼고 있었다. 26세였던 마오쩌둥은 후난성의 독립에 즈음하여 그의 고향을 위해서 다음처럼 말했다. "양심으로 가득 찬 세계와 직접 협력하자."

마오쩌둥의 궁극적 목표는 중국을 부흥시키는 것이었다. 그러나 1920년대에 그의 주요한 관심은, 중국은 어떠한 정치체제를 가져야 하느냐의 문제였다. 그는 중국의 통일성에 관해 다음처럼 말했다.

"나는 만약 중국에 완전하고 총체적인 혁명이 발발한다면 그것을 지지할 것이다. 그러나 그것은 불가능하다.… 그러므로 우리는 큰 것으로부터 시작할 수 없다. 우리는 부분적인 것에서 출발해야 한다."

그리고 또 다른 곳에서는 "나는 우리가 중앙정부의 정치에 대해서 앞으로 20년 동안 이야기하지 않을 것을 제안한다"[31]고 했다. 중국의 역사상 나타나는 통일의 대가는 분열의 시대를 초래한 것이다.[32]

154

마오쩌둥은 후난성이 동양의 스위스가 될 것을 기대했다(이것은 오늘날 중국의 해변가에 있는 성들이 중앙정부의 압력을 회피하기 위해 직접 국제적 관계를 맺으려 하는 것과 별로 다르지 않다). 그러나 불행하게도 마오쩌둥의 비전은 임시적인 것이었다. 그가 지휘하게 될 중국의 공산당은 마치 라이벌인 국민당과 마찬가지로 중국의 발전을 위해서 중앙집권적 권력이 반드시 필요하다고 생각했다. 곧이어 지방정부의 자립 및 연방주의는 '군벌, 분권주의' 등 더러운 상표가 붙여지고 포기되었다.[33]

마오쩌둥의 '후난의 독립' 단계에 관한 중요성은 문명의 실체로서의 중국이 19세기 말, 그리고 20세기 초반 다중적 위기상황에 처했을 때에도 의문시되지 않았다는 점이다. 당시 문제가 되었던 것은 낡은 군주제도를 대체할 정치적 형식은 무엇인가에 관한 것이었다.

20세기 초반 중국의 제국적 정치체제의 모든 것에 대한 공격이 있었다. 황제 그 자신이 사라져버렸다(그러나 슬프게도 일본 침략자들은 푸이황제를 다시 황제의 자리에 앉혔다. 1932년 당시 그는 26살의 성인이었고, 그는 독립된 왕국인 만주국의 황제가 되었다). 문화와 권력을 연결하는 고리는 잘려버렸다. 이와 같은 파멸을 상징하는 조치는 1905년 과거시험이 폐지되었다는 점이다. 과거제도란 유가사상을 교육받은 엘리트들이 권력을 장악하게 되

31) Schram, 1992, xxxix, p.547; McDonald, 1976, 771ff.

32) Bøckman, 1998, p.329.

33) Young, 2000, p.201; Yan, 1992, p.12; 지역적 군사지도자들은 '두준'이라 불렸는데, 이 용어는 전통적 지방의 군사지휘관을 의미하는 것이었다. 그러나 더 극적인 용어로 1920년대 이후 일본식 용어로 '군벌'(준파)이라는 용어가 사용되었다(Bøckman, 1998, p.344).

는 길이었다. 곧이어 중국은 서구식 민족국가 체제를 열렬히 추구하였다. 중국이 다른 나라들과 양자적 혹은 다자적 협정을 체결했다는 사실은 중국도 여러 나라 중의 하나임을 표시하는 것이었다. 이 모든 것들은 오래 지속되었던 제국적 메카니즘, 또 제국적 멘탈리티와의 놀라운 결별이었다.

그러나 일어나야 될 많은 중요한 사건들은 1911년~1912년 혁명 이후에도 일어나지 않았다. 혁명은 '성공적'이었다. 군주제가 붕괴되었기 때문이다. 그러나 동시에 혁명은 '실패'였다. 새로운 근대적 정치체제가 출현하지 않았기 때문이다. 사실 이미 분출된 민중들의 의지와는 달리 지방 혹은 각 성에서의 권위주의는 제국적 중앙이 붕괴함에 따라 오히려 더 강화되었다. 조셉 에쉐릭(Joseph Esherick)은 1911년의 두 가지 모습을 다음처럼 묘사하였다.

"진보적 공화주의는 어느 정도는 퇴행적 봉건주의의 가면을 쓴 것이다.[34] 지속성을 갖춘 새로운 형식이 나타나지 않았다면 과거의 형식이 진정 죽었다고 말할 수 있을까?"[35]

'봉건주의'는 부분적으로는 새 것이고, 대체적으로 보아서는 청나라의 지역주의가 지속된 것이었다. 1880년 및 1890년대 서방의 영향을 받은 상징인 철도는 지방적 군사리더십의 근거가 되었고, 이는 1911년의 꿈을 실현시키지 못하게 했다. 의회주의와 헌법주의에 관한 희망은 영토를 둘러싼 분쟁의 늪 속에 가라앉아 버렸다. 철도를 장악한다는 것은 도구이자 상(賞)이었다. 철도를 장악한 군벌은 자기만의 왕국을 보유할 수 있었다.

철도는 대개 외국자본의 과실(果實)이었으며, 중국의 새로운 모습이었다. 그러나 왕국은 중국 고유의 오래된 이야기였다. 청나라가 망하기 이전 수십

---

34) Esherick, 1976, pp.8~9.
35) Yan, 1987, p.84.

년간 이루어진 중앙정부로부터 힘의 전이는 부분적으로는 왕조가 두려워한 태평천국의 반란(1851~1864)을 막기 위한 방편이었다. 그럼으로써 완고한 지역주의적 전통은 남게 되었고, 그것은 1920년대 군사적 지역주의의 뿌리가 되었었다. 페어뱅크는 "왕조가 계승하지도 못하고 정당의 선거도 없는 상황에서 어떻게 행정이 정통성을 갖게 될 수 있을까?"라고 물었다.[36] 20세기 초반의 중국에는 우리가 궁극적으로 이해한다면, 제국적 정치체제가 붕괴된 이후 정치적 중앙을 건설하는 데에 실패했다는 참담함이 있었다.

중국의 다른 넓은 지역에서 혁명은 아무런 변화도 초래하지 않았다. 오웬 라티모어는 외국인들이 때로 회교도들의 신지앙지역이라고 부르는 중국 트루키스탄 지역을 직접 관찰한 바 있었다.

"이 지역은 1911년의 혁명기간에도 거의 변화가 없었다. 이곳의 권력은 공화국의 깃발을 배경으로 하는 공무원에 의해 장악되고 있었지만, 그는 그 자신이 1928년 암살될 때까지 그 지역을 자기의 것처럼 통치하였다."[37]

1930년대 후반, 신지앙지역은 사실상 소련의 영역이 되어버렸다.[38] 신지앙성과 중국 본토 사이에 있는 간쑤성, 칭하이성, 그리고 닝샤〔寧夏〕성들은 본질적으로는 회교를 믿는 마(Ma)족이 통치하고 있었다. 윈난성은 이(Yi)족의 준독립적 장원(fiefdom)이었다. 티베트는 실질적으로는 독립국이었다.[39] 모든 왕조를 통해서 중국제국의 국경선을 통치하는 결정적 요인은 세력균형이라는 법칙이었는데, 이것은 후베이성과 북경에서 일어나는 일과 관계없이 지금도 작동하는 법칙이다.

36) Fairbank, 1983, pp.220~221.
37) Lattimore, 1962, p.187.
38) Forbes, 1986, p.157.
39) Eberhard, 1982, pp.154~155.

20세기 중국은 세 가지 조류에 사로잡혀 있었다. 그 하나는 왕조가 붕괴되었다는 익숙한 고통이었다. 이전에도 이미 열 번 이상 왕조가 붕괴되었다. 다른 하나는 서양으로부터의 위협과 유혹이었다. 이것은 완전히 새로운 것이었다. 중국인이 아닌 외부로부터 도전이 서방의 도전처럼 힘과 문화적 유혹을 발휘한 적은 없었다. 아시아 내륙의 야만인들은 그들의 대단한 말(馬)을 제외하고는 아무것도 중국인들을 유혹하지 못했다. 마지막 조류는 중국인이라는 감각이었다. 민족주의는 새로운 것으로서 서양의 위협과 유혹의 결과로 야기되었다.

　이 세 가지 조류는 상호작용을 하면서 복잡한 양상을 만들어냈다. 그 결과 중국왕조의 몰락을 1789년의 프랑스 또는 1917년의 러시아와 같이 분명한 것으로 만들지는 못하였다. 다양한 사건들이 새로운 모습으로 다시 조정되었고, 또 그것들은 일시적인 것일 뿐이었다. 회고해 보면, 청나라의 멸망은 프랑스 또는 러시아왕조의 몰락처럼 전부 아니면 아무것도 없는 것(all or nothing)과 같은 절박함은 없었다.

　유교적 왕조가 몰락한 지 2년 후, 우리가 앞으로 살펴 본 것처럼 위안스카이는 자기 스스로를 황제라고 선언했다. 그 다음 해에 제1차 세계대전이 발발했다. 만약 유럽이 진정으로 '진보'했다면 왜 그들은 스스로를 찢어내는 전쟁을 벌였을까? 1917년 볼세비키혁명은 러시아의 왕조를 시궁창에 처넣었다. 그럼으로써 중국인들에게 청나라 이후에 관한 새로운 비전의 시각을 제시하였다. 제1차 세계대전이 끝나자마자 새로운 계층인 대학생들이 감정적인 정치적 데모를 일으켰는데, 여기에는 세 가지 요인들이 섞인 것이었다.

　1919년 봄날인 5월 4일, 북경에 있는 13개의 대학으로부터 온 수천 명의

158

학생들이 베르사유 평화회의 결정에 반대하는 데모를 일으켰다. 베르사유 회의는 과거 독일이 차지하던 중국 내부의 영유지를 일본에게 주기로 결정했다. 제 1차 세계대전중 일본은 이 영토를 전투를 통해 획득했다. 학생들은 친일파 장관의 집에 불을 질렀고, 일본주재 중국대사를 체포하고 학대하였다.

젊은 지식인들과 (그들의 선생들은) 중국정부가 일본의 중국 개입을 허락했다고 비난했다. 이 같은 비난을 넘어 학생들은 중국의 유교문화가 현재처럼 국가를 나약하게 만든 원인이라 비판했고, 중국을 더 강하게 할 방안으로 서구적 스타일의 개인해방을 요구했다. 대학생들은 중국 가족의 권위주의를 경멸했고, 중국의 고전들이 진보에 방해가 되는 것이라고 선언했으며 (마치 유럽에서 라틴이 그러했듯이), 오직 문제를 해결할 수 있는 지식만이 가치 있는 것이라고 생각했고, 과학과 민주주의를 만병통치약처럼 받아들였다.

5·4운동이 중국의 새로운 정치형태로서 요구했던 것은 중국의 전통을 거부하고 서구적인 것을 지향하는 것이었다. 당시 그들은 제 1차 세계대전에 대한 두려움에도 불구하고, 또한 민족주의적이었음에도 불구하고 그 같은 서구지향적 개혁을 요구했다. 5·4운동의 열렬한 지지자들은 중국의 청나라가 몰락한 이후 영토를 잃어버렸다는 사실을 간과했다(티베트, 외몽골 등). 그리고 민족이 없이는 민족주의도 없다는 사실을 간과하였다. 우리가 앞으로 살펴보겠지만, 오늘날 중국공산당은 유교에 관한 5·4운동의 판결을 뒤집기로 했다. 그럼으로써 새로운 권위주의 부활의 방편으로 사용하고 있다.

5·4운동은 20세기 나머지 기간 동안 축복이기도 했으며 불행이기도 하였다. 영은 다음처럼 말했다.

"단일적이며 순수한 중국의 민족주의는 결코 존재하지 않았다."40)

청나라 말기 민족주의의 측면을 나타내는 세 가지 다른 용어가 있었다. 이 용어들은 중국의 언어구조 속에서 나타났던 문제와 같았다. 꾸오지아 (GuoGia, 國家)는 국가(state)를 의미하지만, 주로 나라(country)라는 측면에서 사용되는 말이다. 아이꾸오(愛國), 이것은 영어로는 'patriotism'의 의미다. 그리고 민주라는 말은 일본 국민, 또는 한국 국적이라고 말할 경우의 국적 또는 국민이라는 의미로 번역된다. 중국의 민족주의는 중국의 정치적 지향방향처럼 모호하다. 그리고 지금까지도 모호한 채로 남아 있다. 중국의 민주주의는 자유주의적(서양을 바라보는)이기도 하며, 과격(서방을 파괴하겠다는)한 측면도 있다. 지난 세기 동안 민족주의라는 개념은 고향으로 간다, 가족으로 간다, 또는 모국어 등, 여러 가지 다양한 의미를 가지고 있었다.[41] 그리고 민족주의는 국가의 강력한 정책이라고 생각되었다.

5·4운동의 지지자들은 개인의 가치와 국가의 가치를 연결시키려고 하지는 않았다. 그들은 개인주의를 수단으로서만 사용했을 뿐이지, 결코 개인주의를 목적(모든 개인이 스스로를 충족시키는 일) 그 자체로 생각하지 않았다. 더 불행한 것은, 그들은 유교적 전통을 중국의 고유한 실체로 생각하였다. 이 같은 측면에서 보았을 때 5·4운동의 인습타파주의자들은 결국 고대 중국적 보수주의의 컵 속에 빠져버린 것이었다. 후앙 창 링은 다음과 같이 말했다.

"5·4운동가들의 전통에 대한 일원론 또는 전체론적 태도는 중국인들이 오랫동안 문화적 핵심을 사회의 정치적 핵심과 상호 연계되어 있다고 생각했던 역사적 사실에서 영향을 받았기 때문이다."[42]

---

40) Young, 2000, pp.184~185.

41) Waldron, 1995, p.279.

42) Huang, 2000, p.136.

160

중국은 아시아, 아프리카, 중동의 다른 지역에서도 나타났던 것처럼 마음에 들지 않는 현실에 당면했다. 수천 년 동안 발달되었던 통치체제는 유럽의 민족국가에 압도당해버렸다. 유럽의 민족국가들은 압도적 우위를 차지하게 되었고, 그들의 힘은 세계로 뻗어나갔다. 이런 사실은 모든 사람의 역사의 진행방향을 바꾸어 놓았다. 20세기 동안 서양의 국가들은 세계 발전의 가장 중요한 민주주의를 선언한 영토적, 세속적, 민족국가의 모델이 되었다.[43]

중국이 이와 같은 압박으로 시달리는 동안, 중국 지식인의 일부는 서양의 유혹에 대한 해독제로서 맑스주의를 흡수함으로써 새로운 정치적 형식을 찾으려는 노력을 복잡하게 만들었다. 후난성의 마오쩌둥은 무정부주의, 민족주의, 그리고 개인주의 등이 혼합된 그의 정치적 이념 속에 맑스와 레닌을 추가하였다. 5 · 4운동은 두 파로 분리되었다. 좌파는 집단주의로 뛰어들었고, 우파는 개인주의를 주장하였다. 5 · 4운동은 좌파의 도움으로 1921년 상하이에서 중국공산당을 창당하게 되었고, 당시 키가 크고 수줍음이 많았던 마오쩌둥은 후난성의 대표로 창당대회에 참석했다.

볼셰비즘은 중국의 정치적 지식인들에게 두 가지 감정적 측면에서 위로가 되었다. 하나는 중국의 위기를 초래하게 된 서양의 포함외교(砲艦外交)에 대한 반감이었고, 중국인이 레닌주의자가 된다는 것은 진보적이면서 동시에 반서방주의자가 되는 것을 의미했다. 두 번째 것은 볼셰비즘을 받아들이는 것은 중국에 대한 서양의 정신적 충격에 대한 또 다른 측면에서 야기된 신속한 해결책이 되기도 했다. 1917년의 러시아혁명은 중국의 순환론적 역사관과는 달리 서양의 선형역사(*linear history*)관을 따르는 것으로서, 새로운 고지에 도달하는 과정으로 인식되었다.

서양은 중국의 엘리트를 흥분하게 했지만, 중국의 문제점을 시급히 해결

---

43) Finer, 1997, p.94.

하는 방안을 제공하지는 못했다. 중국인들은 자유민주주의를 받아들이기에는 부족하였다. 친서방적 5·4운동은 1920년대 중국의 민족주의와 군사적 대두(1930년대의 주요한 전쟁 때문에 야기된 것임)로 말미암아 곧 와해되었다. 볼셰비키의 혁명적 모델 역시 중국이라는 새로운 영역에서는 맥이 빠지고 말았다. 마오쩌둥이 주장했듯이 볼셰비키가 말하는 "도시의 노동자가 권력을 장악하고 사회주의를 건설할 것"이라는 개념은 중국에 수많은 농촌마을들을 전통의 무게에 의해서 희생되게 하는 것이었다. 다시 한번 마치 북방의 야만인들 또는 그들의 이념들이 중국식 삶의 방식에 의해 흡수되어 없어져버린 것처럼 되었다.[44] 중국의 전통은 비록 약간 변형된 형태이긴 하지만 조용히 재등장했고, 중국을 다시 껴안게 되었다. 이 같은 과정은 영토적 한계(1911년부터 1949년 사이, 중앙정부는 청나라 제국 영토의 절반에도 미치지 못하는 지역을 통치할 수 있을 뿐이었다), 외세의 영향(독일, 소련, 미국, 영국 등), 지속적으로 나타나는 정치적 혼란, 그리고 특히, 1931년에 감행된 일본의 공격 등으로 불분명하게 되었다. 만약 제국이 몰락하지 않았더라면 혹은 제국의 스타일이 최소한 잔존했다면, 이 모든 것들은 이처럼 모호하지는 않았을 것이다.

중국과 비교할 때 일본은 유럽이나 미국의 도전에 대해 훨씬 유연하게 대처하였다. 자신의 과거를 비판하며 맑스주의에 덜 경도되었던 일본은 서방으로부터 그들이 원하는 것을 조용히 습득했고, 그것을 일본 자신의 것으로 만들었다. 일본은 천왕을 폐지하지 않았고, 폭력적 혁명을 경험하지 않았으며, 내란으로 빠져들지도 않았고, 마오쩌둥과 같은 사람을 만들어내지도 않았다. 그러나 일본은 20세기 초반 이웃을 침략했는데, 중국은 하지 않았던 일이다.

---

44) Lattimore, 1962, p.204.

쑨원이라는 인격 속에는 20세기 초반 중국이 경험했던 세 가지 조류가 모두 포함되어 있다. 쑨원은 1866년 남중국의 광둥성의 한 농가에서 태어났다. 젊은 시절 그는 중국과 서양의 혼합이라고 말할 수 있는 인물이었다. 그는 소년 시절 하와이의 성공회학교를 다녔고, 홍콩에서 의과대학을 다녔다. 그의 연합동맹(*United Alliance*)은 중국에서 창립된 것이 아니라 일본에서 창립되었다. 연합동맹을 위한 기금은 동남아시아, 미국, 호주 등 외국에 거주하는 중국인들로부터 충당되었다.

쑨원의 이념은 고대와 현대, 좌와 우, 중국적인 것과 외국적인 것, 권위주의와 자유가 혼합된 것이었다. 그는 서방을 선호했지만 1922년에는 급격히 볼셰비키를 선호하는 것으로 입장을 바꾸었다. 이는 20세기 초반 중국 정치사상의 기반이 얼마나 취약한 것인지 말해 주는 증거다. 그는 민주주의를 믿었다. 그러나 민주주의가 시급히 시행되어야 한다고 생각지 않았다〔이것은 St. Augustine의 기도 "Lord make me chaste but not quite yet"(나를 순수하게 하십시오. 하지만 아직은 아닙니다)라는 말을 생각나게 하는 것이다〕. 그는 국가주의자였다. 유럽에서 민족은 국가를 초월하기 시작했다. 중국에서는 민족이 아직도 국가라고 정의되고 있었다.

쑨원이 청나라 황실과의 경쟁, 그리고 후에 위안스카이 및 다른 사람들과의 경쟁에서 보여준 것들은 중국의 이상주의와 현실주의의 이분법을 잘 보여주는 것이다. 역사적으로 이와 같은 이분법은 유교주의 대 법가사상의 갈등이라는 형태를 취했다. 철학적으로는, 이와 같은 이분법은 인간의 본성에 대한 낙관론자와 비관론자의 갈등으로 나타났다. 위안스카이와의 싸움에서 쑨원은 헌법에 의지하려 했다. 그러나 위안스카이는 군대를 동원했다.

쑨원은 자유주의적 이념을 가지고 있었지만, 그 자유주의적 이념은 중국의 권위적 전통의 멘탈리티에 나타나는 '우리와 그들'이라는 개념을 공유하고 있었다. 그는 1890년대 개혁주의자들의 반열에서 탈퇴함으로써 흩어진 혁명가들의 안내자가 되려하였다. 양자(개혁자들과 혁명가들)는 목적에서는 차이가 없었다. 양자는 모두 중국을 구하고 중국을 강력하게 만들며, 현대화시키고자 하였다. 그들의 차이는 방법의 차이(점진주의냐 혹은 충격요법이냐, 설득이냐, 힘에 의한 것이냐)였고, 또한 현상유지(청나라는 다시 부흥할 수 있을 것이냐의 문제)를 얼마나 싫어하느냐에서 연유한 차이였다.

쑨원의 정치사상의 마지막 요소는 중국인이라는 개념을 포함하는 마술사의 트릭과 같은 것이었다. 쑨원은 정치적 목적 아래 한족(漢族)이라는 허구를 만들었다. 인종이라는 카드를 더 잘 사용하기 위해서 그는 중국이라는 영역은 5개의 인종으로 구성된다고 선언했다. 5개의 인종이란 한족, 티베트족, 만주족, 몽골족, 그리고 후이족(무슬림족) 등이다. 이는 한족에게 그들이 보유하지 못한 일체성을 가져다주었다. 고고학적 발견에 의하면 황하강 유역에서 단 하나의 한족이 기원되었는지에 대해 점차 의문이 많아지고 있다. 쓰촨[四川]의 무덤에서 보는 것처럼 남부의 전통 역시 중국이라는 일체성의 정당한 뿌리라고 볼 수 있다. 한족이란 사실 다양한 근원, 전통, 그리고 방언을 소유한 다양한 사람들의 집단일 뿐이다.[45] 오늘날에도 한족들 사이에서는 서로 알아들을 수 없는 여덟 가지의 방언을 말하고 있을 정도다.[46]

쑨원의 민족주의는 중국인과 만주인의 구분을 분명하게 했다. 그는 중국이 중국인에 의해서 통치되지 않을 경우라도 중국은 안전할 수 있다는 영리하지만 위험한 개념의 베일을 벗겨버렸다. 차후 쑨원이 만주족에 반대하는 감정을 위해 사용한 한족의 민족주의란 개념은 청제국 대신에 새로운 중국

---

45) 추주(주나라 사람들, *chuzu*)의 복잡한 발전과정에 대해서는 Wang Guanghao, 1988, chap.1, pp.461~463 참조.

46) 아시아학회의 연례회의(*Association for Asian Studies annual meeting*)에서 Dr. Dru Gladney가 저자에게 알려준 정보, Boston, 1999.

공화국이 생겨야 한다는 희망을 생겨나게 했다.

우리는 앞에서 살펴 본 바와 같이 중국역사의 일부분은 전혀 중국적이지 않았다는 사실을 알 수 있었다. 몽골족, 만주족, 그리고 다른 외국인들에 의한 왕조들은 중국문명과 융합될 수 있었다고 했다. 마치 두 개의 약이 합쳐졌을 때 그 각각의 효과가 변질되는 것처럼, 중국과 외국의 문화는 합쳐짐으로써 새로운 문화를 창출하게 되었다. 청나라가 망한 이후에 첫 번째 융합은 쑨원이 중국의 전통적, 정치적 사고에 외국에 근거를 둔 다양한 현대적 정치사상을 접목시키려는 시도였다.

쑨원은 말년에 그의 혁명적 경력에서 작동되었던 세 가지 조류를 새로운 군사적, 권위주의적 냄새가 풍기는 모습으로 바꾸었다. 서방의 의회주의에 실망한 쑨원은 모스크바를 쳐다보게 되었고, 그의 국민당을 레닌주의로 재구축하였다. 그의 이상주의는 약화되었고, 현실주의에 대한 그의 취향은 강화되었다. 그는 궁극적으로 중국을 통일하는 방안으로 무력에 호소하게 되었다.

그는 1917년 광저우로 갔고, 중국해군과 더불어 군벌의 갈등에 참여했다. 그는 1920년 광시〔廣西〕성의 성장과 싸우기 위해 광둥성의 성장과 연합했다. 그는 중국연방을 향한 움직임에 반대했다. 그는 아래로부터 건설되는 정치체제를 포기했고, 중국의 전통인 위로부터 아래를 향하는 정치모습에서 자신을 분리시킬 수가 없었다. "하늘에는 태양이 하나이듯 지구에는 지도자가 하나뿐이다"라는 생각은 진정으로 강력했다. 쑨원은 열정과 기예로서 중국의 왕조적 정치체제를 해체하는 데 기여했다. 그러나 1925년 그가 죽었을 때, 그와 다른 사람들이 과연 왕조를 무엇으로 대치했는지 불분명했다. 쑨원 그 자신은 항상 새로운 집을 짓기 전에 오래된 집을 부수는 것과 같다고 했다.[47]

---

47) Brødsgaard and Strand, 1998, p.5.

자신의 스승인 쑨원과 마찬가지로 장제스도 다양한 견해들을 불투명한 정치철학으로 융합하였다. 1887년 저장〔浙江〕성에서 태어난 장제스는 상업적이고 세계주의적(cosmopolitan)인 환경에서 성장하였다. 그는 3년 동안 소련에서 공부했고, 2년 동안 일본에서 공부했다. 그는 비록 모스크바에 있을 때 레닌주의 이념을 흡수한 적이 있었으나, 좌익적 이론들은 그를 매혹하지 못했다. 그는 본능적으로 군사정치가였다. 그가 존경했던 영웅은 증국번(曾國藩, 1811~1872)이었는데, 그는 청나라의 군사정치 지도자로서 태평천국의 난을 제압한 사람이었다. 장제스의 도덕적, 군사적 세계관의 한 부분이 되었던 감리교는 그의 정치군사적 세계관의 일부를 형성한 서양 쪽 요인이었다.

　쑨원이 죽은 후에 장제스는 북부지역의 중국을 장악하던 군벌들을 파괴하기 위한 과감한 군사적 조치를 시작함으로써 국가를 통일시키려 했다. 아더 월드론은 다음과 같이 관찰하고 있다.

　"현대중국은 대부분 다른 나라와 마찬가지로 주로 전쟁에 의해서 형성되었다."48)

　전쟁은 북방의 군벌체제를 와해시켰고, 장제스로 하여금 1927년 국가권력을 거의 장악하게 했던 '국민혁명'을 파탄시켰다. 마찬가지로 장제스는 총으로 좌익이 강력한 힘을 가지고 있었던 노조를 파괴했고, 국민당의 좌익 세력을 몰아냄으로써 국민당을 우파정당화시켰다. 그의 북벌은 1927년 상하이로부터 약 300킬로 안쪽에 있는 양쯔 강 유역의 도시인 난징〔南京〕에

─────────────────

48) Waldron, 1995, p.8.

국민당 정부를 설치하도록 했다.

쑨원과는 달리 장제스는 자신의 견해를 실제에 적용시키기에 충분한 기간 동안 막강한 권력을 행사할 수 있었다. 그 결과는 전통적 군사독재체제로 나타났고, 그것은 쑨원이 왕조체제로부터 고안해낸 국가기구와 국민당을 통합시켜 놓은 것이었다. 1930년대에 이르러 독일의 군부가 난징정부와 긴밀한 관계를 유지한 결과, 장제스의 정치사상은 파시즘적 요소까지 포함하게 되었다.

장제스는 청나라 왕조를 강화시키려던 사람들이 떠난 바로 그 자리에서 시작했다. 중국번은 내부의 적(태평천국의 반란), 그리고 외부의 적(영국과 프랑스)과 싸워 이기기에 더 좋은 나라를 건설하려 했다. 장제스는 국민의 경제생활을 당정국가로서 통제할 수 있는 발전국가를 만들고자 함으로써 중국의 해안에 대한 서방국가들의 장악을 제거하고, 일본의 군사적 도전을 쫓아내기에 더 효율적인 나라를 만들고자 하였다.

장제스가 15년 동안 권좌에 있는 동안 중국산업의 절반 이상이 국유화되었다.[49] 난징정권의 현대적 모습은 모스크바를 본뜬 것이었다. 쑨원과 장제스 양자 모두는 소련으로부터, 그리고 레닌 그 자신으로부터 어떻게 그러한 당정국가를 건설하는지 배웠다. 쑨원은 중국어로 '이 땅 지 꾸어'(당에 의한 정부)라고 말을 했는데, 그것은 권위주의적 심지어는 전체주의적 냄새를 풍기는 말이다. 이것은 중앙집권화, 거만함, 교육과 권력의 연합, 그리고 관료주의적 주장으로 마치 왕조시대 당시 관리들이 "인민의 아버지요, 어머니"라는 생각을 메아리치게 하는 것이다. 당에 의한 정부란 일당에 의한 정부를 의미하는 것이며, 정치적 다원주의, 의미 있는 선거, 혹은 언론의 자유는 배제하는 것이다.

장제스는 국민당 이외의 모든 정당을 금지했고, 국가의 깃발을 정당의

---

49) Kerby, 2000, p.227.

깃발과 유사한 것으로 고안함으로써 이 같은 점을 분명히 했다. 당정국가는 최고의 지도자를 요구하는데, 그는 부분적으로 황제이며, 부분적으로는 총통이고, 부분적으로는 국가의 정치적 스승이 된다.[50) 국민당의 모임에서 첫 번째 하는 일은 당원들이 쑨원의 사진 앞에서 세 번 큰절을 올리고, 그의 가르침을 큰 소리로 읽는 것이다. 난징정부는 쑨원과 장제스의 국가주의를 반영하는 계획을 수립했다. 그 계획은 완성되지는 못했다. 미국의 국회의사당 건물 위쪽에 베이징의 천단이 그려져 있는 공공건물이 있었다. 이것은 애국주의를 자극하고 높은 기술을 추구하며, 근대화된 난징을 파리, 그리고 런던과 같은 대도시의 반열에 올려놓기 위한 것이다.[51)

난징정권은 중국의 대부분을 통일하였고, 해변지역에 대한 외국의 지배를 감소시켰으며, 준현대적이고 준전통적인 정부를 수립했으며, 근대산업을 위한 계획과 기술적 근거를 수립하였다. 장제스 정권은 야누스의 얼굴을 가지고 있었다. 팽창주의적 일본에 대항하고 서방의 원조를 받기 위해서 친서방적일 필요가 있었다. 그러나 동시에 중국적 전통을 확립할 필요도 있었다. 중국이라는 빙산에 일각만이 근대적 요소를 가지고 있을 뿐이었다.

그러나 시골의 경우는 청나라 당시와 비교할 때 변한 것이 거의 없었다. 중국인민의 극히 적은 부분만이 정치를 자유주의, 혹은 민주적 방식으로 생각하고 있었다. 장제스가 통치하던 시절 중국의 중학교 학생의 숫자(116만 3,116명)는 미국의 두 주, 즉 일리노이와 뉴욕주의 중학생 숫자(107만 7천 명)를 겨우 상회하는 수준이었다. 그렇지만 당시 중국의 인구는 일리노이와 뉴욕주 인구의 20배에 이르렀다.[52)

---

50) Kirby, 2000, pp.213, 215.

51) Zwia Lipkin, "Struggle on the Margins: Nationalist Efforts to Turn 'Nanjing' into 'The Capital,' 1927~1937," Fairbank Center, Harvard University, Nov. 30, 2001에서의 대담.

52) Fairbank, 1983, p.246.

168

난징의 당정국가는 거의 변하지 않은 과거의 사회정치적 모습을 뻣뻣하고 얇게 펼쳐놓은 것과 마찬가지였다. 그렇기 때문에 장제스가 중국의 과거 경험으로부터 사용가능한 통치수단을 보유했던 것은 자연스러운 일이다. 그의 정권은 자신을 도덕적 권위의 수호자라 생각했다. 그들의 발표문 중에는 반외세적 요인이 나타난다. 그는 유가사상과 파시즘을 혼합한 새로운 생활운동을 시작했다. 1934년에 유가사상은 또 다시 중국이라는 국가의 공식적 이념이 되었다. 장제스는 청나라로 돌아갔던 위안스카이로 돌아갔다. 장제스는 자신의 보좌관들에게 유교의 가르침에 나오는 "하늘에는 두 개의 태양이 있을 수 없다"는 말을 했는데, 이는 중국에 대한 자신의 확고한 리더십을 확인하는 것이었으며, 그의 제국적 자화상을 공고히 하려는 것이었다.[53]

중국의 국민당은 쑨원의 지도 아래 있을 때보다 더욱더 전통적으로 변질되었다. 장제스는 그가 쓴 글 중에서 중국의 과거가 너무나 강하게 거부되었다고 말한 적이 있다. 《중국의 운명》이라는 책에서 그는 다음과 같이 비판했다.

"지난 백 년 동안 중국인들은 모든 외국 문명을 숭앙했고 훌륭한 중국인민의 내적 정신, 또는 인민의 도덕적 성격 등을 이해하지 못했다."[54]

장제스의 당정국가는 중국문화에 널리 퍼져 있던 분파주의에 압도당했다. 장제스는 날카로운 독재자가 되었다. 소련 및 히틀러의 영향력은 장제스의 군사적 본능과 유교적, 군주적 전통과 혼합되었다. 이 무렵 유럽이라든가 미국이 중국의 빛나는 사례가 되지 않았음은 분명하다. 난징정부는 독일 및 이탈리아의 파시즘과 일치했고, 모스크바의 스탈린주의와 닮았으며, 영국, 미국, 그리고 다른 나라들에서의 압제와 유사했다. 1930년대에

53) *Liji*, juan 7.
54) Chiang, 1947, p.230.

서양을 바라보는 일은 그다지 대단한 일이 아니었다.

그의 눈앞에 나타난 현실이 달랐을지라도 장제스는 하나의 통일된 중국이라는 개념을 포기했다. 그는 선언했다. "만약 오늘날 중국에 국민당이 없다면 중국은 존재하지 않았을 것이다."[55] 그래서 이 군사적 정치가는 한 발은 청나라에 담그고 있었으며, 어떤 특정 정당(그의 정당)에 의한 지배와 통일국가라는 개념을 중국이라는 국가에 융합시켰다. 1936년 당시 난징정부는 중국의 4분의 1밖에 지배하지 못했다.[56] 그러나 장제스는 과거의 왕조들이 비슷한 상황에서 그랬던 것처럼, 하나의 중국이라는 개념을 가지고 있었다. 차후에 마오쩌둥도 마찬가지로 행동했다. 일반적 측면에서 문서상으로 난징정권은 많은 중국의 도시주민들이 추구하는 근대적 정치체제를 제공하였다. 그러나 난징정부는 그들을 구성하는 사람들로부터 정통성을 얻지는 못했다. 장제스는 총을 통해서 권력을 획득했던 것이기 때문이다. 국민당 정권은 중국의 권위주의적 전통에서 벗어날 수 없었다. 왜냐하면 그 정권은 국민의 의지에 의해서 힘을 갖게 된 것이 아니기 때문이다.

장제스가 난징에서 중국의 일부를 통치하는 동안 마오쩌둥은 장시성의 언덕에 거주하고 있었으며, 중국의 미래에 대한 다른 비전을 추구하고 있었다. 군사정치가인 장제스는 쑨원의 국민당을 장악했고, 신전통주의적 우파로 몰아갔다. 시골에 있는 마오쩌둥은 볼셰비키의 영향을 받은 공산당을 이끌고 있었으며, 도시의 폭동이 아닌 농민의 반란을 통해 혁명을 이룩해야 한다는 신전통주의적 좌파였다. 장제스는 상하이에서 공산당을 마구 체포하였다. 체포당한 사람 중 하나가 저우언라이였는데, 그는 후에 중화인민공화국의 수상이 되었던 사람이다. 마오쩌둥의 고향에서 장제스의 군인들은 노동조합을 약탈했고, 노동조합과 학생운동 사무실을 약탈하며 "장제스 만

---

55) Chiang, 1947, p.222.
56) Ch'i, 1982, p.23.

세"를 외쳤다. 이것은 상징적 외침인 "완쉐이! 완쉐이!"였고, 이 외침은 문자 그대로 "만년의 세월! 만년의 세월!"이라는 뜻이었으며, 이는 왕조시대에 국민들이 천자를 환영할 때, 그리고 중국의 후세들이 마오쩌둥 주석을 환영할 때 부르짖었던 소리다. 장제스와 마오쩌둥은 방법은 달랐지만 1911년 이후, 민주적이고 연방주의적 중국을 건설한다는 공화주의자들에 의한 5·4 운동에서 이념을 추론했다.

　우리는 1937년, 만약 일본이 중국을 대대적으로 공격하지 않았다면 국민당 정권이 얼마나 오래 지속할 수 있었는지 알 수 없다. 도쿄는 1931년, 만주를 장악함으로써 전쟁을 개시했다. 세계 대부분은 팔짱을 끼고 있을 뿐 아무런 도움을 주지 못했다. 일본은 중국의 북동부 지역을 기지로 삼아, 그리고 1936년 히틀러의 독일과 조약을 체결한 후, 1937년 7월 베이징 근교에서 중국군과 충돌하였고, 이를 계기로 베이징, 상하이, 그리고 다른 도시들을 공격했다. 베를린, 로마, 도쿄의 축이 형성된 1940년, 일본은 중국의 해안가 대부분을 장악했다. 장제스의 정부는 처음에는 우한으로, 그리고는 남서부에 있는 충칭〔重慶〕으로 후퇴해야만 했다.

　일본과의 8년간 전쟁은 중국정부를 약화시켰고, 중국공산당은 성장할 기회를 얻게 되었다. 1946년이 되었을 때 마오쩌둥의 군대는 백만 명에 이르렀다. 중국공산당은 소련의 도움을 받아 만주에서 거점을 확보했고, 일본군이 그곳에 두고 간 무기로 무장할 수 있었다. 중국공산당은 북부에서 곧 장제스의 방위를 압도할 수 있었다.

　도쿄에 의해서 의도된 대동아공영권 구상은 일본의 막강한 힘과 근대화의 경험을, 아직 뒤쳐져 있으나 장래가 바람직한 동아시아, 그 중에서도 특히 중국의 개발되지 않은 자연자원에 적용시킴으로써 달성하려 하였다. 이와 같은 시도는 중국으로부터는 답례를 받지 못했으며, 중국과 외국의 시너지를 불러일으키지도 못했다. 역사상 동아시아에서 이처럼 엄청난 무력을 동원한 융합이 시도된 적은 없었고, 이같이 짧은 시간에 이처럼 많은 폭력이 야기된 적도 없었다. 일본의 침략에 의해 1천 5백 내지 2천만 명의 중국인이 살해되었다. 만주에서만이 안정과 진보를 성취할 수 있는 융합현상이 나타났다. 일본의 공격은 아시아의 역사를 변하게 했지만 융합은 실패로 돌아갔다.

가장 큰 패배자는 장제스였다. 중국 및 중국의 동맹국들이 일본을 패배시킨 사실은 마오쩌둥과 싸우는 장제스에게 아무런 도움도 되지 못했다(중화인민공화국의 교과서들은 일본을 패배시키는 데 미국의 영향력은 공허한 것이라고 주장하고 있다). 장제스에게 제2차 세계대전에서 승리했다는 안도감 뒤에 다가온 것은 중국공산당에 의한 패배의 먼지뿐이었다. 국민당의 중국은 미국에 의해서가 아니라 일본에 의해서 망하게 되었다. 도쿄는 궁극적으로 중국의 미래를 마오쩌둥에게 넘긴 것이다.

1911년의 혁명, 1927년 장제스의 국민당혁명, 그리고 1949년 마오쩌둥의 혁명과 중국공산주의의 출범에 이르기까지, 중국 혁명의 역사상 상향적 진보는 이루어지지 않았다. 청나라, 청왕조 말엽 무렵 중국에 나타났던 민족주의는 결코 왕정을 국민의 주권국가로, 왕조체제를 국민주권체제로 바꾸는 데 기여하지 못했다. 청나라 말엽의 개혁과 1911년에서 1912년 사이의 혁명, 그리고 1920년대와 1930년대 정치제도의 건설을 위한 노력, 그리고 그 이후의 사건들에는 연계가 있었음이 확실하다. 그러나 주기론적 요인도

172

작용하였다. 1911년부터 1912년의 사건으로부터 21세기 초반에 이르기까지 권위주의와 자유를 향한 희망, 중국의 토착주의와 외국의 영향, 그리고 과거와 미래 사이의 전진과 후퇴운동이 반복되어 나타났다.

1920년대 이후 또 새로운 후퇴가 나타나기 시작했다. 이론적 차원에서 국가를 위한다는 것은 개인을 위하는 것을 훨씬 초월했다. 5·4운동에서 이와 같은 관점은 모호했지만, 이 문제는 권위주의적 방향을 지향하는 것으로서 해결되었다. 당시 전형적으로 나타났던 사실은 일본으로부터 돌아와서 정치운동을 벌이던 유명한 작가였으며, 후에 마오쩌둥과 아주 가깝게 지낸 지식인인 구어 모루어(Guo Moruo)가 한 짜증스러운 말에서 나타난다. "중국은 나의 애인이었다."57)

1920년대의 정치적 실제는 폭력이 정치적 대화를 대체했다는 것이었다. 첫째로 우파에서는 지방군벌들의 흥기가 있었고, 둘째로 좌파의 공산당도 농민군대로 변신하였다. 특히, 중국공산당이 도시로부터 농촌으로 초점을 바꾸었고, 코스모폴리탄적 리더십으로부터 마오쩌둥의 편협한 리더십으로 바뀐 것은 아무리 전략적 언어로서 정당화된다 해도 근대민족국가를 건설하려는 희망으로부터 한 걸음 더 멀어지게 한 것이었다.

1911년 이후, 20세기 중국의 경험은 다음과 같이 관찰된다.

"일반적으로 말해서 국가주의와 민족주의의 파괴력은 그 대안들을 압도하였다."58)

1920년대 이와 같은 두 가지 사상이 승리하게 된 비극적 상황을 중국인들은 반대하였다. 1920년대에 장준메이(Carsun Chang)는 민주주의와 법치주의를 채택하지 않는다는 점에서 국민당과 공산당 모두를 비판했다. "정부

---

57) Huang, 2000, p.131.
58) Brødsgaard and Strand, 1998, p.5.

의 기초는 개인의 자유와 인격의 인정이라는 원칙에 근거를 두어야만 한다"
며, 공산주의 독재체재에 대해서 경고했다.

> "만약 소련의 정치체제가 분명히 다른 사람들의 인격을 경멸하고 또 타인
> 의 자유를 빼앗아버리는 것임에도 불구하고 우리가 그 반대로 소련의 이
> 념을 숭상하고 이를 증진하기 위해 노력한다면 그것은 독재정치를 가장
> 좋은 것이라고 생각하고 인민들에게 영웅을 숭배하라고 말하며, 국민들을
> 마치 노예처럼 생각하는 것과 마찬가지다."59)

구중국은 1911년에 끝나지 않았다. 1900년대 이후에 '새로운 중국'이라
는 구호는 계속 실망을 주었고, 우리는 문화, 그리고 정치적 측면에서 구중
국, 그리고 새로운 중국이라는 것이 다른 것이 아닌 점을 깨닫게 된다. 20
세기에 중국이 지속했던 것은 중국이 7세기 혹은 18세기에 했던 것보다 오
히려 더욱 중국적인 것이었다. 중국인들은 아직도 옛날과 같은 산이나 강가
에서 살고 있었으며, '안정', '통일', '변화' 등에 반대하는 수백만의 개인적
결정을 내리고 있었다. 중국의 지도자들은 아직도 같은 무대 위에 있었으
며, 실제로는 존재하지 않는 것들을 현실적으로 존재하는 것처럼 꾸며대고
있었다.

에쉐릭이 1911년의 반권위주의적 계기는 "공산혁명이라는 바위에 부딪
쳐서 깨지는 순간 역전되었다"60)고 말한 것은 분명히 올바른 설명이다. 분
명히 1949년의 공산혁명은 1911~1912년의 혁명에서는 존재하지 않았던
'대중'을 포함시켰다. 그러나 공산혁명은 1912년의 혁명이 붕괴시킨(적어도
수도에서는 권위주의가 붕괴되었으나, 지방에서는 권위주의가 잔존하였다) 권위
주의를 오히려 더욱 강화시켰다. 중국의 용어인 '젱당'(Zhengdang)은 '당을

---

59) Jeans, 1997, p.67.
60) Esherick, 1976, p.256.

174

이끈다'는 의미인데, 국민당에 의해서 사용되었고, 이는 명나라 황실 또는 청나라 황실에서 사용하던 왕조적 의미를 풍기는 말이다. 장준메이가 영웅에 대한 숭배에 대해 경고하면서 제안했던 민주주의와 자유는 존재하지 않았다.

1911~1912년의 전환점은 20세기 전반 지속적으로 나타났던 하나의 패턴을 수립했다. 그것은 "서구화된 도시 엘리트들이 지배해야 한다는 경향"은 마오쩌둥에 의해 곧바로 뒤집혔다.[61] 그러나 21세기 말엽, 덩샤오핑, 장쩌민, 후진타오는 부분적으로 마오쩌둥이 뒤집은 것을 다시 뒤집고 있다. 이 이야기는 우리들로 하여금 중국의 정치사회에서 나타난 두 가지 또 다른 융합의 이야기로 우리를 데려갈 것이다. 하나는 마오쩌둥의 공산당과 소련 맑스주의의 융합인데(1920년대~1970년대), 이것은 형편없는 결과를 초래했다. 또 다른 하나는 어느 정도 성공적 융합으로서(1980년대 이후) 마오쩌둥 이후 공산당과 자본주의적 외세 사이의 결합이다. 청나라 말엽에 당면했던 딜레마, 즉 개혁의 약속과 개혁의 위험 사이에 놓인 딜레마가 21세기 초반 다시 재생산되어 나타나는 것이다. 오늘날 베이징에는 재미있는 말이 있다. 그것은 중국의 체제(regime)가 죽는 방법이 두 가지가 있는데, 하나는 "체제 자체를 개혁하는 것이고, 또 다른 하나는 개혁하지 않고 그냥 놔두는 것이다."

---

61) Esherick, 1976, p.259.

제 5 장

붉은 황제

공산주의체제는 진정 혁명적 정부가 되지 않았다. 오히려 공산중국은 계속 중국적이었다.

-라이만 밀러(Lyman Miller)[1]

도덕성은 왜 아직도 분명하지 않으며 사회적 관습들은 왜 통일이 이룩되지 않는 것일까?

-12세기 중국의 과거시험문제[2]

토크빌의 《구체제와 혁명》은 혁명 이전에도 존재했고 혁명 이후에도 살아남은 프랑스라는 국가를 그리고 있다. 이와 마찬가지로 우리는 중국제국의 말엽 무렵 형성된 '중국이라는 국가'는 1949년의 혁명 이후에도 생존하고 있다고 말할 수 있을까?

-필립 쿤(Philip Kuhn)[3]

---

1) Miller, 2000, p.40.

2) Bol, 2001, p.18.

3) Kuhn, 2002, p.92.

1945년 8월 충칭에서 두 사람이 만나 마지막 협상을 시작하기 위해 악수하는 모습을 보면 장제스는 프로이센 같아 보였고 마오쩌둥은 보헤미안 같아 보였다. 장제스의 윗도리는 꽉 조여져 있었으며 훈장들로 번쩍거렸다. 마오쩌둥의 옷은 구겨져 있었고 아무런 장식도 없었다. 20세기 중국의 당정국가 지도자들인 이 두 사람은 강력한 의지를 가지고 있었다는 사실을 제외한다면 공통점이란 아무것도 없었다. 장제스의 가족은 상업적이었으며 세계시민적이었다. 마오쩌둥은 농촌에서 자랐다. 장제스는 조용한 어린 시절을 보냈고, 마오쩌둥의 어린 시절은 굴곡이 심했다. 장제스는 소련에서 3년을 지냈으며, 마오쩌둥은 1949년 권력을 장악할 때까지 외국에는 한 번도 나가본 적이 없었다. 장제스는 책을 별로 읽지 않았다. 그러나 마오쩌둥의 침대는 그 절반이 책으로 덮여 있었다. 장제스의 스승은 쑨원이었고, 마오쩌둥은 결코 정치가를 스승으로 삼은 적이 없었다. 장제스는 본질적으로 군사지도자의 자질에 근거한 정치가였다. 마오쩌둥은 준지식인으로서 원치 않았음에도 불구하고 군사지도자가 된 사람이다. 무엇보다도 장제스는 결코 사회주의를 받아들인 적이 없었던 반면 마오쩌둥은 사회주의적 기조를 끝까지 밀고간 사람이다.

시골의 젊은이들로 구성된, 고무창이 부착된 운동화를 신은 공산군대는 1948~1949년 베이징으로 진입했다. 일부 병사들에게는 도시생활은 처음이었고, 담뱃불을 붙이겠다고 전등불에 담배를 갖다 대는 병사도 있었다. 도시의 외곽 서부 구릉지대에서 마오쩌둥은 묵상에 잠겼다. "저 누더기를 입은 사람들이 베이징을 바꿀 수 있을까? 혹은 그 변화는 반대방향으로 진행되지는 않을까?"[4] 두 가지 걱정이 모두 현실로 나타났다. 그러나 25년이 지난 후 마오쩌둥이 루게릭병으로 죽음에 이르렀을 때, 마오쩌둥은 사회주

---

4) Junhi Kinoshita, "Sekai wa chugoku kara dou mieruka," *Sekai*(Tokyo), Sept. 1963.

의로 새로이 건설된 모습보다는 과거의 영향력이 아직도 상당히 많이 잔존하고 있다는 사실에 더욱 놀랐다.

위안스카이는 그 자신 황제의 지위에 오른 이후에도 진정한 황제는 아니었다. 쑨원은 국민들이 그렇게 부르는 데도 불구하고 국가를 건설한 아버지(guofu, 國父)는 아니었다. 장제스는 비록 "두 개의 태양이 있을 수 없다"고 주장했지만, "하늘에 있는 유일한 태양"이 될 수는 없었다. 그리고 마오쩌둥은 1960년대 그의 최고 전성시대를 이루었지만 "우리의 마음속에 있는 붉은 태양"이 되지는 못했다. 위의 네 사람들은 모두 천자의 역할을 새로이 정의하려 노력했다. 그러나 그들이 살았던 시대는 과거와는 음악의 리듬도 달랐고, 지도자들의 행동과 경전이 일치하지도 않는 시대였다.

위안스카이, 쑨원, 장제스, 그리고 마오쩌둥 등 20세기 중국의 지도자들은 황제가 될 수는 없었다. 그러나 그들은 제국의 전통을 조용히 떨쳐버릴 수도 없었다. 제국의 전통을 본질적으로 대체할 수 있는 방안은 존재하지 않았다. 위의 네 사람들은 전통을 대체하려고도 하지 않았다. 왕조체제의 특징이었던 위로부터의 정치를 대체할 아래로부터의 정치라는 진정한 대안은 없었다. 2003년 현재 후진타오가 중국공산당 정권을 장악했을 때에도 국민의 주권이라는 개념이 포함되지 않았다.

마오쩌둥이 20세기 이전 중국 지도자들과 친척관계에 있었음에도 불구하고, 그가 지배했던 국가는 쑨원 혹은 장제스의 국가와는 달랐다. 마오쩌둥의 국가는 (이미 권위주의적이었던) 장제스의 국가보다 훨씬 더 국민생활을 간섭하는 국가였다. 실제로 마오쩌둥의 국가는 중국 역사상 나타났던 어떤 국가보다도 훨씬 더 강력하게 중국의 사회와 결합된 나라였다. 그러나 그의 말년에 이르렀을 때 마오쩌둥은 20세기 중국 지도자들보다는 오히려 중국의 전통적 지배자들과 더 닮은 모습을 보였다. 후쟁유안은 "중국공산당의 정권장악은 1911년 중국 최초의 공화파혁명에 대한 반혁명이었다"라고까지 말할 정도다.5)

마오쩌둥의 국가는 장제스의 국가와 마찬가지로 당정국가였다. 하나의 정당이 차지하는 압도적으로 우월한 지위와 국가는 거의 구분할 수 없을 정도였다. 윌리암 커비(William Kirby)는 1946년부터 1949년까지 마오쩌둥과 장제스 사이에 지속되었던 중국내란을 다음과 같이 말하고 있다. "중국의 내란은 중국인민들에게 궁극적으로 어떤 본질적 선택대안을 제시하지 못했다."[6] 이들은 오직 새로운 가부장적 권위주의를 양산했을 뿐이다.

그러나 마오쩌둥은 당정국가라는 개념을 다른 영역으로 이끌고 있다. 후는 "중국공산당의 권력장악은 국민당 시대의 자발적 시민사회에 대한 발전을 거꾸로 돌려놓았고, 사회가 국가에 총체적으로 복속했던 전통적 사회-국가 관계의 패턴을 다시 나타나게 했다"고 지적한다.[7] 1911년의 혁명에서는 비정부적 힘이 분출되었다. 그러나 마오쩌둥의 통치 아래 중앙집권적 당정국가 이외의 어떤 조직도 힘을 발휘할 수 없었다.

마오쩌둥이 통치하던 시대의 국가특성은 그 조직에서 찾아볼 수 있다. 중국에는 2천 개 이상의 군(郡)이 있으며, 1950년대 초반 중국공산당의 세포는 모든 군마다 조직되었다. 도시와 마을 곳곳에서 이웃사람들로 조직된 위원회는 각 주거지의 인민들을 감시와 걱정이라는 담요로 둘러싸고 있었다. 자비로운 가부장주의라는 개념은 인민의 모든 것을 간섭하는 바쁜 사람들이 늘상 하던 말이었다. 일터에서 당신은 '단위'의 일부이며, 단위는 바로 당신의 완전한 존재를 의미한다. 단위는 살기 위해 조직된 것이며, 당신

---

5) Fu, 1993, p.2.

6) Kirby, 2000, p.229.

7) Fu, 1993, pp.2~3.

인생의 모든 측면에 관한 자료들을 보관하고 있다(이는 영원히 당신을 따라 다니는 것이다). 단위는 당신이 단위를 떠날 수 있느냐 없느냐까지 결정한다.

시골의 경우, 마오쩌둥 통치 초기에 당정국가 조직이 영향을 미치는 범위는 도시보다는 작았다. 그러나 1950년대 중엽, 중국농민들의 대부분은 가족단위의 농업이란 개념을 없애버린 '협동농장'(agricultural cooperative)의 일부로 조직되었다. 어떤 작물을 심을 것인가, 그리고 시장에서 어떻게 판매할 것인가의 문제는, 모든 마을에 존재하며 공산당의 당원으로 대표되고 정치기구로 대변되는 당정국가가 결정할 일이었다.

중국공산당의 조직적 완벽성은 세계로 하여금 '새로운 중국' 혹은 '새로운 인간'을 논하게 할 정도였다. 그러나 새로운 인간은 없었으며 중국도 겉모양이 말해 주는 것 같은 변화는 없었다. 공산당의 조직기술 때문에 변한 것처럼 보인 것이다. 상하이에 거주하는 시민들은 인민위원회가 누구인지, 그리고 왜 방문했는지를 알 수 없는 사람을 손님으로 맞이할 수 없었다. 신문을 읽고 싶은가? 중국의 단 하나의 신문은 당정국가의 당원에 의해 검열받고, 그들에 의해 만들어지는 신문뿐이었다. 만약 당신이 중국에서 여성의 처지에 대해 무엇인가 말하고 싶은 것이 있다면 그것은 중국의 여성연합의 지방조직을 통해 가능할 것이다. 그 채널을 통하지 않으면 안 되며 다른 채널을 이용하는 일은 대단히 위험하다. 전화를 가지고 싶은가? 전화번호부가 인쇄된 적이 없으며, 전화번호는 당지부 혹은 인민위원회에서 주는 번호를 사용해야 한다. 그러므로 당신과 당신의 전화를 받는 사람의 대화는 사적 대화가 될 수 없다. 작가동맹의 회원이 아닌 한 당신은 글을 쓸 수 없다. 당원의 허락을 받지 않은 채로 당신은 외국인 혹은 외국과 접촉하면 안 된다.

중국 역사상 어떤 왕조도 이처럼 중국 방방곡곡에 이르기까지 간섭할 수준에 이르지는 못했다. 사실 지구 전체 역사를 보더라도 마오쩌둥의 당정국가가 그러했던 것처럼 단 하나의 조직적 그물에 그렇게 많은 국민을 그처럼 강력하게 옥죄인 나라는 없었다. 청나라 당시 바오지아(baojia)체제라는 것이 있었다. 문제 그대로 가구(家口)를 보자기로 둘러싸는 체제라는 뜻이다. 각 단위의 장들이 열 개의 가구 혹은 백 개 혹은 천 개의 가구를 조직하도록 되어 있었다. 각 가구마다 그 집주인의 명패가 붙어 있었고, 불법적 행동 혹은 의심스런 행동은 곧 보고되어야만 했다.[8] 장제스 시대에는 국민당 군대 내부에 푸른색 옷을 입은 잘 훈련된, 그리고 자발적으로 조직된 비밀단체가 존재했다.[9] 그러나 마오쩌둥의 도시의 이웃들로 구성된 위원회는 바오지아 혹은 푸른 옷 조직보다 훨씬 더 빡빡한, 사생활을 전혀 거부하는 조직이었다. 그들은 일반서민들을 당정국가의 눈과 귀로 바꾸어 놓았다. 마오쩌둥의 국가는 모든 느슨한 것들을 없애버렸다. 거지가 모두 없어졌다. 이 같은 과정에서 마오쩌둥의 국가는 모든 영역 구석구석까지 영향을 미칠 정도로 확대되었으며, 사회의 원자화(原子化)가 야기되었고, 생동적 인민들은 모두 위축되었다. 1949년 국가공무원(黨員)이 72만 명에 이르렀다. 그러나 1958년 그 숫자는 790만 명이나 되었다.[10]

중요한 사실의 하나는 마오쩌둥의 국가는 교리(doctrine)를 가지고 있었다는 점이다. 우리는 교리 중의 일부를 별로 중요한 것이 아니라고 방치해 두려는 유혹을 가지기 쉽다. 그것은 독재정치를 가리기 위한 몇 가지 꾸며낸 거짓말들로 구성되어 있기 때문이다. 공산주의자들이 그들의 연설을 '민주주의', '인민', '헌법' 등의 용어로 포장하면 할수록 우리들은 그들이 독재정치를 더욱 강화하고 그들의 논리를 법적인 것으로 치장하려 함을 알게 된다. 근대 이전의 세계사에는 이집트와 같은 궁정국가(이 나라 통치체제의 기본은 명령이었다)도 있었고, 그리스 도시국가와 같은 포럼형식의 국가도 있었다(이 경우 통치의 기본은 국민들을 설득하는 데 있었다).[11] 20세기 공산

---

8) Ch'u, 1962, pp.150~152.
9) Eastman et al., 1991, pp.28~29.
10) Wakeman, 1991, p.87.

당의 당정국가는 역사상 처음으로 나타난, 말은 포럼국가처럼 하지만 실제
로는 궁정국가인 나라였다. 독재국가이면서 자유주의의 언어를 사용하는
나라인 것이다. 이 같은 습성은 국가의 교리가 진정 무엇인지 알 수 없을
정도로 물을 흙탕물로 만들어버렸다. 그러나 우리는 공산치하에 사는 중국
인들도 볼 수 있었듯이 껍데기와 본질의 차이를 구분해 볼 수 있다.

마오쩌둥 사상이라는 교리의 시니컬한 측면을 제외한다 해도 중국의 당
정국가가 중국인민들의 마음을 우상과 같은 사회주의의 이념으로 채우기
위해 얼마나 무서운 노력을 했는지 볼 수 있다.

"인민에게 봉사하라. 자신의 이기심과 싸우라. 오늘의 소련은 내일의 중
국이다. 제국주의자들은 몰락할 운명이다. 나의 정열은 마오쩌둥 위원장
에게 속한다."

수천만의 중국시민들이 그들의 인생항해를 위한 배 위에 이같이 육중한
교훈들을 싣고 가려고 노력했다. 아니 싣고 가야만 했다. 그러나 이 같은
교리를 마음속으로 받아들인 사람들은 훨씬 적었다. 1960년대 초반 사회
주의 영웅으로 대접받았던 한 젊은이는 "나는 아직도 기어다니는 아이와
같다"고 했다. 이는 유교-법가국가 시절의 삼강오륜을 그대로 반영하는 놀
라운 말이었다. 그는 "당은 나의 어머니로서 나를 도와주고, 이끌며, 또한
걸을 수 있도록 가르쳐 주십니다.… 내가 사랑하는 당, 나의 사랑스런 어
머니, 나는 항상 그대의 충직한 아들입니다"라고 했다.[12] 그러나 실제로
모든 중국인들이 이처럼 멍청한 것은 아니었다. 우스꽝스런 실패는 솔직
한 성공만큼이나 많았다.

1950년대 초반 주민들의 모임에서 공산당원들은 글을 읽지 못하는 늙은

---

11) Finer, 1997, p.43.
12) Sheridan, 1968, p.53.

할머니에게 새로이 만들어진 중화인민공화국의 헌법을 찬양하라고 요구했다. 상하이의 사투리에 의하면 '헌법'과 '마술사의 비법'은 발음이 유사하다. 그 할머니는 새로운 '마술사의 비법'에 대해 좋게 말해 달라는 줄 알았다. 공산당원들이 충성을 선서하라고 하자 그 할머니는 일어나서 다음과 같이 소리쳤다.

"내 생애 73년 동안 나는 마술사의 마술을 딱 한 번밖에 본 적이 없어요. 그래서 지금 마술을 행하려 하는 인민공화국 정부를 나는 지지합니다. 나는 그것을 꼭 볼 거예요."[13]

화가 난 공산당원은 이 늙은 여인에게 정치적으로 올바른 생각을 주입시키기 위해 밤늦게까지 모임을 계속했다.

그러나 사회주의의 교리는 어디에도 존재하고 있었다. 계급의 구분은 생활, 이념의 모든 측면에 적용되었다. 인민들은 지주와 자본가를 미워하라고 교육받았고, 노동자와 농민을 떠받치라고 배웠다. 이것은 수백 가지 다양한 모습으로 표현되는 일상의 복음이었다. 인민은 집단의 목표 아래 복종해야만 하였다. 사회주의 이념에 더불어 교리를 적용하기 위한 레닌주의적 조직이 있었다. "중국공산당이 무슨 말을 해도 그것은 진리다"라는 것은 진실이었으며, 이는 당의 권위를 절대적인 것으로 만들었다. 사회를 바꾸기 위한 프로젝트의 최상부에 위치한 '지도자'와 그의 '사상'은 결코 흠이 없는 것이며, 무조건적 충성과 끊임없는 연구를 요구하는 것이었다.

마오쩌둥 국가의 세 번째 속성은 역사적 운명에 관한 그들의 인식이다. 북경은 '인민의 민주적 독재'를 궁극적으로 전 세계 모든 노동자·농민의 궁극적 승리를 위한 견인차로서 인식하였다. 역사에 관한 이 같은 확신 — 사실은 역사에 대한 건방이지만 — 을 가지는 마오쩌둥의 당정국가는 그

___

13) Loh, 1962, p.122.

들이 현실과 일치하지 않는다 하더라도 더 좋은 명찰을 달기 위해 급급하였다. 1960년대 말엽 오로지 알바니아와 베트남만이 중국과 가까운 상황이었지만, 마오쩌둥의 공산당은 "우리는 전 세계에 친구가 있다"고 선언했다. 중국 왕조시대에도 이와 유사한 멘탈리티가 존재했다. 비록 실제는 다를지라도 중국의 역대 황제들의 우주론은 정확한 언어를 요구했다. 마오쩌둥은 맑스주의의 역사에 관한 목적론을 무시했다.

마오쩌둥의 국가는 해외에 거주하는 중국인들을 후아차오〔華僑〕라고 불렀는데, 이는 '교량과 같은 중국인'(bridge Chinese)의 의미를 가지는 말이다. 이 말은 말 자체가 잘못된 것이지만 세계인들이 그렇게 부르고 있다. 실제 5천만 명에 이르는 외국에 거주하는 중국인들은 싱가포르인, 미국인, 홍콩인, 호주인 등이다. 그들은 중국인의 후예들이다. 베이징 정부는 미국에 거주하는 중국인들을 메이꾸어 후아차오〔美國華僑〕, 즉 미국에 사는 해외 중국인이라고 부른다. 중국계 미국인들은 메이꾸어 후아런〔美國華人〕이라고 불러야 하며, 그들 대부분이 그렇게 부르고 있다. 이 말은 아프리카계 미국인, 멕시코계 미국인과 비교될 수 있는 말이다. 그러나 마오쩌둥이 통치하는 국가가 믿고 싶은 이야기는, 중국인의 후손은 어디에서 사느냐를 불문하고 모두 새로이 탄생한 베이징 사회주의 집안의 한 부분이라고 생각하리라는 것이다. '해외의 중국인'이라는 말은 잠시 동안 조국에서 멀리 떨어진 곳에 거주하는 사람(sojourner)이라는 의미를 풍긴다. 이같이 어렴풋한 언어를 사용하는 것은 중국의 정치적 목적에 부응하기 위한 것이다.

중국공산당의 역사와의 약속은 아무 죄 없는 중국인들을 '인민의 적'이라고 말하고, '제국주의'야말로 세계적 문제의 근원이라고 말하며, "중국은 결코 초강대국이 될 의향이 없다"는 등 뻔뻔한 선언을 할 수 있도록 한다. 이 같은 말들은 중국의 관리들이 믿을 수 있게 할 수 있다. 그들은 인민들로부터 '민주적 독재'를 할 수 있는 권리를 부여받았다는 생각을 가지고 있

기 때문이다. 태어날 때부터 출생성분이 중요하다는 사실은 중국이라는 국
가를 '노동자-농민'의 나라라고 말하는 데서도 잘 나타난다. 누가 적이고 어
떻게 해서 제국주의가 아프리카에 가난을 가져다주었는지, 그리고 중국제
국은 왜 제국이 아닌지를 경험적으로 탐구하려 하지도 않는다. 탈몬(J. L.
Talmon)은 전체주의적 당정국가에 관한 그의 초기 저작에서 "어떤 정치체
제가 무조건적으로 자유와 권리를 구현하기 위한 정권이라고 정의되는 경
우, 국민들은 어떤 불만이라도 표현할 수 있는 권리가 박탈되기 마련이다.
불평할 수 있다는 것이 바로 자유이며 권리인데 말이다"고 기술했다.[14]

중국이 생각하는 역사적 운명은 왜 정치가 극장과 같아질 수 있는지 설
명한다. 연극에서는 악마는 소름끼치는 자로 만드는 반면 영웅들은 아무런
흠잡을 데 없는 사람들로 그려질 수 있다. 연극의 줄거리 자체가 영웅과
악마의 성격을 정당화시키며 그 결과를 반영하기 때문이다. 문화혁명은 마
오쩌둥이 옆에 물러나 있는 듯하면서도 실제로 모든 것을 지휘한 판토마임
이었다. 장교들이 마오쩌둥 사상을 노래하기 위해 합창단을 조직했다. 마오
쩌둥이 그의 비판자들을 겁주기 위해 양쯔 강에서 수영을 한 날 중국의 관
영매체는 다음과 같이 선언했다:

"양쯔 강의 물들은 그날 미소를 짓고 있는 듯하였다."

마오쩌둥이 있기 오래 전부터 몽골족, 만주족, 그리고 다른 외국인들이
중국문명과 융합되었다. 옛날의 패턴을 다시 적용시킴으로써 마오쩌둥은
중국과 외세의 융합을 도모했는데, 이번에 사용된 외세는 소련의 사회주의

14) Talmon, 1952, p.35.

모델이었다. 1949년 이후 중화인민공화국의 모든 새로운 제도들은 소련의 제도를 본받아 만들었다. 1953년 《인민일보》는 제 1면에서 다음과 같이 쓰고 있었다.

> "우리는 우리나라를 발전시키기 위해서 전국적 차원에서 소련으로부터 배운다는 기류를 형성해야만 한다. …"15)

마오쩌둥은 소련으로부터 경제적, 기술적 원조, 소련의 원자폭탄을 통한 안전보장, 그리고 사회주의 진영의 회원국으로 대접받았으며, 당시 첨예한 대립관계에 있던 서방과 균형을 유지할 수 있는 지원을 받았다. 중국은 소련으로부터 자신 스스로의 원자탄을 개발하는 데도 도움을 받았다. 중국 내에서 이 같은 융합은 스탈린주의와 중국의 전통적 권위주의 사이의 기괴한 결연관계를 초래했다. 황제들이 거주하던 쯔진청〔紫禁城〕(Forbidden City)에서 돌을 던지면 닿을 거리에 있을 정도로 가까운 곳에 마오쩌둥의 거주지가 있었으며, 마오쩌둥의 새로운 정부는 마치 스탈린주의와 결혼한 듯한 근거 위에 건설되고 있었다. 1960년대가 되었을 때 자신을 황제라고 보기 시작했음에도 불구하고 마오쩌둥은16) '의장'이라고 불렀다. 의장이란 국제공산주의 조직의 레퍼토리에 나타나는 온화한 용어였다. 웨딩케이크 같은 모습의 큰 건물에는 인민대회당이라는 이름이 붙여졌으며, 이는 스탈린주의자들이 단어를 사용하는 데 있어 기만전술을 반영하는 것이었다. 그 자리는 선거를 통해서 선출되지는 않는 대표들이 모이는 자리였지 인민들의 자리는 아니었다.

스탈린의 국가에서와 마찬가지로 마오쩌둥의 국가에서 가장 중요한 일은 인민을 통제하는 것이다. 길 한 모퉁이에 모여서 이야기하는 시민들은 반정

---

15) *Renmin ribao*, Feb. 14, 1953.
16) Li Zhisui, 1994, p.480.

부 데모를 벌일지도 모른다. 이들에 끼어들어서 그들을 집으로 보내라! 지주의 아들인 극작가가 이 풍유에서 보여주려는 것은 무엇인가? 그의 연극을 금지하고, 건강한 연극을 상영토록 하라! 투르판지역에 사는 수염을 기른 위구르인들이 외국에 전화를 거는 이유는 무엇이란 말인가? 그들을 조사해 보라!

이처럼 국민을 통제하려는 데는 이유가 있다. 1940년 이전, 수십 년 동안 중국은 심각한 무질서를 경험했다. 이는 루안(luan, 亂)이라 부르며, 많은 중국인들은 루안으로 인한 무질서를 두려워하며, 중국공산당의 진정한 두려움이기도 하며, 이와 같이 중국공산당이 방지하는 것을 인민들이 하지 못하도록 하는 데 유용하게 쓰일 수 있는 도깨비이기도 하다. 중국공산당은 총을 통해서 권력을 장악했기 때문에 자신의 '아내'(인민들)를 총으로 도둑질당할지도 모른다고 두려워한다. 중국공산당은 사실 장제스의 국민당으로부터 똑같이 자신들의 아내들을 훔쳐왔다.

미국보다는 중국에서 국민들을 통제해야 한다는 더 강력한 이유가 존재한다. 미국에서는 연방정부, 주정부, 그리고 지방정부들이 용납할 수 없는 행동들을 피하기 위해서 통제력을 행세하고 있다. 범죄를 최소화하기 위해서 경찰들이 배치되어 있다. 미국의 연방보안군은 폭동을 야기시킬지도 모르는 긴장된 상황을 예방할 수 있다. 건물이 붕괴되어 사람들의 머리 위로 떨어지지 않도록 하기 위해 건물의 안전수칙들이 공포되었다. 중국에서도 이와 마찬가지 이유로 오랫동안 권력이 행사되었다. 그러나 권력은 사회적 선을 획득하기 위한 목적에서도 사용되었다. 왕조시대에 사회적 선이란 국가의 영역에 이르기까지 대가족의 조화를 이룩하는 것이다. 마오쩌둥의 시대에서 그것은 정치적 측면에서 하나라는 것으로 나타났다. 말 안 듣는 사람들은 국가의 손에 의해서 개조되거나 억제되어야 한다. 그 이유는 그들이 반드시 다른 사람들, 혹은 그들의 재산에 피해를 입히기 때문만은 아니다. 그들은 단지 도(道)에서 일탈했다는 측면에서 처벌당하는 것이다.

　왕조시대에는 범죄자 그 자신은 물론 그의 전 가족이 사형을 당할 수도 있었다. 마오쩌둥 시대의 중국 감옥에서 범죄가 일어날 경우, 범죄를 일으킨 사람은 그의 감옥에서 그와 함께 있는 죄수들이 보는 가운데 사건을 일으킨 지 한 시간 이내에 처형되기도 했다. 이 같은 방법은 집단적 도덕세계를 유지하는 데 대단히 효과적 방법이었다. 이 같은 처형을 목격했던 죄수 한 사람은 그와 같은 일에는 이유가 있다며 말했다. "정상적 인간으로 행동하지 않는 사람들은 사회의 정화를 위해 처벌되어야 마땅하다."17)

　마오쩌둥의 국가는 위로부터 아래로 지시하는 경제체제를 유지했다. 자원은 꼭대기로부터 '할당'되었다. 돈보다는 권력이 더 중요했다. 돈이 지배하는 경제생활의 결정들이 폭포처럼 이루어지는 시장이라는 영역은 정치적 위계질서와 비교할 때 별 볼일 없었다. 중국의 화폐인 위안[元]은 다른 나라 화폐와 교환되지 않는다. 마찬가지로 중국의 지아[家], 중국의 가구는 세계경제의 어떤 합리적 경제기구와도 연계되지 않았다. 이처럼 고립된 공산중국의 가족, 생산, 가구, 가격, 임금, 건설 등은 모두 당정국가에 의해서 '계획'되는 것이다.

　경제에 관한 정치적 지시는 중국을 후퇴하도록 했다. 그러나 마오쩌둥은 결코 진실을 볼 수 없었다. 경제생활을 엄격하게 통치했다는 사실은 중국의 역사에 점철되어 있으며, 이들은 불량한 결과를 초래했다. 조셉 니담 (Joseph Needham)은 소금, 운하, 강철 등 한나라까지 소급되는 물품들에 관한 글에서 국영화된 생산의 전통이 존재했다고 쓰고 있다.18) 마오쩌둥은

---

17) Bao and Chelminski, 1976, p.190.
18) Chesneaux, 1968, p.89.

왕조시대의 경제적 중앙집중 모델을 레닌주의적 계획과 결합시켰다.

소련이 몰락한 이후, 통제경제체제는 그 목표를 달성할 수 없다는 사실이 널리 인식되었다. 또한 통제경제는 계획될 수 없는 것을 계획하려는 시도 때문에 자유를 질식시켜야 한다는 사실이 인식되었다. 일찍이 1940년대에 오스트리아 출신 경제학자인 프리드리히 폰 하이예크(Friedrich Von Hayek)는 '공관적 환상'(共觀的 幻想, synoptic illusion)에 대해 경고한 바 있었다. 그는 경제가 중앙집중화될 수 있고 관찰될 수 있으며, 효율적으로 이루어질 수 있다는 정보는 하나일 수 없다고 주장했다. 오히려 정보는 분산되어 있으며, 변화는 지속적으로 야기되고, 이들은 시장에 참여하는 사람들의 거래에 의해서만 작동되는 것이다. 철학자 데이빗 흄(David Hume)의 회의주의에 영향을 받은 하이예크는 "우리가 무지하다는 사실의 중요성"을 강조했다.[19] 아래로부터 올라오는 '자발적 질서'는 가장 훌륭한 경제적 결과와 개인에게 가장 큰 자유를 가져다준다고 보았다.[20] 레닌주의적 5개년 계획은 이와는 정반대였다. 마오쩌둥은 하이예크가 의미한 것이 무엇인지 알았던 것 같다. 그는 1953년 일단의 금융관리들에게 "실질적으로 베이징에서 나의 귀에는 아무것도 들리지 않는다"라고 했다.[21] 지방관리들과의 또 다른 회의에서 그는 다음과 같이 선언했다. "베이징은 지식을 습득하기에는 좋은 장소가 아니다."[22] 만약 마오쩌둥이 1950년대에 '공관적 환상'을 경험했다 해도, 그는 그것으로부터 배우지 못했을 것이다. 중앙집권적 계획에 관한 중국의 시도는 잘 알려진 것이다. 이와 같이 형편없는 결과에 대한 마오쩌둥의 반응은 예상할 수 있는 것이기는 하지만 너무했던 것이다. 그는 결과들로부터 나온 진실을 받아들일 수 없었다. 왜냐하면 그는 사회주의가

---

19) Hayek, 1967, pp.39, 112.

20) Hayek, 1976, p.162.

21) Mao, *Selected Works*, vol.5, p.104.

22) *Mao Zedong sixiang wansui*, 1969, p.80.

정치적으로 잘못된 이념이라는 것을 도저히 받아들일 수 없었기 때문이다. 류사오치〔劉少奇〕, 덩샤오핑, 그리고 펑더화이〔彭德懷〕 등의 압력을 받은 후, 마오쩌둥은 경제정책은 약간은 덜 통제적일 수 있다고 양보했다. 그러나 대약진운동의 정치적 노선은 비판당하지도, 변하지도 않았다.

그러나 공산주의 체제에서 중앙집권적 계획은 정치적 정책이다. 대약진운동의 결과에 관해서 마오쩌둥은 오직 듣고 싶은 부분만 골라 들었다. 그리고 부정할 수 없는 재앙에 대해서는 '계급의 적'을 비판하는 데 급급했다. 결국 계급의 적을 찾으려는 행동은 진실을 말할 기회를 줄였고, 정치적 압박의 나사를 느슨하게 할 기회를 감소시켰다. 마오쩌둥은 결코 중앙계획적 경제를 거부한 적이 없었다. 그는 단순히 실패에 대한 희생양을 찾으려고 하였다.

마지막으로, 마오쩌둥의 국가는 국내정치와 외교정책이 아주 긴밀히 연결되었다는 점에서 특이하다. 근세역사에서 소련을 포함한 어떤 강대국도 그러하지는 못했다. 1958년 마오쩌둥은 중국과 대만 경계선에 있는 진먼도〔金門島〕, 그리고 마쭈도〔馬祖島〕라는 섬들에 대해 포격을 가했는데, 그 중요한 이유는 마오쩌둥 자신이 강압적인 새로운 국내정치, 즉 대약진운동을 시작했다는 사실을 온 세계에 알리려는 것이었다. 그 다음해에 중국과 인도 사이에서 국경분쟁이 발생하였다. 인도에 대한 마오쩌둥의 과감성에 대해 흐루시초프는 다음과 같이 말했다. 마오쩌둥은 "병적 환상으로부터 전쟁을 시작하였다."[23] 흐루시초프는 인도를 향한 마오쩌둥의 움직임에 나타나는 대외정책상의 논리를 정확히 파악했다. 그렇지만 마오쩌둥의 행동은 병적 환상이라기보다도 공산주의 약진을 위한 자신의 새로운 야망을 상징하는 또 다른 시그널이었다. 국내정치의 새로운 뒤틀림에 의해 외교정책은 추진되었다. 이와 같은 행위들은 중국에 관한 우리들 논의의 핵심이다. 중국인

---

23) Khrushchev, 1974, p.300.

민들에 대한 마오쩌둥의 통치는 부분적으로는 교리상의 기만이며, 법가사상에서 나타나는 바와 같이 자신은 세계를 조정할 수 있는 기능을 담당하고 있다고 믿는 허세를 보여준다.

마오쩌둥의 사회주의적 아젠다는 그가 원하는 목표를 달성하는 데 실패했다. "인민에게 봉사한다"는 것이 중국의 윤리가 되지 못했다. 중국의 코뮌은 프라이버시를 선호하며 개인들의 책임감을 존중하는 인간의 성품과 위배되는 것이다. '계급의 적'은 쉽게 만들 수 없었다. 특히 흐루시초프가 스탈린을 공격하기 시작한 이래, 마오쩌둥에게서조차 사회주의는 모호한 것이 되어버렸다.

대약진운동이 대실패로 끝난 직후인 1960년 베이징을 방문했던 에드가 스노우(Edgar Snow)는 마오쩌둥에게 중국을 위한 장기적 계획이 무엇인지 물었다. 마오쩌둥은 "모르겠다"고 대답했다. 에드가 스노우는 마오쩌둥에게 "너무 조심성이 많은 것 아니냐"고 반문했다. 마오쩌둥은 "조심성 때문은 아니오. 나는 정말 모르겠소. 나는 경험이 없소"라고 했다.[24]

마오쩌둥이 어떻게 중국문제를 다루었는지 볼 때 그것은 애초부터 제국주의적 방식이었다는 것을 알 수 있다. 1950년대 마오쩌둥이 성취하고자 하던 것이 무엇인가 보면 그것은 제국주의적 방식에서 더욱 멀리 떨어져 있는 것으로 보인다. 그러나 1950년 이후 '무엇'은 뒷전으로 물러나고 '어떻게'의 문제가 전면으로 나왔다. 목표는 뒤로 밀리고 방법론과 본능이 중심적 문제가 되었다. 이러한 사실은 마오쩌둥을 더욱더 황제처럼 만들었고,

24) JPRS, 52029(대담 Jan. 30, 1962), p.10.

동시에 더욱더 사회주의자가 아닌 모습으로 만들었다. 1966년 그는 중국공산당에 관해 솔직하게 말한 적이 있었다. "만약 중국공산당만이 그 존재가 허락되는 당이었다면 우리나라는 군주제라고 말할 수 있을 것이다." 그는 거울을 들여다보는 것이었을까? 마오쩌둥이 자신의 프롤레타리아 정당과 과거 중국 군주제의 평행선적 관계를 인지하고 있었다는 점은 분명히 놀라운 일이다. "농민들은 가난하고 허무하다." 마오쩌둥은 중국의 황실이 중국의 시골에 대해 말할 때 보였던 거만함을 반영하고 있다.

1960년대 말 중국의 직장단위에서 일하는 노동자들은 매일 마오쩌둥의 퉁퉁한 얼굴에 대해 세 번씩 절을 했으며, 그날 무슨 일을 해야 할지 마오쩌둥이 인도해 달라고 부탁했다. 퇴근하기 전 그들은 다시 마오쩌둥의 사진에 절을 하며, 그날 아침부터 그들이 한 일을 보고하였다. 신문이나 잡지의 맨 위에는 마오쩌둥이 한 말이 두껍고 큰 글자로 인쇄되어 있었다. 이는 마치 황제가 한 말은 중생들이 한 말보다 훨씬 크게 써야 했던 것과 마찬가지였다. 마오쩌둥의 지혜는 장님을 눈뜨게 하고, 귀머거리를 들을 수 있게 한다고 관영매체들은 주장했다. 비행기에서도 승무원들이 마오쩌둥 주석 어록을 높이 쳐들고, 그 중 적당한 구절을 승객들에게 읽어주는 것으로서 비행이 시작되었다. 1971년 베이징에서 시안까지 비행기를 타고 갈 때 나는 엔진시동이 걸리기 직전 승무원이 떨리는 목소리로 "어려움을 두려워하지 말라. 죽음을 두려워하지 말라"고 말하는 것을 들었다.

마오쩌둥의 주위에는 인척들과 아첨꾼이 모여들었고 때로 공산당의 조직들을 대체하였다. 한동안 그의 부인인 장칭〔江靑〕은 국방장관인 린뱌오〔林彪〕와 더불어 마오쩌둥의 가장 중요한 정치적 조언자가 되었다. 비록 장칭은 1969년 이전에는 당 내에 주요 직위를 차지하지는 않았지만 말이다. 마오쩌둥의 딸 리나는 자신의 경험이나 능력을 초월하는 직위인 《해방군보》의 편집장으로 진출했다. 마오쩌둥의 다른 딸인 리민은 27세 때 국방부의 과학기술위원회(핵폭탄 제조의 책임을 담당했던 기관)를 이끌고 있었다. 마오쩌둥의 건강이 악화되자 그의 조카인 마오위안신〔毛遠新〕이 실질적 참모장이 되었으며, 그의 여자친구 장유펭은 그의 사령부, 재무, 그리고 서류들에 대한 접근을 통제하였다.

국방장관 린뱌오는 극좌파였는데, 역시 제국주의적으로 행동했다. 문화혁명 당시 그는 내무장관에게 잘 생긴 여학생을 찾아보라고 지시했는데, 자신의 아들 리구오의 신부감을 물색한 것이다. 자기의 딸인 리헹의 신랑감을 구하기 위해 비슷한 명령을 내리기도 했다. 린뱌오가 1971년 마오쩌둥에게 도전한 후 직위와 생명을 잃었을 때, 1973년 제 10차 중국공산당대회는 린뱌오를 중국공산당에서 "영원히 추방"한다고 결정했다. 죽은 시체를 추방함으로써 중국공산당은 과거의 황실과 마찬가지로 그 자신이 역사를 초월해서 존재하는 우주의 일부가 되었다.

난징정권 아래에서 외국인들은 중국에서 사는 데 그다지 어려움과 불편이 없었다. 그러나 마오쩌둥의 시대에 이르러서는 과거 중국의 일부 왕국과 마찬가지로 외국인 혐오증이 다시 나타났다. 청나라와 네덜란드의 관계를 연구한 존 윌스(John Wills)는 중국에 거주하는 외국인들은 "문화를 오염시키는 위험성이 있다. 또한 중국제국 내에 다른 왕을 섬기는 사람들이 거주할 자리는 없다"[25]라고 기술하고 있다. 1950년대와 1960년대의 중국도 이와 마찬가지였다. 다만 일부 외교관들과 제 3세계에서 온 사람들은 예외였다. 당정국가의 안보기구는 중국에 거주하는 관료가 아닌 외국인들을 스파이로 간주했다. 그가 비록 간첩이 아닐지라도 그 외국인은 사회주의적 중국의 집(가구)에 적합하거나 그것을 이해해야 할 것이라고 기대될 수 없었다.

국가주석 류사오치의 아들 윤루어는 1950년대 후반 모스크바에서 유학하던중 소련의 젊은 여인과 사랑에 빠졌다. 부모들은 외국인과의 결혼을 허락하지 않을 것이었다. 류사오치는 "나는 정치적 지도자이다. 만약 그 여

---

25) Wills, 1968, p.253.

자가 우리 가문에 들어오게 되면 그는 정치에 들어오는 것이다"라고 했다. 윤루어가 계속해서 모스크바에 있는 자신의 여자친구에게 편지를 쓸 때, 류사오치는 항공장관에게 명령하여 윤루어가 러시아를 왕래할 때에 예쁜 비서들과 영화배우를 동행시키고 감시하도록 하였다.

어느 날 저녁 류사오치의 가족이 〈다섯 개의 금화(金花)〉라는 영화를 보고 있을 때, 류사오치의 부인인 왕광메이〔王光美〕는 윤루어의 계모였는데, 윤루어가 여주인공을 보면서 "그 여자는 정말 예쁘구나!"라고 중얼거리는 소리를 들었다. 그 다음날 왕광메이는 그 여배우가 사는 남부 중국 쿤밍〔昆明〕으로 향하는 비행기에 타고 있었다. 류사오치 주석의 부인은 그 여배우에게 베이징에서 아주 중요한 인터뷰가 있다고 말하였다. 며칠이 지난 후 류사오치의 집에서는 어정쩡한 저녁파티가 열렸고, 쿤밍에서 온 미녀도 테이블에 앉아 있었다. 주석과 그의 부인은 윤루어와 배우가 잘 지냄으로써 윤루어가 러시아의 여인과 사귀는 것을 끊으려고 노력했다. 그러나 그 노력은 헛수고였다. 두 젊은 연인들은 편지로 그들의 사랑을 계속했다. 그러나 문화혁명 당시 윤루어는 러시아 여자에게 편지를 썼다는 이유로 '외국 스파이'라고 비난받았다. 그는 감옥에서 8년을 지냈다. 1974년 그는 석방되었지만, 정신질환에 걸렸다. 3년이 지난 후 그는 아직 결혼하지 않은 상태였는데, 그의 아버지는 죽었고, 그리고 그의 계모는 감옥에 있었다. 슬픔과 폐결핵으로 그 역시 죽고 말았다.26)

---

26) 베이징 소식통과의 인터뷰, Liu Yunruo; *Zhengming*(Hong Kong), Dec. 1979, 20ff.

1959년, 베이징에서 흐루시초프를 만난 마오쩌둥은 먼저 다음과 같이 질문했다. "얼마나 많은 정복자들이 중국을 침략했습니까?" 그리고 그는 대답했다. "수많은 침략을 받았습니다. 그러나 중국은 그 정복자들을 동화시켰지요." 왜 마오쩌둥은 소련 지도자가 있는 앞에서 중국과 외국인 사이에서 과거의 발발했던 융합에 대해서 다시 말하는가? 마오쩌둥은 궁지에 처한 흐루시초프가 그 문제에 대해서 오래 의심하도록 두지 않았다. "생각해보세요"라고 중국의 의장은 다시 말했다. "당신은 2억의 인구를 가지고 있고, 우리는 인구가 7억입니다."[27] 몇 년 후 흐루시초프가 권력으로부터 실각한 이후, 마오쩌둥은 만약 흐루시초프가 맑스주의가 중국에서 어떻게 '융화'되었는지 알고 싶다면 중국대학에 와서 맑스주의를 연구하라고 제안하였다. 역사를 재구축하면서 마오쩌둥은 중국공산당의 제국주의적 프로젝트를 추진했다.

대약진운동에 나왔던 코뮌〔公司〕이라는 단어는 공산주의 사전에 나오는 대부분의 단어들과는 달리 원시공산주의라는 낡은 개념으로 거슬러 올라가는 것이며, 중국인들에게는 유럽의 맑스사상을 거론하지 않아도 이해될 수 있는 것들이었다. 마오쩌둥은 중국언어의 독특함을 흐루시초프에게 이해시키려고 노력하였다(스탈린에게는 차마 그렇게 할 수 없었다). "이 세상 모든 나라들은 전기라는 단어를 사용하고 있다"고 그는 1959년 베이징에서 소련 수상에게 말한 바 있다. "그 단어는 영어로부터 빌린 것이다. 그러나 우리 중국인들은 전기를 나타내는 우리 자신의 단어를 가지고 있다"고 했다.[28]

마오쩌둥은 마치 청나라가 결코 망하지 않은 것처럼 쑹자오런이 1913년

---

27) Khrushchev, 1974, p.524.
28) Khrushchev, 1974, p.524.

선거에 승리하지 못한 것처럼, 그리고 쑨원이 민주주의 헌법을 선언했거나 혹은 삼민주의를 쓰지 않은 것처럼, 난징에 민주주의 공화국을 세우려는 시도가 없었던 것처럼, 그는 새로운 황제처럼 행동했다. 실제로 장정이 끝난 이후 창조적 옌안〔延安〕시기 동안, 그가 '새로운 민주주의'라고 말한 것은 기만전술일 뿐이었다. 그것은 사실 1911년의 혁명에 대한 반혁명이었다. 역사학자인 알렉산더 우드사이드(Alexander Woodside)는 오늘날의 중국을 '숨겨진 군주제'라고 말했는데, 그것은 이해할 수 있는 말이다.29)

1971년, 대만으로부터 유엔의 자리를 빼앗은 베이징 정부가 뉴욕의 유엔본부에 기증했던 선물은 중화인민공화국이 중국적 전통으로부터 자신의 전통성을 추구하는 상징이었다. 마오쩌둥의 선물은 중국의 만리장성 그림이 그려진 커다란 휘장이었다. 베이징이 유엔본부의 북쪽 라운지 벽에 걸도록 폭이 36피트(약 11m)나 되는 휘장을 기증하며 중국의 대변인은, 만리장성 그림은 "새로운 중국의 새로운 모습과 새로운 스타일"을 묘사하는 것이라고 했다.30) 이 말은 2천 년 역사의 상징에 대한 대단한 언급이었다. 그러나 아마도 그 선물은 만리장성은 중국 전제정치의 상징인 동시에 애국의 상징이며, 그 두 가지가 마오쩌둥의 중국에서는 운명적으로 얽혀있다는 사실을 보여주는 것이었다.31)

마오쩌둥이 병들고 약해지자 그의 후계문제를 둘러싼 갈등이 노골적으로 나타났다. 1972년, 두 개의 축은 저우언라이 수상과 마오쩌둥의 부인인 장칭이었다. 어느 날 저우언라이는 마오쩌둥이 그의 폐 및 심장에 대해 적당한 의료조치를 거부하는 것에 대해 마오쩌둥과 이야기하고자 했다. 마오쩌둥에게 잘 보이는 것을 극대화하기 위해 저우언라이는 장칭과 함께 갔다. 마오쩌둥의 주치의는 그 방에 있던 네 번째 사람이었다. 마오쩌둥은 머리를

29) Woodside, 1991, p.5.
30) *New York Times*, Oct. 8, 1974.
31) Waldron, 1990, p.226.

뒤로 젖히고 눈을 감은 채 거친 숨을 쉬면서 소파에 앉아 있었다. 장칭은 의사를 싫어했고, 그의 약은 마오쩌둥을 독살하려는 시도일지 모른다고 생각했다. 저우언라이는 마오쩌둥이 의사의 지시를 따라야만 한다고 생각했다.

저우언라이의 요청에 의해 Dr. Li(의사)가 마오쩌둥의 폐와 심장을 위한 자신의 처방을 설명하자, 마오쩌둥은 먹어야 할 약이 너무나 많다고 투덜거렸다. 장칭은 기회를 포착했다. 그녀는 Dr. Li에게 "이 방에서 나가시오." "당신은 더 이상 꾀를 부리지 마시오"라고 했다. 아프긴 하지만 아직도 권위를 가지고 있었던 마오쩌둥은 문으로 나가고 있는 Dr. Li를 다시 불렀다. 그는 큰소리로 Dr. Li가 지어준 약도, 장칭이 권유하는 중국의 전통적 약도 먹지 않겠다고 했다. 마오쩌둥은 저우언라이를 쳐다보았다. "나의 건강은 아주 나쁘오"라고 수상에게 말했다. "나는 가망이 없는 것 같소. 지금 모든 것을 당신에게 의존하고 있소. …" 저우언라이는, 주석은 머지않아 다시 건강을 회복할 것이라고 대답했다. 마오쩌둥은 장칭이 공포에 질려서 쳐다보는 동안 저우언라이에게 계속 말했다.

"내가 죽은 후 당신이 모든 것을 책임지시오. 이것은 나의 소원이라고 말하겠소."

장칭은 분노하여 즉각 정치국(politiburo) 회의소집을 요청했고, 그것은 받아들여졌다. 그 회의에서 장칭은 저우언라이를 격렬하게 비판했다. "마오쩌둥 주석의 건강은 양호하오. 왜 당신은 그에게 권력이양을 강요하는 것이오?"[32] 그러나 마오쩌둥의 중국에서는 다른 모든 왕조와 마찬가지로 권력의 부드러운 이양은 실질적으로 불가능했다.

1976년 1월 저우언라이가 사망한 이후, 1973년 마오쩌둥에 의해서 연금

---

32) Li Zhisui, 1994, pp.550, 556.

되었던 덩샤오핑은 풀려났고, 마오쩌둥의 후계를 위한 경쟁에서 장칭의 가장 큰 적수가 되었다. 물을 더 혼탁하게 만들기 위해 마오쩌둥은 곧바로 자기가 믿을 만하다고 느꼈던, 비록 유명하지는 않지만 화궈펑〔華國鋒〕을 진급시켰다. 1976년 4월 어느 날 밤 마오쩌둥은 뉴질랜드의 수상과 면담하기 위해 10분 동안 일어난 적이 있었다. 다시 침대에 눕기 전에 마오쩌둥은 화궈펑에게 메시지를 보냈다.

"당신이 책임을 진다면 나는 편할 것 같소."[33]

마오쩌둥이 의미한 바는 무엇이었을까? 다음 번 정치국 회의를 주재하라는 소리였을까? 뉴질랜드 수상을 웰링턴까지 잘 바래다주라는 뜻이었을까? 혹은 중국의 미래를 말하는 것이었을까?

그후 6개월 동안 마오쩌둥의 후계를 둘러싼 불투명한 상황 속에서 음모와 숙청과 군사동원, 체포, 그리고 어떤 헌법적 절차도 존재하지 않는 것 같은 상황이 야기되었다. 천 년 동안 황제의 '마지막 뜻'이 무엇인가에 관한 논란은 끊임없이 야기되었다. 마오쩌둥의 중국에서도 이와 같은 유사한 일이 벌어졌다는 것은 중국인민의 미래를 형성하는 요인이 되는 것이다.

마오쩌둥은 중국공산당의 역사를(그가 공산당을 통제하기 이전) '5왕조'시대로 이끌고 갔다.[34] 천두슈〔陳獨秀〕 교수와 1920년대, 그리고 1930년대의 당 지도자들을 그는 실패한 황제라고 몰아붙였다. 마오쩌둥 자신의 동지들

---

33) *Renmin ribao*, Dec. 17, 1976.

34) *Mao Zedong sixiang wansui*, 1969, entry for June 16, 1964.

198

은 마오쩌둥을 새로운 황제라고 생각하기 시작했다. 전 모스크바주재 중국
대사였으며 대약진운동에 비판적이었던 장완티엔은 마오쩌둥을 '총명한'
사람으로 평가했다. 그러나 스탈린 말엽처럼 그는 "사람들을 교화시키는 데
너무 잔인했다"고 했다. 1959년 국방장관 시절 숙청당했던 펑더화이는 장
완티엔의 말을 듣고 다음과 같이 말했다.

"우리의 역사를 통틀어 보았을 때 각 왕조의 첫 번째 황제는 총명한 동시
에 잔인했다."[35]

8세 이후부터 공자를 싫어했던 마오쩌둥은 중화인민공화국의 정신적 영
역으로부터 유명한 유교철학자들을 숙청했다. 그러나 그 같은 마오쩌둥 자
신도 공산주의 이데올로기를 전파하려는 노력에서, 중국의 정치체제 속에
서 유가사상이 차지하는 구조적 역할을 반복하지 않을 수 없었다. 중국의
공공정책에서 유가사상이 차지하는 본질적 성격은 때로는 법가사상과 정면
으로 배치되기도 했고, 때로는 법가사상을 보충하는 역할을 담당하기도 했
다. 마오쩌둥의 국가는 과거 나타났던 유가사상(국민행동의 규범)과 법가사
상(위로부터의 통제양식) 사이의 흥망관계를 현대적으로 다시 반복하고 있었다.
　마오쩌둥의 통치 아래 유가사상은 기능적으로 마오쩌둥 사상에 의해 계
승되었다. 공자 혹은 맹자의 이면과 마찬가지로 마오쩌둥의 사상은 사회에
서 어떻게 행동할 것이냐를 가르쳐 주는 도덕적 길(moral way)이라고 말할
수 있었다. 그러나 도덕적 길이란 항상 잘 지켜지는 것은 아니었다. 많은
중국인들은 "남에게 봉사하라"는 말보다는 "나 자신을 위해 봉사"하는 데
더 큰 매력을 느꼈다. 때로 이데올로기는 권력의 목적 아래 조작되었다.
전통적으로 법가사상가들은 자신들 스스로의 법과 질서를 확립하기 위한

35) *The Case of P'eng Teh-huai*, 1968, p.36.

방안으로 유가사상을 적응시키고 흡수하는 형태를 취했다. 마오쩌둥의 시대에서도 역시 가치와 현실정치 사이에 긴장과 통합이 존재했다.

마오쩌둥은 '신유가사상'과 '신법가사상'의 혼합된 모습으로 통치했다. 신법가사상이란 장제스와 위안스카이로부터 물려받은 국가구조에 레닌주의를 접목한 것이다. 1949년 이후의 새로운 유가사상은 마오쩌둥의 무정부주의에 영향받은 도덕적 사회주의의 철학적 이상주의에 의해 변형된 맑스주의라고 말할 수 있을 것이다. 마오쩌둥은 이처럼 양립할 수 없는 두 가지 공공철학을 혼합시키고, 적용하기 위해 노력했었다.

때때로 마오쩌둥은 덕의 길을 더 강조했다. 중국과 미국 사이의 적대감이 최고조에 달했을 때, 즉 현실주의 정치론이 소련과의 국경문제를 개선해야 할 것을 요구했을 때 마오쩌둥은 정반대의 길을 택했다. 1960년대 중반, 베트남, 라오스, 캄보디아에서 전쟁이 발발하고 있을 당시, 그는 모스크바에 대한 도덕적 비난을 더욱 거세게 퍼부었다. 또 다른 시기에 마오쩌둥은 분명한 현실주의 우선정책을 실시하기도 했다. 1968년 7월 문화혁명이 종파주의, 무질서로 치닫고 있을 때, 마오쩌둥은 좌파 이상주의자들의 전기 플러그를 뽑아버렸다. 그는 "우리가 원하는 것은 문화적 투쟁이지 무력투쟁이 아니다"[36]고 말하면서 앞서서 취했던 지시를 거둬들였다.

이것은 중국 역사에서 흔히 나타나는 패턴이다. 강철과 비단은 항상 같은 곳에 속하는 것이었다. 진시황제가 자신의 왕국을 건설했기 때문에 비로소 유가사상의 도덕주의가 중국 정치체제의 반공식적 교리로서 존재할 수 있었다. 보다 장기적 관점에서 본다면 중국에 진시황제가 있었기 때문에 비로소 마오쩌둥의 존재도 가능했다. 마오쩌둥은 도덕적 사회주의자로서 중화인민공화국을 건설하기 위해 신법가사상의 억압적 구조를 필요로 했다. 마오쩌둥은 이 사실을 알고 있었다. 그는 자신이 지은 시에서 "공자는

---

36) *Mao Zedong sixiang wansui*, 1969, entry for July 28, 1968.

유명하기는 하지만, 진정 쓰레기와 같은 것이다.” “진나라의 질서는 시대가 변해도 그대로 살아남아 있는 것이다”라고 쓰고 있다.

마오쩌둥의 중국에서 견해를 달리하는 사람이 있었는가? 있기는 했다. 그러나 대체로 그들은 중국의 전통적 왕조에서 나타났던 것처럼 황실에 ‘청원’하는 형식을 취했다. 유교주의적 비판자들은 통치철학의 본질적 차이 때문에 황제와 다투지는 않았다. 그러나 그들은 황제에게 통치를 개선해야 된다며 존경하는 마음으로 요청했다. 마오쩌둥의 통치하에서 그에게 도전하려는 몇 안 되는 지식인, 종교인, 기업인, 학생, 그리고 다른 사람들도 마찬가지 형식을 취했다.

1976년 4월, 최근 사망한 저우언라이의 죽음이 초래한 슬픔에서 사고가 발생했다. 저우언라이가 마오쩌둥보다 먼저 죽은 데서 오는 문제점은 중국 정치에서 좌파가 다시 부상하도록 했으며, 마오쩌둥이 황제가 되었다는 사실을 역겨워하도록 했다. 천안문 광장 복판에 있는 인민의 영웅 기념비 앞에 저우언라이를 추모하는 화환과 시들이 놓였다. 마오쩌둥을 향한 비판 중에는 “진시황의 시대는 끝났다”라는 것도 있었다. 경찰이 화환과 시들을 치운 후 약 14시간 동안 10만 명 정도가 데모를 지속했다. 마오쩌둥의 정권은 이를 ‘반혁명적’ 사건이라고 규정했다. 프레데릭 테이웨스(Frederick Teiwes)는 1976년의 데모를 지적하며, “마오쩌둥 시대의 마지막 위대한 인민의 저항인 이 데모는 국가의 경험 많은 통치자를 지지하는 것”이었다고 말하고 있다.[37]

---

37) Teiwes with Sun, 1999, p.159.

  기원전 221년, 진시황은 오늘날의 시안에 새로운 나라를 수립했다. 1949년, 마오쩌둥은 베이징에 새로운 나라를 수립했다. 두 지도자는 모두 상당 기간 동안의 분열과 혼란 이후에 통일을 가져왔다. 두 사람은 모두 평등하게 하는 사람, 표준화시키는 사람이며 사회의 엔지니어들이었다. 그들은 하나의 언어, 하나의 돈, 하나의 권위, 그리고 하나의 충성을 강조하였다. 두 사람은 모두 거대한 계획을 시작하였다. 두 사람은 모두 독립적 공국, 봉건 영주나 산 속의 두목들을 제거해버렸다. 두 사람은 모두 이전 정권의 잔재들을 제거해버리거나 그들을 중국변방으로 내쫓아버렸다. 두 사람은 모두 상인들을 경멸하였다. 그들은 모두 귀에 거슬리는 말을 하는 지식인들의 입을 틀어막았다.

  두 독재자들은 각자에 해당하는 새로운 칭호를 만들어냈다. 두 독재자들은 모두 자신을 부르는 새로운 직위를 만들어냈다. 2천 년 전의 지도자는 자신을 진시황(秦始皇)이라 불렀다. 진이란 것은 자기 가족의 이름이었다. 시란 첫 번째를 의미했다. 황이란(뒤에 제라는 단어가 때때로 첨부된다) 것은 시간을 초월하는 과거의 주권을 생각나게 하는 말이다. 즉, 중국의 첫 번째 황제인 진이라는 의미다. 20세기 중국의 지도자는 '주석'(主席, chairman)이라 불렸다. 이 이름은 국제공산주의의 교과서에 나오는 보다 부드러운 이름이었다. 그것은 새로운 이름이었다. 중국의 어떤 지도자도 주석이라는 직위로 불린 적이 없었다. 동시에 평범한 병에 들어 있는 제국의 포도주는 더 이상 부정될 수 없었다. 20년 후에 마오쩌둥은 여러 가지 거창한 이름으로 불리게 되었다. "우리 마음속에 있는 붉은 태양"은 그 중 하나였다.

  그때 마오쩌둥은 자기가 황제의 반열에 서 있음을 알게 되었다. 1964년 류사오치가 잘 나갈 때, 그러나 마오쩌둥은 퇴장을 준비할 무렵, "우리는 강력한 명령을 발해야만 한다"라며 중얼거렸다. "진시황은 있어야만 한다. 그러나 누가 시황인가? 시황은 '류사오치'다. 나는 그를 도와주는 사람이다."[38] 이 말은 기만적 언급이었다; 마오쩌둥은 점잖은 척했지만 진정으로 난폭했다. 중국과 소련이 갈라선 이후, 마오쩌둥은 그의 옛 적(敵)이 했던 말의 진리를 알 수 있었다: 장제스는 "중국의 공산당은 중국에 고유한 것이 아니다"라고 말했었다. "중국공산당은 소비에트 러시아와 공산제국의 산물이다."[39] 모스크바를 거부한 마오쩌둥은 중국의 왕조적 권위주의에 레닌주의를 적용하였다. 프리드만(Edward Friedman)은 그 결과를 다음과 같이 잘 묘사했다. "짜르적-진-레닌이즘"[40]이라고.

진시황과 마오쩌둥은 죽음에 이르렀을 때 모두 초호화판으로 무덤을 만들었고, 냉혹한 비판을 감수하였다. 그들의 유언은 강압되었고 왜곡되었다. 그러나 그들의 정권이 형성했던 강철같은 구조는 2천 년이라는 간격이 있음에도 불구하고 지속되었다. 마오쩌둥의 목표는 세 가지였다. 그의 국가적 목표는 중국을 통일되고 강력하며, 안전한 나라로 만드는 것이었으며, 이는 그 이전 중국왕조를 건설했던 황제들이 이룩했던 것이었다. 마오쩌둥은 1950년대에 이 같은 목표를 일단 달성할 수 있었다.

그의 사회적 목표는 맑스와 다른 사회주의 이론가들이 성취가능하다고 가르쳤듯이, 중국을 평등주의와 계획사회로 바꾸는 것이었다. 마오쩌둥이 요구하는 "자신과 싸워라"라는 말은 "이기적이 되지 말라"는 말 이상의 것을 의미한다. 중국어에서 시(私)란 자기 자신(self)만큼이나 사적인(private)것을 의미한다. 마오쩌둥은, 개인들은 사회적 합의와 격리되어 개인적 영역에서 거주할 수 없다고 했다. 지방의 공동체는 마오쩌둥 사상에 대한 진정하고 현실적인 도전이었다. 다원주의를 인정한다는 것은 8억 개의 개인주의를 인정하는 것과 마찬가지였다. 도덕적 원칙으로서, 그리고 사회학적 의무로서 "자신과 싸워라"는 말은 "팀과 함께 하라"는 뜻이며, 여기서 팀이란 새로운 황제 마오쩌둥이 이끄는 중국공산당을 의미하는 것이었다. 사회주의 건

---

38) *Mao Zedong sixiang wansui*, entry for Dec. 20, 1964.

39) Chiang, 1970, p.11.

40) Edward Friedman, 저자와의 대화, July 29, 2002.

설을 위한 중국의 재조정은 계속 실패했다. 그러나 마오쩌둥은 결코 목표를 포기하지 않았다. 세계적 선수에 맞서서 더블폴트 이후 50개의 서브를 넣어야 하는 테니스 선수의 헛수고처럼, 그는 지속적으로 다른 공을 잡고 속도도 바꾸어 보며, 그리고 방향도 바꾸면서 온갖 노력을 해보았다.

마오쩌둥의 개인적 목표는 중국의 혁명에 지속적으로 새로운 기운을 불어넣음으로써, 그리고 그것이 다시 후퇴할 수 없게 함으로써 자신의 죽음을 초월하려는 것이었다. 이 같은 목표는 마오쩌둥이 죽기 10년 전 가장 중요한 목표가 되었다. 당시 국가적 목표는 완성된 것처럼 보였고, 사회적 목표는 실패의 나락으로 떨어졌다.

1920년대 중국의 위대한 지식인인 후쉬는 마오쩌둥이 공산주의를 택한 것처럼 자유주의를 택했다. 그는 1949년 중국공산당이 정권을 장악하기 직전, 자신이 강력하게 비판했던 장제스와 함께 하기로 결심하고 대만으로 향했다. 왜 자신의 고향인 베이징을 떠나왔는가에 관한 이유를 국민당 간부에게 설명하며, 후쉬는 권위주의와 전체주의의 차이에 대해 설명하였다.

> "우리들과 같은 자유주의자들이 아직도 당신들(국민당)과 함께 하는 것을 선호하는 것은 최소한 당신들 정권하에서 우리는 침묵을 지킬 수 있는 자유를 향유할 수 있기 때문이다."[41]

권위주의적 독재정치(*authoritarianism*)하에서 많은 일들이 금지되었으나 그 밖의 일들은 할 수가 있다. 전체주의적 독재정치(*totalitari- anism*)하에서는 많은 일들은 하지 못하도록 금지되었고, 나머지 모든 일들은 반드시 해야만 하도록 되었다. 마오쩌둥의 국가에서는 침묵을 지키는 것조차 금지되어 있었다.

역사는 마오쩌둥에게 사명을 주었다. 앞을 향해 진보한다는 맑스의 도식

41) Pepper, 1978, p.227.

에 의하면, 그는 봉건주의로부터 자본주의로, 그리고 사회주의로, 그리고 궁극적으로 공산주의를 건설하도록 명받았다. 이와 같은 운명은 전통적 천명(天命, *mandate of heaven*)과 유사한 것이었다. 왜냐하면 그것은 하늘로부터 부여받은 것이기 때문이다. 국민들과의 어떠한 약속도 하늘에서 부여받은 운명과 비교할 수는 없다. 천명은 황제만이 즐기는 것이며, 역사의 숨겨진 목표를 펼치는 일은 맑스주의자들의 미래에 대한 약속이었다. 문화혁명 당시, 마오쩌둥은 그의 정당을 초월하는 신과 같은 최고 지도자가 되었으며, 그는 위안스카이, 쑨원, 장제스를 초월하였다. 그는 절반은 자기가 알면서 절반은 남에게 떠밀려서 황제와 같은 모습으로 변해갔다. 1970년대 당시 중화인민공화국은 1911년 이전의 중국이 당면했던 정치적 문제를 풀기보다는 오히려 같은 상황이 새로이 구현된 것이었다.

제 6 장
어머니는 아직도 어머니이다

과거 중국이 우리에게 남긴 유산은 민주주의와 법치라기보다는 봉건독재정
치의 전통이다.
-덩샤오핑, 1980년[1]

우리나라에서 공산당은 모든 것을 지도한다.
-장요우유 최고회의 의원, 1981년[2]

20세기 중국의 정치에 관한 이야기는 매년 혼란스럽고 여러 방향을 지향하
는 것들이었다. 그러나 여러 세기를 관통해서 보았을 때, 그것은 중앙집권
국가로 향하는 끊임없는 행진의 이야기였다.
-필립 쿤[3]

---

1) Deng, 1983, p.281.
2) "Zhang Youyu tongzhi tan fazhi jianshe," *Zhongguo fazhi bao*, July 3, 1981.
3) Kuhn, 2002, p.132.

1998년 영국으로부터 홍콩을 반환받은 일주년 기념식에 참석하기 위해 장쩌민 주석은 홍콩의 뉴하버시티 몰(New Harbor City Mall)에 도착했다. 그는 남부 중국인의 미소짓는 얼굴과 휘황찬란한 상점들을 자세히 살펴보았다. 사람들에게는 알려지지 않았지만, 장쩌민 주석이 도심지를 20분간 방문한다는 사실 때문에 이 지역은 새로 정비되었다. 한달 전 뉴하버시티 몰이 말끔하게 단장되었다. 그곳의 음악이 있는 분수도 개조되었다. 화장실마다 새로운 가구들이 정비되었다. 중국의 주석이 도착하기 2주일 전, 이 몰의 가게 중 네 개가 비어 있었다. 베이징 정권은 제국주의적 해결방식을 택하는 데 그다지 프롤레타리아적이지는 않았다. 장쩌민 주석의 방문을 준비하기 위해서 사전에 이곳을 방문한 팀은 네 개의 가게를 3주간 임대하였다. 그들은 가게들이 번창하는 것처럼 보이도록 하기 위해 상품들을 진열하였다. 눈으로 보는 것이 현실보다 중요했다. 좋은 모양이 급조되었다. 어느 중요한 날, 황제는 그가 다스리는 왕국에서 아무런 흠도 찾아 볼 수 없었다. 검은색 양복을 입고, 큰 선글라스를 쓴 장쩌민은 만면에 미소를 지었고, 그의 얼굴은 아주 만족스러워 보였다.

제국 중국과 당정국가의 중국에는 큰 불연속성이 있다.[4] 동시에 20세기 후반, 그리고 21세기 초반 당정국가가 당면한 많은 문제점들은 왕조시대에 중국이 당면했던 문제점들과 유사하다. 중앙과 변방 간의 긴장, 국방 및 다른 비용이 증대됨에 따라 야기되는 주기적 세금수입의 부족, 경제적 합리성과 이데올로기적 순수성 간의 다툼, 세금을 짜내려 노력할 때 나타나는 농민들의 반란, 광대한 제국의 충성에 초점을 두기 위한 상징 등이 문제였다.

이와 같은 문제점들은 궁극적 해결방안을 찾은 적이 별로 없었다. 오히려 그 문제점들은 다양한 형태로 반복되어 나타났다. 그래서 제국과 공산당이 통치하는 중국의 역사에는 이중적 패턴이 존재하고 있다. 새로운 방안들

---

4) Miller, 2000, p.41.

은 어디에도 나타난다. 그러나 익숙한 해결방안들은 대부분의 문제를 해결하지 못했다는 사실도 분명했다. 그러므로 분석의 대상이 되는 시대별로 우리는 정책의 불연속성 저편에 존재하는 사이클의 지속성을 찾을 수 있는 것이다.

1949년부터, 그리고 1978년 이후에는 아주 다른 형식으로 중국 공산왕조는 중국의 과거에서부터 잘 알려진 두 가지 유형의 융합을 채택했다. 1950년대와 1960년대의 마오쩌둥에게는 소련이 파트너였다. 그의 후임들인 덩샤오핑, 장쩌민, 그리고 후진타오는 서부 및 동아시아 국가들의 자본을 융합시키려고 시도하고 있다. 이처럼 파트너가 바뀌었다는 사실을 보고 일부 열정적 분석가들은 사회주의는 자본주의에 의해서 대체되었다고 주장한다.

중국공산당 시대에 나타난 이 같은 두 가지 융합은, 중국은 아직도 중국 밖으로부터 중국을 발전시키기 위한 스파크(spark)를 추구한다는 지속성을 보여주고 있다. 이것은 마치 중국이 모스크바를 포기하고 그 대신 월스트리트와 동아시아에 있는 우파적 중국 기업가들로 대체한 것처럼 보인다. 상하이를 생각해 보자. 1949년 이후 "코스모폴리탄적 상하이는 끝났다"라고 왕궁우는 쓰고 있다. 이 도시의 주민들은 또다시 뼈 속까지 중국인으로 바뀌고 있었다.

"그러나 그들은 위대한 전통상에 나타나는 중국인으로 회귀할 것을 요구받지는 않는다. 그러나 그들은 농민의 단순함과 사회주의자들의 실험이 기묘하게 혼합되는 데 기여할 것을 요구당하고 있다."

그것이 마오쩌둥의 중국인 것이다. 1978년 마오쩌둥 사상이 종식되었을 때, "구상하이는 새로 태어나고자 했다."[5] 그러나 '전통적' 중국은 되돌아오지 않았다. 오히려 조계체제(treaty port system)를 현대화시키는 것과 같은

---

5) Wang Gungwu, 1999, p.125.

방식으로 외국자본과의 융합이 상하이를 장악하였다. 2002년의 상하이에
는 국제금융구역의 푸동〔浦東〕마천루가 서 있었고, 강 건너편에는 전통적
건축양식을 하는 차이나타운이 건설되고 있었다. '제국주의시대'의 외국인
조차지역과 중국인 거주지역의 분단이라는 모습이 다시 나타나고 있는 것
이다.

　1976년, 마오쩌둥이 사망한 이전과 이후 중화인민공화국에 나타난 두 번
째 지속성은 중국이라는 국가의 성격에 스며들어 있다. 덩샤오핑과 장쩌민
의 통치하에 중요한 경제 및 사회변화가 있었다. 그러나 마오쩌둥이 죽은
지 25년이 되었을 때의 중국이라는 국가에는 선거가 없으며, 가부장적이고,
교조주의(비록 약하긴 하지만), 압박, 위로부터의 계획, 그리고 역사적 운명
이라는 생각 등이 잔존하고 있다. 마오쩌둥의 시대와 그의 중국공산당 후계
자들의 시대에 보이는 정신상의 분명한 차이점은 과거의 정치적 이원주의,
즉 '덕'과 '힘'의 관계가 재편되었다는 것이다.

　페어뱅크는 청나라에 관한 연구에서 "중국은 제국적 전통을 포기하지 않
은 채 현대세계로 진입했다." "그러나 중국은 19세기 중엽의 문제들을 해결
하기 위해 제국적 전통을 순응시키고자 했다"[6]고 기술하고 있다. 중화인민
공화국이 20세기의 문제를 해결하기 위해서 취하는 방법도 이와 유사하다.
두 개의 완전히 다른 융합, 덕(사회주의 이념)과, 힘(레닌주의적 권력)의 혼합
은 변했다. 그러나 새로운 형태로서의 법가사상과 유교주의가 혼합된 국가
는 지속되고 있다.

---

6) Fairbank, 1968, p.257.

1980년대의 그의 새로운 정책들이 중국을 위태롭게 하지 않겠느냐는 질문을 받은 덩샤오핑은 그렇지 않다고 하며, 마오쩌둥을 은근히 공격했다. "당신들이 보듯이, 나는 키도 작고 몸도 작다. 만약 하늘이 무너지기 시작한다면, 나는 그 하늘을 떠받칠 책임을 질 수가 없다. 그것은 키가 크고 몸이 큰 사람들이 하는 일이다."[7] 키가 5피트 2인치(155센티)이며 60년 동안 줄담배를 피어온 덩샤오핑은 넓적한 이마를 하고 있는데, 넓은 어깨에 목은 거의 없어 보인다. 그는 위압적 풍모를 지닌 마오쩌둥과는 비교할 수 없는 사람이다.

1904년, 중국 남서부의 쓰촨〔四川〕성의 부유한 농가에서 태어난 덩샤오핑은 공부하러 프랑스와 소련에 갔으며, 당시 진보적 사상에 동요되었다. 1926년 모스크바와 파리에서 고향으로 돌아온 덩샤오핑은 콘크리트 인부 노릇을 하며 큰 갈등을 피함으로써, 중국공산당 내에서 승진해 나갔다. 그는 1930년대 중반 대장정(大長征)에 참여했으며, 총의 힘에 대해서 배웠다.

1949년 공산당이 승리한 후, 덩샤오핑은 그의 고향인 남서부의 책임자가 되었다. 1950년대 중반, 그는 중국공산당의 사무총장이었다. 1958년 마오쩌둥이 이상주의적 대약진운동을 전개했을 때 덩샤오핑은 처음으로 그의 상관이자 스승인 마오쩌둥이 대단히 잘못될 수 있다는 점을 깨달았다. 그는 일본과의 전쟁에서 사망한 인명보다 더 많은 숫자인 3천만이 넘는 농민들이 대약진운동 기간중에 굶어죽었다는 사실에 당면해야 했다. 그러나 덩샤오핑은 말하지 않았다. 그러나 덩샤오핑은 1960년대를 조용히 보내면서 마오쩌둥이 옆으로 밀려나는 시대에 대비하였다. 공산주의적 충성은 강력한

---

7) Li Hongfeng, 1994, p.291.

힘이라는 것을 증명했다. 1960년대 문화혁명에서 덩샤오핑은 류사오치를 비판하는 대열에 가담함으로써 마오쩌둥에게 유화적 태도를 취했다. 그러나 덩샤오핑 그 자신도 곧바로 요리될 오리와 같은 운명이었다. 그는 곧 "중국을 자본주의의 길로 이끌어 갈 두 번째 사람"이라고 낙인찍혔다. 그는 남쪽 장시성의 트랙터 수리공장의 기계공으로 일하라는 불명예를 당했다.

1976년 마오쩌둥이 죽은 이후 덩샤오핑은 권력장악을 시도한다. 그의.주적인 마오쩌둥의 미망인 장칭은 마오쩌둥이 죽은 후 한 달 만에 체포되었고, 그후 죽을 때까지 수감상태에서 살았다. 마오쩌둥의 정치국원의 절반 정도가 체포되었다. 마오쩌둥에 반대하는 덩샤오핑이 승리한 것이다. 장칭은 마오쩌둥의 분신이었다.

덩샤오핑의 시대는 장쩌민의 시대와 겹친다. 덩샤오핑은 1978년 권력을 장악했고, 1997년 죽을 때까지 권력을 행사했다. 그러나 1989년의 천안문 위기사태 때문에 천안문은 그의 후계자임이 분명했던 자오쯔양〔趙紫陽〕을 몰아내고 장쩌민을 중국공산당 당수로 임명했다. 엔지니어 출신인 장쩌민은 상하이에 있다가 새로운 황제인 덩샤오핑의 일을 맡기 위해 간택되었다. 1990년대 중반까지 장쩌민은 덩샤오핑의 그늘 속에서 국가를 통치했다. 덩샤오핑은 브리지 테이블에 앉아서 때때로 장쩌민을 감독하였다.

장쩌민은 많은 중국인민들에게 가공적 존재였다. 그는 큰 미소를 지었고, 사람들 앞에서 노래를 부르거나 머리에 빗질을 했으며, 그가 무엇을 실제로 믿고 있는지 알기 어려웠다. 그러나 그는 대학을 나온 첫 번째 중화인민공화국 지도자가 되었으며, 몇 개의 외국어를 말할 수 있는 사람이었다. 그는 소련에서 공부했으며, 어려움에서 살아남을 수 있었다.

마오쩌둥은 교사이며 이념가이고 전사였다. 덩샤오핑은 조직가이며 전사였다. 장쩌민은 기계를 제조하며 전자공학의 경력을 가진 기술자였다. 마오쩌둥 및 덩샤오핑과는 달리 장쩌민은 결코 숙청당한 적이 없으며, 공산당 내의 이전투구, 일본과의 싸움, 그리고 마오쩌둥과 덩샤오핑을 화나게 했던 장제스를 알지 못했다. 장쩌민은 엔지니어, 그리고 행정가로서 그의 성장에 대해 "나는 계단을 한 발짝 한 발짝씩 올라갔다"고 했다.8)

덩샤오핑-장쩌민 시대는 여러 가지 면에서 중국이 발전했던 시대이다. 그러나 아직도 중국의 격세유전적 모습을 반영하는 한계점과 문제들이 존재하고 있었으며, 당시 중국은 정당성을 위해 민족주의에 호소할 필요가 있었다. 마오쩌둥 이후의 중국은 이데올로기가 벗겨진 나라였다. 젊은 시절 덩샤오핑은 열렬한 맑스주의자는 아니었다. 이러한 사실은 그가 나중에 맑스주의를 쉽게 벗어 던지게 했다. 맑스에 관한 그의 글들은 미적지근하다. "맑스와 엥겔스는 19세기에서 살다 죽었다"라고 덩샤오핑은 한 논문에서 말했다.

"그들은 위대했다. 그러나 우리는 그들이 살아 돌아와서 오늘날 우리가 당면한 문제 해결에 도움을 주리라고 기대하면 안 된다."9)

1978년 이후 덩샤오핑은 마오쩌둥이 했던 것보다는 계급투쟁을 훨씬 덜 강조하였다. 인생과 정책은 맑스주의의 영향 없이도 진행될 수 있는 것이다. 그러나 편리할 때에 덩샤오핑은 서방의 영향을 받은 '정신적 오염'에 대해 경고했고, '부르주아 자유주의'가 자신의 정책에 반대할 것에 대해 두려워하였다. 그는 마오쩌둥 자신이 선택했던 두 명의 후계자를 숙청했던

---

8) Shanghai ren yanzhong de Jiang Zemin, *Guangjiaojing*(Hong Kong), July 1989, p.13.

9) Yang, 1998, p.223.

212

것처럼, 자기가 선택한 두 명의 후계자를 숙청하였다.

덩샤오핑이 이데올로기를 비하시키는 데서부터 북경정권의 통치에 본질로부터 세 가지 결과가 초래되었다. 역사적, 구조적 측면에서 본다면 신유교주의는 없어졌지만, 신법가사상은 잔존하였다. 현대적 용어로 말하자면 맑시즘은 대부분 버려졌지만 레닌주의는 남아 있었다. 덩샤오핑의 시대는 강력한 법과 질서를 특징으로 하며, 이는 마오쩌둥 이후에 중국공산당이 보기에 경제발전을 위해 반드시 필요한 권위주의적 독재체재를 제공하는 것이었다. 맑스주의자들의 교리에 연성권력(*soft power*)은 가라앉았다. 그러나 경찰국가의 강성권력(*hard power*)은 잔존하였다. 1986년 이후 6년 동안, 중국의 법률전문가 숫자는 2만 1천 546명으로부터 4만 8천 94명으로 급증하였다.[10] 그러나 법에 의한 지배가 이루어지지 않는 곳에서 법치주의가 늘었다 함은 주로 상업을 원활히 하기 위한 목적에서, 혹은 억압을 위한 도구로서였으며, 이는 마오쩌둥 시대의 대중적 정치캠페인을 대체하는 것이었다.

둘째로, 맑스주의와 레닌주의적 권력분리는 마오쩌둥이 붕괴시킨 '과거'를 재생시키는 기회가 되었다. 이는 때때로 필요에 의한 것이었다. 사상을 가지고 살아가는 문명의 일부라고 생각하는 중국인들을 위해서, 가치가 없어진 공간에 다른 무엇인가를 채워넣어야 하였다. 그러나 공산주의 이외의 다른 외세의 교리는 그 진공을 채우도록 허락되지 않았다. 만약 반사회주의적이지 않으며 정치로부터 멀리 떨어진 중국의 이념이라면, 그것은 이념의 진공을 메울 수 있는 대체물이 될 수 있었다.

덩샤오핑-장쩌민 시대에서 '현대화'는 새로운 추진력이었고, 이는 중국의 전통을 대외적, 국제지향적인 것으로 완화시킬 수 있을 것이라고 기대할 수 있게 했다. 어떤 면에서 이것은 사실이었다. 중국은 부분적으로 세계경

---

10) *Zhongguo falü nianjian*, 1987, p.892; and 1993, p.955.

제에 통합되었으며, 중국의 관료제는 마오쩌둥 시절보다 더 전문화되었고, 세계주의적(*cosmopolitan*)으로 변했다.

　그럼에도 불구하고 중국이 1911년 이전의 과거로 돌아가고 있다는 사실을 거부할 수는 없다. 유가사상을 지지하는 지식인 서클과 수천만의 일반적 중국의 가정에서 친유교주의적 감정이 강화되고 있다. 서점에서는 청나라 역사에 관한 책들이 잘 팔리고 있다. 이는 덩샤오핑-장쩌민이 통치하는 중국은 마치 청나라가 서양에 대해 좋아하는 동시에 또 미워하는 감정의 포로가 되었던 것을 잘 나타내고 있다. 1992년 덩샤오핑이 개혁을 재강조하기 위해 남방을 여행했는데, 그 여행은 '남쪽여행'(南巡)이라 불리는데, 이는 마치 강희제가 자기의 고향 만주를 방문했던 것을 '동쪽의 방문'(東巡)이라 불렀던 것과 유사하다.[11] 마오쩌둥은 농민들이 황제(黃帝, *yellow emperor*)를 모시는 것을 허락하지 않았다. 황제란 상나라 이전 중국의 신화적 인물이었다(혹자는 그가 기원전 2697년부터 2597년까지 중국을 통치했다고 말한다). 그러나 덩샤오핑과 장쩌민의 시대에서 황제에 대한 숭배는 북돋워지는 것 같았다. 마오쩌둥은 요(堯), 순(舜), 그리고 우(禹)의 통치자들(황제 이후에 온)을 신화라고 이야기했지만, 장쩌민은 특히 상나라 이전의 중국역사를 문서화하는 것을 당정국가의 중요한 임무 중 하나로 역점을 두었다.[12] 1993년, 장쩌민은 황제의 무덤을 새로 공사하는 가운데 "중국의 문명은 심오한 기원을 가지고 있으며, 오랫동안 지속되었다"라는 비문을 썼다. 이는 중국의 역사를 1천 5백 년 더 연장하려는 과감한 노력이었다.[13]

　덩샤오핑과 장쩌민은 마오쩌둥에 못지 않게 고대중국의 권위주의와 중국의 인종적 민족주의를 현대의 억압을 정당화하는 도구로서 찾아냈다. 고대국가를 "교리의 원천 및 도덕적 가치"로서 보는 노력은 덩샤오핑이 1980

---

11) *Dachao xinqi*, 1992, p.1; Elliott, 2000, p.608.

12) Friedman, 2000, p.241; Li Xueqin, 2000, pp.1~2.

13) Bøckman, 1998, p.324; also Sautman, 2001, p.105.

214

년대에 중국이란 국가를 "사회주의적 정신을 가진 문명"으로 만들려는 노력에서 반향되었다. 스투어트 슈람(Stuart Schram)은 "유럽의 경우 국가에 대항하는 교회가 있었지만, 중국에는 국가만이 권위의 유일한 원천이었다는 사실은 옛부터 유래되는 것이며, 일원화(一元化)라는 개념은 공산당이 사회 전체를 통합적으로 지도한다는 의미다."[14]

과거에 대한 비전통적(heterodox) 사용이 만연되었다. 2천 년의 전통을 가진 기공(氣空)은 숨쉬기와 운동에 관련된 것으로 건강에 유념하고 스트레스를 받는 나이가 많고, 비정치적인 수많은 사람들이 추종했다. 세금을 거두는 관리로부터 핍박 당하고, 홍수로부터 당황한 농부들은 그들의 가슴에 황제의 부적을 붙이고 다니는데, 농민들은 황제가 그들을 위로하고 안전을 제공한다고 믿는다. 이 농부들은 두 개의 과거가 합쳐져서 때로는 마오쩌둥의 사진을 가슴에 붙이고 황제의 그림을 붙였던 때와 비슷한 희망을 갖는다. 봉건시대의 큰절〔叩頭〕마저도 오늘날 일부 마을에서 다시 나타나고 있다.[15]

전통을 재발견하려는 경향을 나타내는 언어들도 있다. 공산주의자들의 언어인 동지(comrad)라는 말은 마오쩌둥 시대의 대화에 일상적으로 포함되는 말인데, 덩샤오핑 시대에 이 말은 훨씬 덜 사용되었고, 20세기에 들어서 거의 사용되지 않았다. 공산주의의 용어로 관리를 나타내는 단어인 '간부'라는 말은 점차 사라지게 되었고, 전통적 중국어인 '관'(官)이란 말이 다시 나타났다. 사라지는 또 다른 공산주의 언어는 '인민'이라는 말로서 정치적으로 올바른 맑스주의자들의 관점에서 '국민'을 의미하는 말이다. 인민이란 말은 중화인민공화국에서는 너무나 널리 사용되는 것으로서 수백 개의 조직 이름들이 인민이라는 이름으로 시작하고 있다. 인민극장, 인민공사, 인민일보, 인민대학 등이다. 덩샤오핑과 장쩌민의 통치하에서 인민이란 말은

---

14) Schram, 1985, xi.
15) Wilkinson, 2000, p.107.

의례상으로는 사용되었지만 그 의미를 많이 잃었고, 새로운 제도에는 쓰이지 않는다. 대신에 더 오래된 중국어인 공민, 즉 덜 이데올로기적인 의미에서의 '시민'을 나타내는 말로, 이 공민이라는 말이 오늘날 점점 더 많이 사용되고 있다.

놀라운 일도 아니지만 1989년 6월 4일, 천안문 민주화운동을 격멸하던 당시, 인민을 나타내는 정치적으로 타당한 용어인 인민(*renmin*)이라는 단어는 마치 결혼식장에서 꽃을 던지듯이 던져버렸다. '인민해방군'은 결국 중국이라는 국가를 '반혁명적' 항의자들로부터 구한 힘이 되었다. 그러나 중국인들은 일부 덩샤오핑과 장쩌민에 항거하는 아래로부터의 저항에서 인민이라는 개념을 과감하게 거부하고 있다.

천안문 사태가 진압된 지 며칠 후 베이징에 버스가 다시 다니게 되었을 때, 나는 골드피시가의 팔레스호텔에서 걸어나와 버스를 타고 웨스턴 힐스로 향했다. 버스의 커튼에 붙어있던 노란 종이가 나의 관심을 끌었다. 그 노란 종이에는 손으로 쓴 검은 잉크로 네 개의 중국어가 쓰여 있었다. 그 단어들은 '웨이민통처'(爲民通車), 인민을 위한 버스운행이란 뜻이었다. 이같이 어려운 기간 동안 자동차들이 데모로 지저분해진 길을 다시 다니려고 노력하던 나날 동안, 나는 많은 베이징 버스에서 비슷한 구호들을 볼 수 있었다. '런민'이라는 단어는 인민을 의미하는 중국어가 아니었다. 대신에 더 오래된 전통적 용어인 민(民)이라는 말이 사용되었다. 질식할 것 같은 정치적 교조주의, 그러나 중국정부를 향해 분노심이 널리 퍼진 상황에서, 민이란 단어는 인민이란 단어를 완전히 대체한 말이었다. 민은 독재자들이 이념적 도구로 사용하는 인민이라는 뜻을 가지고 있지 않다. 버스 운전사들은 공산주의 이전으로 돌아간 것이다.

덩샤오핑이 이데올로기를 비하함으로써 나타난 세 번째 결과는 가치가
빠져나간 공백으로 민족주의가 들어가게 되었다는 점이다. 장쩌민의 시대
가 되었을 때, 중국적이라는 센스가 중국에서 중요한 역할을 차지하게 된
다. 맑스주의적 신념이 약화 된 이후 중국혁명의 정당성을 위한 방안으로서
중국이 희생물이었다는 관점을 확산시키려 했으며, 이를 위해 민족주의라
는 요소가 동원되었다. 제국주의-혁명의 신화를 조작하는 노력은 중국공산
당으로 하여금 스스로 통제할 수 없을 정도의 정치적 환상주의의 덫에 걸리
는 위험에 처하게 했다. 나토 공군기가 1999년 5월 벨그라드의 중국대사관
을 오폭했을 때 중국인들은 '민족의 수치'라는 개념을 다시 꺼내들었다.
2001년 4월 하이난〔海南島〕섬 부근에서 중국의 비행기와 미국의 비행기가
충돌한 사건이 발생했을 때도 마찬가지였다. 이 두 가지 사례에서 미국이
보인 태도는 "무슨 일이 일어났는가? 모든 사실을 살펴보도록 하자"라는 것
이었다. 중국의 반응은 "민족주의를 고양하기 위한 방편으로 이 사건들이
어떻게 사용될 수 있는가"를 알아내는 것이었다.
 강제로 규정된 과목의 교과서를 읽은 어떤 중국의 젊은 학생일지라도
"국가의 수치에 관한 교육"을 받았으며, 나토가 폭격해서 중국인 3명을 죽
게 한 것은 바로 제국주의자들의 깡패 같은 행동의 오랜 역사의 새로운 장
을 의미하는 것이나 마찬가지였다. 중국에서 학생들이 읽는 모든 교과서는
중국이라는 당정국가가 만드는 것이다. 현대사는 악마적 제국주의자들과
영웅적 중국 혁명가들의 도덕적 싸움으로 묘사되어 있다. 벨그라드의 중국
대사관 폭격은 아편전쟁 이후 오늘에 이르기까지 중국의 진보를 막으려는
목적 아래 침략적 제국주의자들이 단행한 수천 가지 사건 중 가장 최근에
일어난 일의 하나일 뿐이다.

1994년 장쩌민의 정부는 중국 전체에서 "애국교육 기지"를 수십 개 정도 선발하고자 했다.16) 이들은 과거의 수치와 영웅적 행동에 관한 박물관 및 실제의 유적들이다. 이들 중 상당부분은 일본, 미국, 그리고 다른 제국주의자들과의 투쟁에서 유래한 것이다. 어린 중국학생들은 그룹을 지어 이들 장소를 방문함으로써 중국인으로서 그들의 자질을 고양시켰다. 안내원들로부터 그들은 '일본의 악마', '히틀러 같은 미국인들'의 이야기를 들었다. 그 같은 유적이나 박물관에서 일본인 혹은 미국인들이 '백정'이라 불리는 것은 늘 있는 일이다. 난징 시에는 여섯 곳의 '애국교육 기지'가 있는데, 그 중에는 1937년 일본군인들이 중국인을 학살한 장소도 포함되어 있다. 고등학생들은 그들이 졸업하기 전 반드시 이들 여섯 군데의 원한의 기지들(base of hatred)을 각각 최소한 3번 이상 방문해야만 한다.

중국이라는 당정국가는 문화와 역사 속에 민족주의를 강요하기 시작했다. '영광스런 과거'가 다시 창조되었으며, 최초의 인류가 아프리카에서 연원했다는 세계가 공인하는 지식도 거부되었다. 베이징 정부는 중국의 문명은 1만 년의 역사를 가지고 있으며, 중국은 인류의 요람이고, 중국 주변의 아시아 인종들은 중국인들의 문화적, 생물학적 후예라고 주장하였다.17) 1996년 장쩌민은 하(夏)왕조의 존재를 증명하기 위해 170명의 학자로 구성된 위원회를 조직했다. 하왕조는 상(商)왕조(기원전 16세기부터 기원전 11세기 경) 이전 중국역사에 존재한 것으로 알려진 그 존재 자체가 불투명한 왕조다. 하왕조의 존재는 소 혹은 다른 동물들의 어깨 뼈 혹은 거북이의 껍질에 새겨진 글자만이 유일한 근거로 남아 있다. 기록된 문헌은 거의 희박하기 때문에 그 존재를 잘 알 수 없는 하왕조를 중국의 교과서들은 맑스주의의 용어들인 '노예사회', '계급투쟁'의 용어들로 채우고 있다.18)

---

16) *Wall Street Journal*, June 23, 1999.

17) Sautman, 2001, pp.96~97, 106, 108, 110.

18) *Zhongguo lishi*, vol.1, pp.20~22.

공산주의 당정국가인 중국이 지식인들의 위원회로부터 어떤 보고서를 요구할 경우, 학자들은 어떤 결론에 도달해야만 하는지 이미 잘 알고 있다. 장쩌민은 '중국이라는 국가'가 예수가 태어나기 이미 3천 년 전에 시작되었다는 사실을 밝힘으로써 중국인의 민족적 자부심을 고양시키려는 것이다. 중국의 역사학자들은 이미 기대했던 대로 정부의 감독을 받는 2천 개의 보고서를 제출했으며, 이로써 하왕조의 존재를 증명하고 있다.[19] 이 프로젝트의 책임자는 "당과 인민은 진정으로 우리의 연구결과에 대해 자부심을 가지고 있다"고 말한다.

마지막으로 중국이라는 당정국가는, 중국문명은 이집트, 인도, 그리고 이라크에서 유래한 문명보다 더 오래된 것이라고 말할 수 있게 되었다. 하이난〔海南〕성의 황하강 바로 남쪽 얼리토우 지역에서 출토된 유적들에 대한 조사에 참여한 170명의 학자 중에 외국인 출신 고고학자는 단 한 명도 포함되지 않았다. 보고서는 임시로 만든 것이며 부분적인 것일 뿐이었다. 하왕조의 존재에 대해 의문을 불러일으킬 수 있는 증거들은 고려에서 무시되었다.[20]

국제 고고학의 견해들은 중국의 유물들이 상(商)왕조의 것인지 혹은 그 이전에 만들어진 것인지 불확실하다고 말한다. 중국학자들이 제출한 보고서는 단순히 연대기를 표시한 형식적인 것이었다. 이 보고서는 존재했다는 하왕조의 영역이 어디인지 말하고 있지 않다.[21] 그 보고서는 물론 왕조의 황제들이 어떠했는지에 대해서도 우리에게 말해 주는 것이 별로 없다. 이 보고서는 상나라와 하나라가 어떻게 본질적으로 서로 차이가 나는지에 대해서도 아무런 가르침을 주지 않는다.[22] 중국의 고대문명에 어떤 것이었는

19) Li Xueqin, 2000.

20) Nivison, 2002, pp.1, 4, 6, 8; Shao, 2002, pp.2, 7.

21) On the poetic vagueness of Xia territory, see Zhang, 2000, p.3.

22) Li Xueqin, 2000, pp.83~85; Prof. Li와 저자의 인터뷰, Beijing, Oct. 19, 2001.

지에 대한 중국 당정국가의 자만스런 우월주의를 이 보고서는 높이 부르짖고 있을 뿐이다. 대만에 있는 아카데미아시니카 연구소의 고고학분과 소장은 이 프로젝트에 대해 가장 훌륭한 평가를 내린 것으로 보인다. "그것은 고고학적으로 중요한 프로젝트라기보다는 정치적으로 중요한 프로젝트였다."[23] 역사의 신화가 정치적 무기가 된 것이다.

민족주의와 관련된 또 다른 역할들은 당정국가가 계획한 바 그대로는 아니었다. 맑스주의에서 더 이상 신봉되지 않는 공공철학에 매달리는 중국이라는 당정국가는 비공식적 대체물을 만들어 낸 것이다. 여기에 포함되는 것들은 종교, 의식(cult), 미학이론, 그리고 허무주의(nihilism) 등이다. 이와 더불어 특히 소련이 붕괴된 후 중국 홀로 레닌주의의 생존자로 남게 됨에 따라 단순한 애국주의가 일반시민 차원에서 부풀려지기 시작했다. 열정적 마오쩌둥의 시대가 지난 후 모든 계층의 중국인민들은 중국공산당에 대한 그들의 의구심에도 불구하고, 중국의 위대함을 신념에 대한 대체물로 인식하기 시작했다. 1920년대와 1930년대 준근대화되었던 일본의 정신적 고통을 생각하며 현재 중국의 모습을 비교해 볼 수 있을 것이다. 일본은 제국으로는 부족했으며, 국제문제에서 걸맞은 역할을 하지 못한다는 고립감을 느끼고 있었다. 일본은 사회적, 정치적으로 더욱 서구화되었지만 당시 무드는 반서구적인 것으로 나타났다.

"당신은 사회주의자가 되지 않는 한 애국적 중국인이 될 수 없다"라고 장쩌민은 외쳤다. 그는 중국인민이 권위주의적 독재와 애국과의 연계를 알아차리는 것을 원치 않았으며, 특히 인민들이 민주주의를 알게 되는 것을 원치 않았다. "당신은 사회주의자가 되지 않는 한 애국적 중국인이 될 수 없다"라는 말은 전통적 개념, 즉 "당신이 충성을 바치지 않는 한 당신은 진

---

23) Bruce Gilley, "Digging into the Future," *Far Eastern Economic Review*, July 20, 2000.

정한 중국인이 아니다"라는 개념과 별 차이가 없다. 장쩌민은 '사회주의자'라는 말을 함으로써 중국인들이 중국공산당에 충성할 것을 말한 것이다. 그것은 권력이 저절로 부여된 중국공산당이 말하는 네 가지 절대적 원칙의 기본인 것이다. 유가사상과 장쩌민의 슬로건 아래 인민은 모두 어린아이처럼 취급되었다.

소련이 멸망한 이후의 세계에서 아직도 중국을 통치하는 공산당은 생각보다 훨씬 많은 부분을 중국의 전통으로부터 도출해 내고 있다. 현재의 중국을 과거 일본의 경우와 비교해 보는 것이 교훈적일 것 같다. 19세기 말이래 중국은 일본보다 자신의 과거를 더 많이 팽개쳐버렸다. 공산주의가 실패한 이후 덩샤오핑과 장쩌민이 통치하는 중국은 정치적, 그리고 감정적이유에서 균형을 맞추려고 노력했다. 특히 소련의 몰락은 베이징으로 하여금 볼셰비키혁명을 대신해서 중국을 정당화시킬 수 있는 새로운 연원을 강구하도록 했다.

회고하면 중국에서 야기되었던 19세기 말엽의 혼돈은 근대화를 지향하는 동시에 서양에 반대하는 중국인들의 노력 때문에 야기되었다. 이 두 가지 모두가 요구하기 때문에 중국인들은 그들의 과거를 버렸다. 그렇다면 논리적으로 보았을 때 두 번째 임무 ― 서구를 밀어제치는 일 ― 가 완성된 다음, 중국의 전통 중 일부가 다시 불려나올 것이다. 일본이 그랬던 것처럼 근대적인 것을 포용한다는 말이 과거를 모두 부정한다는 의미는 아니다. 19세기 말엽 다양한 정치적 견해를 가지고 있었던 많은 중국인들은 중국의 문화와 중국의 국가는 함께 서 있든지 함께 몰락하든지 두 가지 중의 하나일 뿐이라고 생각했다.[24] 그러나 일본의 경우 일본의 문화와 일본이라는 국가의 관계를 중국인들처럼 생각한 사람은 거의 없었다. 오늘날 중국의

---

24) Bøckman(1998, p.320)은 정치문화라는 개념이 전통중국의 사회-국가와의 관계에도 잘 적용될 수 있다고 한다.

문화와 중국의 국가는 상호 융합하기 위한 노력을 하지 않을 수 없는 상황이다.

덩샤오핑과 정쩌민은 공식적 이데올로기의 온도를 낮추기는 했지만 다른 이데올로기를 허용하지는 않았다. 정치에 무관심한 것은 용납할 수 있는 일이 되었지만, 독립적 정치이데올로기를 가지는 일, 혹은 중국을 떠나 외국에 가서 중국의 당정국가를 비난하는 일은 허용되지 않았다. 덩샤오핑-장쩌민 시기에 이르러 중국시민들은 그들의 돈을 믿을 수 있게 되었지만 그들의 마음을 믿게 된 것은 아니었다. "중국공산당을 즐겁게 하는 한 당신이 원하는 것을 하라"는 것이 당시의 말이다. 장쩌민은 몇 가지 사안에 대해서는 여론을 경청하였다. 그러나 후쩽유안이 말하는 것처럼 "양치는 소년들은 자신들의 양을 몰아넣는 것이 양들의 정책결정 과정에는 참여할 수 없는 것이라는 사실을 알고 있다."[25]

1990년대 중국인민들은 아직도 표현에 관해 두 가지 다른 부분을 생각하고 있었다. 하나는 가족과 친구에게 말하는 것이고, 다른 하나는 그 밖의 사람들에게 말하는 것이다. 후자는 '표준적 정치대화'라고 불렸다.[26] 그것은 개인이 자신의 상관, 외국인, 정치학습모임, 여론조사에 대한 대답, 당과 국가에 충성을 바친다고 생각되는 어떤 사람들과 의견을 교환하는 경우에 사용되는 것이었다.

장쩌민이 통치하는 시절의 중국에는 마오쩌둥이 통치하던 시절보다 반대견해가 더 강력해졌고 눈에 더 분명하게 보이기 시작했으며, 더 자주 나타

25) Fu, 1993, p.7.

26) Li Qiang, 2000, pp.40~44.

났다. 그러나 이 모든 것들은 왕조시대의 중국에 흔히 나타났던 것과 마찬가지로 '황실에 대한 탄원' 수준이었다. 사회주의의 본질에 대해 의문을 제기하는 작가들, 영화제작자들, 혹은 종교지도자들은 예외적으로 드물었다. 그런 사람들은 모두 노동자 수용소행이든가, 출입이 통제된 아파트에서 조용히 지내든가 혹은 외국으로 망명해야 하였다.

장쩌민이 통치하는 중국에서 개인적 목소리를 낼 수 없도록 하거나 혹은 다른 소리를 내는 사람들을 위축시키는 방법은 마오쩌둥이 통치하던 중국에서 사용되었던 방법과 별로 다를 바 없었다. 첫 번째 방법은 영향력 있는 사람으로 하여금 'X'란 것은 그 모양에 관계없이 반사회주의적 혹은 반중국적이라고 쓰도록 하는 것이다. 그 다음은 'X'를 허용하는 듯한 조직 혹은 매체와 연계된 모든 사람들에게 겁을 주는 일이다. 침묵의 커튼이 'X'를 조용히 둘러싸게 될 것이며, 중국의 당정국가는 소기의 목적을 달성하게 된다. 페리 링크(Perry Link)가 기술한 바처럼 이 방법은 효과가 있었다. 베이징은 "스스로를 검열케 하는 본질적으로 심리적 통제체제에 의존했던 것"이다. 중국이라는 당정국가의 압박은 수갑 혹은 체포영장의 형태로 나타나지는 않았다. "그 같은 일이 일어날지도 모른다는 공포심"[27]을 사용하는 것이었다.

서기 2000년, 베이징의 출판사가 중국계 미국인 작가 하진이 쓴 소설 《기다림》(*Waiting*)을 번역출간하기로 결정했을 때에도 통제체제는 작동했다. 공격의 주구는 베이징 대학의 리우이칭이었다. 베이징의 출판사는 하진과 그의 책을 추켜세웠고, 그 책의 번역을 위해 뉴욕의 출판사와 계약맺었다. 중국어 번역이 절반 정도 이루어졌다. 그러나 좌측으로부터 당정국가의 관리에 의해 그 임무를 부여받은 리우가 나타났다.

그녀가 공격을 가한 동기는 소설의 내용으로부터가 아니었다. 문제는 미

---

27) Link, 2002, p.67.

국이나 유럽에서 성공한 중국인이 자신을 세계인(*cosmopolitan*)으로서 생각하지, 중국인으로 생각하지 않는다는 사실에서 나왔다. 리우는 소설뿐 아니라 하진의 충성심(*sincerity*)과 야망을 공격했다. 그녀는 하진이 자신의 "동료 중국인들을 저주하고 있다"고 비난했다. 그는 "중국을 나쁘게 말하기 위해 미국의 매체에 의해 사용된 도구"였다. 그의 소설은 "중국의 후진성을 강조하고 있다"고 비판당했다.

하진을 비난하는 리우의 논문이 발간된 이후 중국의 저널리스트들은 슬그머니 하진 혹은 그의 책에 관해서 아무런 글도 더 이상 게재하지 않았다. 뉴욕에서 하진은 우수도서상(*National Book Award*)을 수상했다. 이는 중국 태생의 작가에게는 정말 귀한 일이었지만 중화인민공화국의 언론들은 이 같은 영예를 다루지 않고 지나갔다. 애틀랜타의 자택에서 하진은 "나의 책은 정치와 무관한 것이다. 내 책은 인간의 마음, 인간 마음의 문제점과 시간의 잔인한 본질에 관한 것이다"고 말했다.[28] 《기다림》은 아직도 하진의 본국인 중국에서는 출판되지 못하고 있다.

베이징에서 유명한 배우이자 영화제작자인 강원은 2000년 칸영화제에서 대상을 수상했다. 수상한 작품은 1930년대, 1940년대의 중일전쟁을 배경으로 한 그의 영화 〈문턱의 악마〉(*Devils on Doorstep*)였다. 그러나 중국의 일반시민들은 그 영화를 관람할 수 없었다. 강원의 문제점은 부분적으로 하진이 당한 문제와 유사했다. 세계는 중국의 예술가인 그에게 경의를 표했고, 그 사실은 중국의 당정국가로 하여금 강원을 믿을 수 없는 불평분자라고 보는 견해를 더욱 강화시켰다.

베이징에서 강원은 당혹해 했다. 그의 영화가 금지되지는 않았다. 물론 승인되지도 않았다. 중국의 극장에서 상영되는 모든 영화를 승인하는 영

---

28) *New York Times*, June 24, 2000; Ha Jin이 저자에게 보낸 e-mail, Dec. 25, 2002.

224

화국은, 이 영화는 상당한 "문제가 있다"며 얼버무렸다. 영화국 대변인의 유일한 구체적 언급은 예술적, 지구적인 치외법권에 관한 것뿐이었다. 그 영화는 "사전에 검열받지 않은 채 외국의 영화페스티벌에서 상영되었다. 이는 분명한 위법이다." 중국인들은 심지어 칸에서도 중국이라는 사회주의의 집이라는 통제권 아래에 놓여 있는 것이다.

일부 중국의 영화제작자들은 라디오, 영화, 및 TV를 검열하는 국가행정위원회에서 발표한 〈문턱의 악마〉에 관한 원 보고서를 획득했다. 이 보고서는 장쩌민이 통치하는 당정국가의 가부장적 권위를 보여준다. "일본군의 군가가 이 영화 속에서 여러 번 연주되었다"고 영화국은 불만을 표시한 것이다. "이는 일본군대의 강함을 상징하는 것이며, 중국인민의 마음을 대단히 아프게 하는 것"이라고 말했다. 아버지와 어머니 같은 중국의 관리들은 이 영화에 나오는 중국인 배우들이 일본에 대한 분노의 감정을 충분하게 표현하지 못했다고 비판했다.

중국의 당정국가에 관한 그의 경험을 강웬은 "그것은 히치콕의 스릴러와 너무나 유사했다"라고 말했다. "내 주변 어디에도 공포가 있었다. 그러나 나는 무슨 일이 진행되는지 보지 못했다."[29] 중국인 대중은 많은 할리우드 영화를 보는 것이 허용된다. 그 영화들 중에는 강웬이 비판당한 것 못지 않게 도발적 내용이 있는 영화도 포함된다. 그러나 할리우드의 감독들은 강웬과는 달리 중국이라는 사회주의의 집에 포함되는 사람으로 간주되지 않는다.

2000년, 중국계 프랑스인인 가오 싱지안이 노벨문학상을 받았다. 그는 중국인의 후예 중에서 첫 번째 노벨문학상 수상자였다. 베이징은 그의 노벨상 수상을 정치적 동기에 의한 수상이라고 무시해버렸다. 중국 당정국가는 가오의 글은 "아주 평범한 것"이라고 말했다. 가오는 중국에서 집필활동을

29) *New York Times*, July 14, 2000.

방해받았으며, 그의 작품은 억압받았다. 1989년 그는 파리로 이주했다.

심미주의자이며 비정치적인 인간인 가오가 어떻게 중국 당정국가를 거부할 수 있으며, 노벨상을 수상했는데 어떻게 그런 냉랭한 반응을 받게 되었는가? 왜냐하면 그는 단순한 개인일 뿐이었지 애국심을 전혀 나타내 보이지 않았기 때문이라는 것이다. 가오는 그의 소설 《마음의 산》(Soul Mountain)이 영어로 번역출간된 호주의 시드니에서 한 인터뷰에서 "중국인민들은 그들 스스로의 문화에 너무 갇혀 있다"고 말했다. 그는 또한 "나에게 중국의 문화는 대체로 무의미하다"고 언급했다.

사실 가오도 장쩌민과 마찬가지로 똑같은 중국인이다. 다만 그는 중국의 문화를 전체로서 보지 않으며, 애국과 사회주의가 연계되어 있다는 사실을 거부한다. 몸이 여위었으나 지성적인 가오는 "중국에서는 주체가 너무나 강조되는데, 이는 결국 아무런 의미 없는 말이 되어버리며 쉽게 민족주의로 이끌리게 된다"고 말한다.

"아무런 의문도 제기할 수 없는 주체는 단 하나밖에 없다. 바로 당신이 하나의 인간이라는 사실이다."[30]

가오가 반대하는 것은 수용될 수 있는 단 하나의 교리, 단 하나의 역사관, 위대한 하나의 체제라는 개념들이다. 이 자유인은 "지난 백 년 동안 너무나 많은 거짓말들이 횡행했다." 여기에는 "이데올로기의 미명하에 감추어진 거짓말도 포함된다"고 말한다. 가오는 그의 성장기였던 마오쩌둥 시대 이래 이데올로기의 감소가 중국에 자유를 가져다주었다는 환상을 믿지 않는다. 중국인민의 구세주로서 중국의 당정국가를 강력히 거부하는 가오는 2000년 다음과 같이 말했다.

---

30) *The Australian's Review of Books*(Sydney), Dec. 2000.

"중국은 독재국가로 남아 있으며, 나는 내가 살아 있는 동안 중국으로 돌
아갈 계획이 없다.… 나는 내 자신의 중국을 가지고 있다. 나는 중국으로
돌아갈 필요를 느끼지 않는다."[31]

하진도 가오와 비슷한 시기에 중국을 떠났다. 이 책이 출간될 무렵 아
마 강웬도 중국을 떠나 있을지 모르겠다.

중국이라는 당정국가가 비록 감히 말은 못하지만 다양한 예술가들 ─ 하
진, 강웬, 가오 싱지안 ─ 에 대해 느끼는 것은 그들이 중국이라는 사회주의
집의 한 식구로서 행동하는 데 실패했다는 것이다. 마오쩌둥이 죽은 지 4반
세기가 지난 지금도 사회주의는 영향력을 발휘하고 있다는 말인가? 실제로
사회주의의 영향력은 미미하다. 이데올로기는 쇠퇴하였다. 그러나 레닌주
의적-법가사상적 당정국가인 중국에서 다 낡아빠진 맑스주의의 신념체계는
아직도 중국의 권위를 유지하는 데 막중한 역할을 담당하고 있다. 자신이
믿는 신념체제가 약하다는 사실을 인정하는 중국의 당정국가는, 자신의 죽
음을 회피하기 위한 수단으로 민족주의라는 그럴듯한 이데올로기를 내세우
고 있다. 여기서 초래된 이상한 결과는 공산주의에 의해 납치된 집(家)이란
개념으로, 이는 부분적으로는 사회주의적이며 또 다른 부분적으로는 신제
국주의적 권위주의인 것이다. 유럽에서는 민족이 국가를 초월하는 모습을
보였다. 중국의 경우 민족은 아직도 국가에 의해 정의되고 있다.

---

31) *New York Times Magazine*, Dec. 10, 2000.

일반적으로 중국의 당정국가에 반대되는 견해를 가진 목소리 큰 중국인들은 당국으로부터 점진적으로 체제에 순응할 것을 정중하게 요구받고 있다. 1989년 민주화를 지향하는 천안문 광장의 데모를 주동했던 모든 사람들에게 그러했다. 학생들은 용기 있게 후야오방〔胡耀邦〕을 칭송하는 행동을 보였다. 후야오방은 덩샤오핑의 동료이지만 몰락한 공산당원이었다. 학생들은 공산당과 '대화'를 요구했다. 공산주의체제를 개혁해야 한다고 요구할 정도의 학생들은 거의 없었다.

　내가 《우리시대의 중국》(China in Our Time)이라는 책에서 1989년 베이징에서 목격한 일을 기술한 이후, 그 당시 중국의 대학생이었고, 나중에 호주에 정착한 중국인이 나에게 편지를 보내왔다. 그 편지에는 "1989년 학생들의 데모가 피크에 올랐을 때 내가 이해할 수 없었던 일은 왜 당시 학생들이 마오쩌둥의 무덤이 있는 기념관을 뭉개버리지 못했는가 하는 점이다." 이것은 좋은 질문이다. 1989년 당시 새로운 사회는 아직 낡은 국가에 도전하기에는 힘이 충분하지 못했다. 수백만 명 이상의 중국인들이 마오쩌둥 시대보다 덩샤오핑 시대에 생활이 더 나아졌다는 사실을 느끼고 있었다. 즉, 그들은 경제적 고려를 중시했다. 그들은 탄원을 할만큼 용감했지만 반대할 정도는 아니었다. 마오쩌둥의 기념관을 공격하는 문제에 대해서는 복종적 국민들에게 각인된 전체주의의 흔적은 너무나 컸다고 말해야 할 것이다. 마오쩌둥이 죽은 이후 중국에는, 1953년 스탈린이 죽은 이후 소련에서 나타났던 반스탈린주의와 비교할 만한 정도의 반마오쩌둥의 무드가 나타나지 않았다. 실제로 여러 가지 복잡한 이유가 있겠지만, 중국이라는 당정국가 속에서 상부지향적으로 훈련된 중국인들의 상당수는 마오쩌둥을 정신적 아버지로 모셔야 한다는 감상적 필요를 느꼈다.

228

　1989년 6월 4일 천안문 광장에서의 민주화운동 진압은 나를 포함 한 많은 사람들이 생각했던 것같이 중국역사의 분수령이 되지 못했다. 그 사건은 당시 존재하던 진리를 다시 확인(이 점에서 나는 놀라지 않는다)한 것일 뿐이다. 이 사건의 폭력적 양식은 장기적인 새로운 시대를 여는 데도 성공하지 못했다(이 점에 대해서도 나는 놀라지 않는다). 바로 이것이 장쩌민이 덩샤오핑으로부터 분명히 결별하지 못하는 이유이며, 왜 장쩌민이 결코 공식석상에서 덩샤오핑을 비판하지 못했는가의 이유다. 덩샤오핑은 공개석상에서 마오쩌둥을 비판한 적이 있었다. 6월 4일의 사건은 중국의 당정국가는 자신의 정치적 권력독점에 대항하는 어떤 세력들이라도 적으로 간주할 것이라는 점을 다시 확인해 주었다. 이 같은 사실을 대부분의 사람들, 특히 중국인들은 일찍부터 알고 있었다. 6월 4일의 사건은 중국의 공산주의가 어느 날 밤 쓸려 없어질 수도 있다는 서양인들의 환상을 종식시켰다.

　6월 3일~4일의 결정적 순간에서 덩샤오핑은 이미 40일 전의 결정에 근거한 행동을 단행했다. 그는 4월 25일 자신의 동료들에게 데모하는 자들은 '계획된 음모'에 의한 것이라고 말했다. 그들에게는 '자비'를 베풀어서는 안 된다. 중국군대가 인민을 향해 총격을 가한 것은 국가 테러리즘의 계산된 행동이었다. 이는 1989년, 그리고 앞으로 다가올 수년 동안, 중국에서 공산주의의 통치는 당연한 것이며, 의문시되어서는 안될 것이라는 사실을 분명히 밝힌 것이다. 이는 물론 기왕에 존재했던 상황을 다시 확인한 것이었다.

　덩샤오핑이 이 위기의 기간 동안 행한 모든 중요한 결정들은 사실은 중국공산당의 헌법을 위배한 것이었다. 학생들과의 타협을 선호했던 자오쯔양을 실각시키고, 정치국 상임위원회에 새로운 사람을 선정한 것은 당 규약 21조를 위반한 것이었다. 당 규약 21조는 이 직위를 차지할 사람은 중앙위원회의 선거를 통해 선발된다고 명기하고 있다. 자오쯔양을 축출한 후 베이징지역에 계엄령을 선포한 것은 중화인민공화국 헌법 제 67조를 어긴 것이다. 중화인민공화국 헌법은 이 같은 행동은 사실 이빨이 없는 의회나 마찬

가지인 국가인민회의(National People's Congress)의 상임위원회의 결정에
의거해야 한다고 정하고 있다. 《인민일보》의 전 편집장이었으며 국가인민
회의의 의원인 후지웨이[胡績偉]가 국가인민회의 상임위원회의 특별회의
를 소집하자는 청원을 제출했을 때, 이 청원서에 서명한 사람들의 숫자는
필요한 숫자를 초과하는 것이었지만 아무런 회의도 열리지 않았다. 대신
후지웨이는 중국공산당으로부터 2년 동안 직무중지 처분을 받았고, 국가
인민회의 상임위원회의 부부장 자리에서 '송환'당했다.[32]

1989년 6월 4일 천안문 사태가 진압되기 이전, 베이징의 대학생이었던
한 학생은 왜 그는 공산당을 붕괴시키는 슬로건을 내걸지 않았는지에 대해
서 설명했다.

"어머니가 좋은 의도를 가졌지만 잘못된 행동을 할 경우가 있다. 그 경우
당신은 절대로 어머니를 보고 어머니가 아니라고 말할 수 없을 것이다.
그렇지 않은가?"[33]

중국인들이 독재자를 이처럼 부모처럼 생각하지 않고 그들을 거부할 수
있는 날은 아직 도래하지 않았다.

왜 중국인들이 이처럼 권위를 궁극적으로 존경하는지에 관해 몇 가지 이
유가 있다. 중국인들의 정신에 잠재하는 모종의 허무주의(fatalism)는 수천
년 동안의 우리와 그들을 구분하는 통치구조 속에서, 또한 주기적으로 나타
나는 자연의 대재앙 속에서 느낀 인간의 나약함 등을 통해 중국의 정치문화
에 각인되었다. 젊은이들 사이에서조차 질서가 무너짐으로써 야기될 혼동
에 대한 공포심이 강하다. 중국적이라는 감정은 그것이 중국 사회주의의

---

32) Information from Prof. Chao Chien-min, Sun Yat-sen Graduate Institute,
    National Chengchi University, Taiwan.
33) Han, 1990, p.94.

집이라는 개념에 열정을 불러일으키지는 못할지라도, 정부의 독재를 '어머니가 잘못한 것'이라는 식으로 믿게 하는 것이다. 중국공산당은 중국의 과거를 이용, 이상과 같은 관점들을 자신들에게 유리하게 사용하는 탁월한 재주를 가지고 있었다. 마지막으로 1989년의 중국에서는 공산통치를 대체할 즉각적인 대안을 찾을 수 없었다. 폴란드의 경우 가톨릭 교회, 그리고 자유노조운동 등은 공산당을 대체하는 중심세력이 될 수 있었다. 그러나 중국의 경우 막강한 힘을 가진 어머니(중국공산당) 이외의 다른 대안은 없었다. 덩샤오핑은 위기가 지난 후 자신의 동료들에게 다음과 같이 말했다.

"이 같은 폭풍우는 금명간 다시 불어 올 것이다. 이는 국제적, 그리고 국내적 기후에 의해서 결정될 것이며, 인간 개인의 의지와는 관계없이 야기될 것이다."[34]

이렇게 말하는 것은 역시 아직도 제국주의적 목소리로 들린다. 이렇게 말하는 것은 역사(옛날에는 하늘이었다)를 불러내어 권위의 정통성을 찾으려는 것이기 때문이다.

덩샤오핑의 통치 이후, 그리고 장쩌민의 통치시절까지 이어진 보다 긍정적이며 광범한 변화의 두 번째 것은 경제발전에 더 높은 우선순위가 매겨졌다는 사실이다. 덩샤오핑은 사회주의에 대한 테스트는 그것이 경제발전을 초래했는가 그렇지 못했는가의 여부에 달렸다고 말했다. 이 당시의 무드는 무슨 수단을 쓰든지 효용성을 추구하고 번영을 이룩하는 데 있었다. 마오쩌

---

34) *Beijing Review*, July 10~16, 1989.

둥이 시행했던 집단주의적 경제정책들은 폐지되었다. 그 자리에 상업화의 파도가 들이닥쳤다. 시골에서는 가족단위의 농업이 돌아왔고, 도시에서는 소규모의 개인기업이 다시 발아하기 시작했으며 대외무역이 확대되기 시작했다. 그 결과는 눈부신 것이었다. 특히 집단농장의 족쇄가 풀린 시골에서는 10년 만에 일인당 수입이 4배로 늘어났다. 1980년 당시 2백억 달러였던 중국의 수출은 2000년에는 2천 5백억 달러로 늘었다. 마오쩌둥 시절의 궁핍은 대부분 따라잡을 수 있게 되었다. 경제성장이 마치 물이 언덕 위로부터 아래로 흘러 내려오는 것 같았다.

경제성장은 대단한 결과를 초래하였다. 당정국가가 중국인민들을 돈에 관심을 가진 사람으로 만듦에 따라, 짜증, 불평등, 범죄, 부패가 함께 나타나게 되었다. 그러나 새로운 불안정은 많은 중국인들에게 기회의 확대라는 상황에서 초래되는 흥분상황과 불가분의 것이었다. 물론 덩샤오핑-장쩌민 시대의 경제발전에 관한 통계수치는 마오쩌둥 시대와 마찬가지로 (극적으로) 과장된 부분이 있다.[35] 그럼에도 불구하고 2003년 중국 대부분 도시들의 사회경제적 모습은 30년 전의 모습을 찾아볼 수 없을 정도다.

노동단위에 대한 통제는 약화되었다. 개인 인생에 관한 결정은 정부의 허락을 받지 않고도 가능하게 되었다. 인민들은 물건을 더 많이 살 수 있고 여행도 많이 할 수 있게 되었으며, 더 많은 프라이버시를 가질 수 있게 되었다. 마오쩌둥은 토지문제에 초점을 맞추고 사회주의를 농촌의 집단화라는 측면에서 보았다. 이와는 반대로 덩샤오핑-장쩌민체제는 도시에 기반을 둔 현대화를 추구했다. 이 같은 점에서 본다면 마오쩌둥 이후의 중국 지도자들의 노력은 1550년 이후, 그리고 보다 근래의 일로서 1860년대 및 1870년대 중국이 도시화, 상업화를 위해 노력했던 것과 유사하다.

20세기 말엽의 경제발전 덕분에 중국은 지난 2세기 어느 시기보다 동아시

---

35) Cai, 2000, pp.787, 789, 796.

232

아 제국들과의 관계에서 훨씬 강력한 지위를 차지할 수 있게 되었다. 베이징
에서는 청나라 왕조로부터 물려받은 영역보다 더 넓은 지역으로 중국제국을
확대하고 싶은 야망이 나타났다. 이를 위해 가장 중요한 업무는 티베트,
신지앙, 그리고 내몽골지역을 중국의 본토로 편입시켜 엮는 일, 대만을 회복
하는 것, 영토분쟁중에 있는 남지나 해의 섬들에 대한 영유권을 확립하는
것, 그리고 이와 더불어 중국과 일본 양국이 모두 자신의 것이라고 주장하는
섬들을 미래에 군사적으로 장악할 수 있는 기반을 갖추는 것 등이다.

덩샤오핑과 장쩌민은 '부와 권력을 추구'한다는 주제를 의식적으로 선택
했다. 이는 19세기 중국의 자강(自强, 스스로 강해진다)을 주창하던 개혁자들
로부터 유래된 생각이다. 무지하고 자기만족적이었던 중국의 황실은 무역
과 대화를 요구하는 매카트니 경의 제의를 일축했다. 러시아의 피터대제는
서방으로부터의 교훈을 배우려고 노력했고, 일본의 메이지 천황도 마찬가
지였다. 그러나 건륭(乾隆)황제의 치하에 있던 중국은 너무 자만스러운 나
라였다. 수십 년 후 중국번과 다른 자강론자들은 건륭제의 잘못을 부분적으
로 광정(匡正)하고자 했다. 덩샤오핑과 장쩌민은 건륭황제가 제쳐놓았던 것,
그리고 자강론자들이 알고 있었던 것들을 다시 추진하고자 했다.

1992년 남중국 여행 당시, 덩샤오핑은 천안문의 비극적 사건 이후 기세
가 등등했던 좌익과 논쟁을 벌였다. 덩샤오핑은 말했다: "한번 현대화의 기
회를 놓친 중국이 또 다시 현대화에 실패할 수는 없다."36)

20세기 말엽의 서방은 매카트니 혹은 그 이후 미국이 중국에 대해 문호
개방정책을 전개하던 시대보다도 훨씬 더 강력하게 중국과의 교역을 원하
고 있다. 그러나 IMF(국제통화기금) 및 세계은행이 조사한 중국은 매카트니
경이 보았던 중국과는 완전히 다른 나라였다. 차이점 중의 하나는 덩샤오핑
과 장쩌민은 건륭황제보다 서방에 대해 훨씬 잘 알고 있었다는 점이다. 덩

36) *Dachao xinqi*, 1992, p.346.

샤오핑은 사석에서 중국의 교리(맑스주의)는 수십 년 동안 중국을 탈선시켰다고 고백한 적이 있다. 덩샤오핑과 장쩌민은 존 록펠러, 헨리 포드, 그리고 영국의 산업혁명시대를 회상할 수 있을 정도로 경제발전에 대한 열망이 대단했다.

2002년, 장쩌민의 통치가 끝나는 것이 분명한 시점, 후진타오가 제16차 전당대회에서 중국공산당의 책임자로 등극했을 때, '중국의 부상'이란 용어는 대단히 새로운 의미를 내포하게 되었다. 마오쩌둥이 통치하던 시절 중국은 혁명국가로서 이웃나라 혹은 미국의 관심을 불러일으켰다. 21세기 벽두인 현 시점에서 중국에 대한 스포트라이트는 중국이 자신의 국제적 영향력을 극대화하기 위한 방편으로 경제력과 군사력을 사용할 것이라는 점이다.

장쩌민이 경제제일주의 원칙을 적용하지 않은 영역은 "국가가 소유하는 기업"들에 대한 '개혁'이다. 스탈린주의의 산업적 보석왕관인 이 국영기업들은 레닌의 표현을 빌린다면 사회주의 경제체제에서 강철을 생산하고, 기계를 생산하며, 화학, 무기와 탄약 등의 생산을 "지휘할 수 있는 총본부"와 마찬가지다. 국영공장은 어떤 특정 경제단위를 초월하는 것이다. 그들은 사회주의적 정치구성의 한 부분인 것이다. 이들은 경제적 가부장주의라는 중국의 전통을 따르는 것이다. '경제'라는 용어 그 자체의 4자로 된 단어는 '경세제민'(經世齊民), 즉 "세계를 질서 있게 만들고 인민을 구제한다"는 의미다.[37]

1979년 이래 시장경제를 위한 초기단계를 밟는 일은 상대적으로 쉬운

---

37) Gernet, 1985, xxxi.

234

일이었다. 소규모의 사설기업과 중국 지방정부와 외국자본 간의 합작회사
는 중국에 진정한 시장을 도입하였다. 그러나 합작회사와 사기업 부문의
눈부신 발전은 국가소유의 기업들을 실패로 보이게 했다. 덩샤오핑이 권력
을 장악할 당시 중국의 국영기업들은 중국 산업생산의 75%를 생산했다.
이로부터 17년이 지난 1995년 국영기업의 생산량은 겨우 3분의 1에 불과하
게 되었다. 같은 기간 동안 중국 국영공장의 대부분은 누적 적자를 면치
못했다. 극소수만이 그들이 차용한 돈의 이자를 갚을 수 있을 정도였다.[38]

덩샤오핑과 장쩌민은 이처럼 녹슬어버린 공룡 같은 국영회사들이 중국의
당정국가를 피 흘리게 하는 것을 허락하였다. 그 이유는 다음과 같은 세
가지 이유의 혼합에서 찾는다. 중국의 은행들은 실질적으로는 정부의 도구
다. 국가가 소유한 대기업들을 사유화시키는 데서 오는 정치적 위험을 회피
하기 위해, 국가는 은행들로 하여금 이 회사들에게 돈을 빌려주라고 강요하
지 않을 수 없다. 국가가 운영하는 공장들에게 '이익'이라든가 '손실' 등은
아무런 의미가 없는 단어들이다. 이들은 정부의 도구인 다른 기관들(예로서
관세국, 경제관련 부처, 은행 등)과의 관계가 너무나 돈독하기 때문이다.

두 번째 요인은 중국이라는 당정국가가 소유한 공장들 사이의 어려운 매
듭을 끊을 경우 야기될지도 모르는 사회적, 경제적 결과들의 위험성에 대한
두려움이다. 2002년 중국의 노동부와 사회안전부는 도시의 실업인구가
2001년에는 680만 명이었는데 2005년에는 2천만 명으로 늘어날 것이라고
말했다.[39] 2001년의 도시 실업자가 680만 명이라는 발표는 물론 상황을
엄청나게 과소평가한 것임은 물론이다. 정부는 사실 도시 실업자 수가 1억
명에 이르는 것으로 믿고 있다.[40] 놀라운 것은 베이징 정부 스스로 향후
4년간 도시 실업자 수가 3배로 늘어날 것이라고 예측했다는 점이다. 국가

38) Steinfeld, 1998, p.12; Lardy, 1998, pp.38, 57, 76.
39) *Wall Street Journal*, June 21, 2002.
40) Solinger, 2001, p.183.

가 소유하는 대기업들의 대부분을 폐쇄한다거나 혹은 사유화시킬 경우 야
기될 사회적 위기는 엄청날 것이다. 더욱이 '노동자 국가'로 알려진 중화인
민공화국은 스탈린주의의 보물과 마찬가지인 국영공장들을 내팽개칠 경우
상당한 수모를 감수해야만 할 것이다.

세 번째 요인은 중국의 각 가정들이 저축한 돈이 은행의 돈이라는 점이
다. 중국인민들의 높은 저축률은 은행들로 하여금 명목을 유지하고 실질적
으로 계속 은행의 역할을 할 수 있도록 한다. 그러나 중국인들은 자신들의
머리를 주뼛 솟아오르게 할 정도의 위험과 바보스러운 상황에서 은행을 살
려주는 역할을 담당하는, 아무런 감각이 없는 참여자라는 사실을 모르고
있을 것이다. 열심히 저축하는 충성스런 중국인민들은 정권의 붕괴를 막아
주는 역할을 담당하는 것이다.

1990년대가 되었을 때, 이 세 가지 연계된 요소간에 시한폭탄이 째깍거
리기 시작했다. 은행은 지불불능의 파산상태가 되었고, 불량채무가 은행자
산의 다섯 배나 될 정도였다. 이것은 사회주의 체제에서나 가능한 일이었
고, 자유언론이 존재하지 않는 곳에서나 가능한 일이었다. 은행들이 국가가
소유하는 공장들에게 돈을 대줌으로써 - 심지어는 월급을 대줌으로써 -
사회주의적 무질서는 회피될 수 있었다. 은행이 정부소유의 공장에 빌려준
돈의 일부분은 세금형태로 정부에 귀속된다. 중국의 당정국가는 자신이 거
두어들일 수 있는 한, 즐거운 마음으로 세금을 거둬들였다.

그러나 자본은 생산적 목적으로 사용되지 못했다. 국영공장들은 경제적
논리와는 정반대로 아직도 선호의 대상이었고, 이는 중국의 당정국가를 생
존시키기 위한 이유 때문이었다. 진정으로 사유회사들은 상대적으로 작은
회사로 남을 수밖에 없도록 규제되었다. 2001년 중국에서 가장 대규모의
사유회사인 남서부의 희망회사(Hope Company)는 6억 달러 규모에 불과했
다(인도의 경우와 비교한다면 인도의 사기업은 50억~70억 달러의 자산규모이
다). 국영공장들은 작아지지 않았다. 어떤 측면에서 본다면 그들은 오히려

규모가 커졌다. 이들은 국가라는 몸 속의 암과 같은 존재였다.

　이 모든 것들은 쉽게 무너져버릴 수 있는 집들이며, 가부장제도의 당정국가에 의해 떠받쳐지는 구조물일 뿐이며, 국민들의 무지함과 수동적 태도 때문에, 그리고 정치적 자유보다는 빵이 더 중요하다는 논리 때문에 그 존속이 가능한 제도이다. 경제적 생산성이 형편없음에도 불구하고 마오쩌둥이 집단주의 정책을 끝까지 추종했다는 사실은 놀라운 일이 아닐 수 없다. 장쩌민도 국가가 소유하는 공장들에 대해 마오쩌둥과 유사한 태도를 반복하고 있다는 사실을 알아차리는 사람은 별로 없다. 1997년 제 15차 전당대회에서 주룽지 수상은 "재정체제의 문제와 계속 손해를 발생시키는 국가소유 공장의 문제는 3년 이내에 해결될 것이다"고 말했다. 중국에 관해 많은 정보를 가진 니콜라스 라디(Nicholas Lardy)는 이를 '낙관주의적 기만'이라고 평했다.41) 실제로 5년 이상 지난 후에도 이 문제는 눈에 보이는 해결방안이 나오지 않고 있다.

　2003년 당시 중국 당정국가는 아직도 어느 OECD 국가보다도, 그리고 동아시아의 어느 비공산권 국가보다도 더 강력한 통제경제체제를 가지고 있었다. 중국에서는 돈과 권력의 싸움에서 거의 대부분의 경우 권력이 승리한다. 중국의 위안화는 자유로이 유통하는 화폐가 아니다. 모든 거대산업들은 중국의 은행-관료주의 체제와 밀접하게 연계되어 있다. 사기업들이 번영하는 경우 당정국가는 탐욕적이고 의심스러운 모습으로 변한다. 2000년 당시 성공한 기업인이었던 존 더비샤이어(John Derbyshire)는 "당신의 기업이 어느 특정 규모 이하의 수준에 남아 있는 한, 당신은 남의 간섭으로부터 자유로울 수 있습니다"라고 말했다. 그러나 "당신의 기업이 정부의 관심을 도출해 낼 수 있을 만큼 커지게 되는 경우, 그들은 곧 당신의 대문을 두드리게 될 것입니다. 맛있는 음식에 파리가 꼬이듯이 그들은 달려들 것입니다!"42)

---

41) Lardy, 2000, p.148.

중국의 개혁시대인 1988년에 생겨난, 중국의 가장 새로운 성의 하나인 하이난성은 '작은 정부, 큰 사회'〔小政府 大社會〕의 모델을 지향하여 건설되었다. 이 성은 다른 성들의 약 절반 가량의 숫자밖에 되지 않는 부서들로 구성되었다. 하이난성은 성과 시 혹은 군 사이에 있는 현을 철폐했다. 그러나 약 10년 정도 지난 후 하이난성의 정부는 점차 비대해지기 시작했다. 베이징의 중앙정부는 하이난성에도 베이징 정부와 상대할 수 있는 마찬가지의 정부구조를 갖기 원했다. 베이징에는 약 80개의 단계별 계층구조의 정부 및 위원회가 존재하고 있다. 현재 하이난성의 가장 중요한 부분은 정부가 관할하는 부분이며, 심지어 농업의 경우에도 그러하다. 전체 인구비례로 계산할 경우 하이난성보다 더 많은 숫자의 관료를 보유하는 성은 단 7개밖에 되지 않는다. 작은 정부의 표상이라던 하이난성이 그렇게 되어버린 것이다.43) 펑총이는 "새로운 정부/새로운 사회를 위한 청사진은 하이난성에서는 실현되지 못했다"라고 쓰고 있다.44) 이 사례는 정부는 크지만 동시에 약하게 될 수 있음을 보여준다.

중국 행정학의 대가인 켈드 에릭 브로즈가드(Kjeld Erik Brodsgaard)에 의하면 개혁의 시대가 시작될 무렵 중국 정부구조 속에 370만 명의 관료들이 있었다. 그러나 2000년이 되었을 때 관료의 숫자는 972만 명으로 늘어났다 (이 수치는 공무원이라고 말할 수 없는 2천 4백만 명의 공산당 일꾼들의 숫자는 제외한 것이다). 중국의 당정국가를 축소하겠다는 현란한 말의 이면에서, 중국의 행정구조는 어느 때보다 더 불어난 상황이다.45)

42) *National Review*, Sept. 25, 2000.
43) Brødsgaard, 2002, pp.380, 383.
44) Feng, 2001, pp.25~26, 33~34.
45) Brødsgaard, 2002, pp.365, 371.

덩샤오핑에 의해서 추진된 세 번째 변화는 입헌주의를 향한 진전이었다. 덩샤오핑의 방법은 이미지, 이론, 혹은 논리의 우아함과 관계없이 원하는 결과를 달성하기 위한 것이었다. 이것은 법가사상의 전통에서 유래하는 것이다. 덩샤오핑 자신의 정치 스타일을 다음과 같이 표현한 적이 있었다.

"나는 물 바닥의 돌에 발을 딛고 강을 건넌 적이 있었다. 이 돌 저 돌을 밟으며 나는 몸의 균형을 유지했고 저편에 도달할 준비를 했다."

덩샤오핑이 도달해야만 하는 강의 '저편'이란 경제적 성공을 의미하는 것이다. 그리고 경제발전을 위해서 덩샤오핑은 규칙이 필요하다는 사실을 알고 있었다.

1978년 이후, 형법과 민법이 새로 제정되었다. 공공생활에서 예측성이 높아지게 되었고 그에 따라 사생활도 마찬가지가 되었다. 그러나 이러한 사실이 개인적 자유가 존재한다거나 민주사회가 문턱에 도달했다는 것을 의미하는 것은 아니다. 덩샤오핑은 정치적 자유에 대해 별 관심이 없었다. 많은 종교지도자 혹은 민주주의자들이 밝혀내는 것처럼 중국에서 말을 한다는 것은 아직도 범죄일 수 있다. 언제라도 중국에서 다른 모든 것보다 더욱 중요한 것은 안정, 그리고 사회주의 중국의 통일성을 유지하는 것이다.

1986년 베이징 정부는 민법의 일반원칙을 발효시켰다. 이 법은 서방 특히 독일의 법에서 영향받은 것이다. 그 이후 일반원칙의 정신과는 다른 생산책임에 관한 법들이 제정되었다. 생산품질관리법, 비공정경쟁법, 소비자보호법 등이 그것이다. 불량한 물건을 구입한 소비자의 문제를 해결하기 위해서는 크게 두 가지 방법이 있을 수 있다. 하나는 잘못 만들어진 물건을 구입한 소비자에게 손해를 배상해 주는 방법이다. 다른 방법은 물건을 제조하는 사람들 혹은 소매업자들의 잘못된 상품이 소비자에게 전달되지 못하도록 원천적으로 차단하는 방법이다.

이 주제에 관한 중국의 세 가지 법은 오직 후자의 방법만을 고려하는 것이다. 베이징 정권은 어제라도 그러했지만 오직 전체로서의 중국사회를 관리하는 데만 신경을 썼지 개인들과의 관계는 생각하지 않았다. 윌리암 존스(William Jones)는 "중국의 생산품 품질관리법의 일차적 기능은 이차적으로 생산품의 품질관리를 문제로 하는 것이고, 잘못 만들어진 물건을 구입한 소비자의 손해에 대한 문제는 오로지 부차적 관심일 뿐이다"라고 쓰고 있다.[46] 당정국가가 채택한 현실적 방안은 때로 발생하는 도가 지나치는 사례들만을 다루는 것이다. 예로서 공기를 데우는 난방기구가 폭발함으로써 두 명의 쌍둥이 어린이가 사망한 사례와 같은 경우 정부는 소비자의 문제를 고려했다. 잘못 만들어진 물건을 구입한 후 손해배상을 받을 수 있는 중국의 소비자는 거의 없다.

2001년 봄, 취업을 못한 벙어리-귀머거리 중국인이 그의 친척들에 대한 불만으로 아파트 건물 네 채를 폭파시킴으로써 그의 친척을 포함 108명의 인명을 살해한 사건이 베이징에서 남쪽으로 두 시간 걸리는 허베이〔河北〕성의 성도인 스자좡〔石家莊〕시에서 발발했다. 물론 그는 사형에 처해졌다. 그러나 두 번째 사람도 머리에 총을 맞고 사형에 처해졌다. 중국에서 머리를 쏘아 죽이는 것은 통상적 사형집행방법이다. 하오펑친이라는 사람은 시골의 채석장 부근에서 폭발물을 판매하는 장사꾼이었다. 두 딸의 어머니인 40세 여인은 자신으로부터 암모늄 질산염을 사간 그 남자가 건물을 폭파하리라고는 전혀 상상할 수 없었다고 말했다. 그 남자는 자신은 작은 채석장을 운영한다고 말했다고 했으며, 그녀의 이웃에 채석장이 많은 것은 사실이

---

46) Jones, 1999.

240

었다.[47)]

하오라는 아주머니는 시골시장의 다른 많은 사람들과 마찬가지로 암모늄 질산염을 팔 수 있는 면허증을 가지고 있지는 않았다. 중국의 형법 제 125 항은 불법적 폭발물을 제조하거나, 판매, 보관 혹은 이동하는 경우 3~10년 동안 감옥에 투옥되는 처벌을 받는다고 명시하고 있다. 허베이성에서 크레이그 스미스(Craig Smith)는 《뉴욕타임스》에 "면허를 소지하지 않은 사람이 폭발물을 제조하거나 판매한 것이 적발된 경우, 전형적인 경우는 벌금을 물리는 것이었다"[48)]라고 기사를 송고했다.

하오라는 여인은 머리에 총을 맞고 죽었다. 그녀는 개인으로서 자신의 정의를 위해 싸울 수 있는 수단이 없었기 때문이다. 장쩌민이 통치하던 시절의 중국에서는 국가의 필요에 따라, 주기적으로 편한 시기에 범죄를 집중적으로 소탕하는 일들이 벌어졌다. 이 같은 일이 벌어지는 동안 사용되는 기본적 테크닉은 하나의 처벌을 통해 모범을 보이는, 중국식 말로 인용한다면 "닭을 죽임으로써 원숭이를 겁주는" 방법이었다. 스자좡에서의 폭발사건이 일어나기 이전, 중국에는 여러 곳에서 이 같은 폭발사고가 발생했다. 이 비극은 3월 16일에 발발했는데, 《인민일보》는 이 사실을 3월 18일자로 간략하게 보도했다. 도시 노동자의 10년 치 월급에 해당하는 현상금이 범죄자를 찾기 위해 내걸렸다. 베이징 정부는 거의 20년 만에 가장 큰 규모로 대대적 범인 색출작업을 벌였고, 범인은 일주일 이내에 체포될 것이라고 선언했다. 3월 25일 이르러 폭발사건이라는 범죄는 정치적 캠페인이 되었다. 《인민일보》는 이 같은 무법성을 억지하기 위한 광범한 노력을 지칭, "이것은 테러리즘과의 싸움"이라고 표현했다. "이것은 정의와 악의 싸움이다"고 말했다. 중국의 법에 자주 나타나는 일이지만, 범죄를 저지른 진범이

47) *Renmin ribao*, March 17~18, and 26, 2001.
48) *New York Times*, June 19, 2001.

처벌되는지 분명하지 않다(범인은 귀머거리이며 벙어리이지만 관영통신들은 추적 당시 목소리에 '혼합된 사투리 악센트'가 나타난다고 보도했으며, 체포 당시 "물을 필요 없다. 내가 당신이 찾는 바로 그 사람이다!"라고 말했다고 보도했다).[49]

108명이 사망한 폭발사고의 결과와 비교할 경우, 그리고 스자좡 시의 당정국가의 장악력에 대한 위협이라는 맥락에서 비교할 경우, 하오 여인이 악의를 가지고 있지 않았다는 사실은 사소한 일이 아니었다. 그 여인이 사형당한 이후, 하오의 작은 마을에는 높이 1.8m에 이르는 글자가 새겨진 광고판이 설치되었다. "폭탄투척, 방화, 살인 등 폭력적 범죄를 엄중히 처단하자." 하오를 처형하도록 만든 분위기는 예외적인 것이라고 볼 수는 없는 것이며, 마오쩌둥 시대의 정치적 캠페인을 회상하게 한다. 목표는 대단히 상이했다. 그러나 테크닉은 별로 다를 바 없었다. 하오는 그녀가 저지른 죄의 대가에 상응하기 때문에 사형당한 것은 아니다. 중국의 당정국가는 자신들의 더 넓은 이익에 봉사하기 위해 그녀를 죽인 것이다.[50]

입헌주의를 향하는 과정에서 가장 큰 제약요인은 최고 지도자가 존재한다는 바로 그 사실이다. 물론 덩샤오핑이나 장쩌민은 마오쩌둥이 획득했던 바와 같은 신과 같은 지위를 차지하지는 못했다. 그 이유는 인격차이 때문이었고, 마오쩌둥의 제멋대로의 성품에 대한 반감 때문이었으며, 경제발전 시대가 요구하는 복잡한 리더십에 대한 요구 때문이었다. 그러나 마오쩌둥 이후의 두 지도자는 10년 동안 권좌에 있으며 새로운 황제의 속성을 가지게 되었다. 그들은 당의 정책과정을 무시하고, 그들의 정책을 승인받기 위

49) *Xinbua she*, March 24, 2001.
50) Cabestan, 1992, pp.471~472.

242

해 확대회의를 마음대로 개최했다. 그들은 '교리', '이론', 그리고 '사상'을 무시했으며, 그들의 거짓말은 최고 지도자가 한 손으로 휘두르는 진리, 그리고 다른 손으로 휘두르는 권력의 큰 소리에 숨겨져 있었다. 마오쩌둥과 마찬가지로 그들도 사진을 찍기위해 수영했다.

최고 지도자의 의식은 양방향의 길에서만 존재할 수 있는 것이다. 헝가리 철학자인 게오르그 루카치(Georg Lukacs)가 1956년 모스크바에서 스탈린을 격하하는 말들 들었을 때, 그가 처음 느낀 것은 인격의 문제가 아니라 공산당 조직에 관한 것이었다.

"스탈린은 내 마음 속 피라미드의 꼭대기에 있다고 그렸다."
"그 피라미드는 아래로 내려감에 따라 점차 기반이 넓어지고, 수많은 작은 스탈린으로 구성된 것이었다. 위에서 내려다보았을 때 그들은 객체 (objects)였고, 아래로부터 올려다보았을 때, 그들은 개인숭배의 창조자들이요 보호자들이었다. 이 메커니즘이 정규적으로 도전당하지 않은 채로 작동하지 못한다면, '개인숭배의식'은 주관적 꿈으로만 남아 있을 수 있는 것이다."[51]

이 같은 사실은 마오쩌둥의 경우에도 마찬가지였다. 위에서 아래로 내려다볼 경우 그는 권위를 가지고 있었고, 무엇이든 할 수 있었으며, 심지어는 불멸이기도 했다. 아래로부터 본다면 그는 독재적 정신병리학이 받아들일 수 있을 제도적 존재일 뿐이었다. 1980년대 중국의 경우, 마오쩌둥 시대보다 그 규모는 작았지만 덩샤오핑의 개인숭배의식과 중국의 정치문화는 공생관계를 형성했다.

장쩌민 시대에도 새로운 패턴으로 이러한 모습은 다시 나타났다. 1992년 제14차 공산당 전당대회 당시 장쩌민은 중국공산당의 역사에 나타난 '두

51) Lukacs, 1963, p.105.

가지 핵심'에 관해 말했다. 마오쩌둥은 첫 번째 핵심의 지도자였으며 덩샤
오핑이 두 번째 핵심이었다는 것이다. 장쩌민이 통치한 5년의 기간이 흘렀
을 때까지 중국을 자유화시키려는 노력은 거의 행해지지 않았다. 1997년
열린 제15차 전당대회에서 장쩌민은 중국공산당의 새로운 이야기를 발견
하였다. 그는 자신은 중국공산당의 세 번째 핵심이라고 발표한 것이다. 이
러한 점은 경제적 개혁이 정치적 개혁과 동시에 이루어지는 일이 아니라는
사실을 현저하게 보여주는 사례가 된다. 최고의 지도자는 아직도 존재하고
있다. 마오쩌둥, 덩샤오핑, 장쩌민이 최고 지도자인 것이다. 한족의 아들들
은 그들의 새로운 아버지가 누구인지 분명히 알아차릴 수 있을 것이다.

　홍콩이 반환된 지 2년 후 1999년 마카오가 포르투갈의 통치로부터 중국
에 반환되었을 때 가족이라는 비유가 다시 활발하게 나타났다. 8살 된 어린
이가 읽는 시가 음악을 배경으로 하여 전 중국에 낭송되었다. "나는 당신의
가슴으로부터 너무 오래 떨어져 있었습니다. 어머니!"라는 내용이다.

　"그러나 그들은 오직 나의 몸만을 가져갈 수 있었을 뿐입니다. 당신은 아
　직도 내 정신을 지키는 분이십니다. 어머니! 어머니! 나는 돌아가고 싶어요."[52]

　제국적 용어들이 사용되었고, 제국적 방법들이 반향(反響)되었다. '그들'
(포르투갈인들)이 중국 한족 어린이의 몸의 일부를 가져갔다. 그러나 결코
한(漢)의 정신은 중국으로부터 분리될 수 없는 것이었다. '우리와 그들'의
구분은 영원히 타당한 것이며 정치적으로 유용한 것이다.
　제도적 관점에서 보았을 때 덩샤오핑과 장쩌민은 과거의 중국 황제들도
그랬던 것과 마찬가지로, 승계문제로 벽돌로 만든 담에 부딪히는 상황에
당면했다. 이미 제3장에서 살펴 본 것처럼 중국의 권력승계에는 기동작전,

---

52) *Wall Street Journal*, Dec. 15, 1999.

음모, 상충하는 의지 등이 존재하기 마련이었다. 마오쩌둥이 몰락하고 죽었을 때에도 이 모든 일들이 일어났다. 그러나 덩샤오핑이 힘을 잃었을 때 다른 패턴이 나타났다. 체포된 사람의 숫자가 줄었다. 승계를 위한 갈등은 대체적으로 폭력사태를 유발하지 않은 채 이루어졌다. 그러나 정치적 유사성은 존재했다. 덩샤오핑의 당정국가의 원로급 지도자 두 명이 숙청되었다 (한 사람은 가택연금). 그들은 당을 후계하는 과정에서 너무나 안달했기 때문이다. 장쩌민의 당정국가에서도 적어도 두 명 이상의 원로급 인사가 유사한 이유로 그들의 경력을 단축당하고 말았다.

2002년 11월 열린 제16차 중국공산당 전당대회에서 매우 어렵게 새로운 최고 지도자가 탄생하였다. 장쩌민은 은퇴했지만 완전한 은퇴는 아니었다. 후진타오가 중국공산당의 당수가 되었지만 장쩌민은 아직도 자기 스스로의 만족감을 충족시키는 최고 군사지도자의 직위를 향유하고 있었다. 정치국의 상임위원회는 7명에서 9명으로 그 임원의 숫자가 늘었고, 이는 장쩌민과 그에게 충성하는 사람들을 포함시키기 위한 배려 때문이었다. 중국인민으로부터 권위를 위임받은 것이 아닌 후진타오에게서 장쩌민의 그림자로부터 벗어나 진정한 새로운 황제로 등극할 수 있는 전망은 그다지 좋아 보이지 않았다(역자 주: 2005년 현재 후진타오는 일단 군권까지 모두 장악한 상태임).

마오쩌둥 이후의 시대에서, 1949년 이후의 시대에서도, "중세의 전제정치"가 중국을 지속적으로 오염시키고 있다는 사실은 인정되고 있다.[53] 중국이 공식적으로 인정하는 바는 아니지만, 21세기의 초엽인 현재 중국에서 전제주의는 사라지지 않았다. 중국에는 엄청난 정치변동의 가능성이 내재하고 있다. 그러나 2002년 후진타오에게 권력이 뒷거래를 통해 이루어진 이후 그것이 새로운 정치변동을 야기할 방아쇠가 될 것 같지는 않다. 제16차 공산당 전당대회의 전 과정은 중국의 당정국가의 시대착오적 성격을

---

53) *Zhongguo shi yanjiu*, no.1, 1979, p.13(editorial commentary).

그대로 반영하였다. 2002년 순례자들이 양저우[揚州]에 있는 장쩌민의 집으로 모여들었다. 그곳에는 중국공산당의 세 번째로 위대한 지도자인 장쩌민을 추앙하기 위한 기념관이 건설되고 있었다. "우리는 장쩌민이 다른 사람들보다 더 특별났다고 생각한 적은 없습니다"라고 그 지방주민이 기자에게 말했다. "누가 황제로 성장하게 될지 어떻게 알 수 있었겠습니까."[54]

덩샤오핑의 마지막 변화는 중국에 외국의 이념과 자본이 들어올 수 있도록 만든 것이다. 덩샤오핑의 중국 개방은 마오쩌둥이 외국의 기술을 받아들일 수 있다고 생각했던 것보다 훨씬 더 큰 결과를 중국에 초래할 것이다. 이는 스스로 살아갈 수 있다는 과거의 신성한 생각에 종지부를 찍는 것이다. 덩샤오핑과 장쩌민이 서방에 기울어진 이유가 전략적 이유에서만은 아니다. 마오쩌둥의 말엽에도 이 같은 일은 본격적으로 실시되었다. 덩샤오핑과 장쩌민은 경제적인 것뿐만 아니라 정신적 측면에서도 서방을 바라보고 있었다. 이 같은 역사적 발걸음은 중국에 가장 최근의 시너지를 발산시키고 있다. 덩샤오핑-장쩌민의 정권은 그들의 행운을 외국의 자본과 고두(코를 땅에 닿을 정도로 절하는 중국식 외교의례)의 결합으로 엮어냈다. 덩샤오핑은 의식적으로 동양과 서양을 혼합시킴으로써 홍콩과 싱가포르가 이룩한 성공을 중국에서도 이루고자 하였다.

덩샤오핑이 중국을 비중국적 세계에 대해 개방한 데에는 결정적 제한이 있으며, 개방에 의한 부수적 효과에 대해서 중국이라는 국가는 용납할 수 없다고 판단했다. 중국의 경찰 및 안보관리들은 아직도 많은 외국인들을

---

54) *New York Times*, Nov. 9. 2002.

간첩으로 생각한다. 열려진 문을 통해 파리와 다른 벌레들이 붕붕거리고 있다고 말한다. 저자 자신은 1992년 베이징에서 과거 천안문 사건의 주역이었던 센통을 만났을 때 이러한 사실을 배웠다.

당시 보스턴대학의 학생이었던 센통은 천안문의 비극이 있은 이후 처음으로 중국을 방문하던 중이었다. 그는 수주 동안 방해받지 않은 채 중국의 여러 지방을 여행할 수 있었다. 그러나 어느 날 밤 한밤중, 베이징에서 그는 자신의 어머니 집에서 감금당하고 말았다. 그의 가족으로부터 이러한 사실을 경고하는 전화가 내가 있던 강꾸오호텔로 걸려왔다. 경찰이 그의 집 전화를 불통시키기 직전의 일이었다. 그날 아침 센통은 강꾸오호텔의 예약된 볼룸에서 외국 저널리스트들이 포함된 청중들에게 연설할 예정이었다. 그는 나타나지 못할 것이 분명했다. 중국의 당국자들을 제외한다면 나만이 그가 체포되었다는 사실을 알고 있는 유일한 사람이었다.

아침 9시 무렵 나는 청중들에게 왜 센통이 그곳에 올 수 없는지 말해주었고, 그가 미리 준비했던 영어와 중국어로 쓴 강연원고를 사람들에게 돌렸다. 강연내용은 중국의 민주주의에 관한 것이었다. 호텔의 직원들과 사복안전요원들이 모임을 해산하기 위해 들이닥쳤다. 사람들을 밀어내며 그들은 모임이 취소되었다고 소리쳤다. 우리들은 법을 위반하는 것이며, 연설문은 배포되면 안 된다고 말했다. 강꾸오호텔은 혼돈의 도가니로 빠져들어갈 것 같은 위험에 처했다.

사복요원들은 나를 위층으로 밀고 올라갔으며 내 방에 나를 처넣어버렸다. 베이징 시의 안보담당 관리들이 나를 체포하기 위해 도착했다. 외국의 언론에 의해 경고받은 미국대사관의 외교관이 나를 돕기 위해 달려왔다. 일본 사진기자의 물리적 도움으로 외교관이 나의 방으로 밀려들어 올 수 있었다. 그러나 상황을 확실히 장악하고 있었던 것은 경찰들이었다. 우리가 엉망인 침대 위에 앉아있는데, "당신은 불법적 기자회견을 열려고 했소"라고 안보담당 관리가 말했다. "당신은 문건도 배포하였소."

나는 중국관련 문건을 배포한 것은 잘못된 일이라고 말했다. 그러나 이 사건은 그 전날 밤 한밤중에 센통이 납치된 상황에서 발발했기 때문에 더욱 불행하였다.

"당신은 서구의 민주주의 이념을 중국으로 가져왔소"라고 다른 안보담당 관리가 말했다. 이 소리는 문 밖의 외국 저널리스트들이 나를 부르는 시끄러운 소리와 함께 들려왔다. 나는 많은 중국인들이 그들 자신의 민주적 이념을 가지고 있다고 말했다. 중국의 안보관리는 "만약 중국인이 미국으로 들어가서, 마치 당신이 중국에 온 것처럼, 미국인들에게 해가 되는 행동을 한다면 어떡하겠소?" 미국의 외교관이 가로챘다. "미국에 있는 중국인들은 자기가 원하는 모든 것을 쓸 수도 있고 말할 수도 있습니다."

두 시간 만에 협상은 타결되었다. 나는 강꾸오호텔을 떠나 오전 내내 미국대사관에 있는 조건으로 석방되었다. 그러나 자정 무렵이 되었을 때 일단의 공안요원들이 나의 호텔 방에 몰려왔다. "당신은 중국으로부터 추방되었다"라고 말했다. 그들은 나를 베이징 공항근처에 있는 빌딩으로 데려갔다. 공안경찰은 끊임없이 나의 자백을 받아내려 하였다. 나는 나의 범죄가 무엇인지 알 수 없었으며 고백하기를 거부했다.

새벽이 되자 나를 보호하던 사람들은 내가 고백하기 이전까지는 중국에서 축출될 수 없다고 얘기했다. 나는 내가 했던 행동들을 설명하는 문서에 서명하기로 동의했다. 거기에는 내가 센통과 함께 식사를 했다는 사실도 포함되었다. 나는 중국경찰이 이와 같은 행동들은 불법적이고 중국인들에게 해로운 일이라고 생각하는 것을 알게 되었다. 그들은 '분열주의자' 등의 용어로 비판되었다. 나의 '고백'은 실질적으로는 영어로 되었다.

나는 중국어로 된 문서의 맨 마지막에 서명할 것을 요구받았다. 나는 손으로 쓴 중국 글자를 보았는데, 거기에는 내가 중국의 법을 위반했다는 내용이 포함되어 있었다. 내가 베이징 공항에서 홍콩으로 향하는 비행기의 입구에 특별히 설치되었던 계단을 오르는 동안 그들은 비디오를 촬영하였

다. 그 24시간 동안 중국이 서방에 대해 문호를 개방했다는 사실은 나에게
는 극히 제한적인 일로 보였다. 공안요원은 외국의 관광객들이 만나는 도시
의 중국인들과 전혀 같지 않았다. 목표라든가 멘탈리티상으로 보았을 때,
그들은 변하지 않은 중국이라는 당정국가의 아버지나 어머니뻘 되는 관료
들이었다. 중국인들은 상급자를 만족시키기 위해 비디오뿐만 아니라 나의
'자백'도 요구했다. 2001년, 미국에 거주하던 중국인 학자 가오잔이 베이징
에서 간첩으로 체포되었을 때, 중국이라는 당정국가는 "그녀가 자신의 죄를
공개적으로 자백했다"고 발표했다.55) 이것은 베이징 정권이 범죄자를 체포
했을 때 항상 부르는 노래다. 그러나 그 의미는 무엇일까? 중국에서 만약
당신이 고발당할 경우, 당신은 본질적 이유 때문에 반드시 고백해야만 한
다. 고백 없이 가톨릭 교회가 존재할 수 없는 것처럼, 고백 없이 중국공산당
은 존재할 수 없다. 이는 고위당국의 권위는 무너질 수 없는 것임을 재확인
한다. 이것은 정치적 설교자들이 무력한 보통사람들을 향해 반복적으로 그
들의 사명을 다시 이야기하는 것과 마찬가지다. 자백할 때마다 그 자백에는
진리가 아닌 것이 포함되기 마련이다. 1992년, 나의 자백을 기술한 중국
문건도 그러했다. 자백을 강요당한 사람들은 중국에 당정국가가 근거하는
산더미만큼이나 많은 거짓말들을 위해 공헌하는 것이다.

　센통은 14주 후에 석방되었고 보스턴으로 추방되었다. 중국정부는 그가
자비심을 요구했다고 말하며, 얼마 정도 회개했다고 보도했다. 보스턴 공항
에 내가 그를 마중나갔을 때, 그는 중국언론이 말한 어느 것도 진실이 아니
라고 말했다. 1727년, 청나라는 중국인이 중국의 외부지역에서 거주하는
것을 금지했다.56) 장쩌민이 통치하는 중화인민공화국은 중국에 반대하는
중국인들을 외국에 가서 살라고 강요하고 있다.

---

55) *New York Times*, March 23, 2001.
56) Elvin, 1973, p.218.

정보와 출판의 관점에서 보면, 장쩌민이 통치하는 중국은 20세기 말엽, 그리고 21세기가 시작하는 초엽에 더욱 강압적인 나라가 되었다. 정치적으로 올바르지 못한 견해를 제시했다는 이유로 매달 신문사와 출판사들이 문을 닫고 있다. 중화인민공화국을 방문하는 미국시민을 포함한 일부 중국인들은 간첩이라는 죄목하에 체포되기도 한다. 웹사이트에서 중국정권을 전복하려는 듯한 단어를 사용하는 사람이 고발되었다.

　1966년 《인민일보》는 중국에서 판매부수가 줄어들면서 첫 번째 가는 신문이라는 자신의 이미지를 더 이상 유지하기 곤란한 상황에 처했었다. 중국에는 12억의 인구가 살지만, 《인민일보》는 단 80만 부가 판매될 뿐이다. 미국에는 인구가 2억 9천만 명이지만 《월스트리트 저널》은 180만 부를 판매하고, *USA Today*는 220만 부를 판매한다. 베이징의 경우 팔리는 80만 부의 《인민일보》는 시민들이 자신의 돈을 주고 구입하는 것이 아니라, 당 정국가의 작업단위들이 구매하는 것이다.

　《인민일보》를 감독하는 중국공산당의 본능은 그 신문이 활기차고 객관적 기사를 게재하는 것을 허락함으로써 문제를 해결하려 하지 않는다. 그렇게 한다는 것은 공산당의 국민계도의 사명을 거부하는 것이 된다. 대신에 중국공산당은 전국에 있는 작업장에 《인민일보》를 한 부씩 더 보라고 강요했다. 단 10일 만에 판매부수는 160만 부로 뛰어올랐다(정부의 통계에 의하면). 아버지 어머니와 같은 간부들은 기분이 나아졌다. 그러나 다음 달 판매부수는 다시 감소되기 시작했다. 공산당의 '해결'은 임시적인 것일 뿐이며 《인민일보》는 중국의 국민들에게 아무런 어필도 하지 못했고, 오직 중국이라는 국가가 스스로 만든 이미지에 공헌하는 것일 뿐이었다.[57]

　사람들은 홍콩의 새로운 공항이 당면한 골치아픈 문제를 《인민일보》가 어떻게 다루었는지 보면서, 왜 중국인들이 그 신문을 잘 사지 않는지 이유를 추리해 볼 수 있을 것이다. 홍콩 신공항은 중국으로 다시 반환된 홍콩항에 7년의 공사를 거쳐서, 그리고 2백억 달러를 들여 새로 만든 공항이었다. 그 공항은 홍콩공항이었다. 그러나 1998년 7월 공항이 개항되었을 때 믿을 수 없는 엄청난 일이 일어났다. 도착과 출발을 알리는 스크린이 제대로 기능하지 못했다. 잘못된 컨베이어 벨트는 화물들을 알 수 없는 목적지로 보냈다. 비행이 지연됨에 따라 상하는 물건은 활주로에서 썩게 되었다. 이 같은 재앙이 전 세계로 알려졌다. 《인민일보》의 부편집장이었던 왕루어쉐이는, 이 소식은 "중국 본토의 사람들에게는 전혀 알려지지 않았다"라고 말했다. "중국인들은 홍콩에서 무슨 일이 일어나는지 전혀 알 수 없었다. 정치와 관련된 어떤 일이든, 중국 본토의 언론은 좋은 뉴스만 전달할 뿐이다." 공항이 개항된 후에 《인민일보》는 무인 셔틀버스, 세계 최고의 기상관측 도구, 고도의 기술을 갖춘 체크인 카운터, 24시간 쓸 수 있는 활주로 등에 대해서 썼지만, 홍콩공항을 어렵게 만든 혼란에 대해서는 한마디도 언급하지 않았다. 자기 자신의 생각을 말했다가 중국공산당으로부터 수년 전에 추방된 왕루어쉐이는 "이것은 오래된 문제"라고 말했다.

> "중국언론은 좋은 뉴스만을 보도한다. 결코 나쁜 것은 보도하지 않는다. 문제가 되는 것은, 중국의 관리들은 다른 사람들이 자신의 나쁜 뉴스를 보도하는 것을 특히 싫어한다는 점이다."[58]

이 모든 일들은 베이징이 WTO에 가입하려고 노력하며 2008년의 올림픽 경기를 주최하려고 시도할 무렵에 일어난 것이다. 그러나 이 같은 일은 놀

---

57) Information from Liu Binyan; also, *China Focus*(Princeton), July 1, 1996.
58) Wang Ruoshui, "China's Ban on 'Bad' News," *Los Angeles Times*, Nov. 29, 1998.

라운 것은 아니다. 중국의 당정국가는, 중국은 세계에 조화와 빛을 비추어야 하는 역사적 운명을 가지고 있다고 믿는다. 왜 그 같은 중국의 운명을 의심하도록 하는 사실과 통계들이 인쇄되어야 하는가? 2001년 8월 8일, 중국의 중앙 TV(CCTV)는 중국공산당의 관영TV인데, 뉴스에서 해서는 안 되는 일곱 가지를 발표하였다. 어떤 출판이라도 다음과 같은 보고를 출판할 경우에 문을 닫게 되었다.

"① 맑스주의, 마오쩌둥 사상, 혹은 덩샤오핑 이론의 교훈적 역할을 부정하는 것, ② 지도원칙(네 가지 절대원칙)에 대한 반대, 공산당의 공식라인 혹은 정책에 대한 반대, ③ 국가기밀의 표현 또는 국가안보 및 국가이익을 해치는 보도, ④ 소수민족 및 종교에 관한 정부의 공식정책에 반대하는 견해, 혹은 국가의 통일성을 위해하고 사회의 안정에 영향을 미치는 내용, ⑤ 살인, 폭력, 음란, 미신, 엉터리 과학 등을 조장하는 일, ⑥ 잘못된 뉴스 혹은 루머를 전파하거나 정부 및 당의 사업에 개입하는 일, ⑦ 당의 선전원칙을 위배하거나 국가의 출판물, 그리고 선전에 관한 규칙을 어기는 일 등이다."[59]

자신의 견해 때문에 감옥에 갔혔던 중국인 저널리스트 다이칭은 2002년 연말 다음처럼 말한 바 있었다. 중국에서 저널리스트가 되려고 노력하라! "중국이 언론에서 믿을 수 있는 것이라고는 오로지 일기예보뿐이다."[60]

1991년 가을 저녁에 일어난 사건은, 장쩌민이 자신의 선임자인 덩샤오핑보다 더 좌익적이고 덜 용감했다는 사실을 보여준다. 중앙 TV는 밤 10시 뉴스 이후에 중요한 해설이 있을 것이며, 그것은 다음날 《인민일보》에 인쇄될 것이라고 보도했다. 그러나 밤 11시가 되었을 때 CCTV는 "모든 것을

---

59) *China Rights Forum*, Fall 2001, 13.
60) Dai Qing, Fairbank Center, Harvard University, Nov. 21, 2002의 대화.

개혁과 개방으로"라는 평론프로그램이 재방송될 것이며, 신문사 편집인들로 하여금 앞의 판이 아니라 새로운 판에 유의하라고 경고했다. 덩샤오핑은 집에서 논평에 관한 첫 번째 방송을 보고 있었고, 퓨즈가 끊어지는 바람에 마지막 부분의 한 문장을 듣지 못했다:

"당의 개혁 및 개방정책을 수행하는 과정에서 우리는 또한 네 가지 원칙을 지켜야 하며, 우리는 Mr. Socialism(미스터 사회주의)와 Mr. Capital-ism(미스터 캐피털리즘)의 차이를 잊어서는 안됩니다."

덩샤오핑은 비서에게 전화를 걸었다. 덩샤오핑의 사무실로부터 정치국으로 메시지가 전달되었고, 그것은 논평을 준비하던 《인민일보》 사장에게 전달되었다: "'우리는 Mr. Socialism과 Mr. Capitalism의 차이를 구분하는 것을 잊으면 안됩니다'라는 부분을 삭제하라. 그리고 전부 다시 방송하라!'는 지시였다. "왜요?"라고 신문사 편집자가 물었다. "'장쩌민' 주석은 아무것도 잘못된 것이 없다고 말했는데요." 그 편집자는 꾸짖음을 당했다: "왜냐고 묻지 말라. 하라는 대로 해라. 이것은 꼭대기 중의 꼭대기로부터 온 명령이야." 논평은 사회주의와 자본주의를 구분해야 한다는 문장이 빠진 채로 다시 방송되었다. 그 문장은 덩샤오핑을 화나게 했던 것이며, 그 다음날 덩샤오핑이 원하는 대로 보도되었다.[61]

---

61) Yang, 1998, pp. 260~261.

덩샤오핑-장쩌민의 당정국가는 마오쩌둥의 국가보다 덜 이데올로기적이었다. 이는 마치 송나라가 특히 외교정책의 측면에서 당나라보다 덜 이데올로기적이었던 것과 유사하다. 이 두 사례에서 나타나는 차이점의 이유는 비슷하다. 덩샤오핑과 장쩌민은 송나라의 황제들과 마찬가지로 교리에 대해서 목청을 낮추어야 했다. 왜냐하면 정치의 영역에 있던 많은 행위자들이 그것을 믿지 않았기 때문이다. 송나라는 요(遼), 금(金) 및 다른 나라들에 대한 외교정책에서 유교주의의 우주론적 교리를 완화시켰다. 그러나 그것이 중국의 제국적 정체가 붕괴되었거나 대체되었음을 의미하는 것은 아니었다.[62] 이와 마찬가지로 중국의 공산당은 1949년 이래 오늘까지 무너지지 않았다. 중국은, 미국의 제국주의자들은 한 발을 무덤에 딛고 있어 전쟁은 불가피하며, 모든 세상이 중국의 공산주의를 사랑한다는 말은 더 이상 하지 않는다. 그러나 중국공산당의 기능은 1950년 이래 21세기가 시작된 현재까지 그 본질이 변하지 않고 있다.

　　덩샤오핑-장쩌민의 시대에 이르러 맑스주의는 쇠퇴했지만, 레닌주의는 남아 있다. 중국이라는 당정국가는 자신의 처지를 나타낼 수 있는 도구를 발견했다. '네 개의 중요한 원칙'(이는 '네 가지 절대원칙'이라고 더 잘 알려져 있다)[63]들은 중국공산당이 인내할 수 있는 것과 인내할 수 없는 것을 분명하게 밝혀두고 있다. 네 가지란, ① 사회주의를 향한 길, ② 프롤레타리아 독재, ③ 공산당의 지도, 그리고 ④ 맑스-레닌주의와 마오쩌둥 사상을 의미하는 것이다.[64] 현실적으로 레닌주의의 요약인 이 네 가지 절대원칙은 중

62) Xie, 1935, pp.81~82, passim.

63) The translation of Mosher, 2000, p.66.

64) Yang, 1998, pp.207~208.

화인민공화국의 비공식적 헌법이다.[65]

왕조시대에서 황제들은 반복적으로 유교의 도덕적 가르침을 떠나 현실정치에 의존하였다. 중화인민공화국의 첫 50년 동안에도 마오쩌둥 사상(신유가사상으로서 기능하는)으로부터 덩샤오핑 사상(신법가사상으로 기능하는)으로의 변화가 있었다. 덩샤오핑 사상의 내용은 무엇인가?(장쩌민도 역시 덩샤오핑의 사상을 따르고 있다.) 마오쩌둥 사상이 맑시즘에 마오쩌둥의 관점을 추가한 것이라면, 덩샤오핑 사상은 레닌주의의 관점에 19세기 자강운동가들의 민족주의와 발전론을 혼합시킨 것이다.

1980년 마오쩌둥의 한때 가장 가까운 동료였으나 문화혁명으로 죽을 정도로 고통받았던 류사오치는 덩샤오핑 정권에 의해서 복권되었다. 1960년대에 '주자파'(走資派, 자본주의를 따르는 파)로 몰려 숙청되었던 그는 1980년에 '위대한 맑스주의 혁명가'라는 칭호로 다시 불렸다. 이 용어들은 무의미하다. 그러나 그 용어의 사용은 중요하다.

류사오치는 언제나 교조주의적 공산당 조직원이었다. 마오쩌둥이 실망하고 실의에 빠져있던 1960년대 초반, 신유교주의(마오쩌둥의 도덕적 사회주의)와 신법가사상(레닌주의적 독재정치) 사이의 균형은 전자에게 훨씬 심하게 기울어져 있었고, 당시 류사오치는 좌절하였다. 마오쩌둥의 분열은 점차 회피할 수 없게 되었다. 류사오치의 경력, 그리고 뒤이어 그의 목숨은 끝나고 말았다.

1980년, 베이징 정부에 의해 류사오치가 다시 칭송받게 되었을 당시 많은 외국인 평론가들은 덩샤오핑이 통치하는 중국에는 "자본주의가 다가오고 있다"고 말하고 있었다. 이것은 류사오치 사후에 명예를 회복했던 바와는 다른 관점이다. 덩샤오핑은 신유교주의(마오쩌둥 사상)로부터 균형을 신법가사상(레닌주의적 법과 질서)에 더 유리하도록 균형을 바꾸고 있었다.[66]

---

65) Cabestan, 1992, p.475.
65) Cabestan, 1992, p.475.

중화인민공화국을 건설하는 데에는 여러 가지 세력이 혼합되었다. 하나는 20세기 제3세계 대부분의 국가에서 나타나는 경제적 근대화를 위한 노력이었다. 마오쩌둥은 이상주의적 관점에서 진행방향을 비틀어 놓았고, 이는 수정되어야만 했지만, 그 역시 근대화의 목표를 공유하고 있었다. 중화인민공화국의 배후에 있는 두 번째 힘은 공산주의에 의한 믿음이다. 세 번째는 중국의 권위주의적 국가라는 전통이다. 청나라가 서방의 도전과 근대화의 업무에 당면하여 제국적 전통을 채택했던 것과 같이, 1949년 당정국가 이전의 전통국가에도 그 기반을 두는 중화인민공화국이 사회주의적 근대목표를 추구하는 데 비슷한 방안을 채택했다.

20세기 말엽, 이 영향력의 삼각대에 두 가지 세력이 첨가되어 상호작용하였다. 민족주의는 아편전쟁 프로젝트를 위해 조작된 것인데, 그것은 중소관계의 결별에서도 찾아볼 수 있으며, 소련의 몰락에 대한 부분적으로는 경고성의, 부분적으로는 계산된 반응이기도 하며, 미국의 유일한 초강대국 지휘에 대한 심리-문화적 반감을 나타내는 것이기도 하다. 두 번째로, 아시아에서 중국이 차지하는 상당한 경제적 영향력은 중국의 사회주의와 외교정책의 사고에 영향을 미쳤다.

중화인민공화국 정치에서의 문제점은 이와 같은 다섯 가지 세력이 순조롭게 연결되지 못하다는 점이다. 경제적 근대화를 위한 노력은 모든 중국인에게 중요하다. 그러나 이는 맑스주의의 모습을 견지하려는 노력과 충돌을 일으킨다. 아시아에서 강력하고 부유한 중국이 지도국의 역할을 담당하겠다는 비전은 중국인민들에게 환영받는 일이며, 중국의 역사적 목표와도 조

---

66) Ross Terrill, "In China, 'Liuism' Is Back, But Not Capitalism," *New York Times*, Op-ed, May 16, 1980.

화를 이루는 일이지만, 그것은 중국이 필요로 하는 서방과의 연계 및 사회주의적 도덕성에 관한 주장에 배치될 수 있는 것이다.

중국인의 마음속에 두 가지 세계관은 짧은 명령만으로도 격추될 수 있었다. 청나라가 멸망하는 과정과 그 이후 제국적 멘탈리티는 공격을 받았다. 50년이 지난 후, 중국인들에게 과거의 제국을 대체할 것이라고 말했지만 새로운 제국주의인 마오쩌둥의 이상주의는 그 자체가 거부되고 말았다. 문제를 해결하려는 것이 또 다른 문제가 되고 말았다.

그렇다면 중국의 공산혁명이 성취한 것은 무엇인가? 베이징 정부의 견해에 의하면, "중국적 성격을 가진 사회주의"가 성취되었다. 소련의 사회주의와 달리 중국의 사회주의는 계속될 것이다. 중국은 자본주의로 가는 길에 있지 않다. 중국은 '시장사회주의'라는 천재적인 새로운 것을 만들고 있다. 권위주의적 독재체제하에 번영을 이룬다는 중국적 방식은 베이징이 세계지도국가가 되기 위한 스프링보드가 될 것이다.

중국의 혁명이 성취했다는 두 번째 견해는, 중국의 영역을 강화시키고 통일했다는 것이다. 외세가 중국을 장악하려 하고, 중국이 부분적으로 분열되었을 무렵 공산주의 운동이 태동했다. 이 같은 국가통일성의 위기는 1949년 성공적으로 해결되었다.

중화인민공화국의 세 번째 업적으로 보이는 견해는, "언덕으로 올라갔다가 다시 내려왔다"라는 이름으로 불릴 수 있다. 1949년 이후는 두 개의 시대로 구분될 수 있는데, 1949년부터 1976년까지와, 마오쩌둥이 사망한 이후의 시대다. 마오쩌둥은 사회를 새로이 만들고, 세계적 차원의 혁명을 시도하였다. 덩샤오핑과 장쩌민은 마오쩌둥이 25년 동안 건설했던 것을 본질적으로 와해시켰다. 그래서 혁명 그 자체는 어떤 지속적 변화도 성취하지 못했다. 마오쩌둥이 죽은 이후의 중국은 본질적으로 쑨원과 장제스가 답습했던 길을 여러 면에서 다시 밟고 있다.

네 번째 견해는 세 번째의 변형이다. 덩샤오핑과 장쩌민의 시대는 19세

기의 이홍장(李鴻章)과 다른 자강운동가들의 견해를 채택하고 있다. 1928년
이후에 난징정권은 두 시대를 연결시키는 다리를 구축하였다. 군벌의 시대
와 마오쩌둥의 시대는 중국이 왕조적 제국으로부터 근대화된 국가로 발전
하는 과정에 나타났던 장애물과 같은 시대였다. 이 네 가지 대답 중 어느
것도 1949년 이후, 중국공산당의 혁명적 목표를 구현했다고 말하지 않으며,
더구나 1921년 중국공산당이 건설된 이후, 세계를 조화시키려는 목적을 달
성시킨 것이라고 말할 수 없다. 우리는 무엇이 정치적으로 변하지 않았는가
의 문제를 생각해야만 할 것이다.

마오쩌둥은 공산당 시스템이 중국의 권위주의적 전통으로 회귀했다는 가
장 중요한 증인이다. 1923년 그가 30세가 되었을 때, 마오쩌둥은 다음과
같이 말했다.

"지난 4천 년 동안 중국의 정치는 항상 대규모의 프로젝트와 거대한 방법
을 포함하는 위대한 아웃라인을 가지고 있었다. 그 결과는 외부적으로는
강력하지만, 내부적으로는 허약한 나라를 만들었다. 위로는 막강하지만,
바닥은 허약한 나라였다."[67]

그러나 마오쩌둥은 권력을 장악한 이후 모든 중국의 허약함은 서구의 제
국주의로부터 비롯된 것이라고 비판했다. 56세가 되었을 때 마오쩌둥은 다
음과 같이 선언했다.

"중국인들은 항상 위대하고 용감하며 부지런한 민족이었다. 중국인들이
뒤처지게 된 것은 오직 근대에 도달한 이후부터였다. 그리고 그것은 전적
으로 외국 제국주의자들이 압제와 착취 때문이었다."[68]

67) Schram, 1992, p.527.
68) Mao, *Selected Works*, vol.5, pp.16~17.

마오쩌둥은 그의 독재적 당정국가를 정당화시키기에 유리한 방향으로 자신의 목소리를 바꾸었다.

20세기 말엽 중국이 국내적으로 성취한 사실의 애매모호함은, 시장경제가 레닌주의적 국가와 결합할 수 있다는 것은 궁극적으로 불가능하다는 사실에 있다. 1949년의 혁명은 공산당에게 독점적 정치권력을 가져다주었고, 1978년 이후에 개혁은 중국의 경제에 시장주의적 요인이 들어갈 수 있도록 했다. 그러나 정치적 가부장주의와 경제적 자율성은 쉽게 혼합될 수 없다. 정치적으로는 한 길을 따르고, 경제적으로는 또 다른 길을 추구한다면, 그것은 부드러운 승차도 될 수 없으며, 같은 목표를 지향할 수도 없다. 혁명이 일어난 이후 개혁한다는 것은, 혁명에서 무엇인가가 잘못되었다는 것을 의미한다. 그러나 이러한 사실은 중국공산당이 공개적으로 시인할 수 없는 것이다.

경제적 합리성과 짜르주의, 진나라, 스탈린주의적 당정국가 사이의 긴장은 장쩌민 시대에 들어와 국영기업체에 관한 문제에서 그 최고조에 이르렀지만, 이와 같은 긴장은 1949년 이래 항상 지속적으로 존재했다. 중국공산당 내의 대약진운동에 관한 논란에도 이와 같은 긴장은 표현되었다.[69] 그러나 마오쩌둥의 당정국가에서 야기되었던 경제-정치적 갈등과 덩샤오핑-장쩌민의 당정국가에서 야기되었던 경제와 정치 사이의 갈등에는 차이가 있다. 1950년대와 1960년대의 마오쩌둥의 독특한 권위와 강력한 성격은 경제적 합리성을 억압할 수 있었다. 1980년대 이후, 균형은 경제적 합리성에

---

69) MacFarquhar, 1997, p.90.

유리한 방향으로 기울고 있다.

덩샤오핑-장쩌민의 시대에서 정치적 중요성은 세 가지 방향에서 억압당하였다. 마오쩌둥 시대의 잃어버린 경제적 기회는 부인될 수 없다. 마오쩌둥 시대의 정치적 단련은 인민을 황폐화시켰다. "끝까지 싸우자"라는 캠페인은 국민들을 유혹할 능력을 잃어버렸다. 베트남전쟁 이후 아시아지역 전체가 경제적으로 발전하였다. 중국은 다른 나라와 비교했을 때 상대적으로 뒤쳐져 있는 것처럼 보였다. 어떤 애국자도 이러한 상황을 방치할 수 없을 것이다.

덩샤오핑-장쩌민 시대에 야기된 중국의 정치체제와 외국의 자본 간의 시너지에 의한 손익계산서는 아직 완성되지 못했다. 미국이나 일본, 그리고 다른 나라들은 중국의 목적이 무엇인지도 모르며 중국의 목적에 기여한 것일까? 혹은 공산주의 중국은 세계에 접근하기 위한 명목으로, 중국의 정치적 가부장제라는 아기를 세계경제로 향하기 위해 목욕통에 집어 던져버린 것인가?

제 7 장
베이징과 중국제국의 유산

중국은 사물의 자연적 질서라는 관점에서 본다면 더 이상 독립적 제국으로
혹은 민족으로서 지속될 수 없다고 보인다. 사실 중국은 하나의 민족도 아
니다. 중국은 여러 다른 종족으로 구성되어 있으며, 그들의 태도, 습관, 취
미와 사상은 물론 언어마저도 대단히 상이하다.

-*The Globe*, 런던, 1897년

1997년 세계에서 가장 자유시장적이고 가장 반공산주의적인 도시이며
영국의 식민지였고, 거주민의 절반 이상이 중화인민공화국으로부터의 난민
으로 구성된 홍콩이 조용히 맑스-레닌주의의 국가 아래로 들어갔다. 베이징
정부의 인민독재 치하에서 5년이 지난 후, 홍콩은 보수주의적인 미국의 헤
리티지재단에 의해 아직도 세계에서 가장 자유로운 경제라고 평가되며, 시
장지향적인 《월스트리트 저널》의 2003년도 경제자유지표에 의해서도 홍콩
은 아직 세계 1위의 자유경제로 평가된다.
　진실을 말하자면 중화인민공화국의 변방지역들에서는 이율배반적인 일
들이 점차 많이 나타나고 있다. 회교도들이 상당히 많이 거주하는 신지앙성

262

의 공산주의 관료들은 중앙아시아로부터 파이프라인을 통해 신지앙성을 통과하여 중국의 동부해안까지 흘러가는 석유를 보고 감격하고 있지만, 그들은 곧 신지앙성이 조국으로부터 떨어져 나갈지도 모른다는 사실을 경고하고 있다. 신지앙성의 회교사원으로부터 남쪽으로 약 1,600Km 이상 멀리 떨어져 있는 라사에서는 이 지역을 통치하는 관리들과 불교도인 달라이 라마 사이에 40년 이상의 투쟁이 지속되는 중이다. 달라이 라마는 현재 인도에 망명한 티베트 임시정부의 수장이다. 이들은 티베트가 베이징의 통치영역에 속하느냐의 여부를 두고 투쟁중이다.

역사적으로 보아 현재 중국이라고 정의되는 정치체제는 분열과 통합의 과정을 지속했으며, 각각은 대략 중국역사의 절반 정도 기간을 차지했다. 통합과 분열의 과정은 대체로 폭력적인 것이었지만, 제국의 수도를 향한 집중화와 변방을 향한 권력분산이라는 정치변동 과정은 때로 제한적이며 평화스러운 절차를 통해 이루어진 적도 있었다. 이처럼 제한적인 권력의 집중과 분산의 과정은 중화인민공화국 50년의 역사에도 나타나고 있다. 역사적으로 보았을 때 중앙집권화-지방분권화의 변동은 왕조가 몰락하고 분열하는 전조가 되기도 했지만 항상 그랬던 것은 아니다.

지난 천 년을 간격으로 발발했던 중앙집권화와 지방분권화 과정의 세 가지 사례를 살펴보자. 왕망(王莽)은 서기 9년 정권을 장악했던 고위관리였다. 그는 엄격한 정치를 시행했으며 '새로운 정책'을 시도했고 일탈을 용납하지 않았다. 그는 골치 아픈 흉노족의 문제를 공세적으로 처리하고자 했다. 그는 국호를 바꾸고, 관직의 이름을 바꾸며 토지를 사고파는 행위를 폐지하였다.[1] 그러나 곧이어 발발한 황하강의 엄청난 홍수는 홍건적의 난 (Red Eyebrow Rebellion)을 유발했으며 왕망의 중앙집권화 노력을 수포로 돌아가게 하였다. 왕망은 서기 25년 자신의 궁전에서 암살당하고 말았다. 천

1) Elvin, 1973, pp.31~32.

년이 지난 후 왕안석(王安石)은 송나라 신종(神宗)황제 당시 혼란한 사회의 끈을 붙들고 있는 개혁가였다. 그의 1069년 개혁에는 세제개혁 및 지방무역을 조작함으로써 "개인 이익에 몰두하는 관료들"을 개혁하는 것들도 포함되었다.[2] 공사를 구분하는 모든 장벽을 철폐할 수 있다고 믿은 왕안석은 재정계획위원회를 설치하였고, 관료기구의 규모를 거의 50% 이상 확대하였다.[3] 7년 동안의 기근은 왕안석의 개혁정책을 잠식하고 말았다. 그리고 또 천 년이 지난 후 마오쩌둥은 1950년대, 그리고 1960년대 중국을 완전히 장악했다. 그는 아마도 셋 중에서 가장 효율적인 이데올로기 및 경제적 중앙집중화를 이룩한 사람이었을 것이다. 마오쩌둥은 왕안석 시대에 추구했던 "하나의 도덕을 추구하고, 관습을 동일하게 만든다"(一道德統風水)라는 목표를 더욱 개량했다.[4]

그러나 마오쩌둥이 죽은 후 왕망과 왕안석의 경우와 똑같이 지방을 향한 분권화의 과정이 야기되었고, 사적 이익추구의 범위가 확대되었으며, 중앙정부의 세금수입에 비해 지방정부의 세금수입이 상대적으로 늘어나게 되었다. 중국이 중앙집권-지방분권의 두 방향으로 왕래하는 데 따라 세 명의 막강한 정치가들에 대한 평판도 달라졌다.[5]

중앙의 힘과 권위는 변하게 마련이다. 엄격한 중앙통제는 느슨한 통치로 이어지기도 했다. 10년 동안 지속된 수도와 변방 간의 조화는 그 다음 10년 동안의 혁명과 반란을 초래하기도 했다. 한족의 지역이 아닌 다른 지역은 국내정책 혹은 외교정책의 거국적 격변과정에서 묻힐지도 모른다. 1911년 청나라가 붕괴되기 이전과 이후 변동으로 인한 혼란은 현기증이 날 정도였

---

2) Paul J. Smith, 1991, 111ff.

3) Paul J. Smith, 1991, pp.114, 116; Bol, 1986.

4) *Song huiyao*, xuanju 3.

5) 저자는 왕망, 왕안석, 마오쩌둥 시대의 비교는 하버드대학의 피터 볼 교수의 분석에 따랐다.

264

다. 지방정부들의 자치를 향한 요구, 지방 군벌의 출현, 연방주의의 구상 등은 막강한 왕국과 느슨한 왕국 사이의 오래된 긴장관계를 잘 묘사해 주는 것들이었다. 마오쩌둥이 즐겨 읽었다는 《삼국지》라는 역사소설의 시작부분이 우리의 마음을 끈다. "오랜 기간의 분열 이후 통일해야 한다는 기운이 있게 마련이다. 오랫동안의 통일이 있을 경우 거기에는 분열의 조짐이 있게 된다."[6]

오늘날 베이징 정부는 광범한 지역을 장악하는 자신의 제국적 영역을 확고히 하기 위해 다음과 같은 다섯 가지 변수를 동원하고 있다. 사회경제적 변화, 공산주의적 교리, 대외관계, 역사학 및 고고학적 증거, 변방 혹은 한족이 아닌 지역에 대한 일상적 통치기회의 활용 등이 그것이다. 중국의 변방에 대한 정책은 청나라의 변방지역에 대한 정책이 "안보, 대가(cost), 그리고 세금수입의 잠재성 등의 미적분학"이었던 것과 마찬가지다.[7]

현재 중국의 본토 혹은 '중화인민공화국의 내부'지역에서 분리주의적 성향은 찾기 힘들다. 광둥성이 쇼비니즘을 보이고 있지만 정치적으로는 그다지 의미 있는 것은 아니다. 북부의 변방지역인 산시〔山西〕성은 정치적 전통은 풍부하지만 경제적으로 낙후되어 있으며, 1990년대 지방적 포퓰리즘이 형성되었지만 분리주의를 지향하는 것은 아니었다. 남동부지역의 푸젠성은 베이징 정부의 질곡 아래 놓여 있기는 힘든 지방이라고 기대된다. 푸젠성은 대만과 문화 및 언어가 같고 대만과 100마일 정도밖에 떨어져 있지 않다. 푸젠성의 언어는 마치 영어와 스웨덴어가 다른 것만큼이나 중국 본토와 다르다.[8] 근대의 중국역사를 보면 대만은 '중국의 일부'라기보다는 '푸젠성의

6) Luo, 1970(reprint), p.1.
7) Miller, 2000, p.35에서 나타난 John Shepherd's *Statecraft and Political Economy on the Taiwan Frontier, 1600~1800*, 1993에 관한 논의. 특히 pp.395~410.
8) 이는 하버드대학 James Watson 교수의 잘 알려진 견해다.

투박하게 말했다.

"우리는 중국이 영토가 방대하고, 자원이 풍부하며, 인구가 많은 나라라
고 말하고 있다. 사실은 인구가 많은 것은 한족이며, 영토가 방대하고 자
원이 풍부한 것은 소수민족이다."[13]

베이징은 이 광범한 지역에 한족을 투입하여 소수민족을 희석시킴으로써
그들을 중국화시키고자 했다. 반면, 대부분의 소수민족들은 중국의 지배로
부터 벗어나서 독립을 이루기를 원했다.

중화인민공화국의 어디까지가 핵심이며 어디부터가 변두리인가? 중국의
남부지방의 마을이나 시가지에서, 중국인들은 아마도 당신에게 태국은 "실
질적으로 중국에 포함된다"고 말할지도 모른다. 동북방에 가면 당신은 아마
중국인들이 한국은, 지금은 잠시 나뉘어져 있지만, 중국문명의 변종에 불과
하다고 말하는 것을 들을지도 모른다. 대만에 있는 자유중국은 최근에 이르
기까지 울란바토르를 수도로 하는 독립국인 몽골공화국을 내몽골(베이징 정
부는 이 지역을 내몽골 자치구라고 알고 있다)과 더불어 중국이라는 모국에
속하는 일 부분이라고 간주했다.

지난 천 년 이상, 그리고 19세기에 이르기까지 중국의 정치체제는 반복
적으로 핵심지역-주변지역의 구분을 바꾸었다. 혹은 다른 나라들에 의해 변
경과 핵심의 구분이 바뀌기도 했다. 청나라 당시 베이징의 제국은 최대의
범위로 확장되었다(이 지역들은 공산주의 중국이 실지를 회복함에 따라 다시
차지하게 되었다). 만주를 기반으로 했던 청왕조는 18세기에 몽골, 신지앙,
티베트에 대한 지배를 확립했다. 청나라의 영역은 주로 한족의 영역을 장악
했던 명나라 영역의 두 배로 불어난 것이다. 청나라 확장의 대부분은 유목
민족이 거주하던 북부와 서부로 대륙을 가로질러 이루어진 것이다.

---

13) Mao, *Selected Works*, vol.5, p.295.

이처럼 넓고 다루기 힘든 다문화적인 청제국이, 약간의 시간이 지난 후 오늘날 우리가 알고 있는 중화인민공화국이라는 '나라'로 변했다는 사실은 놀라운 일이다. 어떻게 청나라의 그 넓은 영토가 중화인민공화국으로 이어질 수 있었는가? 이 과정에서 가장 중요한 역할은 국민당의 쑨원과 장제스가 담당했다. 공화국시대에 관한 글에서 윌리엄 커비가 말했듯이 "청나라는 붕괴되었지만 제국은 살아남았다."[14] 중국제국의 전환과정은 소련의 지도자들에 의해서 완성되었다. 1940년 당시 실질적으로 신지앙지역을 지배하던 아메드잔 카시미(Ahmedjan Kasimi)가 통치하던 동터키공화국을 장악하고 있었던 스탈린은 1949년 마오쩌둥이 신지앙지역 전체를 장악하는 과정을 용이하게 해주었다. 1950년대 니키타 흐루시초프는 만주지역에 있던 소련의 세력을 철수했다. 마오쩌둥은 마치 하늘에서 만나(*manna*)가 떨어지는 것처럼 쉽게 제국을 물려받은 것이다.

중화인민공화국을 형성하도록 한 스탈린의 도장은 1945년 2월의 얄타회담 당시 만들어진 것으로 볼 수 있다. 이는 6개월 후 체결된 중소우호조약을 통해서도 이루어졌다.[15] 얄타회담에서는 장제스에게 알려지지는 않았지만 외몽골지역의 독립이 승인되었고, 1904년 일본에 빼앗긴 만주지역에 대한 소련의 이권인정 등이 소련이 일본과의 전쟁에 참전하는 조건으로 제시되었다. 얄타회담 이후, 중국정부와 협상하던 스탈린은 장제스의 네 가지 관심에 대해 재치 있게 말했다. ① 공산주의자들로부터의 위협, ② 외몽골(당시 별 문제가 없었던), ③ 만주(궁극적으로 스탈린의 도움으로 마오쩌둥의 손에 들어간), 그리고 ④ 북 신지앙지역의 영토(터키족이 독립국가를 건설하고 있었던)에 대한 중국의 입장이었다. 스탈린은 기교 있는 게임을 벌였다. 스탈린은 중국인들에게 신지앙지역을 장악하지 않겠다고 약속했고, 내란중에

---

14) Kirby, 1997, p.437.
15) David Wang, 1997, pp.83~84.

있던 마오쩌둥을 지원하지 않겠다고 말했다.16) 그 대가로 스탈린은 외몽골 지역의 독립 및 만주에서 소련의 이권에 관한 중국의 승인을 얻어냈다.17)

이 같은 세상을 재조정하는 조치들은, 내란에서 마오쩌둥이 장제스에게 승리한 직후 엄청난 청제국 자체가 중화인민공화국이라는 제국으로 변하는 계기가 되었다. 제임스 밀워드(James Millward)는 다음과 같이 말하고 있다.

"오늘날 중국이라는 개념이 포함하는 의미는 1912년은 물론, 그 이전 19세기의 중국에서는 생겨나지 않았던 개념이다. 그러나 이 개념은 한족의 중국인들이 청나라 중엽 이후 청나라 전체를 물질적, 인종적으로 차지한다는 대중국(Greater China)이라는 개념이 점차 확대됨에 따라 점진적으로 적응된 것이다."18)

쑨원, 장제스, 그리고 스탈린은 중화인민공화국이라는 제국의 건설을 용이하게 하는 데 기여했던 인물들이다.

1970년대 후반, 마오쩌둥의 집중화 노력에 대한 역전현상이 부분적으로 야기되었다. 이러한 현상과 더불어, 마치 현재는 과거를 새로 만든다는 말처럼, 중국인민과 청나라의 기원에 관한 새로운 견해들이 나타나기 시작했다. 중앙집권적 국가의 전능한 요구에 저항을 보이기 시작한 마오쩌둥 이후

---

16) 얄타회담 및 중소조약 이후 스탈린은 신지앙성지역 회교도들의 독립운동을 더 이상 지원하지 않았다. 장제스 역시 신지앙문제를 처리하기 위해 친소적 관료를 파견했다.

17) Jiang, 1989, pp.54~55.

18) Millward, 1998, p.19.

의 중국에서는 외국인 학자들, 베이징에서 멀리 떨어진 쓰촨성 및 다른 지역들의 일부 중국학자들에 의해서 과연 중국인들이 황하강 유역에서 기원했다는 분명한 증거가 있느냐의 여부에 대한 의혹이 제기되기 시작했다. 새로운 이론들은 '중국'은 다양한 문화적 기원을 가지고 있을 것이라는 설명을 선호하였다. 쓰촨성의 고분에서 발견된 유품들은 고대중국 남서부지역에서 일어난 일들도 역시 중국인을 형성하는 데 역할했다는 사실을 밝혀냈다. 새로운 이론은 한(漢)이라는 아이덴티티는 모자이크라고 결론내리고 있다.19)

이와 더불어 자유주의적인 서방 측 중국연구자들은 서구사회의 다양성에 대해 새로운 찬미를 보내면서, 청나라의 기록들을 다시 살펴보며 중국에도 역시 놀라운 다양성이 존재했다는 사실에 흥분하고 있다. 청나라는 이제 더 이상 손이 장갑에 꼭 끼듯이 중국의 체제에 딱 들어맞는 것이 아니라고 보게 되었고, 또한 완전한 독재국가였다고도 보지 않게 되었다. 만주어로 된 새로운 자료를 사용한 새로운 역사 이론가들은 만주가 중국에 동화되었다는 페어뱅크 교수와 같은 세대 학자들의 이론을 보다 덜 강조하는 분위기다. 청나라의 정책결정을 위한 대회의들에서는, 적어도 건륭(乾隆)황제시대에 이르기까지 일상적으로 만주어가 사용되었다는 사실이 밝혀졌다.20) 18세기의 신지앙의 경우 청나라는 "이곳의 아시아인을 지도하는 직위에 한족을 거의 임명하지 않았다"는 사실도 나왔다.21) 티베트, 몽골, 그리고 만주에 대한 청나라의 통치도 마찬가지였었다.

만주는 중국의 영역을 확대하는 데 성공했지만 한족 및 유교적 문화의 유혹에 대항하는 데는 성공하지 못했다. 1598년 프랑스의 앙리 4세가 국가

---

19) Wang Guanghao, 1988, pp.3~4, 45~46, 461~463; Wilkinson, 2000, pp. 344~345.

20) Rawski, 1998, p.829.

21) Millward, 1998, p.234.

를 더 잘 통치하기 위한 목적에서 가톨릭으로 개종했던 것처럼 만주의 통치자들은 유교의 선현들을 동경했다. 그러나 그들은 몽골족, 티베트족, 그리고 다른 특별한 문화적, 지리적 환경의 사람들을 대하는 데 유연성을 보였다.[22] 라이만 밀러는, 청나라는 "제도 및 관습의 다양성을 통치에 이용했던 다인종 제국"이라고 결론내렸다.[23] 청제국은 정치적 측면에서가 아니라 인종적 측면에서 다원주의적 나라였다. 일부 학자들은 청나라는 왕조이기보다는 제국이라고 말한다. 에벌린 로우스키는 만주의 지배는 "지도력에 대한 창조적 적응이며, 단순한 왕조 사이클의 반복은 아니었다"라고 말한다.[24] 1719년 강시황제의 두루마리로 된 지도는 중국 본토에 해당되는 지역은 중국문자로 표기했고, 마치 식민주의를 인정하는 듯, 청나라의 다른 지역들의 명칭은 만주의 문자를 사용해서 표시했다.[25]

청나라의 꼭대기부터 밑바닥까지를 오늘날 사용되는 '다양성'과 '권력분산'의 개념으로 설명하는 것은 현명한 일은 아닐 것이다. 실제로 새로운 견해는 페어뱅크 교수의 견해를 대체하는 것이기보다는 그의 견해를 일부 수정하는 것이다. 밀워드는 청나라가 오직 외국인들에 대해서만 조공제도를 채택했다고 주장한다. 그는, 페어뱅크는 이 관점을 잘못 이해했다고 말한다. 중국의 '조공제도'를 청나라가 인식하는 위계적 세계질서 속에서 아래 부분을 차지하는 종족들에 대한 한결같이 변함없는 제도였다고 말하는 것은 분명히 과장된 말이다.[26] 그러나 중국정부가 국제관계와 자신이 통치하는 지역의 주민들을 분명히 구분하지 않았던 것은 사실이다. 밀워드는 청나라 당시 "누가 중국인이고 무엇이 중국을 구성하는지에 대해서는 문제가

---

22) Li Shiyu, 2000, pp.22~23.

23) Miller, 2000, p.25.

24) Rawski, 1998, p.302.

25) Hostetler, 2001, pp.33, 75.

26) Hostetler, 2001, p.43.

많았다"고 말한다. 오늘날 중화인민공화국의 서쪽지방에서 이 같은 문제들이 마찬가지로 발생하고 있다.

청나라가 획득한 제국은 인종이라는 측면에서가 아니라 그것은 어떤 국가형태였느냐 라는 측면에서 이해되어야만 한다. 청나라는 만주족에 의한 나라로서, 그 기본적 프레임은 중국의 전통으로부터 채택했던 나라였다. 만주족들은 "아시아의 내부지역과 동아시아를 오래 지속될 수 있는 정치적 조직으로 융화시키기 위해"[27] 중국의 전통을 빌어 국가를 건설했다. 이 나라는 중국의 제국적 신민들에 대해 우리와 그들이라는 관점을 적용했고, 이 원칙은 터키 혹은 (한족이 아닌) 다른 종족과의 관계에서도 마찬가지로 적용되었다. 밀워드는 "중국인의 세계질서관"(Chinese World Order Theory) 이론은 잘못된 것이라고 비판한다. 만약 중국의 세계관이 중국의 정치질서라는 측면에서 생각된다면, 그것은 더 합리적인 해석이라고 사료된다. 왜냐하면 중국은 국내정치와 국제정치가 불분명했기 때문이다. 중국이라는 국가는 본질적으로 중화사상의 사고방식을 가지고 있다. 이렇게 말하는 것은 베이징의 외교정책이 당 혹은 송왕조의 외교정책을 반복하는 것이라고 말하는 것은 아니다. 다만 중국의 중화인민공화국의 세계관은 당과 송의 통치방식에 뿌리를 두고 있다는 것이다.

페어뱅크의 견해를 거부한다는 것은 과장된 측면이 있지만, 청나라가 무엇을 했는지 새로 이해한다는 것은 오늘날의 중국이 근거하는 제국주의적 프로젝트를 잘 보여줄 것이다. 청의 영역을 묘사하기 위해, 밀워드는 페어뱅크의 '가운데 링'(concentric ring)을 인종적 블록(ethnic block)으로 대체하였다. 이 같은 방법은 내가 공산주의 중국제국을 분석하기 위해서 제1장에서 사용했던 빌딩블록(building block)의 방법과 같은 것이다. 청나라 업무의 중앙에는 중국적 요인 이외에 국가권력의 토착적 형태가 놓여 있었다. 사실

---

27) Rawski, 1998, p.300.

다수의 한족학자들은 청나라가 서쪽으로 확장하는 것에 대해 반대했었다.

청나라가 새로 만들어 낸 것은 근본적으로 법가사상의 전통을 가진 중국이라는 국가였다. 국가가 도달한 영역은 오늘날의 베이징이 그렇지 않은 것과 같이 중국영역과 일치하는 것은 아니었다. 회교를 믿는다는 사실이 툰강(Tungans)이 청과 함께 코칸디스(Kokandis)에 대항해서 싸우는 것을 막지 못했다. 중국인이라는 사실이 한족의 관리로 하여금 위구르의 여인과 결혼하는 것을 막지도 못했다.[28] 그리고 오늘날, 티베트인이라는 사실은 엔가보 엔가왕 지그메 세이프(Ngavo Ngawang Jigme Shape)가 1951년, '17개 조항의 합의' 이래 수십 년 동안 중국공산당을 향해 충성스러운 서비스를 하는 것을 막지 못했다.[29]

청나라는 특별히 인종차별국가는 아니었다. 그들이 다른 중국의 왕조보다 덜 인종차별적이었다는 것은 분명하다. 청나라는 통치와 번영을 원했지 인종적 승리를 원하지 않았다. 그들은 명나라와 마찬가지로 서방의 회교도를 '개'라고 인식했다. 그러나 나중에 그들을 '제국의 신민'이라고 불렀다. 이 같은 측면에서 오늘의 중국제국도 유사하다. 청나라 당시 신지앙을 통치하기 위해 안보와 돈은 인종 못지않게 중요한 것이었다. 청나라와 공산주의 제국을 이해하는 데 가장 중요한 이슈는 문화 혹은 인종은 아니다. 중요한 것은 중앙통제의 비전과 양식이다.

중국이라는 국가는 과거로부터 통일문제에 관해서 급급했다. 이 같은 관점은 전국시대 이래로부터 지속되었으며, 오늘날 베이징 정권이 9·11 이후 신지앙성의 회교도를 압박하는 데까지 지속되고 있다. 기원전 3세기, 《여씨춘추》(呂氏春秋)는 "의견이 통일된 곳에 훌륭한 정치가 가능하다. 만약 견해가 다르다면 그곳에는 무질서가 야기될 것이다. 하나라는 사실은

---

28) Millward, 1998, p.171.
29) Shakya, 2000, pp.198, 300.

안전을 보장하며, 다르다는 사실은 위험을 초래한다."[30] 건륭황제는 회교도와 한족이 정치적으로 함께 위대한 통일을 이룰 수 있다는 비전을 가지고 있었다. "이름들이 통일된다면 보편적이지 않은 것은 아무것도 없다."[31]

그러나 누가 통일할 것인가, 그리고 어떤 기반에서 통일이 이루어져야 하는가? 청나라 지배의 다원주의는 오늘날 홍콩과 베이징, 그리고 대만과 베이징의 정치체제 사이에 작동되는 양방향 과정과 비유될 수 있겠다. 한 영토는 베이징의 정치체제에 속하고(홍콩), 다른 하나는 그 밖에 있다(대만). 그러나 두 지역은 중화인민공화국의 중앙과 연계되어 있으며, 영향력을 주거니받거니 하고 있다. 그러나 이름은 황제에 의해서 통일되는 것이다. 홍콩과 대만처럼 그들이 내부에 있든 외부에 있든 그들은 모두 중국공산당의 견해에 의하면, 위대한 중국을 건설하는 벽돌과 마찬가지였다.

중국을 제외한 세상에 모든 다인종 제국들은 소멸하였다. 오스트리아-헝가리와 소련은 마지막으로 소멸된 다인종 제국이었다. 그러나 중화인민공화국은 세계를 향해 자신들은 현재 소유하는 것보다 더 많은 영토를 소유하겠다고 밝히고 있다. 다음 번에는 대만을 획득할 것이며, 또 다른 영토들을 획득하게 될 것이다. 대만을 획득하겠다는 '하나의 중국'이라고 불리는 정치적 신학이 그 근거다. 하나의 중국이라는 것은 중국의 다양성이란 현실을 부정하고 중화인민공화국의 지배양식의 진부함을 감추기 위한 소설일 뿐이다. "고대 이래로 중국은 하나였다"라는 슬로건이 있다. 티베트와 신지앙은 하나의 중국에 일부였다고 말한다. 대만은 결코 주권을 가진 독립국가가 될 수 없다. 다양한 모토들이 몽골과 만주에 적용되고 있다.

역사적 자료와 오늘날의 비밀보고서에 의하면 더 많은 지역들이 하나의 중국 속에 포함되어야 하는데, 거기에는 러시아의 시베리아와 중화인민공

---

30) Chen Qiyou, 1984(reprint), p.1124.
31) Millward, 1998, p.199.

화국의 남쪽 및 동쪽의 수많은 섬들이 포함된다. 1964년에 마오쩌둥은 다음과 같이 말했다.

> "약 백 년 전쯤 바이칼 호수의 동쪽지역은 러시아 영토가 되었으며, 그 이후 블라디보스토크, 하바로프스크, 캄차카, 그리고 다른 지역들이 소련의 영토로 편입되었다. 우리는 아직도 이와 같은 리스트에 관한 보고서를 제출하지 않았다."[32]

만약 중국이 초강대국이 된다면 보고서는 제출될 것이다. 1973년 마오쩌둥은 모스크바가(소련이) 훔쳐간 영토를 되찾아 오려는 것 같았다. 그는 키신저에게 다음과 같이 투덜거렸다. "역사적으로 소련은 중국으로부터 150만 평방km나 되는 영토를 떼어갔다."[33] 오늘날 베이징을 통치하는 것과 똑같은 중국공산당은, 1970년대와 80년대에 오늘날의 카자흐스탄과 타지키스탄의 영토를 자신의 땅이라고 주장했다.

베이징 정부가 항상 주장하는 국제관계의 하나의 수사학인 '하나의 중국'이라는 것은 중국과 대만과 거래하려는 나라들 사이에 갈등을 일으키는 근원이었다. 그러나 하나의 중국이라는 개념은 대만문제를 훨씬 초월하는 것이다. 그것은 새로운 중국제국의 가장 중요한 금언이다. 당신이 세계 어느 곳에 살든지 간에 중국의 집의 일원이 되기 위해서 당신은 하나의 중국이라는 개념을 믿어야만 한다. 이것은 티베트인은 물론 대만인들에게도 적용되는 것이다. 하나의 중국이라는 구호를 반복하지 않는 어떠한 외국의 정부라도 그것은 "중국인민의 내부 문제에 개입하는 것"이었다. 바로 이것이 제국주의적 목소리이다.

사실, 하나의 중국이란 개념은 역사적으로나 문화적으로 도저히 받아들

---

32) Doolin, 1965, p.44.
33) Burr, 1998, p.187.

일 수 없는 것이다. 마오쩌둥도 지속적으로 '하나의 중국'이라는 통치원칙을 위반하고 있었다. 마오쩌둥은 1931년 그 자신이 분열적 소비에트공화국을 선포하며 "지금부터 중국의 영토에는 완전히 다른 두 개의 국가가 존재한다"고 말한 바 있다. 당시 장제스는 난징을 수도로 하는 중화민국(Republic of China)을 이끌고 있었다. 마오쩌둥은 "하나는 이른바 중화민국(ROC)이라고 불리는 제국주의의 도구이며 … 다른 하나는 중국의 소비에트공화국인데, 이 나라는 착취당하며 억압받는 광범한 계층의 노동자, 농민, 군인들의 나라다"고 말했다. 결국 이렇게 말하는 것은 두 개의 중국이 있다는 말이 아닌가? 마오쩌둥은 두 나라에서 멈추지도 않았다. 1920년대 그는 "중국을 27개의 나라로 나누는 것이 더 좋을 것이다"라고 쓰기도 했다.[34]

마오쩌둥은 현실의 상황과 이데올로기적 선호를 표현하며 중국역사에 나타났던 여러 가지 시나리오를 반복해 보였다. 중국의 영토 위에 하나 이상의 정부가 존재했던 기간은 흔히 있었으며, 이들 정부들은 각기 나름대로의 가치와 구성원을 보유하고 있었다. 대만, 홍콩, 내몽골, 그리고 다른 지역에 거주하는 사람들을 오늘날도 마찬가지라고 말할 것이다. 그러나 베이징의 정부는 이 같은 말을 들으면 분노할 것이다. 하나의 중국이라는 관점은 베이징 정부가 중국의 긴 역사, 중국문명의 일체성, 그리고 중화인민공화국의 정당성을 과장하는 데 도움이 될 것이다.

이 같은 문제들에 대한 베이징의 두려움은 하나의 중국에 대한 어떠한 반론에 대해서도 날카롭게 반응하도록 했다. 1988년 미국의 《워싱턴 포스트》지는 하나의 중국이란 관념의 타당성에 의문을 제기하는 저자의 논문을 게재한 적이 있었다. 재미있는 사실은 중국 유수의 신문인 《광밍리바오》(Guangming Ribao, 光明日報)에 게재된 반론이다. 필자인 리룽(가명)은 하나의 중국이란 현실이 아니라 이상일 뿐이라는 나의 주장을 거부하며 다

---

34) Short, 1999, p.287; Schram, 1992, p.545; also Yan, 1992, p.19.

음과 같이 비난을 퍼부었다. "이것은 정말로 엉뚱하고 웃기는 견해로서 흰 것과 검은 것을 혼동하는 것이며, 사슴을 보고 말이라 하는 것이다."《워싱 턴 포스트》지에 기고한 논문에서 하나의 중국이란 개념에 의문을 제기한 나는 그것을 "거목을 쓰러뜨리려는 개미의 노력"이라고 썼다. 그러나 이처 럼 허망한 개미는 "중국을 분열시키는 음모의 일부", "미-중 관계를 망가트 리려는 방해활동" 등이라는 말로 매도되었다.35) 이 비판은 모두 사실이 아 니다. 개미가 중국을 분열시킬 수 있는가? "로스테릴(이 책의 저자이름)의 헛된 꿈"이라는 제목의 논문을 쓴 필자는 내 논문이 그들의 신경을 건드렸 다는 사실을 표시했다.

중국이라는 이념은 대영제국이라는 이념과 같은 것이다. 중국과 대영제 국은 둘 다 하나의 물리적 실체로서 성장하고 위축되는 것이다. 인도가 영 국에 지배되기 이전, 지배당하는 도중, 그리고 독립된 이후의 시기 모두에 대영제국의 이념은 존재했다. 대만, 티베트, 베트남, 한국, 그리고 '중국의 일부분'인 다른 지역들은 모두 한때 베이징의 지배를 받기도 했고 그 지배 로부터 벗어나기도 했다. 때로 황제와 그의 관리에 의해 통치되는 중국본부 (Zhongguo Benbu)가 있었고, 중국의 황실과 느슨한 관계를 유지하고 있었 으며, 중국인이 아닌 사람들이 주로 거주하던 외부의 중국(fanshu, Outer China)도 있었다. 그러나 이런 기간중에도 중국의 이념은 지속되었다.

푸에르토리코의 상황을 보면 중국의 독특한 입장을 알 수 있을 것 같다. 푸에르토리코의 사회는 여러 가지 측면에서 미국사회와 다르다. 이는 마치 베이징 정부가 중국의 일부라고 생각하는 5~6곳의 지역은 중국의 나머지 지역과 다르다는 사실과 비교될 수 있을 것이다. 푸에르토리코는 현재 미국 의 일부분으로서 특수한 연방(commonwealth)의 지위를 가지고 있다. 대부

35) Ross Terrill, "Chairman Mao's Sacred Cow: One China Doesn't Make Sense Anymore," *Washington Post*, Outlook, Sept. 22, 1996; Li Rong, "Luosi Teliya de riment," *Guangming ribao*, Oct. 29, 1996.

분 푸에르토리코의 시민들은 현재의 처지에 만족하고 있다. 그러나 일부시민은 완전한 독립을 선호하고 있으며, 또 다른 일부시민들은 미국에 완전히 편입되기를 원하고 있다. 그렇다면 왜 푸에르토리코, 플로리다 및 워싱턴에서는 이 문제를 둘러싼 긴장과 갈등이 존재하지 않는 것일까? 이 문제에 대한 대답은 푸에르토리코에서는 이 같은 문제들이 투표를 통해서 결정되기 때문이다. 아래로부터 제기되는 프로젝트로서 푸에르토리코의 처지에 대한 어떤 변화도 잘 해결될 수 있을 것이기 때문이다. 워싱턴에 있는 그누구도 독립을 선호하는 푸에르토리코 시민을 향해 '분열주의자'라며 비난하지 않는다.

중화인민공화국의 이웃에 있는 나라들에서 푸에르토리코와 유사한 처지에 있는 나라들은 고도의 긴장상태에 있다. 왜냐하면 베이징 정부는 중국문제가 관련되는 한 이웃국가 주민들의 견해가 개입되는 것을, 즉 이웃나라들의 주권을 허락하지 않기 때문이다. 여기에 '하나의 중국'이라는 베이징의 개념에 허구가 있는 것이다. 중국이라는 영역은 주권을 가진 주민들이 아니라 제국이라는 건물을 구성하는 벽돌로 구성되는 것이다. 베이징 정부는 모든 중국인이 중화인민공화국의 하나의 중국이란 개념을 지지한다고 주장한다. 그러나 사실 그것은 알려지지 않은 일이다. 중국의 시민들이 이 문제에 대해 견해를 제시할 수 있는 기회는 없었다. 주민들의 견해가 제시될수 있는 대만과 같은 지역의 경우를 본다면, 대만주민들은 중국정부의 하나의 중국이란 개념에 반대하는 정치가들을 두 번에 걸쳐 그들의 지도자로서 선출했던 것이다. 반면 베이징 정부는 '미국 제국주의'는 "독립을 원하는 어떤 푸에르토리코 시민에게도 빛을 밝히고 있으며, 이들은 곧 미국정보기관의 표적이 되며, 곧 '정치범'이 될 것"이라고 넋두리하고 있다.[36] 저우언라이는 하와이를 미국의 '노예'라고 말한 적이 있다. 1957년 그는 "미국인들은

---

36) *Renmin ribao*, Feb. 28, 2000, and Nov. 16, 2000.

대만을 하와이 같이 노예로 만들려 한다"고 말했다.[37]

하나의 중국이라는 베이징 정부의 관점은 중국 국내 및 국외로부터 위협당하고 있다. 역사의 교훈은 중국의 파라미터는 시대에 따라 규칙적으로 변해 온 것임을 말해 준다. 현재 베이징 정부가 견지하는 하나의 중국이라는 관점은 자의적인 것이다. 20세기의 중국지도자 3인 —쑨원, 장제스, 마오쩌둥 — 은 모두 중국에 대한 색다른 지도를 가지고 있었다. 각 지도자들은 모두 자신이 집권하는 동안 어떤 영토가 중국에 속하는지에 대한 관점을 바꾸었다. 왜 대만은 하나의 중국의 영토에 포함되어야 하는 것인가?(마오쩌둥은 한때 대만은 독립을 향해 나갈 것이라고 말한 적이 있다.) 그리고 왜 북부 몽골지역은 하나의 중국에 포함되지 않는 것일까?(장제스는 하나의 중국에 이 지역을 포함시켰다.) 이 질문들에 대해 여러 가지 대답이 있다. 그러나 이 대답들은 하늘이 준 하나의 중국이라는 관념 속에 들어있는 것은 아니다.

중국은 위로부터 건설된 국가의 영광을 위해 다양한 인종적 차이점은 무시해버리고, 중국은 하나라는 의문스러운 개념에 집착하였다. 다양한 사회를 지배하기 위해 이처럼 건물을 짓는 데 사용되는 벽돌식 접근방법을 채택한다는 것은 중국의 정치적 사고를 지배했다. 맑스주의의 이데올로기가 쇠퇴함에 따라 한민족이 주도하는 제국이라는 개념이 점차 크게 부각되었다. 소수민족들은 비록 그들이 정책결정 과정에서 멀리 떨어져 있었음에도 불구하고 그들 문화의 독특성, 이국적 측면은 부각되고 칭송되었다. 안토니 다니엘스(Anthony Daniels)는 "공산주의 치하에서는 모든 약소민족이 춤을

37) Zhou, 1971, p.327.

춘다." 중국은 과거 소련과 마찬가지로 개인을 전혀 존경하지 않는다는 사실을 공적 일들에서의 '다양성'이라는 그림자 속에 감추고 있다.[38]

"건물을 짓는 데 필요한 벽돌"이라는 개념에서의 통일성을 대체하기 위한 방법은 모든 국민들 개인의 충성심을 획득하는 것이다. 물론 이것은 미국의 정치학이(오늘에도) 가장 중요하게 간주하는 유일한 국가 개념이다. 에릭 노들링거(Eric Nordlinger)가 기술하듯 "국가의 정의에서 개인을 중심에 놓는 경우에만, 국가의 선호에 관해 말할 경우 헤겔적(실체론적, 형이상학적, substantive, meta physical) 의미가 회피될 수 있다."[39] '최면술에 걸린' 시민들의 상황은 중국의 경우처럼 헤겔식의 정신에 의해, 역사를 운명인 것처럼 보이는 지역에서 건물을 짓는 데 필요한 벽돌들의 통일성과 개인에 초점을 둔 통일성 간의 차이를 잘 묘사해 주고 있다. 중국인들은 '한국계 중국인', '미국계 중국인' 혹은 '티베트계 중국인'이라는 개인의 존재를 인정하지 않는다. 베이징은 오직 '소수민족', 인종적 블록 등을 말할 뿐이며, 여기 속하는 사람들은 모두 중국인인 것이다. 중국의 언론매체들은 '티베트 동포'(Xinzang tongbao) 또는 이를 줄인 말인 '장바오'라는 말을 자주 사용한다. 이는 티베트를 하나의 민족이라고 부르는 것과 양립되지 않는다. 통바오〔同胞〕라는 말은 말 그대로 "같은 부모로부터 태어났음"을 의미하는 것이다.[40]

더 나아가 베이징의 중국 당정국가는 외국에 사는 중국인의 후예들을 '해외의 중국인'이라고 부를 정도다. 그들은 '중국계 호주인' 혹은 '중국계 싱가포르인'이라고 불리지 않는다. 그들은 단지 해외에 거주하는 중국인이며, 이는 그들이 마치 베이징 정부에 속하는 것이라고 보는 의미다. 1997년 한

---

38) John O'Sullivan, "As the World Turns," *National Review*, Jan. 28, 2002.

39) Nordinger, 1981, p.9.

40) *Renmin ribao*, Feb. 19, 2002; June 15, 2001; June 5, 2001; May 26, 2001; Aug. 11, 1995; and Aug. 11, 2001.

국의 서울에 거주하는 화교들이 홍콩의 중국반환을 축하하는 것을 보도한 《인민일보》는 그들을 "한국에 거주하는 중국인"(한국화교)이라고 지칭했다.[41]

2001년 말 나는 전국시대의 정치가였던 이 공(Marquis Lee)의 유품이 진열되어 있는 우한의 새로운 박물관을 방문했었다. 여러 가지 보물 중에는 64개의 동종(구리 종)세트가 포함되어 있었다. 그들을 서로 어울려 오케스트라를 형성한다. 막대기에 매달려 있는 각각의 종들은 어디를 치느냐에 따라 제각기 다른 소리를 낸다. 후베이성의 박물관 관장은 프라이드를 가지고 다음과 같이 말했다. "해외의 중국인 첼리스트인 요요마는 홍콩에서 이 종의 복제품으로 연주했는데 정말 대단한 것이었습니다."

"나도 종을 좋아합니다"라고 안내인에게 말했다. "그리고 내가 아는 요요마가 종으로 좋은 음악을 연주했다니 기쁩니다. 그러나 요요마는 외국에 있는 중국인이 아니라 중국계 미국인(Meiguo Huaren, 미국화교)이지요." 잠시 동안 이유를 알 수 없는 침묵이 흘렀다. 중국 당정국가의 세뇌의 힘을 알 수 있을 것 같았다. 물론 권력은 환상을 도그마로 바꾸어 놓을 수도 있다.

우리는 대만에서의 반대사례를 비교할 수 있다. 2002년 1월 대만의 국영 주간지는 "유명한 바이올리니스트인 린 초리앙이 연주를 위해 12월 대만을 방문했습니다"라고 보도했다. 그 신문은 "중국에서 태어난 미국의 음악가인 그는 청중들을 사로잡았으며 2001년을 정말 멋있게 보낼 수 있게 했다"고 보도했다.[42] 2002년 요요마 자신이 대만을 방문했을 당시 타이베이의 언론은 그를 "중국계 미국인 첼리스트"라고 소개했다.[43]

사적으로 말할 경우 마오쩌둥은 중국인의 문화적 협소함을 시인한다. 그는 1973년 키신저에게 "중국인들은 외국을 너무나 배척한다"고 말했다. 그는 또 "당신 나라에는 수많은 다른 나라 국민들이 사는 것이 허락된다. 그

41) *Renmin ribao*, July 5, 1997.
42) *Taipei Journal*, Jan. 11, 2002.
43) *Taipei Journal*, March 15, 2002.

284

러나 중국에서 당신은 외국인을 몇 명이나 볼 수 있는가?"라고 말했다. 옆에 앉아 있었던 저우언라이 수상은 "거의 없지요"라고 말했다. 마오쩌둥은 계속 말을 이었다. "미국에는 약 60만 명의 중국인이 있습니다. 그러나 아마 중국에는 미국인이 60명도 되지 않을 것입니다."[44] 비율적 측면에서 보았을 때 이러한 상황이 지금도 그다지 많이 변하지는 않았다.

중국에서 공부하는 아프리카 학생들은 수십 년 동안 중국학생들로부터 혹은 중국의 관리들로부터 부정할 수 없는 인종차별의 대상이었다. 당시 중국공산당 당수였던 자오쯔양이 1988년 인종차별주의가 "중국을 제외한 세계 도처에서" 만연되고 있다고 말한 직후 난징의 대학 캠퍼스에서 아프리카 학생들과 중국학생들 사이에 끔찍한 폭동이 야기되었다. 몇 명의 중국학생들이 흑인들을 후진적이며, 무지하고, 못생겼고, 문화가 없으며, 술을 많이 마신다고 강경한 어조로 비난했다. 한 중국인은 아프리카인에 대해 "그들의 까만 얼굴을 볼 때마다 나는 마음이 편치 않음을 느낀다. 그들이 중국 여자들과 함께 있는 것을 보면 심장이 끓어오른다"[45]고 말했다.

문제는 문화적 협소함을 넘어 독재적 제국의 논리에까지 이르는 것이다. 《중국의 아프리카 학생》이란 책을 쓴 임마누엘 헤비(Emmanuel Hevi)는 중국의 정치체제에서 나타나는 개인주의의 거부가 중국인들의 인종차별적 태도보다 더 본질적인 것이라고 지적한다.[46] 중국공산당의 눈으로 보기에 개인은 시민으로서 자신의 지위에 영향을 미칠 수 있는 어떤 선택도 할 수 없다. 중국이라는 국가가 선택하는 것이다. '중국계 미국인' 혹은 '미국계 중국인'이라는 말은 개인적 속성을 제시한다. '한국인 소수민족'(조선족), '티베트 소수민족' 등의 용어는 제국의 한 부분임을 의미한다. 파시즘과 공산주의를 연구한 한스 부크하임(Hans Buchheim)은 다음과 같이 말한다.

44) Burr, 1998, p.95.
45) Sautman, 1994, pp.420, 425, 435; Hevi, 1963, pp.163, 173~174.
46) Hevi, 1963, pp.12, 183, 187.

"(중국과 같은 국가에서) 인간은 오로지 건물을 짓는 벽돌로서, 혹은 구조의 한 부분으로서, 국가를 건설하기 위한 재료로서만 그 의미(validity)를 가질 수 있다. 전체주의 국가는 그 원칙상 정치적 자유의 기반이 되는 시민들의 개인적 자율성을 인정할 수가 없는 것이다"[47]

중국의 남서부에 있는 큰 성에 관해 스티븐 세이지(Steven Sage)는 "중국의 변두리에 있는 큰 성들과 마찬가지로 쓰촨의 역사는 세계사의 일부분이다"고 말한다.[48] 홍콩, 한국, 몽골, 베트남, 만주, 대만, 동투르키스탄, 그리고 수시로 중국의 지배를 당했던 지역들의 역사도 세계사임은 물론이다. 그러나 중국에 의해 한번 건드려진 모든 영토는 중국의 가족으로 들어온 것이라고 간주하고, 역사도 중국의 역사가 된다고 보는 베이징은 이 같은 견해에 반대하고 있다. 유럽인들은 전형적으로 이 같은 견해를 따르지 않는다. 1810년 나폴레옹의 프랑스는 중부 이탈리아를 지배했고, 네덜란드, 벨기에의 대부분을 통치했으며, 일리리안 지방, 그리고 라인강 좌안지방의 대부분을 통치했다. 스페인, 스위스, 바르샤바 대공국, 그리고 프랑스 영토가 아닌 다른 많은 지역을 장악하고 있었다. 그러나 프랑스는 이 모든 지역을 '잃어버린' 영토라고 간주하고 분쟁을 벌이지는 않는다.

1996년 홍콩에서 열린 고대 베트남의 구리로 만들어진 '동손 북'(Dongson bronze drum)에 관한 강의에서, 청중 중의 중국인 한 사람은 "베트남은

---

47) Buchheim, 1968, p.14. 최근 중국은 미국 내에 있는 중국인들을 미국화인과 화교라는 말로 부르기 시작했는데, 미국에서 태어난 중국인과 그렇지 않은 중국인 두 가지 부류의 중국인이 미국에 있다는 사실을 인정하는 것이다 (*Renmin ribao*, July 24, 2001, and Feb. 13, 2001).

48) Sage, 1992, p.7.

한나라 왕조 이래 중국에 속했다." 그러므로 "그 북은 실제로는 중국의 것이지 베트남의 북이 아니다"고 주장했다.[49] 1992년 중국의 사회과학원에서 케임브리지 중국사를 번역출간했을 때, 중국인들은 영문판에 첨부되어 있던 명나라의 지도를 완전히 다른 지도로 바꾸어 넣었다. 명나라의 영역이 서쪽으로는 윈난, 쓰촨, 그리고 간쑤까지밖에 미치지 못했음을 보여주는 지도 대신에 베이징의 번역판은 명나라의 영역이 바이칼 호수를 넘어 파미르 산맥에까지 이르는 것으로 묘사하고 있다. 이것은 거짓말의 수준을 넘는다. 이는 중국제국이 세계를 조종한다는 과거, 그리고 현재의 허세를 반영하는 것이다.[50]

현대중국의 지리학자인 탄치싱은 중국과 동남아시아 지역의 경계선을 제시하는 역사지도를 그렸는데, 그에 의하면 중국과 동남아의 경계선은 2천2백 년 동안 오늘날의 경계선과 대체로 유사한 것처럼 되어 있다. 중국인과는 분리된 중국과의 국경선 부근의 영토들은 모두 중국의 성으로 되었다. 이것은 제국주의적 상상력이지 경험적 연구는 아니다. 탄치싱이 그린 진나라 시대의 역사지도에 의하면 윈난과 광시는 모두 중국에 포함되어 있다. 사실 이 지역들은 명나라에 이르러서야 중국에 편입된 영토들이다. 탄이 그린 동한(東漢)시대의 역사지도에 의하면 미얀마와 베트남의 북부지방이 중국의 영토로 되어 있다.[51] 원나라와 명나라의 지도를 함께 그림으로써 명나라 당시 중국의 영토가 줄어들었다는 사실은 무시되었다. 중국 정치체제의 영역이 확대된 데 대한 어떤 설명도 제시되지 않았다. 예로서 청나라 당시 행해진 군사적 정벌작전 등은 언급되지 않았다. 탄의 지도는 중국의 영역은 하늘이 준 것이며, 세월이 지나면서 저절로 구현된 것일 뿐이라는 인상을 준다.

) Wade, 2000, p.28.

50) Mou, 1992, front matter, Map 1, and 249.

51) Tan, 1996, pp.15~16, 19~20.

피터 퍼듀의 언급은 타당하다. "지도는 단지 땅뿐만 아니라 사람들도 통제한다." 지도는 "권력을 위한 가치 있는 도구다."[52] 2002년 상하이 박물관에 소장된 소수민족에 관한 지도는 난사〔南沙〕, 시사〔西沙〕와 둥사〔東沙〕군도를 중국의 영역으로 포함시키고 있다. 이 섬들은 중국의 동남부에 있는 섬으로서 이들의 대부분은 어떤 점에서 보아도 중국의 영토라고 말할 수 없다. 중국의 중학생들이 사용하는 주요 교과서는 대만을 수나라 및 당나라 시대 이래로 중국의 영토라고 기록하고 있다.[53] 서방 및 일본의 힘의 실체를 받아들이지 않을 수 없게 되었을 때까지 중국의 지도제작자들은 세계를 있는 그대로 묘사하지 않았다. 그들은 "자신이 원하는 모습대로 지도를 그렸던 것이다."[54] 오늘날에도 이 같은 소망적 사고(*wishful thinking*)는 계속되고 있다.

발해의 경우를 살펴보자. 이 나라는 698년부터 926년까지 존속한 나라로서 부분적으로 오늘날의 중화인민공화국의 동북방인 만주, 러시아, 그리고 한국의 북쪽에 걸쳐 있던 나라다. 발해의 주민들은〔중국어로는 보하이이며, 이는 중국의 보하이만(*Gulf of Bohai*)과 같은 이름이다〕한국인과 말갈(중국어로는 모허)인의 혼합이었고, 이들은 현재 중화인민공화국의 56번째 소수민족으로 되어 있다.

---

52) Perdue, 1998, pp.265, 272.
53) *Zhongguo lishi*, vol.2, 1: *Liu qiu*라는 명칭은 차후 사용된 Ryukyu와 같은 것이었지만, 수에서 원에 이르는 기간 동안 이는 대만을 지칭하는 것이었다 (Wilkinson, 2000, p.137).
54) Richard J. Smith, 1996 ("*Mapping* … "), p.96.

288

발해의 역사는 누구의 역사인가? 고고학은 과거에 대한 우리의 견해를 주기적으로 바꾸어 놓는다. 그러나 고고학은 때때로 국가적 사업의 일환으로 추진되기도 하며, 심지어는 민족주의적 사업이기도 하다. 특히 중국과 같이 교리는 물론 권력을 휘두르는 당정국가는 유물에 근거한 역사적 이해의 변동을 쉽게 받아들이려고 하지 않는다. 그 결과 중국의 경우 역사적 이해는 현존의 국제관계에 의해 결정되는 것이다. 필립 쿤은 "역사는 권력을 위해 희생된다는 사실은 오늘날의 현대중국에서도 피할 수 없는 일인 것 같다"고 쓰고 있다.[55]

한국의 고고학자들은 남한이건 북한이건 발해의 근원은 고구려(한반도에 근거했던 정치체제)라고 주장한다.[56] 러시아와 중국의 고고학자들은 대체로 발해를 말갈족의 국가라고 본다. 장쩌민이 통치하는 중국의 언론들은 대체로 "7세기가 끝날 무렵 우리나라 동북부의 말갈인들이 발해왕국을 건설했다"[57]고 주장한다. 물론 고고학적 발굴은 발해의 기원에 관한 학설들의 차이점을 해결할 수 있을 것이다. 그러나 중국은 현재 중화인민공화국 역내에 있는 발해의 역사적 유적지에 한국 혹은 다른 나라의 고고학자가 접근하는 것을 허락하지 않을 것이다.[58] 발해를 연구하는 한국의 역사학 교수 송기호 씨는 1990년대 발해의 유물을 탐사하던중 중화인민공화국의 박물관 및 유적지로부터 추방당했다. 그는 "한 박물관이 나의 입장을 허용했습니다. 그러나 박물관 직원은 내가 가는 곳마다 따라왔고, 노트 필기를 방해했으며, 결국 박물관을 보는 도중 나가라고 요구했습니다"고 말했다.[59]

55) Kuhn, 2002, p.1.
56) Byington, 2000, p.2.
57) *Heilongjiang ribao*, Oct. 27, 2001.
58) Byington, 2000, pp.6~7, 9~10.
59) Song, 1998~1999, p.59.

"베이징 정부의 고고학 연구에 대한 폐쇄정책의 정치적 원인은 중국의 동북방지역에 사는 소수민족인 조선족이 한국을 그들의 조국으로 생각하고 있다는 사실 때문이다"고 송 교수는 말한다.[60) 베이징 정부는 중화인민공화국의 한국계 후손들을 '한국계 중국인'이라고 부르기를 거부한다. 중국정부는 이들이 한국의 고위관리가 중국을 방문했을 때 주최하는 모임에 참석하는 것도 금지한다.

송기호 교수는 중국의 배타적 민족주의에 대해 불만을 표시한다.

"오늘날 중국이라는 영토 내에서 일어나는 모든 일은 중국정부가 공식적으로 주장하는 중국의 역사를 정당화시키는 목적으로 사용된다. 이러한 관점들은 소수민족의 역사를 하나의 중국종족이라는 개념에 융합시키는 이념적 근거를 제공한다."

이러한 견해를 가진 베이징 정부는 고고학 연구를 단순한 학술연구라고만 생각할 수는 없는 노릇이다. 발해를 한국 혹은 러시아 역사의 일부로 보는 견해는, 중국의 당정국가가 보기에는 오늘날의 중화인민공화국, 과거의 중국이라는 조국으로부터 발해를 떼어내는 것과 마찬가지가 된다. 마오쩌둥 이후의 민족주의시대에 들어와서 베이징 정부는 만주의 과거에 대해 더욱더 제국주의적 입장을 취하고 있다. 중국은 고구려의 역사를 중국역사의 일부라고 주장하기 시작한 것이다.[61) 사실 고구려 왕국(37 B.C.~A.D. 668)은 만주지역에서 출발했고 그후 수도를 평양으로 옮겼으며, 한국의 역사에 포함되는 삼국 중의 한 나라였다.[62) 1993년 고구려 관련 한중학술회의는 양측 학자들이 분노한 격론 끝에 제대로 끝날 수 없었고 북한의

---

60) Song, 1998~1999, p.59.
61) Zhang and Wei, 1998, pp.18~28.
62) Byington, 2000, pp.14~16.

고고학자는 다음과 같이 질문했다. "영토의 주인공이 변했다고 역사도 변할 수 있는 것인가?" 제국주의적 관점에서 보면 그렇다. 현재의 제국을 지탱하기 위해 역사를 왜곡하는 일은 베이징 정부가 도저히 하지 않을 수 없는 일이다.

그렇다면 영토는 영원한 것인가? 송기호 교수가 기술했듯이 "만약 내가 어떤 영토의 일부분을 차지하게 된다면, 그 경우 그 영토의 역사는 나의 역사가 되는 것인가? 만약 내가 그 땅을 잃게 된다면, 그 경우 나는 그 땅의 역사도 잃게 되는 것인가?"[63] 고구려와 말갈족의 혼합으로 구성된 발해의 역사는 한국과 중국의 역사에 한 부분이 되는 것인가? 현재 야기되는 충돌은 "중국의 정치적 아젠다와 한국의 역사적 믿음" 사이에서 야기되는 것이다.[64]

일부 중화인민공화국의 역사가들은 이 문제에 대해 미묘한 입장을 취한다. 장비보는 "고구려는 중국역사의 일부였다. 그러나 수도를 평양으로 옮긴 후 고구려는 한국의 역사가 되었다. 고구려의 역사는 '하나의 역사 두 가지 사용'의 사례가 된다.[65] 그러나 21세기에 들어와 중국의 당정국가는 발해 및 고구려에 관한 자신의 견해를 더욱 강화시키고 있다. 2000년 헤이룽장〔黑龍江〕성의 성립박물관을 방문중이던 송 교수는 발해유품의 전시관에서는 노트 필기를 금지당했다. 2001년 발해의 수도가 있던 유적지의 절에서 석등(石燈)사진을 찍고 있던 송 교수는 불법행위를 했다고 하여 250달러의 벌금을 물었다. 송 교수는 베이징은 중국 변방지역의 역사에 대해 "중국공산당 통치하에 있는 중국은 결코 객관적 역사를 수용할 수 없을 것이다"고 말하고 있다.[66]

---

63) Song, 1998~1999, pp.60~61.

64) Byington, 2000, p.19.

65) Zhang, 2000, pp.7~8.

66) Song Ki-ho 교수가 저자에게 보낸 e-mail, Aug. 9, 2002.

청나라는 만주를 자신의 근거지로 보았다. 만주가 중국화되었을 때, 어디에서 그 지역은 만주의 지위를 떠나게 되었는가? 중국의 여러 변방지역과 마찬가지로, 이 지역의 운명 역시 국제적 힘의 역학관계에 놓이게 되었다. 만약 일본이 중국을 군사적으로 격파하고(1894~1895), 러시아를 격파(1904~1905)하지 않았더라면 러시아는 만주를 자신의 속령으로 삼았을 것이다. 20세기에 들어와 러시아와 일본은 약화된 중국에 압박을 가했고 만주왕조인 청나라는 소멸되어버렸다. 만주에 있는 대부분의 사람들은 그들의 조국이 어느 특정한 나라라고 생각하지 않는다. 그러나 그들은 자신의 주체성을 가진 주권국가의 건설을 추구하고 있다.[67)]

　1931년 일본의 군사적 점령은 만주의 분리적 존재에 편견을 가져오게 하였다. 그러나 프라센지트 듀아라(Prasenjit Duara)가 말하듯, 일본의 나라인 만주국(滿洲國)이 "의도상으로는 제국적이었지만 그 형태는 민족주의적"인 나라였다.[68)] 역설적으로 일본의 통치기간은 만주로 하여금 과거 어느 때보다 더 강력한 주체성을 가지도록 하였다. 1930년대 중국의 공산당마저도 만주라는 지역을 그 지명에서 유래한 대로 '만조우'라고 불렀고, 중국과의 불확실한 관계를 인정했다. 1949년 7월 중국에 파견되었던 미국의 외교사절단은 "중국 공산주의자들은 만주의 특별한 지위를 인정하고 있으며, 중국'본토의 정부와는 다른 형태의 정치체제가 만주에 존재하고 있음을 계속 인정한다"고 언급했다.[69)]

　중국공산당의 교과서는 장제스는 공산당과 싸우기 위한 협상의 조건으로

<hr/>

67) Elliott, 2000, pp.607, 619, 639~640.

68) Talk at Fairbank Center, Harvard University, May 14, 2001.

69) David Wang, 1999, p.416.

만주를 일본에 넘기려고 했다고 쓰고 있다. 군벌인 장쭤린[張作霖]은 만주를 독립된 봉건국가로 건설하기 원했으나 일본이 그를 격파했다. 논리, 정의, 주민의 의지 등 어느 것도 만주의 운명을 결정하는 요인은 아니었다. 중화인민공화국은 지명으로서 만주가 가지는 모든 기억을 다 지워버리려고 노력하고 있다. 베이징 정권에 만주는 새로운 중국제국을 건설하기 위한 벽돌의 일부인 것이다. 한국인이든, 만주인이든, 누구든 중국의 동북삼성에 거주하는 사람들은 정의상 모두 '중국인'인 것이다. 만주 혹은 다른 지역에서 '중국인'이라 함은 새로운 중국제국의 통치를 받는 모든 사람을 의미하는 것이 되었다.

쑨원은 자신의 민족이론에서 제국주의적 융합의 문호를 열었다. 그는 "다섯 개의 종족이 중국이라는 민족(중화민족) 아래 통일되었다"고 말했다. 이 다섯 개의 종족이란 한족(지도자로서), 티베트족, 만주족, 몽골족, 그리고 터키(돌궐)족을 말한다. 쑨원은 파시스트의 냄새가 풍기는 다른 말도 고안해 냈다. "위대한 민족주의의 국가"라는 쑨원의 개념은 중화인민공화국의 제국주의적 프로젝트의 전조가 되었다.[70] 국가와 전위적 민족(*vanguard race*)은 융합되어버렸다.

듀아라는 레닌의 문장을 다시 고쳐 다음과 같이 말했다. "반제국주의는 민족주의의 최고 단계다." 중국은 19세기, 20세기 동안 민족주의 국가형태를 서방과 소련으로부터 배웠고, 이것을 새로운 중국제국을 건설하는 기본으로 삼았다. 제1차 세계대전이 종식된 이후부터 20세기가 끝날 때까지 민족국가의 이데올로기는 성공적 이데올로기가 되었다. "클럽에 가입하기 위해서는 우선 민족국가가 되어야 한다"고 듀아라는 말한다.

민족이란 옷으로 무장한 중화인민공화국은 제국주의에 반대하는 것처럼 보였다. '자율성', '소수민족', '프롤레타리아의 단결', '우리는 결코 패권을

---

70) Brødsgaard and Strand, 1998, pp.19~20.

추구하지 않겠다'는 등의 부드러운 말로서 중화인민공화국은 마술사의 재주를 감추고 있었다. 반제국주의를 소리 높이 외치는 동안 중국은 자신의 제국주의적 행동들을 숨기고 있었다. 중국은 만주, 신지앙, 내몽골 등 국제 공동체가 그렇게 반대할 것 같지 않은 지역들을 서서히 통합했다. 청나라 왕조가 사용했던 용어, 즉 변방의 주민들을 '통제'하기 위해 '문화와 교리'를 사용함으로써 "그들이 '법을 알도록' 하라"는 옛적의 방안은 오늘날 중국의 역사학자들에 의해 중화인민공화국이 '소수민족'을 다루는 데 유용하게 사용될 수 있는 것이라고 생각하는 중이다.71)

물론 21세기에 우리는 새로운 단계로 돌입하고 있다. 민족국가라는 것 그 자체가 압박당하는 상태가 되었기 때문이다. 작은 나라들의 주권은 다양한 국제적 힘들에 의해 손상당하고 있다. 세계화는 이 같은 진행방향에 모멘텀을 제공하고 있다. 강대국 중에서는 오로지 중국만이 반제국주의와 혁명적 민족국가라는 미명 아래 약소국들을 자신의 제국에 포함시켜 놓고, 그들의 정체성을 마멸시키고 있는 나라다. 듀아라는 "실제로 중국의 경우 민족주의와 제국주의는 반대인 것처럼 보이면서도 대단히 가까이 연결되어 있다"고 정확히 말하고 있다.72)

과거의 교훈을 본다면 중국제국에 편입되었다가 떨어져 나오는 것을 반복했던 중국 주변부 나라들의 운명은 그들의 내부적 정체성보다는 외적 요소의 작동에 의해 판가름되었다. 1842년 영국이 청나라 왕조를 몰락시키고 홍콩을 빼앗았던 당시, 그리고 영국의 약화된 의지가 더 이상 홍콩을 가지고 있으려는 마음을 잃게 했던 1980년대에는 거꾸로 중국이 홍콩을 다시 차지하게 되었다. 홍콩의 운명은 이처럼 외세에 의해 규정된 것이다. 745년 티베트가 당나라에게 군사적으로 패배함으로써 티베트는 당나라의 지배하

---

71) Li Shiyu, 2000, pp.22, 29.
72) Talk at Harvard University, May 14, 2001.

에 들어갔는데, 영국과 인도가 이 지역에 개입할 무렵 다시 반전되었다가, 1949년 이후 중국은 다시 티베트에 대한 지배를 선포했다. 1944년 장제스가 약화되었을 때 신지앙성 북부지방의 동투르키스탄은 독립을 이룩했고, 스탈린의 정책이 마오쩌둥으로 하여금 신지앙지역 전체를 중화인민공화국의 범주에 넣을 수 있도록 도와주자 몇 년만에 다시 독립을 잃게 되었다. 마오쩌둥은 에드가 스노우에게 "몽골은 '자동적으로' 빛나는 중국 사회주의 인민공화국의 일부가 될 것이다"고 말한 바 있다. 그러나 스탈린이 다른 계획을 가지고 있다는 사실을 알게 된 후, 1952년 마오쩌둥은 주저하듯이 '몽골인민공화국'은 중국과 '국경'을 마주하는 나라라고 말했다.[73] 앞으로도 국제관계의 균형이 갑자기 붕괴되는 일이 지속적으로 야기될 것이 분명하며, 이는 중국의 영토에 대한 야망에 큰 영향을 미치리라는 점은 의문의 여지가 없다.

---

73) Snow, 1961, p.110; Takeuchi, vol.7, p.98. CCP-KMT 국공내전(*civil war*)이 몽골의 미래를 어떻게 결정했는가를 알기 위해서는 Hoshino, 2000, p.112를 참조할 것.

제 8 장

해양 제국

4천 년 동안 지속된 대국 중국은 그 기반이 없다. 우리가 저기 중국이 있다 말한다 해도 그것은 형태로서의 중국일 뿐이지 실체가 아니다. 왜냐하면 중국은 기반이 없기 때문이다. … 대국의 기반은 작은 지역들이다. 전체로서의 국민을 구성하는 것은 개별적 시민들이다.　　　　　　　　　 - 마오쩌둥, 1920년[1]

　베이징 당국은 "대만의 문제는 해결되어야만 한다"고 말하며 수십 개국의 외교관들은 이 같은 주장에 동의한다고 화답한다. 그러나 중국의 독재정부에 의해 정의된 문제는 무엇이며, 그 문제는 어떤 해결방법이 있는가? 대만은 발전하지 못한 나라인가? 대만은 안정적 민주국가이며 아시아에서 세 번째로 높은 일인당 국민소득을 보유한 나라다. 대만의 인구는 세계 46위밖에 안 되지만 무역액으로는 세계국가 중 11위를 차지하고 있다. 인구 2천 2백만의 대만은 인구 12억의 중국이 미국에서 구입하는 액수와 맞먹는

---

1) Schram, 1992, p.546.

296

액수의 물건을 미국으로부터 구입하고 있다. 중화인민공화국 인구의 2%에 불과한 대만의 인구는 2001년 현재 중화인민공화국 전체 GDP의 3분의 1을 생산하고 있었다.[2]

더욱이 중화인민공화국과 대만의 관계는 1950년대 이래 가장 성공적 평화공존의 이야기라고 말할 수 있다. 베이징 정부는 여러 차례 이웃나라들과 전쟁을 벌였지만 대만과 중화인민공화국 사이에서는 전쟁이 발발한 적이 없었다. '대만문제'라 함은 현상유지에 대한 베이징 정부의 불만을 의미한다. 베이징은 대만을 그 자신으로부터 보호해 주겠다고 주장한다. 《깨어나는 중국》(*China Wakes*)이라는 책에서 니콜라스 크리스토프(Nicholas Kristof)는 "세릴과 나는 타이베이의 번화가를 걸을 때처럼 중국 본토의 미래에 대해 낙관한 적이 없었다"고 썼다.[3] 이 같은 언급의 전제는 폭발적이다. 대만은 중국 본토의 미래를 전망케 해준다. 그러나 베이징은 거꾸로 중화인민공화국이 대만의 미래를 비추어 준다고 주장한다.

제7장에서 소개했던 중국의 모호한 영토들 중에서 대만은 중화인민공화국과 가장 다른 영토 중의 하나이지만, 중화인민공화국 정부가 가장 강력하게 영유권을 주장하는 곳이다. 대만 섬의 처지는 제국주의적 이슈가 첨예하게 나타나는 곳이다. 제7장에서 다룬 주제들은 마치 바늘귀 앞에서 엉켜있는 실타래와 같은 느낌이다. 역사가들의 주장, 제국적 권위, 민주주의 독재 정치, 하나의 중국, 적에 대한 분명한 인식, "정치체제를 구성하기 위한 벽돌"의 관점과 개인으로서의 시민, 국경에 대한 세력균형의 영향력 등 다양한 요인들이 엉켜 있는 것이다.

2) *Far Eastern Economic Review*, Oct. 4, 2001.
3) Kristof amd Wudunn, 1994, p.347.

때때로 젊은 시절의 마오쩌둥도 공언했듯이 중국에 속하느냐 마느냐의 이슈는 대중의 뜻 혹은 사회정의를 따르는 경우도 있었다. 중화인민공화국이 수립되기 30년 전, 마오쩌둥은 한편으로는 자신의 고향인 후난성에 충성을 바쳐야 할지, 또 다른 한편으로는 중국에 대한 애국심이 우선일지에 대해 번민했다. 당시 26세였던 마오쩌둥은 중국의 통일에 대해 말했다. "만약 중국에 완전하고 전면적인 혁명이 일난난다면 나는 그것을 지지하겠다. 그러나 그것은 가능하지 않은 일이다." 대신 그는 다음과 같이 결론내렸다. "우리는 전체로 시작할 수는 없다. 부분으로부터 먼저 시작해야만 한다."[4] 마오쩌둥의 궁극적 목표는 중국을 다시 활기차게 만드는 일이었다. 그러나 1920년대 그의 중요한 관심은, 중국은 어떤 정부를 가져야 할 것이냐에 관한 문제였다. 이상(理想)으로 비추어 진, 혹은 멈출 수 없는 역사의 기관차로 생각된 중국의 통일은 인민의 의지 및 사회정의를 배제하는 것은 아니었다.

중국공산당이 새로이 설립된 1949년 이후 대만을 포함하려는 중국공산당의 노력의 맥락에는 도덕적 차원의 문제가 포함되어 있다. 1940년대의 대만은 일본의 침략을 막아내려는, 그리고 동시에 내란을 해결하려는 중국과 불확실한 관계 아래 놓여 있었다. 중국과의 관계가 불확실했던 이유는 대만이 1884년에 비로소 중국의 한 부분이 되었다거나 혹은 이 시기 대부분 대만이 일본의 지배를 받고 있었다는 사실에서 연유한 것만은 아니었다. 그러나 이처럼 불확실한 관계는 내란에서 패배한 장제스가 대만으로 망명함에 따라 확실한 관계로 바뀌게 되었다. 장제스는 중화민국을 지속하기 위해 중국 남동부의 대만으로 피신했다.

---

4) Schram, 1992, p.547.

장제스가 타이베이에 있다는 사실은 베이징으로 하여금 자신의 왕조적 정복정책을 완성하기 위해 대만을 점령해야 할 것이라는 계획을 더욱 지지하게 된 계기가 되었다. 중국공산당의 대만을 향한 계속적 진출을 반대하는 미국의 어떤 특정한 주장이 결여되었다는 사실에서도 강력히 나타난다. 미국은 타이베이에 있는 장제스 정부의 운명을 1946년 시작된 내란의 마지막 단계라는 맥락에서만 보고 있었다.

1949~1950년 사이 대만문제의 맥락은 북한이 한국을 공격함에 따라 결정적으로 바뀌게 되었다. 1950년 봄, 마오쩌둥은 혁명을 남한에까지 확대하겠다는 김일성의 계획에 우호적 태도를 취했다. 마오쩌둥은 모스크바에서 스탈린에게 "우리는 작은 김씨(Little Kim)를 도와주어야만 한다"고 말했다.[5] 당시 북한군대의 일부는 아직 중국인민해방군과 함께 작전하고 있었다. 김일성은 그 부대를 자신의 한국통일 노력을 지원하기 위해 보내달라고 요청했다. 마오쩌둥은 이에 동의했다. 큰 계획을 가지고 있었으며 간교한 스탈린은 1948년 이래 중국으로 하여금 미국에 대해 강경노선을 견지하라고 압력을 가했다. 그러나 모스크바 자신은 한국전쟁에 직접 개입하려고 하지 않았다. 스탈린은 중국군이 한국전쟁에 개입할 준비를 하는 동안 저우언라이에게 말했다.

> "당신네들은 북한인민을 돕는 것이 가능할 것이요. 그러나 우리에게는 그것이 불가능하오. 왜냐하면 우리는 아직 제3차 세계대전을 치를 준비가 안 돼있기 때문이오."[6]

한국전쟁에 개입하는 과정에서 마오쩌둥은 김일성의 침략적 목표에 대한 지지, 자신과 스탈린과의 개인적 관계, 중국의 혁명을 강화시키기 위해서는

---

5) Goncharov, Lewis, and Xue, 1993, p.130.
6) Shi Zhe, 1991, p.496.

혁명적 외교정책을 채택해야 한다는 이념적 확신 등 여러 가지 요인들을 고려했다. 그는 미국과의 전쟁을 원하지는 않았다. 김일성의 서울점령 계획을 함께 추진하는 과정에서 마오쩌둥은 미국이 개입하리라고 가정하지 않았다. 적어도 마오쩌둥은 스탈린에게 미국이 개입하지 않을 것이라고 말했다. 그렇게 말함으로써 스탈린으로 하여금 자신이 대만을 공격하는 경우에도 미국이 개입하지 않을 것이라고 믿도록 하고 싶었다. 여러 가지 후회스러운 언급들을 통해 트루먼 대통령과 국무장관 존 애치슨은 마오쩌둥, 스탈린, 김일성으로 하여금 미국은 개입하지 않고 먼발치에 서 있을 것이라는 모든 확신을 가질 수 있게 하였다.[7]

그러나 미국은 개입했다. 곧바로 김일성은 방어적 태도를 취해야 하는 처지가 되었다. 김일성이 한국을 공격하는 바람에 미국의 대만정책과 한국정책은 모두 방향을 급격히 전환하였다. 한국에서 위기가 발발하자 맥아더 장군은 도쿄에서 타이베이로 날아가 장제스를 만남으로써 한국-대만의 커넥션을 단단히 하였다. 한마디로 말한다면 베이징의 통일계획이 중국의 내란을 완수한다는 차원을 넘게 되었을 때, 대만과 중국 본토와의 관계도 급변하게 되었다.

중화인민공화국이 한국전쟁에 개입하기로 결정한 직후, 마오쩌둥은 신화통신사 사장에게 전보를 보내, 대만이 짧은 시일 이내에 점령될 것이라는 어떤 공적 언급도 자제할 것을 명령했다. 마오쩌둥은 "지금부터 우리는 대만과 티베트를 공격할 의도가 있다는 사실만을 말하고 언제 공격할지에 대해서는 언급하지 말라"고 말했다.[8] 최근에 밝혀진 이 전보는 외교사상 가장 중요한 억지력의 증거라고 말할 수 있다. 마오쩌둥은 대만 이슈의 맥락이 변했다는 사실을 인식했다. 그는 사회주의와 자본주의 사이에 광범한

7) Chen Jian, 1994, pp.89, 102, 156~157, 213~215.
8) Mao, *Jianguo yilai Mao Zedong wengao*, cable of Sept. 29, 1950.

국제적 갈등이 전개될 것이라는 현실을 맥아더 장군보다 오히려 더 잘 받아들였다. 이러한 갈등은 냉전이라 불리게 된 것이다.

20세기 중반 대만이 당면했던 문제들은 중국역사에는 흔히 나타나는 것과 같은 패턴이었다. 비슷한 요인들이 황제와 티베트, 홍콩, 신지앙성, 몽골, 동시베리아, 대만 및 다른 변방지역과의 관계에 영향을 미쳤다. 명나라의 지도자들은 대만을 중국의 일부라고 생각하고 행동하지는 않았다. 청나라 왕조에 관한 글에서 존 월스는 "중국의 황실과 푸젠성의 관리들은 네덜란드가 대만을 다시 점령하는 것을 하락하고자 했다. 대만은 결코 중국의 일부인 적도 없었고 통치하기도 어려울 것이기 때문이었다"[9]고 기술했다. 천 년 전 동부 해안지대의 국가였던 오(吳)와 월(越)은 송나라에 대항하기 위해 비중국적 국가인 거란을 이용했다.[10] 한국전쟁 이후 오늘날에 이르기까지 대만은 특히 미국, 그리고 일본을 이용 — 마치 오나라와 월나라가 그러했던 것처럼 — 이론상으로 아주 불리한 상황에서 정치적 자유를 보장받고 있는 것이다.

하나의 중국이라는 개념은 오직 최근에 이르러서야 대만의 목을 조이는 논리적 손과 같은 역할을 하고 있다. 1928년 상하이에서 비밀스럽게 조작된 대만공산당은, 일본의 공산당과도 연계를 가지고 있었는데, 대만의 독립을 정치적 강령으로 삼고 있었다. 이러한 일은 레닌의 강력한 지원하에 이루어졌으며, 마오쩌둥과 일본공산당에 의해서도 민족의 자결이라는 원칙아래 지원을 받았던 것이다. 3년 후 대만공산당(TCP)은 분열을 노정했고새로 조직된 대만공산당은 중국공산당의 지부가 되어버렸다. TCP의 새로운 지도자들은 모두 대만인들로서 그들은 중국공산당(CCP)의 당원인 동시에 TCP의 당원이었다. 1931년 이후에도 대만공산당의 정강에는 대만의 독

---

9) Wills, 1968, p.233.
10) Rossabi, 1983, p.7.

립을 목표로 한다는 내용이 살아남아 있었다. 세 가지가 추종되어야 할 원칙으로 제시되었다. '대만 인민' 혹은 '대만 민족', '대만 혁명', 그리고 '대만의 독립'이 그 세 가지 원칙이었다.[11]

　TCP는 대만의 독립을 원했고, 이는 중국공산당에 의해서도 지원되었다. 이는 단순한 전술 혹은 차후 중국과의 통일을 위한 제 1단계는 아니었다. 대만공산당의 정강은 청나라가 대만을 지배하던 시대를 포함, 대만민족의 역사적 발전 등을 오랜 기간 연구한 후 결정된 것이었다. '중국혁명'은 대만이 독립을 통해 "대만공화국을 건설하는 것"과는 별개의 프로그램으로 논의되었다. 타당한 자료들을 섭렵한 후 첸황밍은 다음과 같은 결론을 내렸다.

　　"중국공산당의 정강, 결의문 및 정책 등에 관한 자료 중에(1928년부터 1943년에 이를 때까지) 대만민족은 반드시 독립을 이루어야 한다는 데 대해 반대하는 내용의 자료들은 존재하지 않았다."

　마오쩌둥의 공산당은 대만을 반복적으로 "약하고 작은 나라"라고 지칭했다.[12]
　대만공산당의 입장을 무시하며, 중국공산당과 그 위원회 및 문서들은 대만의 '민족으로서의 성격' 혹은 '국가로서의 성격'을 인정했던 것이다. 1928년 제 6차 중국공산당 전당대회 당시, 대만인들은 한족과는 다른 사람들이라고 말했으며, 다른 종족 혹은 종으로 인식되었다.[13] 마오쩌둥의 중국공산당은 한국과 베트남, 그리고 대만을 모두 독립국가의 건설로 향하는 민족들이라고 보았다. 1930년대 행해진 마오쩌둥의 가장 중요한 연설 중에서 그는 "한국민족, 대만민족 등"에 관한 말을 다섯 차례나 사용했다. 1941년 저우언라이도 마찬가지 말을 했다.

---

11) Chen Fangming, 1998, pp.233~234.
12) Chen Fangming, 1998, pp.219, 222, 237.
13) Hsiao and Sullivan, 1979, p.447.

"우리는 반드시 다른 민족국가들의 독립 및 해방운동을 지원하는 마음을 가져야 한다. 우리는 한국 및 대만의 반일본제국주의 운동을 지원할 것이며, 반독일, 반이탈리아 운동을 지원할 것이다."[14]

장제스의 경우, 1930년대 동안 그의 난징정부인 중화민국은 타이베이에 영사관을 두고 있었다. 대만을 별개의 실체라고 보았다는 사실을 의미하는 것이다. 1943년 카이로선언에서 루스벨트, 스탈린, 그리고 장제스 등이 일본은 패배할 경우 대만을 중국에게 양보해야만 한다고 결정했을 때부터 중국공산당의 언급 속에서 비로소 대만은 중국의 일부분이라는 인식이 나타나기 시작한 것이다.

냉전이 끝난 1990년대에 중화인민공화국의 통일을 위한 아젠다 중 세 번째 맥락이 출현하였다. 대만문제는 중화인민공화국과 다른 나라들, 심지어는 미국과의 관계를 초월함은 물론, 1949년의 혁명을 완결한다는 차원을 넘는 것이었다. 대만은 1980년대 후반, 장제스의 후계자인 그의 아들 장징궈〔蔣經國〕의 과감한 결단으로 민주주의 국가로 변모하였다.

국민당을 반대하는 사람들이 감옥에서 출옥되었고, 정치적 직위를 차지할 수 있게 되었다. 유일한 목소리만을 반영하던 언론도 다양한 의견을 내기 시작했다. 당정국가였던 대만은 정치적 다원주의의 길로 나갔다. 과거의 정적들, 망명 정치가들, 그리고 투옥되었던 정치가들, 이 중에는 천수이볜이라는 변호사도 포함되었는데, 그는 후에 새로운 야당인 민진당의 유명한 지도자가 되었다. 1996년 장징궈가 죽은 이후, 대만은 중국문명의 역사상

14) Hsiao and Sullivan, 1979, pp.448, 451, 453~454.

처음으로 모든 성인이 선거권을 가지고 대통령을 직접선거를 통해 뽑았다. 그 다음 대통령 선거인 2000년의 선거에서 천수이벤은 대만의 대통령이 되었다. 얼마 전까지만 해도 지하에서 활동하던 아마추어들의 정치집단이었던 민진당은 오랜 기간 동안의 국민당 통치를 종결시켰다.

대만은 국가가 되었다. 물론 대만의 새로운 지위를 결정한 요인에는 그 나라가 민주화되었다는 요소 이외에 다른 것들도 있다. 타이베이 정부가 '본토회복'을 더 이상 말하지 않기로 한 이후, 대만은 이 지역 국가들 사이에서 점차 성숙한 주권국가로 발전하였다. 막강한 대만의 경제는 1997년부터 1998년 사이 아시아의 재정위기 당시에도 견실함을 보여주었다.

그러는 동안 아세안 국가들(ASEAN)과 일본은 베이징 정부의 고집스러운 난사군도〔南沙群島〕에 관한 분쟁에 관심을 기울이기 시작했다. 베이징의 전형적 논문은 "남지나 해에서의 주권국가는 단 하나뿐이다. 그것은 중국이다. 중국은 이 남지나 해 지역의 모든 관할권을 완벽하게 보유한다"[15]고 말한다. 시간이 지남에도 불구하고 단순한 요인이 존재한다. 중화인민공화국은 현재 대만에 있는 중화민국정부는 1949년 역사적으로 중화인민공화국에 의해 계승되었다고 주장한다. 그러나 사실 베이징 정권은 50년 동안 대만을 회복하는 데 실패했다. 여기서 '영토적 지속성'(territorial persistence)[16]이라는 논리가 나온다. 청나라가 주변국과 어떠한 관계를 맺고 있었는지에 관한 글에서 호핑티는 "중국 주변에 있는 나라들의 진정한 위치는 중국이 그 나라들을 효과적으로 통치할 수 있는 능력의 여부에 따라서 결정된다"고 말했다.[17] 1980년이 되었을 때, 대만의 '지위'는 베이징이 대만을 효과적으로 통치할 수 없었다는 의미에서 그 지위가 바뀌었다. 이처럼 통일이 오래도록 지연되었다는 사실은 대만이 민주적 제도를 건설하고, 대만의 주민들

---

15) Li Quoqiang, 2000, p.81.

16) Lovelace, 2000, p.58.

17) Ho, 1967, p.190.

304

이 중화민국과 중화인민공화국의 역사적 갈등을 새로운 관점으로 보게 됨으로써 더욱 복잡하게 되었다.

1991년 12월 대만이 민주화되기 시작한 초기, 전 대만국민이 참여하는 국회위원 선거운동을 참관한 저자는 다음과 같이 썼다.

"대만의 국민당은 진정으로 통일을 추구하지 않으며, 민진당은 진정으로 독립을 추구하지 않는다. 다른 민주주의 국가와 마찬가지로 각 정당은 선거권을 가진 시민들을 설득하는 데 필요한 이상(理想)을 증진시키고자 노력하며, 그들이 가장 신경을 쓰는 것은 국민들의 진정한 복지에 관한 것이다.… 대만이 독립을 선언한다든가, 또는 본토와 통일할 가능성은 거의 없어 보인다. 대만시민의 압도적 다수는 이 같은 극단적 과정을 선호하지 않는다."18)

민주화가 진행된 지 10년 후, 이 같은 관점은 더욱 분명해졌다.

그 결과는 중화인민공화국의 통일을 위한 아젠다가 약화되었다는 것이다. 그러나 베이징의 당정국가는 민주적 과정이 어떻게 주권을 창출하는지에 대해 알지 못하고 있다. 중화인민공화국은 선거가 주권과 어떻게 연계되는지 아주 잘못 알고 있으며, 다음처럼 말한다.

"대만에 대한 주권은 모든 중국인민들에 속하는 것이지, 대만주민들의 일부에게 속하는 것은 아니다."19)

실제로 민주주의가 꽃피는 곳에서는 대만과 홍콩의 경우에서 보이는 것처럼, 베이징이 생각하는 정통성의 개념이 적용되지 않는다. 대만에서 행해

18) Ross Terrill, *Newsday*, Dec. 10, 1991.
19) *White Paper on the One-China Principle and the Taiwan Issue*(Beijing), Feb. 2000; excerpted in *New York Times*, Feb. 21, 2000.

진 수 차례의 선거는, 이 영토에 관한 주권을 분명히 했으며, 대만이라는 섬나라의 주체성을 강화시켰다. 1999년 7월 28일, 당시 대만 대통령 리덩후이가 사무실에서 다음과 같이 말한 것을 직접 들었다.

"나는 이 분명한 사실을 말해야만 하겠다. 나는 이 나라의 대통령이다. 나는 이 나라의 국가이익을 지켜야만 한다."

다른 한편으로 레닌주의적 제국주의 국가에서는 자신 스스로의 이미지로부터 하나의 중국이라는 개념이 나오고 있으며, 이것은 현대의 세계에서 변칙적 일이다. 하나의 중국이라는 개념은, 과거 중국이 자신들의 원칙에 따라 이웃국가들을 생각했던 시대를 떠올리게 한다. 하나의 중국이라는 개념은 국가변화의 원천과 대외관계의 근거가 국가사회의 내적 발전에 의존하는 시대에서는 타당치 못한 개념이다.

베이징의 제국주의적 관점이 아니라면 "국내정치에 대한 간섭"을 할 수 없는 일이다. 달라이 라마가 프라하, 워싱턴 혹은 시드니를 방문했을 때, 그 나라 정부들이 그에게 말한다면 그것은 "중화인민공화국 국내정치에 대한 간섭"이다. 그러나 2000년 이래로 대만의 대통령인 천수이벤이 미국을 방문한다면 그 원칙은 달라지게 된다. 2000년 천수이벤이 남아메리카를 방문하는 길에 로스앤젤레스에 도착했을 때, 베이징 정부는 천수이벤 대통령이 미국의 관리 및 국회의원을 포함하는 미국관리를 만나지 말 것을 요구했다. 제국주의적 관점에 사로잡힌 중국공산당원들은 그것이 바로 스스로 제국주의적 생각을 하는 자신들이 취하는 조치가 "미국의 국내정치에 대한 간섭"이라는 사실을 알 수 없었다.

2001년 12월 천수이벤 대통령은 대만의 중화민국 대통령으로서 처음으로 본토에 있는 청취자들에게 방송했다. 천수이벤은 자신의 꿈은 "두 나라의 지도자가 악수하는 것"을 보는 것이라고 말했다. 그는 또한 푸젠성의 자신의 선조들에 대해 다음과 같이 말했다. "나는 어느 날 나의 기원에 대해서 알아볼 수 있는 기회를 갖고 싶습니다."[20] 6개월이 지난 후 저자는 천수이벤 대통령을 만나서 만약 장쩌민을 만나게 된다면 이상의 두 가지 언급을 어떻게 연결시킬 것인가 물었다. 그는 "이 두 언급 사이에 갈등은 없다"고 대답했다. 말하는 동안 대통령은 그의 지갑에서 문건을 꺼내보였다.

"이것이 나의 출생증명서입니다. 내가 대통령으로 취임하기 이틀 전에 대만 TV 회사는 이 문서를 나에게 제공했습니다. 내가 푸젠성에서 나 자신을 위한 조사를 할 수 있을 때까지 이 증명서를 나의 지갑 속에 넣고 다닐 것입니다."

자신의 라디오 방송 및 그후 여러 가지 언급에서 자신의 선조에 대한 이야기와 선출된 지도자로서 자신의 역할이라는 주제를 병치시킴으로써, 천수이벤 대통령은 중화인민공화국의 하나라는 중국의 개념을 무너뜨리고 있다. 그는 분명히 중국인의 후예다. 그러나 그는 중화인민공화국의 일부가 아닌 지역에서 민주적으로 선출된 지도자이기도 하다. 그는 우리와의 모임에서 "중국인의 후예로서, 그리고 중화민국의 대통령으로서, 나는 장쩌민 주석과 대만해협 사이의 평화 및 발전문제에 관해 토론해야만 합니다"라고 말했다.[21]

---

20) *Taipei Update*, Nov. 28, 2001.
21) 현대중국에 관한 미·중회의 제 31차 회의에서 천수이벤 대만 대통령과의 면담(Presidential Palace, Taipei, June 4, 2002).

30년 전 페세디나의 칼텍(캘리포니아 공대)에서 열린 포럼에서 나는 법학 교수이자 대만의 독립지도자이며, 천수이벤을 2000년의 선거에서 대통령으로 당선시킨 선거운동의 주역이었던 팽밍민 교수와 함께 공동의장 역할을 담당했다. 그 당시는 흥분되는 시대였다. 닉슨 대통령이 바로 마오쩌둥과 정상회담을 마친 직후였기 때문이다. 당시 미국과 중국의 관계 성공이 화두였다. 청중들은 중산층인 중국계 미국인들이었으며, 그들은 '공산주의 중국'이 더 이상 적이 아니라는 사실에 상당히 위로받고 있었다. 캘리포니아처럼 안전한 곳에 있는 그들은 하나의 중국이라는 개념을 닉슨도 인정을 할 수 있는 합리적 개념이라고 느끼고 있었다.

　대만 민족주의적 견해 때문에 장제스 통치 당시 감옥에 투옥되었던 팽 교수는, 중국계 미국시민들의 견해를 반박했다. 그는 질문을 했던 참석자에게 열정적으로 말했다.

"당신 마음속에 중국의 이미지를 가지고 있는데, 그것은 현재 대만과 중국의 엄연한 현실과 전혀 일치하지 않는 것입니다. 당신이 하나의 중국이라고 말하는 것은 쉬운 일입니다. 그러나 당신의 생각에는 어떤 중국이, 그리고 당신이 상상하는 통일된 중국을 위해서 어떠한 구체적 단계가 이루어질 것이라고 생각하고 있습니까?"

　팽 교수는 베이징이 생각하기에 '분열주의자'였다. 또 다른 중국계 미국시민에 대해 팽 교수는 다음과 같이 즉각 반박했다. "당신은 내가 중국과 독립된 대만을 원하는 것보다 당신이 미국시민이 되었다는 것이 덜 반역적인 것으로 생각하십니까?" 1972년 당시 팽밍민 교수의 견해는 대만에서 흔한 견해는 아니었다. 오늘날 그것은 다수의 견해가 되었다. 대만에서 이처럼 견해가 바뀌었다는 사실은 대만문제를 베이징과 워싱턴의 이슈로 만들었다.

1972년 저우언라이와 닉슨이 조인한 유명한 상하이 성명의 전제는 대만 양안에 있는 모든 중국인들은 하나의 중국이라는 입장을 견지한다는 것이었다. 이론상으로 본다면 마오쩌둥과 장제스는 아직 중국의 왕관을 차지하기 위한 싸움을 지속하고 있는 것이다. 이 같은 전제는 1990년이 되었을 때는 더 이상 타당한 것은 아니었다. 대만에 거주하는 중국인의 약 3분의 1에서 2분의 1 정도는 하나의 중국이라는 견해에 동의하지 않기 때문이다. 대만의 8백~천백만 명에 이르는 사람들은 베이징의 공산정부와의 재통일을 반대한다. 이 같은 변화는 제국의 외양을 바꾸지는 못했지만 민주국가들의 견해를 크게 동요시켰다. 여기서 말하는 민주국가들에는 대만, 일본, 미국 등이 포함된다. 워싱턴과 베이징 사이에서 1972년, 1979년, 그리고 1982년 조인된 세 차례의 성명은 대만문제에 관해서는 많은 문제점을 내포하는 것이었다. 그들은 대만을 독재국가라고 묘사했기 때문이다. 오늘날 대만은 민주국가다. 대만주민이 무엇을 원하는지가 이제는 알려지게 된 것이다.

1971~1972년 사이 미국의 대만에 대한 사적 정책은 미국정부의 공식적 정책과는 상이했다. 1971년 닉슨 행정부는 미국시민들에게 다음과 같이 말했다. "대만문제는 아직 해결되지 않은 문제로서 미래의 국제관계에 의해 해결되어야 할 것이다." 이 같은 논리는 베이징과 워싱턴 사이의 역사적 긴장완화라는 맥락과 양립할 수 있는 합리적인 것이었다. 그러나 사적인 면에서 닉슨과 키신저는 세 가지 측면에서 미국의 대만정책을 지키지 않았다. 닉슨 대통령의 제2기 임기 당시 그들은 저우언라이 중국 수상에게 미국은 대만이 중국의 일부라는 사실을 받아들이며, 대만의 독립을 지지하지 않을 것이고, 중화인민공화국을 외교적(베이징이 의미하는 하나의 중국이라는 형식에서)으로 승인한다고 말했다.22) 지난 30년 동안 대만에서 이루어진 민주주의는 머리를 주뼛 서게 하는 이 같은 약속들을 쓰레기통으로 던져버리

게 만들었다.

미국의 지도자들은 중국의 제국주의적 스타일에 유혹당했다. 마오쩌둥과 저우언라이에게 경외심을 가졌던 미국은 베이징의 "결코 원칙을 양보하지 않는다"는 사실을 받아들였다. 그러나 실제로 과거와 현재의 중국이라는 국가는 외국인들에게 굴복한 적이 자주 있었다. 저자는 1964년, 1971년, 그리고 1973년 중화인민공화국의 언덕, 광고판, 바위 등지에 "우리는 반드시 대만을 해방시킬 것이다"라고 쓰인 글들을 본 적이 있었다. 당시 베이징 정부는 미국이 대만에 대해 무기를 수출하는 한 결코 미국과는 관계정상화를 이룩하지 않을 것이라고 말했다. 그후 베이징 정권은 대만을 '해방'시킨다는 말을 포기했고, 미국이 대만에 계속적으로 무기를 판매했지만 워싱턴과 외교관계를 수립했다.

우여곡절이 있었지만 1971년 당시 미 국무부의 공식적 언급은 2003년의 현실적 상황을 보았을 때도 타당한 채로 남아 있다고 볼 수 있다: 미국의 정책에서 대만문제는 "미래의 국제관계에 맡겨야 할 아직 해결되지 못한 현안"이라고 미 국무부는 언급했다. 이 같은 맥락에서 본다면 만약 베이징 정부가 그렇게 할 수 있는 능력이 있다면 '통일'도 이룩할 수 있을 것이다. 마찬가지로 이 같은 맥락에서 대만은 능력이 있다면 독립을 지속할 수 있을 것이다. 이 같은 규칙(formula) 내에서 미국과 일본은 만약 그들이 원한다면 함께 새로운 중국제국이 대만을 집어삼키는 것을 방지할 수 있을 것이다.

대만문제의 대부분은 사실 중화인민공화국이 스스로 만들어 낸 것들이다. 로버트 로스(Robert Ross)가 대만은 중국의 "사활적 이익"이지만 미국의 "사활적 이익이 되지는 않는다"라고 쓴 것은 놀라운 일이다.[23] 로스는 중국을 '보수적'인 국가라고 생각하고 있다. 그러나 우리는 베이징이 간행한

---

22) Mann, 1999, pp.33, 46, 61.

23) Ross, 1999, p.113.

310

〈국방백서〉로부터 중국이 보수적이라는 말의 국제적 의미가 무엇인지 알아 볼 수 있을 것이다.

> "국가간 힘의 비중에는 상당한 불균형 관계가 존재한다. 과거의 비합리적이며 불공정한 국제정치 및 경제질서 아래서 이 같은 불균형의 문제점이 해결될 가능성은 없다."[24]

같은 방위백서는 해결되지 않은, "역사에 의해 내버려둔 문제들"에 대해 경고하고 있다. 중국의 방위백서는 "강자가 약자를 윽박지르는 모습", 그리고 "어떤 특정 국가가 자신의 의지를 다른 나라에게 강요하는" 모습으로 특징짓는 국제정치를 비난하고 있다. 중국의 이 같은 입장이 국제관계에 대한 보수적 입장인가?

진실을 말하자면, 만약 대만이 독립적 실체로서의 지위를 잃어버릴 경우, 아시아의 세력균형은 급격히 변동하게 된다. 미국과의 안보관계에 대한 일본의 확신은 대폭 감소될 것이다. 필리핀, 베트남, 그리고 다른 나라들은 중국에 대한 자신들의 관점을 재고하게 될 것이다. 그리고 아시아의 일부 국가들은 중국과의 균형을 위해 인도를 사용하고자 생각할 것이다. 그러나 중국인민들은 대만을 흡수할 필요가 없다. 대만은 결코 중국 본토에 대한 위협이 될 수는 없기 때문이다. 대만과 중국 본토는 상호간에 함께 경제적 이익을 취할 수 있다. 둘 사이의 거래는 2001년 이미 320억 달러에 이르렀다.[25] 중국과 영원히 결별되어 있지만 중국에 대해 적대적 입장을 취하지 않는 대만의 존재는 마치 러시아에 대한 핀란드, 미국에 대한 파나마의 경우처럼 베이징의 이익에 도움이 될 것이다. 그러한 대만은 아마 중국 본토와 안보조약을 체결할 수도 있을 것이며, 그럼으로써 중국에 대한 위협이

24) China's National Defense, 1998, pp.2~4, 20.
25) *Taipei Journal*, editorial, April 5, 2002.

사라질 것이고, 동아시아에서의 세력균형을 유지시키는 세력이 될 것이다. 그렇지 않을 경우 대만은 외국의 지원을 받아 완전 중무장을 갖춘 위협세력이 될 수도 있다.

그러나 지난 몇 년 동안의 경험을 본다면, 중국 공산주의 국가는 대만해협을 긴장상태에 두는 것을 오히려 더 좋은 일로 생각한다는 사실을 알 수 있다. 중국은 대만의 북부 및 남부 변방지역을 향해 미사일을 발사했다. 중국은 대만의 지도자들을 저속한 언어로 비판했다. 중국은 대만에서 선거가 있었다는 사실은 중국인민들에게 자세히 소개하지 않았다. 중국은 대만과 마주보는 푸젠성에 엄청난 규모의 군사력을 밀집시켰다.

대만에서 중국 본토와의 관계문제는 민주주의 정치 속으로 밀려들어갔다. 그러나 본토의 경우 대만과의 관계에 관한 문제는 '국가의 문제'이며 인민의 의지와는 아무 관련이 없는 문제로 남아 있다. 대만문제는 중화인민공화국이 스스로 만든 제국적 업무의 핵심인 것이다. 망명중인 작가 리우빈얀은 1990년대 중반 베이징의 지도자들에 대해 다음과 같이 말했다. "지금 70대 80대의 중국 지도자들은 모두 다 전사들이다. 수십, 수백만 인민의 생활, 사랑, 행복 등의 문제는 그들에게는 아무것도 아니다."26) 바로 이 같은 관점이 로버트 로스가 간과하는 부분이다. 대만을 흡수하는 것은 중국의 사회 혹은 중국민족에게는 그렇지 않을지도 모르지만, 중국이라는 공산국가에는 '사활적'인 일일지도 모른다.

루이스 헨킨(Louis Henkin)은 "국가간의 관계에서 문명의 진보는 힘의 사용이 외교교섭으로 바뀌는 데서, 그리고 외교가 법으로 바뀌는 데서 찾을 수 있다"고 기술한다.27) 중화인민공화국이 대만을 점령하려는 생각의 진행과정은 헨킨의 관점에 관한 사례연구 대상이 된다. 1949년부터 1960년에

---

26) Liu Binyan, 저자와의 대화, 1993.
27) Liu, 1999, p.21.

312

이르는 기간 무력사용은 베이징 정권의 대만정벌에 관한 게임의 이름이었다. 그러나 이 같은 생각은 한국전쟁의 발발로 인해 위축되었다. 워싱턴과 베이징 사이에서 세 차례의 성명이 조인되는 기간 동안(1972~1982), 대만 정복을 위한 게임의 이름은 외교였다. 1990년대 유럽의 공산주의가 붕괴한 이후, 그리고 2000년대에 이르러 대만에 민주주의가 도래한 이후, 대만해협의 관계를 규정하는 데 있어 법은 분명히 대단히 중요한 요소의 하나가 되었다.

1997년 7월 홍콩이 영국으로부터 중국의 지배로 이양되던 당시 장쩌민은 홍콩영토의 반환을 "홍콩 거주의 중국동포와 중국 본토에 거주하는 동포들"의 노력으로 이루어진 것이라고 말했다. 영국의 제도가 홍콩반환에서 담당한 역할에 대해서는 한마디 언급도 없었다. 실제로 장쩌민은 홍콩에 역사가 있다는 사실은 무시하는 것 같았다. 그는 마치 홍콩인들이 중국의 통치를 받은 적이 있었던 것처럼 "6백만의 홍콩동포가 이제 조국의 품안으로 돌아왔다"고 말했다. 그러나 영국령 홍콩의 역사가 시작될 무렵, 홍콩은 인구 약 5천 명이 거주하는 어촌이었다. 장쩌민은 영국이 통치하던 지난 백년간을 "일세기의 부침의 시대"라고 말했다. 만약 홍콩의 역사가 "외세의 지배를 받는 수치스러운 역사"였다면 어떻게 그 영토는 중국으로 반환되는 날, 중국 본토보다 10배나 많은 개인당 국민소득을 올리는 땅이 될 수 있었을까?

베이징이 홍콩의 주권을 다시 장악한 당시, 홍콩은 아시아에서 세 번째로 번영을 이룬 사회였다(일본 다음이며, 싱가포르에 근접하고 있었다). 1997년 7월 1일 자정 홍콩은 중국의 일부가 되었으며, 중화인민공화국의 국민총

생산(GDP)은 즉각 20%가 증가하였다. 영국이 떠나기 전 10년 동안 홍콩의 GDP는 3배나 증가하였다. 동양과 서양의 융합은 가장 빛나는 결과를 홍콩에서 산출했던 것이다. 일본의 영화제작자는 "홍콩에서 동양과 서양은 서로 사랑하지는 않았을지 모르나 성 관계를 가졌다"고 말했다.

장쩌민에게 1997년의 사건은 중국공산당의 모자에 달린 깃털과 마찬가지로 조국의 영광이었을 것이다. 그것은 정체성을 강조하는 중국정치의 성공이었다. 중국의 정체성의 정치(*identity politics*)는 가치보다는 민족을 강조하며, 개인적 자유보다는 국가의 영광을 강조하고, 역사적 사실보다는 돌려받는 일을 더 중요시한다. 중국의 공산주의 국가는 확장하고 있었으며, 서방진영의 법은 위축하고 있었다.

중국이 홍콩반환을 축하하는 모티프는 만리장성이었다. 그것은 적합한 것이었다. 만리장성은 전제정치와 애국주의를 동시에 상징하는 것이며, 이 두 가지는 중국 정치 속에 불가분으로 엮어져 있는 것이었다. 월드론은 만리장성이 실제 방위를 위해서는 그다지 중요하지 않았다는 사실을 밝히고 있었다. 만리장성은 상징으로서의 의미가 더 중요한 것이었다. 명나라 왕조가 알고 있었듯이 만리장성의 신화를 제거할 경우, 중국인과 야만인의 장벽도 동시에 제거될 것이다. 오늘날 만약 하나의 중국이라는 신화를 제거한다면, 베이징이 주장하는 제국적 주장들은 문제 거리가 될 수밖에 없을 것이다. 이러한 사실을 후진타오는 잘 알고 있다.

홍콩은 뿌리는 별로 없으며 단지 지나치는 도시일 뿐이다. 외국의 기업가들은 계약하고는 떠난다. 1천 2백만 명이나 되는 관광객들이 며칠간격으로 홍콩을 오가는 것이다. 영국인들은 먼 곳에서 홍콩을 지배하기 위해 왔었고, 1997년에는 그곳을 떠나버린 것이다.

인구 그 자체도 오고 간다. 홍콩의 인구는 20세기 중반 급격하게 증가했다. 이들은 주로 중화인민공화국에서부터 도망쳐 온 사람들이었다. 1940년대 말엽 홍콩의 인구는 160만 명이었으며, 이는 제 2차 세계대전 발발 이전과 같은 숫자였다. 1949년 중국에서 공산혁명이 성공한 뒤 홍콩의 인구는 급격히 증가했다. 1952년 홍콩인구는 225만 명이었고, 1960년에는 3백만, 1980년에는 5백만으로 증가하였다. 1997년 베이징이 홍콩을 차지하게 되기 몇 년 전부터 수십만 명에 이르는 홍콩의 전문가들이 홍콩을 떠나 미국, 캐나다, 호주 및 다른 지역으로 이주했다. 오늘 홍콩에는 많은(620만 명) 사람이 살고 있다. 마치 중화인민공화국에 많은 티베트인이 살고 있듯이 말이다.

1944년 중국의 공산혁명이 모멘텀을 타기 시작했을 당시, 스탈린은 마오쩌둥에게 홍콩을 장악하라고 권유했다. 그러나 마오쩌둥은 치밀한 계획을 가지고 있었다. 영국인들로 하여금 홍콩을 발전시키도록 놓아두자는 것이었다. 세계의 소식을 청취하기 위한 청음기지로 놓아두자. 그리고 그곳으로부터 돈을 벌자. 중국이 왕조였던 당시 거란족과 다른 야만족들은 차와 비단을 받는 대가로 중국에 말을 제공했다. 20세기 후반기가 되었을 때 홍콩은 광둥성의 닭, 채소, 그리고 물을 제공받는 대가로 베이징에 현금을 제공했던 것이다. 홍콩의 시장과, 노하우, 그리고 홍콩의 자본은 어떻게 광둥성이 개혁의 초기에 중국의 다른 지역보다 훨씬 빠른 속도로 발전할 수 있었는지 설명해 준다. 또한 어떻게 홍콩과 광둥 사이에 있는 경제특구인 선전〔深川〕이 1990년대 광둥성을 앞지르게 되었는지 설명해 준다.

티베트, 신지앙, 그리고 내몽골 등 세 지역에서는 지속적으로 폭력적 문제가 야기되었던 것과는 달리 홍콩은 1940년대 일본의 지배가 끝난 이후 지속적으로 평화를 유지했다. 1960년대 이후 영국은 홍콩을 오랫동안 가지고 있으리라고 기대하지 않았고, 1980년대 이후 홍콩을 가지려는 의지도 없었다.

홍콩은 마오쩌둥이 통치했던 혼란스런 시절을 기억하고 있다. 1959년부터 1960년 사이의 대약진운동이 초래한 기근사태 당시 수많은 민중들이 광둥성에 몰려와 영국령 홍콩으로 국경을 건너게 해달라고 항의하였다. 일부 중국인들은 그들이 홍콩으로 들어가려는 이유를 영국여왕의 생일을 축하하기 위한 것이라고 소리쳤다. 1960년대 말엽 문화혁명 기간중 홍콩을 다스린 영국총독은 베이징이 중국 인민군이 홍콩을 점령하기 위해 준비를 갖추고 있다는 전화를 받았어도 놀라지 않았을 것이다.

그러나 중국인들의 부지런함과 영국의 제도가 융합되어 성공을 이룩한 홍콩은 지속되었다. 정치로부터는 얼굴을 돌린 홍콩은 에어로빅을 하는 것처럼 엄청난 경제적 발전을 이룩했다. 홍콩은 '황무지의 바위'(파머스턴 경은 1842년 영국이 홍콩을 장악했을 당시 홍콩을 이렇게 표현했다)로부터 어촌으로, 난민촌으로, 소규모 무역 중개항, 중국혁명의 회전문, 값싼 노동력을 통한 조립생산기지, 재정의 중심지, 재수출 무역의 요새, 그리고 상인과 소비자의 천국으로 변모한 것이다. 홍콩은 거의 무에서 시작한 것이다. 자원도 없었고, 안정적 모습도 없었다. 홍콩은 세계가 결코 이룩하지 못한 것을 달성한 것이다.

궁극적으로 홍콩의 조차(租借)를 종료하는 시간이 가까워지는 1980년대 홍콩의 처지를 조정하는 데 있어 베이징의 합의를 어긴 것은 영국이었다.

1990년대, 중국, 홍콩, 그리고 영국의 관계가 1989년의 천안문 사태 이후의 불쾌한 상황 때문에 악화된 상황에서 베이징은 두 가지 점을 두려워했다. 홍콩은 중국의 본토를 자유와 민주라는 방향으로 '오염'시킬지도 모른다는 것이다. "샘물은 강물로 침투해 들어갈 수 없을지도 모른다"라며 공산주의자들은 경고했다. 이는 홍콩이 광대한 본토에 미치는 영향력은 미미할 것이라는 점을 나타내는 말이다. 홍콩의 개인은 자유와 민주에 관한 자신의 신념을 말하기 시작했으며, 그 순간 불행하게도 중국인들은 홍콩이 중국문제에 개입할지 모른다고 생각했다.

중국은 영국이 홍콩을 반환하기 직전, 홍콩을 베이징의 찬바람으로부터 보호하기 위한 방안으로서 자유화 조치를 취함에 따라 더욱 두려워하게 되었다. 홍콩에 파견된 중국관리의 대표자인 주난은 1990년 영국은 트릭을 쓰고 있다며 나에게 불만을 토로한 적이 있었다. 영국은 홍콩의 미래를 위해 홍콩문제를 '국제화'시키려 하며, 홍콩시민의 '대중의지'(popular will)에 관심을 가지려 한다는 것이다. 런던이 그 같은 정책을 취한 것은 사실이었다. 영국은 1993년 크리스 패튼을 홍콩총독으로 발령했으며, 새로운 화폐를 만들었고, 민주주의를 촉진시켰으며, 2백억 달러가 들어가는 신공항 프로젝트를 실시했다. 영국은 1990년대 초반 천안문 사태의 충격이 아직도 드리워진 상황에서, 1997년 홍콩이 중국에 의해 통치될 경우 어떤 일이 일어날지에 대해 걱정했던 것이다.

당시 홍콩의 민주적 지도자인 마틴리는 저자에게 "중국은 선거 때문에 공포에 질려있다"라고 말했다. "베이징의 지도자들은 우리가 그들을 무서워하는 것보다 훨씬 더 우리들을 무서워하고 있습니다." 당시 저자는 1990년대 홍콩에서의 민주화 촉진은 1997년 비민주적인 중국이 홍콩을 다시 장악하게 될 경우 실망만 가져다 줄 것 아니냐고 의문을 표시했다. 리는 "홍콩의 민주주의는 일본식당의 종이문과 같은 것입니다. 당신은 종이문을 통과해 걸어갈 수 있습니다. 당신이 그러려 한다면 누구도 막을 수 없습니다. 그러나 당신이 다른 쪽에 있는 사람들을 존경한다면, 당신은 우선 문을 두드리며 가도 될지 물을 것입니다. 홍콩과 중국의 경우도 마찬가지입니다."

크리스 패튼 총독 이전의 홍콩총독인 알렉산더 그랜섬(Alexander Grantham)의 이야기를 회고하는 것은 흥미로운 일이다. 그는 홍콩을 민주화시키려 했는데, 1952년 그는 최종적으로 자신의 계획을 단념해야만 했다. 왜냐하면 중국의 정치가 선거를 통한 홍콩의 의회에 침투할 가능성이 있었기 때문이다.

1990년대에 말과 법의 드라마가 나타났다. 그 배후에는 제국적 장악력에 변화가 놓여 있었다. 역사상 한 나라가(이 경우 영국이) 기왕에 존재하던 다른 나라에게(이 경우 중국에게) 단순한 땅 한 조각이 아니라 번영하는 사회 전체를 통째로 그것도 정확하게 지정된 시간에 맞추어 건네주기로 한 적은 없었다. 홍콩의 경우와 달리 티베트, 신지앙, 몽골의 경우 누가 통치력을 장악할 것이냐를 둘러싸고 폭력사태가 빚어졌으며, 권력이양에 관한 사전 계획이란 것도 존재하지 않았다.

수십 년 동안 일부 국가들은 중국이 청나라가 남겨놓은 해양제국의 일부였던 대만을 가져가려고 하지 않을까 우려했다. 그러나 중국 본토에 처음으로 귀속된 것은 베이징에 대해 도발적이 아니었으며, 주로 상업적 관심만을 보였던 홍콩이었다. 영국의 법체계 아래 살아왔던 홍콩은 영국의 법에 의해 미래를 선고받았다. 칼의 힘으로 오랫동안 생존해 온 대만은 칼의 힘 덕분에 독립을 향유하고 있다.

오늘의 홍콩은 베이징에 대해 조공관계에 놓여 있는 것인가? 역사적으로 보았을 때 직접 통치되었던 영토들은 중국의 황실에 세금을 바쳤다. 독립적 영토들은 중국에 조공사절을 파견했다. 아직도 중국 본토의 경제에 황금알을 낳는 거위와 마찬가지인, 혹은 적어도 중국관리들의 주머니를 채워주는 홍콩은 세금을 바치던 영토들과 조공을 바치는 영토들 사이의 중간쯤 된다. 베이징은 홍콩의 최고 행정관(Chief Executive, CE)을 지방장관으로 인식한다. 장쩌민은 홍콩반환을 홍콩의 일이 아니라 중국의 일이라 인식했다. 저항하는 파룬궁 신도들을 어떻게 대해야 하는가와 같은 어려운 문제를 다루는 데 있어 베이징 정권은 홍콩정부가 홍콩의 이익을 고려해서 행동할 것이 아니라 중앙정부의 안전과 안정을 고려해야만 한다고 말했다.

2000년 10월 베이징에서 홍콩 CE인 텅치화를 만나기 직전, 장쩌민은 한방 가득 모인 홍콩의 기자들을 만났다. 기자들은 장쩌민이 텅치화의 두 번째 임기를 지지한다는 사실을 알고 있었다. 그는 영국의 총독을 대치하는 사람으로서 선거과정이 시작되기 훨씬 이전에 홍콩의 CE로 임명받았다. 1997년 중국이 홍콩을 반환받기 이전, 장쩌민은 홍콩의 CE는 "홍콩인들에 의해 선거를 통해 선발될 것"이라고 말했다.

홍콩의 케이블 TV 기자 한 사람은 "텅이 두 번째 임기를 담당하게 된 것은 베이징으로부터의 '제국적 명령'이냐고 물었다. 장쩌민은 의자에서 일어 났다. "기자양반 당신은 더 배워야 할 것이요. 당신은 서방에 대해서는 많은 것을 알고 있소. 나도 많은 것을 보았다고 말하겠소. 내가 가보지 못한 서양이 어디요?" 이 말은 케이블 TV 기자의 질문에 대한 답이 아니다. 그러나 이 말은 장쩌민의 건방짐과 불안감이 혼합되어 있음을 보여준다. 독재자는 홍콩의 방문객들에게 손가락을 펴며 말했다. "나는 저널리스트가 아니오. 그러나 나는 당신들에게 인생의 진리에 관해 말해야겠소." 그는 물러나며 말했다. "만약 당신네들의 보도가 정확하지 못할 경우 당신들이 책임져야 할 것이요."

공산주의자인 엔지니어 장쩌민은 자신은 제국의 명령을 발하지 않았다고 말했고, 홍콩의 미디어는 그의 견해에 빌려 "아무짝에도 좋은 것이 아니며, 나를 비판하지 말라"[28]고 했다. 장쩌민은 중국의 주석이 텅의 두 번째 임기를 지지한다면, 다른 후보들은 CE가 되기 위한 후보가 될 수 없다는 사실을 간과한 것이다. 홍콩에 대한 장쩌민의 정책은 티베트, 신지앙, 그리고 내몽골 지역의 사례를 따르는 것으로 불행하게도 '위로부터의 계획'과 똑같은 것이었다. 그의 긴 연설에서 장쩌민은 다음과 같이 말했다. "홍콩은 중화인민공화국 정부에 속한다." 그는 홍콩의 CE는 선출된다는 그 개념을 훨씬 넘어서 '제국적'이라는 말이 꼭 맞을 정도의 연설을 한 것이다. 그는 홍콩인들에 대해서 독재자처럼 행동했으며, 황제가 변두리의 열등민족을 대하듯 홍콩인들을 대했다.

---

28) *South China Morning Post*, Oct. 28, 2000.

청나라의 금언에는 "서방지역을 통치하기 위해서는 서방지역을 이용하라"라는 말이 있었는데, 오늘날 북경정권은 그 정책을 남부의 홍콩에 적용하는 것이다. 공산주의자들인 베이징 정권의 사람들은 "홍콩인들로 하여금 홍콩을 통치하도록" 했는데, 이는 중국이 변방을 통치했던 역사 중에서 제일 성공한 것이라고 말할 수 있을 정도다. 우선 중국은 홍콩의 통치를 담당하게 된 1997년 이후 홍콩의 새로운 최고 행정관인 25명의 내각장관들 중에서 22명을 그대로 유임시켰다. 그들은 영국이 통치할 때 홍콩의 장관으로 임명되었던 사람들이다. 홍콩의 최고 행정관의 독립적 위치를 억압하는 것이 분명함에도 불구하고 베이징은 홍콩을 과거의 현명한 황제들이 먼 지역에 대해서 택한 정책처럼 느슨하게 통치하는 방안을 취했다. 텅치화는 홍콩의 학교에서 영어가 차지하는 비중을 점차 줄이고 있으며, 홍콩경제에서 정부가 차지하는 역할을 늘리고 있다. 그러나 그것이 베이징의 압력 때문에 그렇게 하는 것인지는 불분명하다. 우리들은 광둥성, 신지앙, 그리고 다른 지역의 사람들이 홍콩의 경우처럼 '한 나라 두 체제'의 지위를 가지기 원한다는 말을 들을 수 있다.

권위주의적인 베이징 정부라 할지라도 하나의 정치적 형태 내에서 다양성을 조장할 수 있는 여러 가지 방안이 있으며, 홍콩의 사례를 티베트, 신지앙, 그리고 내몽골의 경우에도 적용할 수 있다고 생각할 수 있다. 홍콩에서 베이징 정부의 역할은 레닌주의적 국가가 어떻게 변방지역을 다룰 수 있는지 보여주었다. 그러나 우리는 홍콩의 사례로부터 새로운 중국제국에 관한 진리를 배우지 못했다. 황량한 바위로부터 근대적 도시국가가 된 홍콩은 공산주의 가족의 일원으로 돌아갔을 때 이미 중화인민공화국의 다른 지역보다 훨씬 더 경제적으로 발전했으며, 독자적 위치를 가지고 있었다. 이는 다른 중국의 변방지역과는 다른 경우다. 홍콩의 주민들은 90% 이상이 한(漢)족이고, 이것은 중국변방의 다른 지역과는 상이한 것이다.

지금까지 베이징 정부에 있어 홍콩은 소화하기 좋은 음식조각이었다. 홍콩은 발전되었으며, 효과적 정치, 그리고 법관을 가지고 있다. 더욱이 베이징은 홍콩을 다루기 위해서 앞으로도 살얼음 같은 길을 걸어야 할 것이다. 베이징은 홍콩에 자주성을 부여함으로써 대만을 감명시키려는 목적을 가지고 있다. 오리를 소화시키고 그 다음에 소고기를 먹도록 하자는 것이 중국의 입장이다. 그러나 실제적으로 지금까지의 홍콩 사례를 보면 대만인들은 그들이 아직 베이징의 당정국가로부터 장악당하지 않고 독립을 유지한다는 사실을 감사하게 될 것이다.

홍콩이 중화인민공화국 내의 다른 자치주들과 다른 한 가지 측면은, 홍콩과 베이징 간의 영향력의 관계는 양방향적이라는 점이다. 티베트, 신지앙, 그리고 몽골의 경우 나타나는 문제는 이 같은 혼합적 변방지역이 현대화할 경우 베이징이 어떻게 이 지역을 장악하고 있을까 하는 점이다. 문제는 베이징이 현대화된 도시국가인 홍콩을 소화불량에 걸리지 않고 잡아먹을 수 있을까의 문제인 것이다. 홍콩은 자본과 기술을 제공하고 있다. 그러나 홍콩은 티베트, 신지앙, 그리고 내몽골이 제기하지 않는 다른 문제를 제기하고 있다. 베이징은 홍콩으로부터 나오는 자유화의 물결을 두려워한다. 이 같은 측면에서 홍콩에 그림자가 드리워지고 있다. 만약 자유화가 좀더 진전된다면, 베이징은 두려움을 느끼게 될 것이다. 베이징은 샘물이 강을 오염시킨다고 생각하게 될 것이다. 홍콩은 모델이 되기에는 너무나 좋지만, 또 위험이 되기에도 충분한 요소이다.

홍콩은 중국문명과 외부 힘의 융합으로써 중국의 새로운 제국이 세계화의 영향력에 버티고 설 능력을 가지고 있는지에 대한 시험대가 될 것이다. 과거 중국의 황실에 대한 외부의 영향력에는 불교와 몽골, 만주, 그리고 소련식 방법들이 있었다. 오늘날 중국의 황실에 영향을 미치는 것은 고도의 기술, 또 정보가 중국으로 흘러오는 국제경제에 관한 것이다. 베이징의 영향력 있는 사람들에게 홍콩의 생활방식은 공산주의적 가치에 위배되는 것이라고 보인다. 홍콩의 문제는 티베트, 신지앙, 그리고 내몽골의 문화 및 인종적 이슈와는 다른 것이다. 홍콩은 중국적 생활양식을 위협하지 않는다. 그러나 한족이 살지 않는 다른 지역은 중국의 생활양식을 위협한다. 그러나 홍콩이 자본주의를 경험했고 전 세계적 자유경제를 경험했다는 사실은 공산주의적 독재체제를 위협한다.

홍콩이라는 끄트머리가 중화인민공화국이라는 개의 꼬리를 흔들게 할 가능성은 없다. 1980년대와 1990년대에 영향력의 방향은 다음과 같았다. 선전의 경제특구는 홍콩으로부터 배웠고, 광둥성은 선전으로부터 배웠으며, 그리고 북부와 서부의 중국은 광둥으로부터 배웠다. 그러나 중국 통치영역 위에 우뚝 솟은 홍콩의 마력은 홍콩이 중화인민공화국 외부에 존재한다는 사실로부터 나왔던 것이다. 영국령 홍콩에서 부와 권력은 서로 분리되었다. 그러나 이제 홍콩의 영토는 중국이라는 집 속에 들어가게 되었으며, 홍콩의 부와 권력은 합쳐지고 있다. 홍콩의 자유는 줄어들 수밖에 없는 운명이다.

중국적이라는 것의 의미를 탐구하던 역사학자 왕궁우는 홍콩의 중국인들은 발전하고 있으며 현대화되고 있고, 그리고 자유롭다는 사실을 발견하였다.

"홍콩의 중국인들은 그들 스스로의 새로운 중국적 의미를 개발하고 있다.⋯ 그러나 문제는 홍콩인들이 그들의 기여에 대해서 보상받을 수 있느냐의 문제다. 혹시 홍콩인들은 그들 스스로의 길을 택했다는 이유로 대가를 치러야 할 것인가?"

말레이시아, 호주, 홍콩, 싱가포르에서 산 적이 있는 왕궁우는 다음과 같이 결론을 내렸다.

아마도 "중국의 중국적 모습은 오직 한 가지 종류에만 한정될 것이고, 중국 이외의 다른 지역에 사는 사람들은 중국으로 돌아오든가 혹은 영원히 그들이 사는 위치와 그들이 행하는 행동 사이의 딜레마에 시달리고 있어야 할 것이다."[29]

  만약 그렇다면 이는 베이징에 있는 중국이라는 국가는 모든 중국인들의 정신에 대한 중재자가 된다는 사실을 확인해 주는 일이 될 것이다.

  어떤 조건에서 현재의 홍콩의 안정성과 번영이 오랫동안 지속될 수 있을 것인가? 홍콩의 안정과 발전에 대해서는 엄청나게 어려운 조건들이 충족되어야만 한다. 이를 위해 중화인민공화국의 경제가 지속적으로 발전해야 하며, 티베트, 신지앙, 그리고 내몽골 지역이 조용해야 하고, 일본과 중국의 관계가 양호한 상태로 남아 있어야 하며, 대만에 새로운 위기가 발생하지 않아야 하며, 그럼으로써 이웃에 있는 국가들이 베이징이나 타이베이를 선택할 수 있어야 하고, 광둥이 숨쉬고 발전할 수 있는 틈을 베이징이 계속 제공해야 할 것 등이다. 가장 중요한 것은 중국이 "50년의 만료기간이 끝난 후" 홍콩의 목구멍 속으로 사회주의라는 약을 집어넣겠다는 계획을 포기해야만 한다는 조건이다.

  21세기 초반 중국이 당면한 역설은, 중국은 과거 몇 세기 어느 때보다 더 안전하지만, 중국의 모두는 동요하고 있고, 불쾌한 소리들을 하고 있으며, 두려움에 쌓여있다는 것이다. 베이징 정부는 '분리주의자들'에게 중국 제국의 통일성에 대해서 의문을 제기한다며 비판을 가하고 있다고 한다.

---

29) Wang Gungwu, 1999, pp.127, 129.

심지어는 분리주의자들을 중국의 생존 그 자체를 의문스럽게 만드는 '반중국적 세력'이라고 말하고 있다. 중국이 우리들이 별로 부러워할 필요가 없는 상황에서 사는 것은 사실이다. 중국은 다른 나라와 2만 2천km가 되는 국경을 접하고 있으며, 해안선의 길이도 1만 8천km에 이르고 있고, 이웃에 20개의 나라가 있으며, 그 나라 중 14개 나라와는 국경을 접하고 있고, 나머지 6개 나라들은 아주 좁은 협소한 바다를 통해 연결되고 있다. 그러나 중국의 신경과민은 궁극적으로 중국의 당정국가가 민주주의를 두려워하고 국가가 분열될 것을 두려워하며, 이 두 개념 사이의 관계에 대한 이해를 잘못하고 있는 데서 유래하는 것이다.

베이징 정부에 대해 소련의 쇠퇴와 몰락은, 정치적 자유화는 국가의 통일성을 위태롭게 만든다는 사실을 보여주었다. 청나라의 마지막 수십 년 동안 이루어졌던 개혁에 대한 노력도 현재 중국공산당에게는 마찬가지의 메시지를 전달하고 있다. 고르바초프는 소련을 와해시키기 위한 목적으로 페레스트로이카(perestroika, 개혁)를 의도한 것은 아니었다. 캉유웨이[康有爲]는 청나라를 몰락시키기 위한 목적에서 1898년 백일 동안의 개혁을 시도한 것은 아니었다. 그러나 고르바초프, 그리고 캉유웨이의 정치적 자유화는 의도하지 않았던 국가통일성을 해친다는 결정적 결과를 초래하였다.

정치적 자유화와 중국공산당이 생각하는 중국의 통일성 사이의 두 번째 연결성은 마오쩌둥 이후 중국의 지도자들이 정치적 개혁을 시도했을 때마다 나타난 바 있었다. 1986년 후야오방이 끝이 없는 정치적 개혁을 시도했을 때 덩샤오핑은, 그것은 중국공산당의 통치력을 위협하는 것이라고 결론내렸다. 3년 후 천안문 위기 당시 자오쯔양은 '허약한' 후배인 후야오방을 대체했는데, 이는 덩샤오핑이 결정한 것이며, 당시 민주주의를 지향하는 학생들의 운동은 덩샤오핑으로 하여금 이것은 중국공산당과 중국이라는 나라를 분열시킬 정도로 심각한 것이라고 생각하도록 했다. 덩샤오핑은 정치적 자유주의자들 모두를 해임한 것이었다.

　1987년 중국공산당의 주석인 자오쯔양은 홍콩의 신문기자들로부터 홍콩에 대한 중국의 계획을 말해달라는 주문을 받고 홍분하며 다음과 같이 말했다. "무엇이 당신들을 그렇게 두렵게 하는 것이오?" 자오쯔양은 1984년 대처와 함께 1997년 홍콩을 중국에 반환한다는 연합선언에 조인했다. 이 선언에서는 홍콩이 "상당히 높은 수준의 자율성"을 갖는 것으로 약속했으며, 향후 50년 동안 변하지 않는 사회경제체제를 유지한다고 약속했다. 그러나 홍콩의 기자들에게 이 같이 말했던 자오쯔양은 2년 후 덩샤오핑에 의해서 숙청되었는데, 그 이유는 1989년 학생들의 민주화운동을 억압하는 과정에서 '당을 분열시키는' 행동을 했다는 것이었다. 아마도 이처럼 모욕당한 자오쯔양은 1987년 자신의 기자회견 당시 왜, 그렇게 많은 홍콩인들이 중국공산당의 통치에 대해 두려워했는가 잘 알게 되었을 것이다.

　대만과 홍콩은 정치적 자유화와 정치체제의 통일성에 관한 베이징의 인식에서 세 번째 관련요소를 말해준다. 대만과 홍콩에 거주하는 다수의 시민들은 중국의 정치체제가 민주주의라면 자신들이 중국의 일부가 되는 것을 승인할 것이다. 마찬가지로 그와는 반대이지만 중국공산당은 통일의 이슈를 독재적 정치체제와 분리할 수 없는 것이라고 생각한다. 1990년대에 역사상 처음으로 중국문명 속에서 민주주의는 성공할 수 있는 것으로 나타났다. 베이징의 독재정치가들은 중국의 해변가에 있는 제국들에서 자유가 고양되고 있다는 사실을 동부유럽이나 러시아의 민주주의보다 더 놀라운 일이라고 느꼈다.

　중국공산당의 입장에서 보면, 대만과 홍콩은 중국적 배경을 가진 중국의 이웃나라들은 아니다. 이들은 중화인민공화국의 남동쪽 바닷가의 변두리지역이다. 그들은(홍콩과 대만) 중국의 사회주의와는 별개의 자유민주주의 개념을 껴안고 있는 나라들이다. '샘'에서 나온 물은 '강'을 오염시킬지도 모른다. 리덩후이가 대만에서 선거를 통한 정치에 열정을 보인 것을 베이징 정부가 '분리주의'라고 언급한 것은 진정으로 논리적인 일이며 놀라운 일이 아니다. 비록 의도하지는 않았더라도 결과는 바로 분리주의적으로 나타났다.

대만, 홍콩, 그리고 다른 지역의 민주주의적 중국인들은 베이징으로부터 준엄한 비판을 불러일으켰다. 대만의 리덩후이와 천수이볜, 홍콩의 마틴리, 뉴욕에 망명중인 민주주의의 베테랑인 웨이징셩 등은 모두 중국 당정국가에게는 애통스러운 사람들이다. 그들의 공격은 그들 자신이 중국인이라는 사실을 의미한다. 정치적으로 그들은 중국의 정통성의 외곽에 있는 사람들이다. 중국공산당은 대만과 홍콩에는 상당 정도의 개인주의화가 진행되었다는 사실을 알고 있으며, 그와 같은 상황이 중화인민공화국의 도시에서도 나타날까 두려워하고 있다.

베이징이 두려워하는 것은 당연하다. 중국의 당정국가는 중국사회를 대표하지 않는다. 그러나 그들은 맑스주의자가 주장하는 역사의 소명을 받았다고 생각하며, 이는 '하늘'(天)의 현대적 표현이다. 이것은 선거를 통해서 구성되지 않는 정부가 정통성에 부딪히는 필연적 문제이다. 반면 대만은 국민의 주권에 기반을 둔 정부를 가지고 있다. 천수이볜 대통령은 "우리의 정책결정 구조는 아래로부터 위로 올라오는 것이며, 이 과정에서 국민들은 많은 말을 할 수 있다"고 말했다.[30] 반면에, 베이징 정부의 정통성은 실패한 맑스주의의 네 가지 절대적 원칙에서 나오는 것이다.

미래의 미국 행정부, 그리고 대부분의 미국시민이 민주주의를 선호하고 전쟁억지를 원한다는 대만정책을 지속적으로 선호할 가능성이 높다. 미국의 대만정책의 출발점은 대만이 중국과 통일을 이루는 경우 국민의 뜻에 의거해야 한다는 것이다. 중국이라는 국가의 영광을 위해서 확장정책을 사용한다는 면에서 보면 이는 매혹적인 일은 아니다. 왜 대만이 소멸되는 것이 지금 상황보다 더 좋은 것인지 증명하기는 어려운 일일 것이다. 오직

---

30) 외교협회(Council on Foreign Relations)에 대한 비디오 자료, New York, Oct. 16, 2000, cited in *Taipei Update*, Nov. 3, 2000.

한 가지 경우에만 미국, 그리고 중국의 이웃국가들의 이익을 해치지 않는 범위에서 통일이 가능하다. 그것은 중국 본토에 거주하는 주민들이 대만국 민과 마찬가지로 주권을 가지는 경우에 한정되는 일이다.

중국문명의 한도 내에서 또는 그 범위를 넘는 민주화의 드라마는 국제관 계에 광범하고 예측할 수 없는 영향을 미칠 것이다. 아시아태평양 공동체 내에서 대만문제의 다변화가 야기될 것이다. 대만문제는 미국인들의 관심 뿐만은 아니다. 대만에서 민주주의의 성공과 생존은 동아시아 전체의 평화 와 발전을 위해 대단히 중요하다. 워싱턴에 대한 도전은 아시아태평양 국가 들의 연합을 부추기고, 그들이 힘을 합쳐 노력함으로써 동아시아의 진정한 안정을 보장하고 대만상황에 강압적 변화가 일어나지 않도록 하는 것이다.

만약 우리가 세력균형을 잊어버리고 천진난만한 포용정책을 사용한다면, 베이징은 우리의 천진난만함을 악용하여 그들의 확장된 국제적 영향력과 중상주의를 결합시키려 할 것이다. 우리가 만약, 분명한 개입정책을 택하 고, 동아시아의 일본, 한국, 호주, 그리고 다른 나라들과의 동맹을 통해 동 아시아에서 균형을 유지하려는 경우, 두 가지 과정이 나타날 것이다. 증가 된 경제적 상호의존은 중국의 독재정치체제에 지속적으로 압박을 가할 것 이다. 그리고 베이징 정권은 해양으로 향한 제국적 확장을 주저할 것이다. 왜냐하면 미국이 해양을 향한 중국의 팽창을 저지하는 길목을 지키고 서 있기 때문이다.

제 9 장

유목 제국

중국인들은 중국인들을 중국 영토 내에 가두어 놓기 위한 목적으로도 만리장성을 축조했다. 라티모어는 다음과 같이 말하고 있다.

"중국은 오랜 옛적으로부터 그들의 국민이 유목환경으로 깊숙이 침투해 들어갈 경우 그들은 중국으로서의 일체감을 깨게 될 가능성이 있다고 생각했다."

그러나 남쪽에서는 "중국인들은 결코 중국으로부터 이탈하지 않았고 대신에 새로운 영토를 획득하며, 그 영토에 있는 사람들을 점차적으로 중국인으로 바꾸어나갔다." 그래서 당나라 당시 광둥이 중국화되었으며, 송나라당시 푸젠과 장시가 중국화되었고, 명나라 당시, 광시성, 윈난성, 그리고 구이저우성들이 '평정'되었다. 또한 라티모어는 "남부지방은 그 끝이 없을 정도로 열려진 지역이다. 반면에 북쪽은 인위적으로 차단되었으나 결코 그 차단이 성공한 적은 없었다"고 한다.1)

오늘날의 중국 서부의 성인 신지앙은 청나라 당시, 그리고 20세기 전반

328

부 외국인들에 의해서 중국령 '투르키스탄'이라 불렸다. 이 지역은 유목지역의 서쪽 끝을 형성하며, 만주는 유목지역에 동쪽 끝을 형성한다. 신지앙과 만주 사이에 몽골이 있으며, 이는 중국의 내륙 변방지대의 이민족 생활의 중심지역이다. 유목지의 특징은 "인간이 동물을 통제하는 것"이다.[2] 양, 염소, 그리고 말 등 동물에 따라 다양한 형태의 유목생활이 나타나게 된다. 이들 동물들은 유목지역의 경제사에서 본다면 마치 디트로이트 혹은 보잉과 마찬가지가 된다.[3] 남서부지방에서 중국을 바라다보는 티베트는 중국의 변방 중에서는 나중에 출현한 지역이며, 지리, 그리고 종교적 이유 때문에 특별한 성격을 띠고 있다.

권력정치의 주사위가 구르는 대가로, 그리고 스탈린과 마오쩌둥의 분할 및 지배라는 정책 때문에, 티베트와 신지앙, 그리고 몽골은 중국의 성으로 다시 편입되었으며, 이는 중화인민공화국의 성 중에서 가장 큰 세 개의 성이 되었다. 이 일은 최근에 일어난 일이며 별난 일이다. 그러나 이 같은 일이 논리적이지 못하다는 사실은 중화인민공화국 내의 6백만 티베트인 중 4백만은 티베트에서 살지 않는다는 점이다. 베이징 정부는 티베트 자치지역과 중국의 다른 성들을 가르는 경계선을 의도적으로 그음으로써 티베트의 많은 인구가 티베트에서 살지 못하도록 한 것이다. 스탈린은 그의 학생인 중국인들을 잘 가르친 것이다.

러시아인들과 마찬가지로, 그러나 영국이나 프랑스인과는 달리 중국인들은 외부로부터 자신들의 제국을 건설한 것은 아니다. 러시아와 중국은 그들 국경에 인접한 곳의 영토를 장악하였다. 그들은 마이클 코다르코부스키(Michael Khodarkovsky)가 말한 '조직 내 식민주의'(organic colonialism)를 실행하였다. 조직 내 식민주의란 제국의 변방지역을 안정되고 평화로운 곳으

1) Lattimore, 1962, p.23.
2) Lattimore, 1962, p.23.
3) Edward Friedman, 저자와의 통화, July 29, 2002.

로 만들기 위한 방어적 필요에 의해 형성한 식민주의를 의미한다.[4] 그 결과 러시아의 사례를 분석한 알렉산더 추바로프(Alexander Chubarov)가 썼던 바처럼 "중앙(*metropolis*)과 제국(*empire*)은 영토적으로 분리할 수 없게" 된 것이다.[5]

러시아의 경우, 그리스정교회, 중국의 경우 유교적 가르침은 메트로폴리스와 변방 모두의 도덕적 규범이 되었다. 영국제국은 결코 실론(Ceylon) 혹은 홍콩이 영국의 이미지를 가지는 것을 허락하지 않았다. 프랑스 역시 프랑스가 획득한 세네갈, 혹은 타히티가 프랑스와 같은 모습으로 변하는 것을 허락하지 않았다. 그러나 중국과 러시아인들은 여러 측면에서 다양한 사람들의 존재에 깊은 영향을 받았다. 러시아인인 추바로프는 "제국은 그들의 조국이었다"라고 말한다.[6] 중국도 마찬가지였다.

중국제국은 베이징 정권에 의해서 결코 제국이라고 보인 적이 없다. 왜냐하면 중국제국은 '해외'에 건설된 제국이 아니기 때문이다. 중국제국은 중국의 완충지대처럼 인식된다. 이는 마치 러시아가 시베리아나 만주를 완충지대로 생각하는 것과 마찬가지다. 이 같은 환경에서 변방은 있지만 합리적 국경선이란 존재하지 않는다. 오늘날 신지앙성의 알타이지역에 대해서 말하며, 밀워드는 다음과 같이 말했다.

> "중국의 관리들이 탄 지프차가 당신주변을 지나갈 수 있을 것이다. 중국의 관리들은 여행자인 당신을 보고 당신의 서류를 보여달라고 할 것이다. 혹은, 그들은 당신을 보지 못하고 지나갈 수도 있다. 당신은 어느 나라에 당신이 와 있는지 알 수 없을 것이다."[7]

---

4) Khodarkovsky, 2002, p.229.
5) Chubarov, 1999, pp.201, 205~206.
6) Chubarov, 1999, p.206.
7) Panel at Association for Asian Studies annual meeting, Washington, D.C.,

오늘날 중앙아시아라고 불리는 대체로 터키문명의 지배를 받는 지역은 지난 2천 5백 년 동안 중국의 관문이었다. 오늘날 중국의 서부 오아시스의 도시인 투루판(Turfan)은 과거에 중동으로부터 중국에 접근하는 고원지대에 있는 상하이와 같았다.[8] 인도의 북쪽이며 러시아의 남쪽, 그리고 페르시아의 동쪽인 중앙아시아는 중국에 골칫거리였다. 그러나 중앙아시아는 중동과 유럽으로 연결하는 다리가 되기도 하였다. 반면에 중국의 동쪽 변방인 태평양지역은 중국왕조에 별로 전략적 중요성이 없는 지대였다. 적어도 영국이 이 지역에 도달하고 미국이 성장할 무렵까지 중국인은 이 지역에 대해 관심이 없었다.

　미국은 오랫동안 중앙아시아의 회교세계에 대해서 무관심했다. 중화인민공화국은 오랫동안 서방은 베이징의 중국 내부로부터 연원하는 안보에 관한 두려움을 과소평가했다고 느끼고 있다. 우즈베키스탄, 카자흐스탄, 타지키스탄, 투르크메니스탄, 그리고 키르기스스탄 등은 모두 소련이 붕괴함에 따라 원하지는 않았지만 세계정치의 네온 불빛으로부터 멀어지게 되었고, 미국의 관심으로부터도 벗어나게 되었다.

　그러나 2001년 9월 11일, 테러리스트의 공격은 이 모든 것을 바꿔버렸다. 그 이후 미국은 중앙아시아, 그리고 남아시아에 대해 적극적으로 개입하기 시작했다. 타슈켄트, 사마르칸트, 페샤와르, 그리고 다른 고대의 회교도시들은 한때 세계의 십자로였는데, 그 기능을 다시 되찾고 있다. 그리고 베이징은 비민주적이긴 하지만 통일과 안보를 위해 성공적이었던 빌딩 블록식 접근방법을 또다시 신지앙성 및 다른 변방지역에 대해 적용하고자 한

April 2002.

8) Lattimore, 1962, p.179.

다. 놀랍게도 중화인민공화국은 부시 대통령의 반테러에 대한 전쟁에 상당 부분 동조하고 있다.

2001년부터 2002년 사이 베이징 정부는 너무나도 진지하게 제국적 역할을 담당했으며, 중국제국을 존속시키겠다는 희망에서 상당한 양보를 취할 정도였다. 미국 군대는 중국과는 국경을 접하고 있으며, 남아시아와 중앙아시아의 중간지역이라고 할 수 있는 아프가니스탄으로 진군해 들어갔다. 이와 비슷한 위기에 당면한 일본은 지구 전역에 대한 일본군의 역할을 확장시키는 것으로 대응했다. 과거 중국과 함께 중앙아시아를 지키는 수문장과 같은 역할을 담당했던 러시아는 미군이 우즈베키스탄, 타지키스탄 등에서 군사작전을 보다 용이하게 전개할 수 있도록 기름칠을 해주는 역할을 담당했다.

마치 베이징의 악몽이 현실화되는 것과 같은 상황이었다. 나토(북대서양조약기구)의 군사력이 중국의 국경인 신지앙성에 도달한 것이다. 미국이 취약한 중국의 변방을 둘러싼 것이다. 일본은 다시 한번 자신의 군사적 날개를 펼쳤다. 아프가니스탄은 '패권주의자'들의 하수인이 된 것이다. 모스크바와 워싱턴은 서로 껴안고 있는 것 같은 정도로 우호적 상황이었다. 그렇지만 이러한 상황이 가져다 줄 수 있는 위대한 결실이 장쩌민을 유혹했다. 그것은 유라시아 대륙의 축인 중국의 '신지앙, 위구르 자치지역'에 관한 것이었다.

신지앙성은 중국 지도의 약 6분의 1을 차지하는 넓은 지역이다. 신지앙성은 여덟 나라와 국경을 접하고 있으며, 영국, 프랑스, 스페인, 그리고 이탈리아를 합쳐 놓은 것보다도 더 넓다. 석유, 주석, 수은, 구리, 철, 우라늄,

그리고 납이 풍부하게 매장되어 있는 이 지역은 네 개의 세계적 문화인 한, 몽골, 터키, 그리고 티베트 문화가 접촉하고 있는 지역이다. 이 같은 문화들이 접촉하고 있는 하나의 예는 신지앙성 양쪽 지역인 티베트와 몽골의 라마주의 불교다. '달라이 라마'라는 말 중 '달라이'는 몽골 언어에서 유래한 것이며, 4대 달라이 라마는 몽골인이기도 했다.

몽골왕조가 망한 후 14세기부터 신지앙지역에서는 이슬람교가 번성하기 시작했다. 비록 불교와 다른 종교가 남아 있었지만 17세기가 되었을 무렵, 이 지역은 거의 완전하게 이슬람지역이 되었다.[9] 기독교, 그리고 유대교와 마찬가지로 이슬람교도 "두 개의 다른 사회, 즉 유목사회와 농경사회의 협력을 추구하는 문화 속에서 번성하게 되었다. 이 두 문화는 도시와 텐트, 또는 벌판의 모습, 그리고 교역하는 사람들과 농민들의 모양을 띠고 있었다."[10] 그것이 바로 중국의 문제였다. 이슬람은 신지앙의 사막 오아시스에서 뿌리를 내리게 되었다. 왜냐하면 이슬람은 유가사상이 제공할 수 없는 사회적 연계를 제공했기 때문이다.

신지앙에 거주하는 대부분의 터키인들은 위구르인이다. 그들은 지금 9백만 명 정도가 되는데, 위구르인은 7세기 이후에 이 지역을 장악하였다. 744년 위구르인은 몽골을 점령했다. 그 이후 그들은 다시 자기 자신들의 주거지로 돌아왔고, 부분적으로는 유목생활을 영위했으며, 또 한편 농업생활도 하였다. 그들은 음악이나 문학적 측면에서도 재주가 있는 사람들이었으며, 그들은 수니파의 설득에 의한 비환상적 회교도들이었다.

베이징, 그리고 상하이에 있는 중국인들은 마치 중국의 아이들이 학교에서 배우는 것과 마찬가지로 신지앙은 한(漢)나라 이래로 중국이었다고 말한다. 그러나 사실은 그렇지 않다. 8세기 이래 천 년 동안 중국에 근거한 정치

---

9) James Millward, 저자와의 통화, Oct. 11, 2002.
10) Lattimore, 1962, pp.80~81.

체제는 이 지역에 일부 영향력을 미치기는 했다. 그러나 결코 신지앙지역 전체를 통치하지는 못했다. 동투르키스탄을 중국에 편입시킨 것은 청나라 때의 일이다. 그리고 스탈린은 이 지역을 마오쩌둥이 통치하는 중국에 주었다. 회교도의 견해에 의하면 중국인들은 외톨이들이었다. 청나라가 이 지역을 신지앙이라고 이름지은 것은 '새로운 경계'라는 뜻인데, 그것은 타림분지[塔里木盆地]와 투루판지역에 오랫동안 살아왔던 위구르인들에 대한 모욕이다. 물론 청나라가 신지앙을 새로운 경계라고 이름지은 것 자체가 이 지역이 한나라 이래 중국의 땅이 아니었음을 보여주는 것이다.

중국의 동부지역에 사는 사람들은 신지앙(그리고 티베트)의 환경이 얼마나 식민주의와 같은지에 대해서 잘 알지 못한다. 마오쩌둥은 1930년대 소련이 신지앙지역에 들어와 있는 것을 '식민주의'라고 말했다. 그렇다면 중화인민공화국이 이 지역에 들어가 있는 것은 식민주의가 아닌가? 선택적인 지역은 위험을 초래한다. 중국의 왕조들은 야만인들이 중국에 대해서 적대적인 시대에도 그들이 중국에 대해 '복종'했다는 소설을 쓰고 있듯이 말이다(이 부분은 제3장에서 논한 바 있다).

신지앙의 현대사와 그 지역의 환경은 줄리안 헉슬리(Julian Huxley)의 말을 생각나게 한다. "국가란 자신의 기원에 대해, 그리고 이웃나라를 미워하는 공통된 마음이라는 공통적 실수에 의해 통합된 사회를 의미한다"고 말한 바 있다. 19세기에 러시아와 영국은 각각 신지앙의 정치에 영향을 미치려고 노력했다. 20세기 초반 터키는 이 지역의 범터키주의를 후원했다. 가장 극적인 것으로서 1940년대 소련은 일리지역의 회교도들이 장제스의 중국으로부터 독립하는 것을 부추긴 바 있었다. 일리지역은 신지앙의 북서쪽 지역이다.

스탈린은 1920년대에 소련의 국경선에 접한 중앙아시아의 여러 공화국들을 마치 어린이가 종이 자르기 하듯이 뭉쳐가지고 소련의 일부로 만들어버렸다. 스탈린은 카자흐, 키르기스, 그리고 위구르를 포함하는 터키인들을 증가시킴으로써 당시의 범터키주의를 제압하고, 그럼으로써 제대로 되지

334

못한 경계선을 확보할 수 있을 것이라고 믿었던 것이 분명하다. 1930년대 신지앙성의 군벌이었던 사람과, 그리고 그후 마오쩌둥은 스탈린으로부터 소수인종 정책에 대해 배웠고, 분리주의를 최소화시키는 방편으로 서부 중국에 있는 한족이 아닌 사람들을 재편성하였다.

신지앙은 19세기에 청제국에 대해 가장 반항적인 지역으로 부상했고,[11] 오늘날에도 주로 위구르족에 의한 신지앙의 중국정부에 대한 반항은 지속되고 있다. 중국 외부에 존재하는 독립을 위한 집단인 동터키인민당(*East Turkistan People's Party*)은 회원이 6만 명이라고 주장했으며, 신지앙성 내부에 178개의 지하조직을 갖추고 있다고 주장한다.[12]

도크 바네트(A. Doak Barnett)는, 신지앙은 "역사적으로 중국보다는 중앙아시아와 더 연계되었던 지역"이라고 썼다.[13] 바로 이것이 중국의 신지앙 문제다. 1990년대 카불(아프가니스탄 수도)의 탈레반 정권은 신지앙성의 호전적 회교도를 훈련시켰다. 그들의 목표는 중국을 신지앙에서 쫓아내는 것이며, 그럼으로써 동터키의 독립국가를 건설하는 것이다. 동터키 독립국은 1945년까지 존재했다. 2001년 10월, 중국의 중앙아시아 전문가는 "신지앙의 상황은 중국의 아프가니스탄 정책의 가장 주요한 요인이다"라고 했다.[14] 베이징은 탈레반이 신지앙의 문제에 개입하는 것을 막기 위해 유화정책 및 강압정책을 사용했지만, 모든 문제를 해결할 수는 없었다. 그때에 9·11사건이 야기되었다. 중화인민공화국은 탈레반이 역사의 쓰레기통으로 처박혀야 한다는 좋은 이유를 가지고 있었다. 그것이 바로 장쩌민이 부시의 반테러리즘 정책을 지지한 이유인 것이다.

11) Fletcher, 1978, p.90.
12) *Taipei Times*, Oct. 11, 1999.
13) Barnett, 1993, p.343.
14) *Far Eastern Economic Review*, Oct. 4, 2001.

신지앙에서 우리는 중국적 특색을 가진 아파르트헤이트(남아프리카공화국의 인종차별주의자 집단)를 볼 수 있다. 마을과 도시의 이름들은 전부 중국말로 되어 있고, 이는 대부분의 위구르인들이 읽지 못한다. 한족 유니폼을 입는다. 모든 대학의 교과서는 중국어로 되어 있다. 한족의 교재는 회교사원에서의 생활을 목 조르고 있다. 회교의 교리인 '순수함과 올바름'은 때로는 황야에서 홀로 외치는 소리일 뿐이다. 한족관리들은 중국인 여성이 위구르인과 결혼할 경우 돈을 지급한다. 그럼으로써 위구르족의 특성을 없애버리는 데 기여하려는 것이다. 그러나 이러한 일들은 자주 일어나지는 않는다. 신지앙에 있는 누구도 이란과 파키스탄에서 공부하는 것이 허용되지 않는다. 압둘혜킴(Abdulhekim)은 이스탄불의 동투르키스탄 센터의 위원장인데, "위구르족은 수년간 중국의 인종차별과 압제에 시달렸다"고 말한다. "인종적 적대감은 100도로 끓는 물과 같아서 언제라도 폭발할 수 있다"고 말했다.15)

　수백 명의 '분리주의자들'은 어떤 특정한 달에 체포된다. 호전적인 회교도들은 특정 달을 맞춰 채용된다.16) 신지앙에 있는 사람들이 회교도에 대해 호의를 보이는 데 대해 베이징 정부는 주기적으로 터키, 우즈베키스탄, 사우디아라비아, 그리고 카자흐스탄에 항의한다. 그러나 대부분의 인접국가들은 신지앙의 반란세력에게 도움을 주는 것을 두려워하고 있다. 1998년 우즈베키스탄 대통령은 다음과 같이 솔직하게 말한 적이 있었다.

　"위구르족과 신지앙성에 사는 지역주민들은 터키어를 사용하는 국가들이

---

15) *Taipei Times*, Oct. 11, 1999.
16) *Kaifeng*(Hong King), July 1996, pp.39~40.

도와주기 원한다. 만약, 우리가 그들의 목표를 지지한다면, 우리와 위대
한 중국과의 관계는 바로 내일 파괴될지도 모른다."[17)

　1997년 신지앙을 여행할 때, 나는 마오쩌둥이 통치하던 시절의 중국과
같은 정치적 분위기를 발견했다. 라디오와 신문들은 마오쩌둥 사상, '계급
투쟁', 그리고 중화인민공화국에 해를 끼치는 위험한 적들에 대해 말하고
있었다. 중국공산당이 국가분열을 두려워하는 입장은 그 정도가 신지앙성
에 최대한으로 미치고 있었다. 신지앙성의 중앙에 있는 투루판에 머무를
때, 나는 관영 TV 뉴스(관영 이외의 다른 TV는 없다)를 청취했고, 중국어로
된 논평을 들은 바 있었다.

　　"종교단체의 모든 친구들은 중국에서는 오직 중국공산당만이 모든 인종에
　　속하는 사람들의 이익을 대변한다는 사실을 인식해야 한다."

　이것은 제국주의적 목소리이며, 추상적이고 교조적이며, 그리고 현실과
동떨어진 이야기다.
　2001년 베이징 정권은 자신들의 반테러리스트, 신제국주의적 기회가 미
국이 이끄는 반테러전쟁에 의해서 붕괴됨을 발견하였다. 부시 대통령과 대
부분의 미국인들은 그들이 자유를 억압하는 광범한 세력에 대항해서 싸우
고 있음을 보았다. 중국은 테러리스트에 대한 전쟁이 중국에 통일성을 보호
하기 위한 것이라고 보았다. 이슬람의 영향을 받은 테러리즘에 대항한다는
공통의 이익에 추가하여 베이징은 미국이 반테러리즘 연합의 파트너로 중
국을 선택했다는 기회에서 득을 보았다. 비민주적 지도자들도 미국의 워싱
턴에 의해서 포용되었고, 그들 중에는 파키스탄의 군사독재자와 장쩌민이
포함되었다.

---

17) Becquelin, 2000, p.71.

장쩌민은 반테러전쟁 연합에 가입했는데, 그것을 통해서 신지앙의 통치를 강화하고, 차후 대만을 점령할 수 있다는 야욕을 가지고 있었기 때문이다. 카슈가르, 이닝[伊寧], 그리고 다른 신지앙성의 도시들에서 회교도들은 중국에 반대한다는 제스처로 그들의 시간을 2시간 앞당겨서 고정시켰다(역자 주: 중국은 표준시가 하나로 통일되어 있다. 나라가 커서 표준시가 4시간 차이가 남에도 불구하고 하나로 되어 있다). 그들의 마음은 장쩌민이 2001년 세계는 궁극적으로 중국의 분리주의자들의 문제를 해결할 것이라고 선언하며 미국의 반테러전쟁에 가입함으로써 심란해졌다

신지앙과 대만! 이 두 지역은 2천 마일이나 떨어져 있는 곳으로서 마치 중국 본토를 양쪽 끝이 책꽂이처럼 둘러싸고 있는 지역이다. 이 두 지역은 지금 모두 떨고 있다. 그들은 삶의 양식, 경제구조, 그리고 삶의 표준이 전혀 다른 곳이다. 한 지역은 미나레트의 부름에 따라 메카를 향하고 있고, 또 다른 하나는 태평양의 자본주의 지역이다. 그러나 베이징의 공산당은 자신이 이 두 지역 모두에 대한 정당한 통치자라고 생각하고 있다.

대만과 신지앙은 베이징에 대해서 정반대의 전략적 입장을 취하고 있다. 대만은 중국의 제국적 통일성에 노골적으로 의문을 제기하지 않으면서도 분리주의를 향하고 있다. 위구르족의 호전적인 사람들은 중국의 제국적 통일성을 반대하며 폭력적 방법으로 분열을 추구하고 있다. 그러나 아직까지 성공하지 못했다. 이스탄불의 동터키 센터의 압둘헤킴은 대만해협의 문제점은 신지앙의 폭동과 함께 야기될 것이라고 말했다. "만약 중국이 대만을 새벽 4시에 공격한다면, 우리는 새벽 3시에 폭동을 일으킬 것이다"라고 말했다.[18]

이 책을 쓰고 있는 현재, 우리는 9·11 이후의 새로운 정치적 현상이 얼마나 지속될지 모른다. 중화인민공화국은 결코 테러리스트 캠프에 속하지

---

18) *Taipei Times*, Oct. 11, 1999.

않는다. 그러나 중화인민공화국은 자유주의와 민주주의 캠프도 아니며, 알카에다의 주요 표적도 아니다. 중국공산당에 신지앙, 티베트, 그리고 대만은 중화인민공화국을 구성하는 벽돌과 마찬가지이며, 그것은 이들 성에 사는 주민들이 원하는 바와는 아무런 관계가 없는 것이다. 이것은 아래로부터의 계획이 아니라 위로부터의 명령인 것이다. 시간은 장쩌민으로부터 공산당의 최고 지휘를 계승한, 아직 시험받지 않은 후진타오가 부시의 반테러전쟁을 이용하여 새로운 중국제국을 강화시킬 수 있을지 말해 줄 것이다.

왜 중화인민공화국은 소련이 몰락하기 이전보다 훨씬 많은 군대인 약 백만 명의 군인을 신지앙성에 주둔시키고 있었을까?(9 · 11 일어나기 한참 이전부터.) 중국이 그렇게 많은 군사력을 주둔시킨 이유는 1990년대 외부로부터의 위협이 증가했기 때문은 아니다. 인도와 중국 간의 관계는 1990년대, 다른 때보다 훨씬 긴장이 적었다. 중앙아시아에 있는 5개의 새로운 공화국들은 소련보다 중국에 훨씬 적은 위협이었다. 중국이 신지앙을 군사화시키고 티베트와 내몽골을, 그리고 다른 지역을 군사화시킨 것은 제국을 확보하기 위한 노력이라고 설명되어야 할 것이다. 청나라는 이와 비슷한 정도의 지출과 고통을 동원하여 식민통치를 위한 유사한 틀을 형성했다. 청나라의 관리는 다음과 같이 선언한 바 있었다. "중앙은 서쪽의 이득을 위해서 사람들을 포기했고, 서쪽은 중앙의 이득을 위해서 부를 포기했다."[19] 이것이 바로 서기 2000년 장쩌민이 '서방을 개발'한다는 캠페인의 논리였다. 1830년대의 학자이자 관리인 웨이유안은 중국인민들을 신지앙으로 대대적으로 이

---

19) Millward, 1998, p.241.

주시킬 것을 제안하였다. "중국인들을 불러들임으로써 이 지역을 중국의 본토로 만들 수 있다. 이렇게 할 경우, 우리의 권위행사를 용이하게 할 것이며, 우리의 이익을 대단히 증대시켜 줄 것이다"라고 썼다. 이와 같은 정책은 '융합을 통한 방위'라고 적절하게 불릴 수 있다.[20] 그리고 이것은 오늘날 베이징 정부의 정책이다. 21세기의 '이익'은 주로 석유로부터 초래될 것이다. 신지앙의 경제전략은 "하나는 하얗고 하나는 검다"라고 불린다. 이는 석유와 외화를 얘기하는 것이다.

이처럼 '융합을 통한 방위' 정책은 신지앙의 한족인구를 1940년에는 5%, 그리고 오늘날에는 40%로 증가시켰다. 위구르족은 그 자신의 나라에서, 오늘날 중국이라 불리는 큰 가족에 포함된 56개 소수민족 중 하나일 뿐이다. 많은 사람들은 물에 빠진 것 같은 기분을 느낀다. 위구르인들은 "만약, 그들이(한족) 모두 만리장성 위에 올라서서 오줌을 싼다면, 우리는 다 떠내려가버릴 것이다"라고 말한다.

1827년, 신지앙에 있었던 청나라의 관리는 다음과 같이 썼다.

"중국의 군인과 국민의 숫자가 증가함에 따라 회교도의 힘은 점차 약화될 것이며, 자연적으로 그들은 더 이상 미래의 희망을 즐기지 않게 될 것이다."[21]

베이징의 역사학자는 청나라가 한족 이외의 사람들을 통치하는 방법 중 하나인 "문화와 교리를 부활하는 것"과 "토착적 문화가 국가의 법을 알게 하는 것", 그리고 그는 첨가하기를, "이런 것들은 과거에는 물론, 오늘날에도 유용한 조치들이다"고 말했다.[22] 중국공산당에게, 청나라와 마찬가지로 경제발전은 전략적 목적에 기여하려는 의도를 가지고 있다. 이렇게 말하는

20) Millward, 1998, p.244.

21) Millward, 1998, p.227.

22) Li Shiyu, 2000, pp.28~29.

것이 경제적 발전이 환영받지 못한다는 것을 의미하는 것은 아니다. 신지앙은 비록 중국의 해변가보다는 속도가 더딜지라도 발전하고 있다. 베이징 정부에 의하면 신지앙은 1950년대 초반 33세였던 평균수명이 1998년에는 63세로 늘었다.[23]

청나라가 신지앙을 지배하는 동안 청나라와 신지앙 사이의 곡물교환은 신지앙과 베이징 관계에 한쪽 축을 구성했다. 다른 한 축은 전쟁이었다. 전쟁과 곡물 사이에는 상업, 내적 이민, 종교적 통치, 지도 그리기, 그리고 관리임명에 관한 협상 등이 놓여 있었다. 오늘날에도 이와 유사한 통치방식이 존재한다. 예로서 베이징 정부는 최근까지 산아제한에 관해 위구르인들에게 양보하는 데 관대했다. 그러나 베이징 정부는 '분리주의자들'이 모여서 이야기하는 사원을 철폐하는 데에는 강압적 입장을 취했다. 청나라 당시 베이징의 통치에 대한 항거에도 여러 가지 양식이 존재했다. 신지앙은 베이징을 기만하거나 또는 베이징에 대해 저항하였다. 한족이 아닌 중국인들을 복속시키기 위한 대가, 해변가의 변두리에서 때로 나타나는 일탈현상, 비중국적 지역에 대한 베이징 정부의 무관심 등은 한 번 황제에게 속한다고 인식되었던 어떠한 영토라도 장악한다는 제국적 야망과 반대되는 것이었다. 이와 비슷한 긴장이 2002년 신지앙에 대한 베이징의 통치에서도 문제점으로 제기된다.

티베트와는 달리(그리고 러시아로부터 탈출하려는 다른 잠재적 지역들의 대부분과 마찬가지로), 다른 곳으로 갈 데가 없는 신지앙에 거주하는 수백만의 시민들은 이웃에 있는 타지키스탄, 키르기스스탄, 카자흐스탄, 그리고 우즈베키스탄과 인종적, 그리고 개인적 연계를 가지고 있다. 그러나 중국공산당은 이와 같은 부조화의 문제를 제대로 다루지 못한다. 왜냐하면 중국공산당은 한족이 아닌 사람들, 그리고 중앙아시아의 공화국들에 대해 '우리와 그

---

23) Becquelin, 2000, pp.67~68.

들'이라는 거만한 구분을 하고 있기 때문이다.

　중국과 국경을 접한 과거 소련의 영토였던 가장 작은 키르기스스탄의 경우마저도 베이징 정권의 제국주의적 목소리는 때때로 그들을 짜증나게 만들고 있다. 1997년 중국은 키르기스스탄의 외무부에 그 나라 신문인 《레스 퍼블리카》가 신지앙에서 야기된 위구르인의 폭동을 기사화한 것에 대해 항의했다. 베이징은 "중국의 국내문제에 대한 사려 깊지 못한 개입"이라 말했고, 키르기스스탄의 수도 비슈케크에서 발행되는 이 신문은 "심각하게 중국인민의 기분을 해쳤다"라고 선언했다. 이것은 자신의 영역 내에서 일어나는 일에 대한 어떠한 객관적 보도에 대해서도 새로운 중국제국이 항상 나타내는 반응이다.

　그러나 놀랍게도 《레스 퍼블리카》 지는 과거 중국왕조 당시 야만족이 때때로 중국 왕실에 반격을 가했던 것처럼 중국정부에 반발했다. 그 신문은 다음처럼 말했다. "우리는 저자의 의견을 공유하지 않은 채 기사를 인쇄할 수 있는 권리를 보유한다. 그리고 반대되는 견해를 표시하는 의견을 출판할 권리도 가지겠다." 《레스 퍼블리카》 지는 키르기스스탄에 거주하는 사람들을 모욕하는 것이 아닌 한 비슈케크의 중국대사관이 제공하는 논문들을 인쇄해 줄 용의가 있다고 말했다.[24]

　이제까지 중화인민공화국에 의한 티베트 통치는 중국 역사상 두 번째로 긴 것이었다. 가장 긴 것은 청나라에 의한 것으로서, 1860년대 폭동으로 통치가 종식되기 이전까지 청나라는 티베트를 지배했다. 신지앙성이 지속적으로 독립을 유지한다는 것은 어려운 일로 판명되었다. 1940년대 소련이 이 지역에 분리된 나라들을 세우고자 했을 때 스탈린은 여러 가지 동기를 가지고 있었으며, 곧바로 살고자 투쟁하는 정권들을 짓밟아버렸다. 그는 얄타에서의 약속을 장제스 정부가 받아들이도록 하기 위해 신지앙지역의 터

---

24) Burles, 1999, pp.56~57.

키족 지도자를 이용하였다.[25] 힘의 균형이 중국공산당의 마오쩌둥에게 유리하게 기울자 스탈린과 신지앙의 '3구역 혁명'(*three district revolution*)은 새로운 현실에 맞도록 자신들의 이데올로기적 입장을 수정하였다.[26] 베이징은 3구역의 정권들이 내포하는 반한(反漢)감정 등을 포함한 인종적 요소들의 베일을 벗겨버렸다.[27] 베이징 정권은 자신들의 목표는 "국민당의 반동분자들과 제국주의자들"에 대항하는 것이라고 편한 대로 말했다. 한마디로 말하자면 동투르키스탄의 독립문제는 국제적 축구경기처럼 되어버린 것이다.

베이징의 압제는 위구르인들의 중국인에 대한 반감을 심화시켰다. 그러나 이것은 또한 분리주의자들에 대한 동정심 또한 약화시켰다. 2001년 12월 카슈가르의 한 젊은 위구르인 기업가는 "우리가 원하는 바는 단지 돈을 벌고 평화롭게 살고 싶다는 것뿐입니다"라고 말했다. "분리주의자는 모두에게 압박을 가져다줍니다."[28] 그러나 현대화는 양날의 칼이 될 수 있다. 신지앙이 점차 더 번영하게 됨에 따라, 그리고 중국에게 더 중요한 지역이 됨에 따라 위구르인의 선택대안은 더 많아지게 되는 것이다. 덩샤오핑 시대에 인종적 정체성 문제가 야기되었고 간접적이지만 종교적 부흥이 있었다. 시안에 있는 회교대학은 "무슬림의 기업가 정신"이라는 강좌를 개설하기도 했다. 돈을 많이 번 회교도는 궁극적으로 메카를 여행할 수 있을 것이다. 돈은 이동성, 자존심, 집단의 프라이드, 그리고 서방을 향한 개방된 태도를 초래하게 된다.

어떤 '순수하고 진실한' 주장일지라도 그것은 맑스주의의 도그마에 대한 도전이다. 바로 그것이 마오쩌둥이 회교도들에 대해 가지는 문제였다. 그러

25) Benson, 1990, pp.136~147; David Wang, 1999, p.18.
26) Xu Yuqi, 1998, pp.1, 259, 260~261, 264.
27) David Wang, 1999, pp.12~13.
28) *New York Times*, Dec. 16, 2001.

나 "부자가 되는 것은 영광스러운"(덩샤오핑의 말이다) 시대에서 순수하고 진실한 주장은 베이징이 생각하는 통일성과 안정성이라는 개념에 도전이 되는 것이다. 역사적으로 보았을 때 신지앙에서의 성공은 군사적인 것, 그리고 관료적인 것 등 두 가지 방안에 의해서였다. 덩샤오핑, 장쩌민 시대에 시장이 성장함에 따라 사기업을 향한 새로운 길 및 외국과의 연계가 열리게 되었다. 이러한 상황은 위구르족은 물론 한족에게도 기회가 되고 있다.

불교를 그 나라의 산소로 삼아 형성된 티베트 사회는 지형학적 요인에 의해서 형성되었다. 이 나라는 먼 곳에 위치한 지역이며, 침투하기가 어렵다. 티베트는 목축업을 주업으로 하며, 보리, 메밀, 그리고 몇 가지 다른 곡식 등 높은 지대에서 잘 자라는 농작물들을 경작하고 있다. 티베트의 산악들은 불교도들로 하여금 대규모 정치적 조직이라든가 또는 조직들의 확장에 대해서 의문을 가지게 하였다. 동시에 신지앙이나 몽골, 또는 만주보다 인구가 훨씬 많은 티베트는 중국으로부터 항상 고립되지도 않았고, 때로 중국으로부터 침략당하기도 했다. 당나라 당시인 8세기, 막강한 티베트는 서부 중국지역으로 진입해 들어갔다(티베트는 당시, 바그다드에 근거를 둔 아랍제국과도 접촉했다). 당나라 당시, 중국과 티베트는 8개의 조약을 체결했었다.

10세기, 그리고 11세기의 송나라는 티베트를 내버려두었다. 그러나 13세기에 들어와 원(몽골)의 황제는 티베트를 책봉국가로 만들어버렸다. 14세기부터 명나라는 라사(티베트의 수도)로부터 오는 조공사절단을 받아들였다. 그러나 티베트를 직접 통치하지는 않았다. 마지막 왕조인 청나라는 티베트에 군사원정대를 파견하였고, 티베트를 하나의 성으로 통치하고자 했다.29)

1940년대에 이르렀을 때 티베트는 본질적으로는 독립된 국가로 백여 년을 지속한 상태였다. 당시 청나라와 중국공화국은 더 어려운 문제를 해결해야 했고, 티베트는 대안이 별로 없었다. 1949년 이후 인도와 영국이 개입했을 당시, 베이징은 티베트를 자신의 것이라고 주장하였다.

베이징은 현재 티베트에 대한 제국적 통치를 중국 역사상 2천 년이나 된 것으로 생각하고 있다. 원, 명 또는 청나라를 이야기할 때 중국은 티베트의 정부를 '지방정부'라고 부른다. 그것은 사실이 아니다. 그것은 단지 오늘날의 현실과 일치하는 것일 뿐이다. 오늘날 '중국의 티베트' 또는 '우리의 티베트'라는 말은 베이징에서 흔히 사용되는 말이다. 《인민일보》는 "티베트는 중국의 티베트지 미국의 티베트가 아니다"라고 말한다. 마치 자기 소유의 식민지를 말하는 것처럼 말이다.[30] 이 같은 소유권적 언급의 뒤에는 법적 주장 이상의 것이 존재한다. 한족의 가부장주의와 맑스주의자들이 스스로 정한 타이틀은 중국의 입장을 대변한다. 티베트 문제에 관한 법적 이슈는 하나의 중국이라는 공산당 당정국가의 교리적 우상성에 의해 가려져 버린다.

오늘날과 마찬가지로 청나라 당시, 일부 중국인들은 서부의 변방지대는 실제로는 중국이 아니라고 주장했다. 지금과 마찬가지로 그 당시에도 이와 같은 주장은 두 가지 측면을 가지고 있었다. 하나의 가능한 결론은 티베트, 신지앙, 그리고 다른 지역은 베이징의 통치영역에 속하지 않는다는 것이다. 두 번째는 강력한 수단을 사용하여 그 지역들을 중국으로 만들 수 있다는 것이다. 그 경우 이 지역들은 중국에 속할 것이다. 후자가 바로 오늘날 중국공산당의 관점이다. 그러나 "중국의 것으로 만든다"라는 관점은 라사(티베트)가 도저히 받아들일 수 없는 것이며, 티베트의 변방지역 사람들은 특

---

29) Courant, 1912, chap. VII.

30) *Renmin ribao*, May 31, 2001.

히 더 받아들일 수 없는 것이다.

여기서 복잡한 문제가 야기된다. 민족국가의 원칙들이 무시되었다. 민족국가의 원칙은 논의될 수 있는 것이었지만 거의 적용되지는 않았다. 종교와 정치 사이의 간극이 눈에 보이지만, 티베트와 중국은 이 문제를 똑같이 이해하지 않는다(다른 나라들도 마찬가지다). 계급분석에 관한 이론도 지켜지지 않았다. 그러나 '봉건주의'에 대한 비난은 한나라의 한족이 야만족을 비판한 것과 같은 모양이다. 경계선이 설정되지만 제국적 경계선이 선으로 구성된 적은 별로 없었다.

궁극적으로 삶의 방식이 다르다는 사실이 문제가 된다. 티베트의 전문가인 로버트 서만(Robert Thurman)은 다음과 같이 말했다.

"내가 청두〔成都〕로부터 란저우〔蘭州〕까지 운전하고 가는 동안, 나는 중국의 적당한 국경선에 대한 관점을 바꾸었다. 나는 중국인들이 산 아래에서 일하는 것을 보았지, 산 높은 곳에서 일하는 것은 보지 못했다. 이 같은 경험은 티베트인들에 대한 나의 문화적 동정심을 정치적 동정심으로 바꾸게 하였다."31)

한마디로 말해 지리 그 자체가 티베트를 중국과 분리시키는 요인인 것이다. 그러나 전통적으로 중국의 지배에 반대해온 몽골이나 신지앙과는 달리 티베트는 "갈 곳이 없다." 티베트는 중화인민공화국의 경계선을 바라다보며, 티베트 문명의 잃어버린 부분을 찾아 볼 수 없기 때문이다. 높은 산악지대에 우뚝 솟은 불교왕국은 단순히, 그리고 순수하게 그 자체일 뿐이다. 7세기 라사의 왕은 균형을 유지하기 위해서 부인 한 명은 중국에서 데려왔고, 또 다른 한 명은 네팔로부터 데려왔다. 오늘날까지 티베트는 중국과 인도 사이에 서 있으며, 이는 아시아 내부정치에서의 부적합 요소인 것이다.

---

31) Robert Thurman, Fairbank Center, Harvard University, Nov. 2000에서의 대담.

청나라 당시와 마찬가지로 오늘날에도 티베트 불교의 신성한 지도자인 새로운 라마를 선택하는 과정에서 야기되는 갈등은 중요한 일이다. 이것은 한족이 아닌 불교도들이 중국제국 내에서 가장 문제시되는 중요한 원인의 하나다. 이와 같은 갈등은 베이징 정권의 입장이 티베트의 여론에 대항하여 갈등을 일으키는 요인이 된다. 달라이 라마도, 그리고 판첸라마 누구도 어떤 소년이 자신의 후계자가 될지에 대한 문서화된 규칙을 가지고 있지 못하다. 베이징의 '티베트 자치지역'에 남아 있는 2백만 시민을 포함한 티베트인에게 달라이 라마와 판첸라마는 모두 종교적이며 임시적인 지도자로 간주된다. 베이징 정부가 보기에 이들은 종교적 인물일 뿐이다.

청나라는 라사에 금 항아리(*golden urn*)를 보내는 것을 좋아했다. 종이 위에다가 라마가 될 후보 소년의 이름을 적어 넣었고 중국인의 암본(중국인인 티베트의 행정지도자)으로 하여금 달라이 라마 혹은 판첸라마를 선택하게 하였다. 방법은 상아로 만든 젓가락을 항아리 속으로 집어넣은 후 이름이 적힌 종이 하나를 집어내는 방식이었다. 티베트인들은 소년들 앞에서 그 소년이 전생에서 사용했던 유품을 다른 유품들과 섞어놓은 후 그 소년이 진짜 유품을 집어내는지 알아보는 방법을 택했다. 때로 라사는 티베트인들을 속이고 전통적 양식에 따라서 라마를 새로 선출했다고 공표했다. 그러나 청나라의 조종에 대해서는 금 항아리를 사용했다고 보고했다.

중화인민공화국시대에 들어오면서부터 모든 것이 더 긴장되었다. 왜냐하면 베이징 정권은 종교를 격멸했고, 불교가 '중국에 반항하는' 세력으로 사용될지도 모른다고 두려워했다. 1989년 제 10대 판첸라마가 죽었을 당시 (아마도 독살되었는지도 모른다), 후진타오는 중국공산당에서 티베트 문제를 다루고 있었는데, 티베트의 불교지도자들은 달라이 라마와 친한 나이 많은

사람인 차드렐린포체를 후계자를 물색할 사람으로 임명하였다. 베이징은
중국말을 잘 들을 사람을 임명하여 후계자를 찾을 팀의 대표로 삼았다.

달라이 라마의 대표들은 신성화된 호수인 윰볼리와 라모라스토를 찾아와
서 다음 번 판첸라마가 누가 될 것인지에 관한 흔적을 보고자 하였다. 그러
나 베이징은 금 항아리를 사용하길 원했다. 이것은 본질적으로는 또뽑기와
같은 과정으로 누가 후계자가 될지 조작할 수도 있고, 이 문제를 달라이
라마의 손으로부터 빼앗을 수 있는 것이었다. 타실훈포 사원을 중심으로
한 티베트의 불교세력은 인도에 있던 달라이 라마를 불러와서 제 11대 판첸
라마를 선택할 수 있도록 준비했다.

1995년 5월, 게드훈 초에키 니야라는 소년이 먼 곳의 티베트 마을에서
후계자를 물색하는 사람들의 기도와 예감으로 인도되어 왔고, 달라이 라마
와 티베트 지도자들에 의해 후계자로 선택되었다. 인도에서 달라이 라마는
누구를 후계자로 선택할지 공표하였다. 베이징은 달라이 라마의 선택을 거
부했다. 베이징의 언론들은 6살 된 소년은 성질이 나쁜 아이이고, 왜냐하면
그는 강아지를 물에 빠뜨려 죽인 적이 있기 때문이며, 그의 부모는 '사
색'(speculation)을 많이 하는 것으로 악평이 난 사람들이라는 것이다. 라사
에 있는 일부 승려들에게는 그 소년의 사진을 들고 있을 경우 누구라도 처
형당할 것이라고 말했다. 6개월 후 베이징에서 열린 속임수 같은 회의에
서 ― 이 회의는 장쩌민의 직접 감독 아래 이뤄졌으며 ― 중국공산당은 스
스로 잘첸노르부라는 소년을 후계자로 택했다.[32] 양부모 모두가 공산주의
자들인 이 6살 된 소년은 중국공산당에 충성한다는 선언을 했다.

달라이 라마를 대신하여 판첸라마의 후계자를 찾는 일을 주도했던 차드
렐린포체는 베이징으로부터 '분리주의자'라고 비난받았다. 달라이 라마와
달라이 라마가 선택한 소년과 차드렐은 마치 문화혁명 당시에 그러했던 것

32) Hilton, 1999, pp.264, 277, 283.

처럼 중국령 티베트 전 지역에서 열린 비판적 모임의 대상이 되었다. 베이징은 무시무시한 말로 선언했다.

> "어떤 정당한 종교일지라도 정통성을 가지기 위해서는 신자들로 하여금 애국을 가장 중요한 덕목으로 생각하게 해야 한다."[33]

베이징이 선택한 소년은 장쩌민을 만났고 함께 사진을 찍었다. 장쩌민은 그 소년에게 "당의 지도력을 전교하고 민족, 인민, 그리고 사회주의에 대해 깊은 사랑을 가지라"고 말했다. 6살 난 소년은 베이징 부근의 빌라에 감금되었다. 1999년 초 달라이 라마의 소년은 알 수 없는 일로 그 마을에서 사라져 버렸다. 그후 베이징 정부는, 그 소년은 "그들 부모의 요청에 따라 정부의 보호 아래 있다"고 말했다. 1996년에 티베트의 사원에서 승려들과 중국정부 당국자들 사이에 폭력적 갈등이 야기된 것은 놀라운 일이 아니다. 달라이 라마를 잘못된 현세의 지도자일 뿐만 아니라 아주 비참한 종교적 지도자라고 비난하는 선전이 행해졌다. 1997년 차드렐린포체는 "국가의 비밀을 누설했고", "국가를 분열시키려 했다"는 죄목으로 6년형을 언도받았다.[34]

베이징은 분명히 스스로 선택한 소년을 중국공산당의 목표에 맞도록 다시 만들어 낼 것이다. 궁극적으로 중국공산당은 그것이 기도와 예감에 의한 것이든, 금 항아리에서 나온 것이든, 자신들이 원하는 사람을 달라이 라마의 새로운 분신이라고 규정하고, 그 사람을 후계자로 선택할 것이다. 베이징은 티베트 그 자체가 아니라 달라이 라마를 문제라고 생각하고 있으며, 그래서 그가 사라진 후에 티베트는 '중앙정부'와 협력할 것이라고 생각한다.

---

33) Hilton, 1999, p.286.
34) Hilton, 1999, pp.291, 299.

2001년 5월 부시 대통령이 워싱턴에서 달라이 라마를 만난 후에, 베이징은 달라이 라마는 "분리주의를 향한 길을 여행하고 있다"고 말했다. 티베트의 불교지도자인 달라이 라마가 티베트를 보호하는 똑같은 길을 50년 동안이나 걸어왔기 때문에, 우리는 앞으로 티베트가 어느 방향으로 나갈지에 대해 생각해 볼 수 있을 것이다. '티베트의 문제점'은 해결되지 않았다. 왜 그럴까? 기본적 이유는 한 사람에게 제국은 다른 사람에게는 가족이기 때문이다.

한족(漢族)의 가부장주의는 티베트인들을 잘못된 길로 오랫동안 괴롭힐 것이다. 중국인 보초들은 티베트인들을 정지시켜 놓고 비록 자신은 티베트 말을 잘할 줄 아는 데도 불구하고 잘할 줄도 못하는 중국말로 대답하라고 강요한다. 티베트의 고등학교에서는 중국어를 모국어로 가르치고 있다. 다음은 티베트 중학교의 '애국교육'이라는 과목의 시험문제다. "학생은 달라이 라마를 종교지도자로 생각하는가, 정치지도자로 생각하는가?"[35]

1989년 2월 라사의 조캉사원 위에 티베트 국기가 게양되었다는 사실만으로도 억압사태와 폭동이 발생하여 수십 명이 죽었고, 수백 명이 부상당했다. 베이징의 관리들은 티베트의 불교를 감독하는데, 이는 마치 쿠르트 마수르(Kurt Masure)가 록밴드를 지휘하는 것과 유사하다. 어느 누구라도 자신의 땅에서 외국인이 통치하는 것을 좋아하지 않을 것이다. 티베트인들 사이에서 사는 한족들도 티베트인들을 좋아하지 않는다. 왜냐하면 티베트인들의 중국인들 통치에 대한 만연된 불만은 한나라 사람들이 생각하는 명예를 훼손시키기 때문이다.

---

35) "Education for Minorities," *China Rights Forum*, Summer 2001, p.12.

오늘날 경제발전의 의미로 바뀐 맑스주의 진보에 관한 비전은 복합적 영향력이다. 중국인들이 거만한 척한다는 사실을 제외한다면, 중국공산당의 통치는 아마도 티베트인들이 스스로 했을 때보다 오히려 더욱 발전된 경제를 티베트에 건설할 수 있게 했다고 말할 수 있다. 불행하게도 모든 관련된 사람들에게 전통적 깡패의 손에서 나온 하사금이란 환영받는 것은 아닐 것이다. 이는 일본이 한국 식민지를 근대화시킨 이후에도 당면했던 문제였던 것이다.

오래된 국제문제들을 반영하는 사건들이 거의 매달 발발하고 있다. 2001년 쯔진청에서 열린 찬란한 "티베트 유물 전시회"의 표식들은 영어와 중국어로 되어 있었지 티베트 말로 표시되지는 않았다. 어떤 표식은, 티베트는 1247년 이후 공식적으로 중국의 일부가 되었다고 기술하고 있을 정도다. 중국은 2001년 10월 유럽의 의회가 달라이 라마에게 연설할 기회를 제공했을 때 "염치없게 중국을 분열시키려는 그의 음모를 논할 수 있게 했다"며 유럽의회를 비난하였다. 베이징 정부는 마치 선생이 자기 반 학생들에게 말하듯 유럽연합은 "중국인민의 마음을 아프게 만드는 일을 중지해야 할 것"이라고 선언했다.36) 라사에서 베이징의 당정국가는 별 기술도 없이 포탈라 왕궁의 맞은편에 중국인민해방군에 의한 1950년의 티베트 해방을 기념하기 위한 기념물을 만들어 놓았다.

티베트인의 복속에 대해 널리 알려진 동정심은 망명중인 티베트 정부에 대한 각국 정부의 지지를 의미하는 것은 아니다. 이 세상 어느 나라 정부도

---

36) *China Daily*, Oct. 29, 2001.

티베트를 국가로서 인정하고 있지는 않다(그러나 어떤 나라들도 1990년에 이르기까지 우크라이나를 국가로 인정한 적이 없었다. 그러나 2002년이 되었을 때 무려 117개국이 우크라이나의 수도 키예프에 대사관을 설치했다). 장쩌민이 1999년 런던을 방문했을 때 블레어 정부는 티베트의 독립을 지지하는 행진을 벌이려 한 사람들을 체포했다. 그러나 1998년 일본 수상이 런던을 방문했을 당시 블레어는 일본 수상에 반대하는 대규모 집회를 허락했다. 유럽을 비롯한 세계 다른 지역에서 티베트에 대한 일반민중들의 감정적 지지와 관련집단들이 어떻게 할 수 없는 것 사이에 중간지대란 존재하지 않는다. 대사들 사이에서 세상에는 '실패한 국가'가 상당히 많다고 말하고 있다. 우리는 실패한 국가 하나를 더 추가해야 할 것이란 말인가?

베이징의 티베트에 대한 강력한 통제는 중국, 티베트, 그리고 다른 나라에 피해를 입힐 수 있는 폭발의 위기를 내포하고 있다. 베이징의 주권 아래에 있는 홍콩이 거의 영구적으로 안정을 유지할 것을 기대할 수는 있을지 모른다. 그러나 티베트의 경우는 사정이 다르다. 티베트의 경우 중국의 당정국가가 바뀌지 않는 한 큰 진전을 기대할 수는 없을 것 같다.

20세기 말엽 이후 베이징 정권에 대한 또 하나의 골칫거리는 인권문제에 관한 세계의 여론이다. 달라이 라마는 티베트에서의 선거를 주장함으로써 이 문제에 개입하였다. 그는 "만약 티베트의 시민들이 진정으로 중국의 지배하에 살기를 원한다면, 10만 명에 이르는 티베트인이 자기의 의사를 그렇게 철저하게 거스르며 망명생활을 한다는 것은 바보 같은 일이며 비이성적인 일일 것이다"라고 쓰고 있다. 이 같은 관점은 마치 중국에게는 등에 꽂힌 칼과 같은 것이다. 달라이 라마는 "아직까지 티베트에 사는 티베트인은 행복하다"라고 말하는 것은 중국의 선전기관과 서방에 있는 중국의 대변자들 뿐"이라고 말했다.[37]

---

37) *World View*, Jan./Feb. 1980, p.39.

베이징은 이 같은 문제에 대해 그럴듯한 대답을 제시하지 못하고 있다. 2001년 달라이 라마가 유럽의회에서 연설했을 때 그는 또 다시 국민투표를 이야기했다. "티베트인들의 중국과의 관계에 대해 바라는 바를 결정하기 위해" 국민투표가 필요하다. 이 같은 말에 대해 중국정부는 다음과 같이 대답했다. "티베트는 중국의 불가분의 일부이기 때문에 티베트의 미래에 관한 국민투표는 없을 것이다."[38] 베이징 정권은 전 세계적 자유와 민주주의 물결에 대해 티베트는 '중국제국'이라는 명분으로 대항하는 것이다.

그래도 미국의 지지를 받고 있으며, 잘 무장된 대만을 군사적으로 공격하는 것보다는 티베트에 대한 압제 때문에 비판당하는 일이 더 편한 일이다. 홍콩, 대만과는 달리 티베트는 중화인민공화국의 영향력을 손상시키는 원천은 아니다. 중국정권은 그렇게 하는 것이 유리하다고 생각하는 경우, 티베트를 홍콩의 경우처럼 별개로 존재하는 방안을 허락할 수는 있을 것이다. 오늘날은 그 정도까지도 할 수 없다. 그러나 미래에는 상황이 변할지도 모른다.

역사적 관점에서 본다면, 오늘의 중국은 티베트와 끈끈한 관계를 맺고 있다. 그러나 중국의 본토가 아시아 내륙지역보다 더 빨리 변하는 것처럼, 티베트에 대한 정책대안도 쉽지 않다. 티베트를 억압하면 티베트의 동질성을 오히려 키우게 되며, 이는 티베트인을 '중국인민'으로 만드는 데 방해요인이 된다. 그러나 티베트를 자유화시키는 정책은 티베트인들로 하여금 더 많은 자유를 위해 중국정권에게 반항하도록 만드는 계기가 될지도 모른다.

2002년 달라이 라마는 중국이 10년 전에(1951년의 17개 관점) 제시했던 상당한 자율성 그 이상을 요구하지는 않았다. 그는 티베트의 완전한 독립을 요구한 것은 아니다. 아마도 이 같은 사실은 베이징 정부로 하여금 티베트를 점진적으로 중국 지방정부 중의 하나로 만드는 과정이 돌이킬 수 없는

---

38) *China Daily*, Oct. 29, 2001.

정도로 진행되었다고 생각하게 할 수 있을 것이다. 2001년 대만을 방문중 이던 달라이 라마는 다음과 같이 말했다. "중국 본토 지도자들의 견해는 세계가 바뀌는 것처럼 달라져야만 한다."[39] 이것은 달라이 라마의 유일한 희망일까?

우리가 유목제국과 해양제국의 측면에서 논한 바로부터 나오는 네 가지 시나리오는 미래에 중국의 중앙과 변방의 관계에 대해 시사점을 제공한다.

하나의 시나리오는 베이징 정부가 주로 청나라로부터 물려받은 모든 영역에 대한 통치권을 민주화와 연방화의 과정을 통해 계속 장악하는 상태다. 만약 덩샤오핑이 레닌주의를 구하기 위해 상업주의를 이용했다면, 미래 중국의 지도자들은 중국의 영역을 확보하기 위해 자유화의 방안을 이용할 수 있을 것이다. 어떤 특정한 연방주의는 다른 방안이라면 불가능할지도 모를 중국이라는 국가의 통합을 가능하게 할 수 있을 것이다. 이는 1947년의 인도, 그리고 1974년 스페인에서 각각 나타났던 사례들이다. 연방이란 그 정의상 법에 의거하는 것이며, 인종집단과 문화적 소수파에게 권리를 부여하는 것이다. 첫 번째 시나리오에 의하면, 연방제는 덩샤오핑과 장쩌민의 시대에서 이룩된 새로운 사회와 경제에 부합하는 것으로 증명되었다. 왕조시대가 끝난 이후 결코 국가의 구조에 실질적으로 편입된 적이 없는 시골지역이 드디어 연방이라는 구조하에서 안정적 재정 및 정책역할을 담당하게 된 것이다.

중국의 영토에 사상 최초로 자유주의적이고 다인종적인 연방이 존재할

---

39) *Lianhe Bao*(Taipei), April 6, 2001.

354

수 있게 되는 경우, 대만은 중국민주연방국가의 한 성으로서의 지위를 받아
들일 수 있도록 부추겨질 것이다. 대만의 한 학자는 이 같은 비전에 관해
다음과 같이 말한다.

> "중국의 지역들은 대단히 상이하다.··· 권력은 반드시 변방지역으로 확대되
> 어야 하며, 각 지역의 주민들은 자신들의 권위가 존경받는다는 사실을 인식
> 할 수 있도록 자치가 허용되어야만 한다. 중국은 유럽과 같아야만 한다."[40]

첫 번째 시나리오는 중국의 번영을 가정하고 있지만, 그것이 결코 미국
의 이익에 해가 되는 것은 아니다.

에드워드 프리드만은 "중국적(*Chineseness*)이라는 것에 대한 연방주의자
(*federalist*) 혹은 연합주의(*confederalist*)자의 개념은 중국에 대한 순수하고
중앙집권적인 인종주의보다 훨씬 더 중국 미래의 위대성에 기여하게 될 것
이다"[41]고 말했다. 불행하게도 레닌주의적 당정국가는 이 주제에 대해 위에
서 언급한 것처럼 생각하지 못하고 있다. 오히려 신경과민적, 방어적 태도를
취하고 있다. 1937년 마오쩌둥은 연방주의의 비전을 말한 적이 있기는 하
다. 마오쩌둥은 "모하메드교를 믿는 사람들과 티베트인들은 중국연방에 속
하는 자치적 공화국을 건설하게 될 것이다"고 선언한 적이 있었다.[42] 그러
나 중국공산당은 그 같은 비전을 받아들일 수도 혹은 적용할 수도 없었다.

두 번째 시나리오는 중화인민공화국의 인종, 언어, 사투리, 사회정책, 그
리고 문화가 점진적으로 동질화되는 것이다. 이처럼 동질화가 진행되는 과
정은 현재의 국경선 안에서 권위주의적 독재체제이며, 단일국가인 중국의
지배를 지속시키는 데 도움이 될 것이다. 이러한 과정은 지속적 긴장을 불

---

40) Tu, 1998, p.60.

41) Friedman, 2000, p.242.

42) Schram, 1985, p.82; 또한 Takeuchi, vol.9, p.220 참조.

러일으키겠지만, 이 경우 향후 수십 년 동안 결정적 위기는 발발하지 않을 것이다. 이 같은 발전의 결과는 이미 공산주의자들에 의해 중국의 과거를 공식적으로 표현한 비전에 잘 표현되어 있다. 한(漢)민족이 주도하는 다문화 속의 조화는 소수민족들로 하여금 자신들은 본질적으로 중국인이라는 사실을 깨우치게 할 것이다.

이러한 시나리오를 추진하는 베이징은 한나라의 내부적 경계 속에 거주하는 티베트, 몽골, 위구르, 그리고 다른 소수민족을 희석시키고자 하며, 소수민족이 수동적 태도를 계속 유지하도록 하는 방안으로 이들을 경제적으로 발전시키고 있으며, 궁극적으로 청나라가 건설한 나라가 중국에 의해 재건되었다는 사실을 증명하고자 한다. 중국의 변방에 거주하는 한족이 아닌 민족들은 이미 '소수민족'이라고 불리며 '중국의 시민'으로 서서히 모양을 갖추게 될 것이다. 이 같은 생각에 내재하는 사실은, 한족은 더 진보되어 있으며, 마치 밤이 지나면 낮이 오듯이 주변의 다른 민족들을 동화시켜야 할 것이라는 믿음이다.

그래서 후진타오가 통치하는 중국은, 만약 그가 진실로 '붉은 황제'의 자리를 차지하게 된다면, 라티모어가 희망했던 바를 성취하게 될 것이다. 아시아 내륙지역의 전문가인 라티모어는 다음과 같이 말한다. 이것이 바로 두 번째 시나리오에 의해 중국의 통합론자들이 제시하는 비전인 것이다.

"일본이 패망한 이후, 중국은 과거 중국에는 결핍된 것이었지만 산업적 기술을 동원함으로써 농경지대, 초원지대, 그리고 숲지대를 통합할 수 있을 것이다. 그럼으로써 중국은 아시아 역사상 최초로 — 상이한 환경은 상이한 경제체제를 형성하게 됨으로써 서로 적대적 사회를 형성하게 된다는 — 구시대의 과정을 종식시킬 수 있는 나라가 될 것이다."[43]

---

43) Lattimore, 1962, p.149.

두 번째 시나리오에 의하면 중화인민공화국은 중국제국의 정책이 답습한 세계주의와 제국주의를 모두 따르게 될 것이다. 물론 베이징 정부는 '야만인'이라는 말 대신에 '소수민족'이라는 말을 사용할 것이다. 실제로 청나라 당시에도 이 같은 사고의 변화가 있었다. 청나라가 보기에 중국인과 다른 사람들을 결정적으로 구분하는 것은 삶의 양식(*way of life*)이었다. 중국공산당은 '삶의 양식'이란 변화될 수 있는 것이며, 베이징 정권은 신지앙, 티베트, 몽골, 그리고 다른 지역에 사는 사람들의 삶의 양식을 변화시킬 수 있다고 믿는다. 이 모든 것은 가능하기는 하겠지만, 그렇게 될 것 같지는 않다.

세 번째 시나리오는 합의에 의해 명나라 당시로 되돌아가는 것이다. 중국은 정치적으로 보다 이완된 나라가 될 것이며, 자유화가 진행된 분위기에서 중국 변방지역의 일부는 중국 정부와의 우호적 타협에 의해 별개의 국가로 독립하게 될 것이다.

명나라의 관리들은 차후 청나라가 장악하게 된, 중국 본토 밖의 변방지역에 대해 그 지역을 통치하는 것이 이익이 되지도 않고 정당화되지도 않는다고 보았다. 그 결과 명나라는 청나라 혹은 오늘날의 중국보다 훨씬 좁은 영역의 중국만 통치했다. 중화인민공화국의 영향력 있는 사람들은 제3의 시나리오에 의하면 명나라가 통치했던 중국이 진정한 중국이며, 청나라 혹은 오늘날의 중국이 지배하는 지역이라고 정의된 지역보다 관습이나 언어상으로 훨씬 더 일체적인 나라였다. 그들은 청나라의 경계선을 지키기 위한 오늘날 중국의 노력은 국제적 저항을 초래하게 될 것이라고 두려워한다.

큰 국가들은 다양한 방법을 통해 큰 나라가 된다. 일부는 정복에 의해, 또 다른 일부는 자유로운 정착지가 평화적으로 확대된 결과 큰 나라가 되는 것이다. 마찬가지로 큰 나라가 작은 나라가 되는 데에도 여러 가지 다양한 방법이 있다. 큰 나라는 전쟁의 결과 축소될 수 있으며(1971년 방글라데시의 경우), 혹은 당사국들이 상호합의에 의해서 (1993년 슬로바키아와 체코공화국이 형성된 경우처럼) 축소될 수 있다. 세 번째 시나리오에 의하면, 중화인민공화국은 하나의 큰 국가와 여러 개의 작은 나라로 이루어진 복합국가로 변할 것이다. 그곳에는 특별한 폭력사태가 없을 것이다. 베이징과 외부의 도시들 — 라사, 홍콩, 카슈가르, 타이베이, 그리고 후허하오터 — 사이의 관계는 자유의 물결에 의해 온건해졌을 것이기 때문이다.

이 같은 비전 아래 생긴 새로운 국가들은 중국에 적대적 나라들은 아닐 것이다. 시간이 지남에 따라 그들은 베이징 정권과 연합할 것이며, 중국민주연합(Democratic Federation of China)이라 불릴 그 나라는 상호간에 겹치는 문명의 뿌리를 공유한 주권국가들의 연맹(league)이 될 것이다. 이 낙관적 그림은 미국의 이익이 될 것이며, 워싱턴과 다른 나라들은 중국이 이처럼 되는 것을 조장하고자 한다. 두 번째 시나리오와 마찬가지로 세 번째 시나리오도 불가능하지는 않지만 그렇게 될 가능성은 없어 보인다.

네 번째 시나리오는 중국에 다수의 위기사태가 발생하는 것을 예상한다. 서부지역의 신지앙과 티베트 등에서 폭동이 발생하며, 베이징 정권은 이 지역에 대한 통제력을 상실할 지경에 이른다. 동시에 중국의 동남해안 지역에서도 폭동이 발생한다. 베이징 정부는 혼란스런 대만정부의 내정에 개입하고자 할 것이며, 그러한 개입과정을 통일을 이루는 단계라고 희망적으로 생각할 것이다. 그러나 광둥성과 푸젠성은 베이징의 대만에 대한 정치적 행동에서 오히려 홍콩의 편을 들 것이다. 그들은 대만은 황금알을 낳는 거위와 마찬가지며 중국 동남부의 경제발전은 이 지역을 그대로 놓아두는 데 있다고 주장할 것이다. 베이징에서는 당 내에서 이 이슈에 대한 논란이 크게 야기될 것이다. WTO에 수년 동안 가입한 결과 나타나게 된 대규모 실업사태는 중국공산당 내부의 격론을 불러일으키는 또 하나의 요소가 되었을 것이며, 이는 중국정부가 서부와 남부에서 야기된 문제를 해결할 수 있는 능력을 제약하는 요인이 될 것이다.

중국의 역사는 위에서 말한 것들과 유사한 사태가 이미 발생한 사실을

보여 준다. 이는 바로 중국이 왜 그렇게 오랫동안 혼동과 심지어는 분열상
태에 있었는지 설명해 준다. 가장 가까이는 1915년 위안스카이가 자신을
황제라고 칭한 이후, 윈난성, 구이저우성, 그리고 광시성의 지도자들이 중
앙정부와 단절하고 독립을 선언한 적이 있었다. 소련의 마지막 단계에서도
제국과 독재체제의 사이에 시한폭탄이 존재하고 있음을 보여주었다. 고르
바초프가 독재정치의 나사를 느슨하게 풀었을 때, 인위적으로 건조된 막강
한 제국은 분해되고 말았다. 한 지역(폴란드)이 모스크바의 압제에 과감하
게 항거한 것은 다른 지역의 과감한 반항(라트비아, 리투아니아)을 불러일으
키게 되었다. 국제적, 그리고 국내적 위기는 하룻밤 사이에 제국을 와해시
키는 계기가 되었다. 지진과 같은 이 움직임은 모스크바 공산당 내부의 분
열을 초래했다. 경제적 근대화도(체코슬로바키아의 경우처럼) 반란을 억지하
는 요인이 되지 못했다.

  폭력적 과정을 통해 중국이 명나라의 경계선으로 되돌아가는 일은 비극
적인 일일 것이다. 그럼에도 불구하고 베이징의 이 지역들에 대한 가혹한
제국주의적 통치는 비자발적 파괴를 지향하고 있다. 만약 베이징 정권이
정치적 자유화를 지속적으로 거부하고, 또한 미래에 경제사정이 심각하게
나빠지는 경우, 그리고 동아시아와 중앙아시아 지역에서의 세력균형이 중
국에게 불리하게 전개되는 경우, 네 번째 시나리오가 현실로 나타날 가능성
이 있다.

  어떤 측면에서 본다면 중국의 현대화는 새로운 중국제국의 통치를 쉽게
해주는 것이 아니라 오히려 더 어렵게 만들고 있다. 제국적 통치를 통해
언어적, 종교적 주름살이 펴지는 반면, 경제발전의 과정 속에 사회경제적
이익의 다양화라는 또 다른 주름살이 새로이 나타나고 있다. 더욱이 중국의
중앙부와 소수민족이 사는 변두리 사이에 경제적 환경이 달라지고 있다는
사실은 쉽게 해소될 문제가 아니다. 물이 찬 농경지대와 고원의 목초지대는
다른 것이다.

이와 더불어 환경론자들은 중국이 정치적 이유 이외의 다른 이유로 분열될 가능성이 있다고 본다. 폭동을 야기할 정도의 지역적 자원의 희소성 문제, 환경의 악화(물과 공기)문제, 그리고 이에 따른 내부적 난민의 발생 등이 이유에 포함된다. 환경론자들은 '중국의 체르노빌'을 걱정하고 있다. 중국에는 생물학무기와 핵무기에 관한 문제들이 존재하지만, 이 주제들은 자유언론이 없는 상황에서 알려지지 않고 있을 뿐이다.

경제적으로 발전을 이룩한 중국이 독재국가로 남아 있고, 제국주의적 정책을 지속하려 한다면, 중국은 반드시 통치하는 지역으로부터의 저항에 직면할 것이다. 베이징에서 전형적으로 나타나는 공식적인 민족주의적 감정은 "중국정신의 부활은 태평양시대가 도래했음을 알리는 아침의 종소리와 같다. 모든 영광은 위대한 중국에 속한다. 미래는 근대화된 중국의 정신 속에 있다. 새로운 세기라는 이름 아래에서!"라는 말로 표현된다.44) 일본이 내걸었던 위대한 일본이라는 구호는 아직도 동아시아 국가들이 저주하는 구호로 인식된다. 일부 중국의 인물들과 많은 서방의 중국 연구자들은 위대한 중국(Greater China) 이라는 개념을 가볍게 생각한다. 그러나 베트남, 몽골, 카자흐스탄, 한국, 그리고 우즈베키스탄 등 중국 주변국가들에게 위대한 중국이라는 개념은 1920년 및 1930년대에 나타났던 위대한 일본이라는 개념에 뒤지지 않는 문제로 인식된다.

2002년이 되었을 때 미국과 러시아는 그 어느 때보다 동아시아에서 더욱 열성적 행위자가 되어 있었다. 유럽연합을 포함한 다른 나라들은 우즈베키스탄, 카자흐스탄, 그리고 중국의 서편에 있는 다른 나라들과의 관계에 더욱 큰 관심을 보이기 시작했다. 세계가 중앙아시아에 더 큰 관심을 가지면 가질수록, 베이징 정부가 생각하는 신지앙에 대한 구상은 점차 약화될 것이다. 이 같은 사태의 진전은 신지앙의 상황을 궁극적으로는 느슨하게 만들

44) Zhao, 1992, p.252.

것이다.

저자는 네 번째 시나리오가 가장 가능성이 크다고 보며, 베이징 정권은 국제적으로, 그리고 국내적으로 이 같은 문제를 다루는 데 아마도 재치를 발휘하지 못할 것이며, 또 운도 없을 것이라고 생각한다. 중국은 다차원적 위기의 결과 중화인민공화국의 일부를 잃게 될 것이다. 그러나 더 본질적인 문제는 이처럼 현실세계를 따르지 못하는 중국이라는 국가는 이처럼 다차원적 측면에서 야기되는 위기를 성공적으로 다룰 수 없을지도 모른다는 점이다.

중국의 노출된 위치와 거기에서 작동하는 힘, 중국 영토의 예외적 광대함과 다양성, 고대의 정치질서에 기반을 둔 마지막 왕조(청)가 공산중국에게 물려준 국경선, 그리고 마오쩌둥 이후 경제 및 사회발전에서의 성공 그 자체 등 모두는 중국공산당의 지도자들이 해결하기에는 너무 어려운 문제들이며, 결국 새로운 중국제국을 위기상태에 놓이게 할 것이다. 공산주의 독재권력의 유지를 가장 중요한 것으로 간주하는 베이징 정권의 본능적 계산방식은 궁극적으로 자신을 해체하는 일이 될 것이다.

제 10 장
외교정책: 제국적 목표와 양식

… 외교정책이란 중국의 대내정책의 연장이다.

-외무장관 첸치천〔錢其琛〕, 1990년[1]

중국의 수도에서 협상한다는 것은 중국인들로 하여금 초대된 손님들에게 중국에 대해 감사하는 마음, 종속감, 경외심, 어쩔 수 없음 등의 느낌을 최고조로 고양시킬 수 있는 환경을 통제할 수 있는 기회를 주는 것과 같다.

-주중대사 리차드 솔로몬[2]

1972년 어느 날 리콴유 수상은 싱가포르에 있는 자신의 이스타나 궁전의 잘 정리된 책상에 앉아 방문객과 자신 선조들의 조국인 중국에 관해 이야기하고 있었다. 베이징에서는 아직 마오쩌둥이 통치하던 시절이다.

리콴유는 "중국이 자신의 힘을 동남아시아 지역으로 확대할 것임은 분명

---

1) *Beijing Review*, Jan. 15~21, 1990.
2) Mann, 1999, p.52.

하다"고 말했다.

"중국의 미사일에 대해 신경이 쓰이십니까? 수상 각하?"

"천만의 말씀입니다. 왜 그 미사일이 싱가포르를 표적으로 하겠소?"

"그래요? 그렇다면 왜 베이징은 싱가포르를 전복시키고자 합니까?"라고 나는 물었다.

얼마 전까지 싱가포르의 정치에서 공산주의자들과 투쟁을 벌였던 리콴유는 다음과 같이 대답했다. "그것이 바로 그들 이데올로기의 일부입니다. 그들은 결코 그 목표를 포기할 수 없습니다. 중국은 자신들의 국경 주위에 우호적 공산국가들의 띠를 형성하려고 합니다."

당시 리콴유는 중화인민공화국과의 외교관계 수립을 거부했다. 리콴유는 주로 중국인들이 거주하는 싱가포르는 "중국이 아니다"는 일체감을 형성하기 위해서는 시간이 더 필요하다고 느끼고 있었다. 싱가포르가 자신의 일체성(영어라는 공용어의 도움을 통해)이 확립되기 이전 혹은 싱가포르에 대한 싱가포르인들의 충성심의 뿌리가 확립되기 이전, 그의 도시국가에 있는 중국대사관은 싱가포르를 전복시킬 수 있을 것이라고 믿었다.

이 싱가포르 지도자는 역사를 절반 정도만 타당하게 인식하고 있었던 것이다. 30년이 지난 후 중국은 동남아시아 지역에 대해 이데올로기적 야망은 거의 없다. 그러나 중국의 당정국가는 아직도 제국주의적 감각을 견지하고 있다. 중국정부는 자신의 국경선 주위에 중국의 말을 잘 듣는 국가들의 띠를 형성하고자 노력하는 것이다. 중국인들은 이념적인 것들을 경제 및 군사적 방법으로 재치 있게 바꾸어 놓았다. 마오쩌둥 시대 이후 혹은 그보다 훨씬 오랜 중국의 역사 속에서 변하지 않는 중국의 목표는 베이징을 아시아의 핵심으로 만드는 것이다. 유라시아대륙에서 중국이 핵심에 놓여 있다는 중국의 관점은 놀랍게도 2천 년 동안 변하지 않았다.

1996년 전 일본수상 호소카와 모리히로[細川護熙]는 워싱턴의 연설에서 다음과 같이 말했다. "일본은 중국의 잠재적 욕구와 이로 인해 아시아태평양지역에 야기될 수도 있는 문제들에 대해 관심을 가져야만 할 충분한 이유가 있다."3) 이 같은 언급은 4반세기 전 리콴유의 걱정을 그대로 반영하고 있다. 그 사이 1980년대 아시아 대부분의 지역은 중국을 보다 느긋한 관점에서 바라다보는 풍조가 있었다. 호소카와의 언급은 1990년대 도쿄, 델리, 하노이, 자카르타, 그리고 다른 아시아 국가의 수도에서 새로이 야기되기 시작한 중국에 대한 새로운 이해를 반영하는 것이다. 베이징은 군사비 지출을 몇 배 늘렸고, 스스로 국경 밖에 있는 여러 영토들에 대한 영유권을 소리 내어 주장했으며, 세계에 대한 불만감을 표현하였다.

중국이 세계공동체 및 이웃국가들에 대해 원하는 바는 무엇일까? 미래를 분석하기 위한 방안의 하나는 과거를 회상해 보는 것이다. 이렇게 말하는 것은 노르웨이 역사학자 해랄드 보크만이 말한 바처럼 "과거는 단지 다른 용어로 반복되는 것이다. 오히려 근대화로 야기되는 긴장을 완화시키기 위한 방편으로 업무를 처리하는 식으로 역사를 사용하는 것이다."4) 중국은 변했지만 통치에 대한 전통적 도전, 문화의 독특한 성격 등은 결코 변하지 않고 있다. 이 같은 불변성의 원인 중 하나는 지리적 환경에 그 이유가 있다. 1911년 이후의 세기를 보며 밀워드가 주제로 삼은 "청제국으로부터 중국이라는 민족국가로의 전이"는 아직 완성되지 않았다.5)

20세기 말엽 미국은, 중국은 때에 따라 거울로 간주하기도 하고, 악마, 경제적 동물 등 상황에 따라 다른 모습으로 보이고 있지만, 중국이라는 당정국가는 미국에 대해 일관적이며 장기적인 견해를 가지고 있다. 미국에는 하늘에서 내려오는 눈송이처럼 수많은 편린들이 중국정책을 구성하고 있다. 중국의 경우 미국을 향한 외교정책을 결코 공개적으로 언급한 적이 없다.

---

3) Morihiro Hosokawa, "Rebuilding the US-Japan Security Structure," Washington, D.C., March 12, 1996.

4) Bøckman, 1998, p.311.

5) Millward, 1998, xvi.

세계의 귀들을 향해 베이징 정부는 자신들은 '평화와 발전'을 추구하며 '다자주의'를 선호하고, 결코 '패권을 추구하지 않을 것'이라고 말한다. 중국은 세계 모든 나라는 평등하며, UN은 세계평화와 정의를 위한 희망이라고 말한다. 그러나 그 같은 언사들이 외교정책이 되는 것은 아니다. 외교정책이란 "가정, 목표, 그리고 수단 등이 통합된 구조를 의미하는 것이다."[6] 현실적으로 베이징 정권은 말하는 것과는 판이한 외교정책 목표를 가지고 있다. 중국의 당정국가는 자신의 버팀목으로 국제관계를 이용하는 것이며, 중상주의적 방식으로 국가의 부와 권력을 구축하고, 미국과 동급의 나라로 보이려 하며, 미국과 세계 여러 나라들로 하여금 중국이 그들을 필요로 하는 것보다 그들이 중국을 더 필요로 하는 것처럼 믿도록 하고, 미국을 대신하여 아시아의 주도국가가 되고자 한다.

중국은 마지막 세 가지 목표를 달성하기 위해 (미국이 이 같은 허상을 진리처럼 받아들이거나, 대책 없이 앉아 있지 않는 한) 미국과 한 판 겨룰 것을 기대하고 있다. 그래서 중국은 자신이 할 수 있는 범위 내에서 가장 강력한 군사력을 건설하고자 하며, 협력적 국제기구들을 중국의 목표달성을 위한 장치로서 사용하는 것이다. 치장의 이면에는 힘이라는 요인이 잠재하는 것이다. 베이징 정권은 이 같은 목표들을 일관성 있게 역사의 소명으로서, 그리고 간접적 방법을 이용해서 추진하고 있다. 미국에 대한 중국의 입장은 그들이 의식하고 그러는 것인지 아닌지 불문하고, 법가사상이 가르치는 요소들을 지속적으로 나타내 보이고 있다.

사석에서 덩샤오핑은 1990년대라는 어려운 시기에 중국의 테크닉을 테스트할 수 있는 외교정책을 수립했다. 1989년 6월 천안문 사건은 중국의 이미지를 크게 손상시켰다. 미국, 유럽, 그리고 일본 등은 중화인민공화국에 대해 제재를 가했다. 외국의 지도자들은 베이징 정권과 거리를 두었다.

6) Tsou, 1963, preface, ix.

덩샤오핑의 첫 번째 교리는 "조용히 앉아 관찰하자"였다. "우리의 위치를
고수하자"가 두 번째 교리였다. 다음과 같은 네 가지 방법이 뒤를 이었다.

③ "자신감과 인내심을 가지고 행동한다." ④ "우리의 능력을 숨기고 시간
을 기다린다." ⑤ "저자세를 유지한다." 그리고 ⑥ "결코 지도자의 역할을
하지 않는다."[7]

중국의 국가전통에서 나온 이상과 같은 여섯 가지 금언들은 천안문 사건
이후 매우 타당한 것이었다. 의도적으로 기만적인 중국인들은 장기적 목표
와 단기적 목표를 구분하였다. 1990년대의 난장판에서 미국의 외교가 상상
할 수 있는 그 무엇도 중국의 외교정책에서는 사라진 바 없었다.

1949년 정권을 장악한 중국공산당은 당시 "제국주의자들이 지배하는 세
계"에 대해 본질적 걱정을 하고 있었다. 장제스는 양자 및 다자간 국제협약
에 사인했고, 그것은 중국이 여러 민족국가들 중의 하나라는 사실을 의미하
는 것이었다. 마오쩌둥의 통치하에 국제질서를 향한 중국의 발걸음은 거꾸
로 가는 것이었다. 1970년대 그 생애의 말기가 되었을 무렵, 즉 중국의 당정
국가와 소련 사이의 시너지가 붕괴되고 있던 무렵, 비로소 마오쩌둥은 난징
의 정권이 민족국가체제에 진입하려던 것과 같은 길을 택하기 시작했다.

물론 미국은 중화인민공화국이 국제사회에 진입하는 것을 열렬히 환영하
지는 않았다. 만약 1940년대 말엽 소련과 미국의 중국공산당에 대한 입장

---

7) *Renmin ribao*, Dec. 24, 1996; July 13, 2000; Jan. 3, 2001; *Mingbao*(Hong
   Kong), June 23, 1998.

이 지금과 다른 것이었다면, 즉 1949년 미국이 중화인민공과국과 외교관계를 수립했더라면 중화인민공화국은 아마도 유고슬라비아와 비견될 수 있는 사회주의 국가로 발전했을지도 모르며, 마오쩌둥은 애초부터 티토와 마찬가지로 미국과 소련 사이에서 중간적 노선을 취했을지도 모른다. 나는 이같은 시나리오에 대해서는 의문을 제기한다. 그러나 마오쩌둥의 "프롤레타리아 국제주의"는 아마도 실제보다 20년 이상 더 빨리 완화되었을 것이라고 기대할 수 있을 것이다.

우선 기왕에 존재하는 국제체제에 대한 마오쩌둥의 반대는 맑스주의적인 것이었다. 그는 '부르주아지'라는 개념을 설정했다. 국내정책과 외교정책은 서로 연결되는 것이라는 그의 입장과 마찬가지로 공산주의 독재자 마오쩌둥은 '프롤레타리아 국제주의'가 부르주아지의 국제질서를 점진적으로 대체할 것이라고 보았다. 마오쩌둥은 서방진영은 금명간 붕괴될 것이라고 말했다. 그는 더 많은 국가들이 핵폭탄을 가지고 있다면 그것은 평화를 위해 더 좋은 일이라고 말했다. 그후 마오쩌둥의 국제체제에 대한 반대는 문화적이며 감성적인 것으로 변했다. 중국의 빛나는 과거와 외세에 의한 중국인민의 고통이 충분하게 존경받지 못하고 있다는 것이다. '혼자 가는' 듯한 중국의 모습은 맑스주의가 중국의 정통과 혼합됨으로써 나타난 결과다.

중화인민공화국 외교정책의 첫 단계는 '사회주의 캠프'와 일체감을 형성하는 것이었다. 이는 맑스주의의 세계에 대한 관점이며, 국내정책과 외교정책 사이의 강력한 연결을 상정하는 것이다. 마오쩌둥의 국가는 UN회원국이 아니었고 군축회담을 일축했으며, 중국의 외교는 주로 사회주의 진영 혹은 수카르노의 인도네시아와 같은 '반제국주의' 국가들에 한정되었다. 외무장관이었던 우시쿠안〔伍修權〕은, UN은 "진리를 왜곡하는 제안들로 가득차 있다"고 말한 바 있으며, 이를 "소수의 강대국에 의해 장악된 더러운 국제적 주식시장"이라 불렀다. 그는 한국전쟁에 관해 논의하기 위해 UN에 참석중인 중국의 대표단은 때때로 "분노에 차 회의장을 박차고 나왔다"고 말했다.[8] 이 모든 것은 장제스가 이념적으로 다양한 국제회의에 협력적으로 참석하고 합의를 이루는 데 대한 반항으로 나온 것이다.

중화인민공화국 대외정책의 첫 단계는 주로 군사적인 것이었다. 권력을 장악한 지 일 년도 되기 전 마오쩌둥은 한국에 30만 명의 병력을 파견했다. 기원전 221년 중국을 통일하자마자 진시황제는 베트남을 공격하기 위해 50만의 병력을 파견한 적이 있었다. 군사적 과감성은 새로 생긴 왕조의 특징이었다. 1950년 한국전쟁에 마오쩌둥이 개입한 이유는 베트남에 개입한 진시황의 생각과 같은 것이다.[9] 최근 성취한 통일의 업적을 보호하며, 새로 생긴 정치권력의 힘을 더 넓은 영역에 대해 과시한다는 것이었다.

당나라가 건국된 이후 초기에 보였던 행태는 역시 마오쩌둥 집권 이후 첫 10년 동안의 외교정책과 유사하다. 신유교주의와 신법가사상의 혼합이 1950년대 중국의 정책에서 분명히 나타났다. 당나라는 터키와의 관계가 불평등한 관계라는 사실을 알고 있었다. 마오쩌둥은 미국과의 관계에서 유사한 것을 보았다. 그래서 마오쩌둥은 당나라의 첫 번째 황제처럼 더 강한 나라에 대해 조심스러운 태도를 취했다. 그러나 교리(미국은 쇠퇴하는 중이다)는 바뀌지 않았으며, 계급의 적에 대한 비난, 중국이 도덕적으로 우월한 나라라는 입장 등도 바꾸지 않았다. 당나라가 확장하는 과정에서 당태종이 한 말은 － 우리는 침략하지 않는다. 그들이 우리에게 복속하는 것일 뿐이다 － 바로 마오쩌둥이 티베트를 장악하며 했던 말이다. 그리고 마오쩌둥의 '작은 동생' 김일성이 남한을 침략하며 한 말이다.[10]

중화인민공화국 외교정책의 제 1단계는 한국전쟁과 대만해협에서의 포격사건에서 보듯이 상당히 열정적인 것이었다. 그러나 이는 소련의 지도력

8) Wu, 1991, pp.273~274.
9) Chen Jian, 1994, pp.213~216.
10) Perelomov and Martynov, 1983, pp.83, 141~144, 148; Goncharov, Lewis, and Xue, 1993, p.130.

이 정한 범주 내에서 야기된 것이다. 1950년대 당시 중화인민공화국은 어떤 자본주의 국가와도 중요한 관계를 맺고 있지 않았다. 중국은 오직 인도, 인도네시아, 그리고 제국주의에 반대한다는 의식을 공유한 비동맹국가들의 모임인 반둥그룹(1954년 인도네시아의 반둥에서 열린 비동맹회의에서 이름을 딴 것)에 대해서만 미소를 보였다. 중국의 두 번째 구호는 '평화'였다. 중국 당정국가에 내재한 악마적 심리는 적어도 당분간 밖으로 드러나지 않았다.

중국 외교정책의 두 번째 단계는 1950년대 말엽부터 1960년대 말엽까지의 기간이며, 아래로부터의 통일전선이라고도 불릴 수 있는 군사적 정책으로 특징짓는다. 아래로부터의 통일전선이라는 논리체계 내에서 중요한 것은 오로지 적이라는 관점뿐이다. 이와 못지않게 중요한 것은 적에 대항하기 위해 구성된 결사체 내부에서 상하간의 돈독한 단결을 위한 투쟁이다. 1960년대의 중국에서 비동맹의 '유연한' 좌파는 마오쩌둥 사상의 강경한 좌파 쪽으로 밀어붙여야만 할 것이었다. 현재의 적으로부터 국가안보는 세계혁명의 달성이라는 목표보다는 덜 중요한 것이었다. 짜증스러워했으며 인내심을 가지기 힘들었던 마오쩌둥은 일본 및 장제스에 대항해서 싸웠던 전쟁의 영광스런 측면을 재현하기 위해 노력하였다. 마오쩌둥은 또한 제국주의적 모략을 밝혀내는 데도 힘을 쏟았다.

이 시기 10년 동안은 사회주의 진영 내의 반목으로 특징짓는다. 마오쩌둥은 소련과 논쟁을 벌였으며, 중국 공산주의의 사회적 방도가 소련의 그것과 첨예하게 구분되었다. 마오쩌둥은 군사주의적, 전원적 낭만주의(*militant rural romanticism*)를 과시했는데, 이는 2천 년 동안 지속된 중국의 학자-관료 엘리트 사회에서 농업이 중요하다고 인식했던 것과 전원적 생활의 도덕적 우위성에 대한 전통의 반영이었다. 국내적으로 마오쩌둥은 농민들을 집단농장에 처넣음으로써 '공산주의를 향한 약진'을 도모하려 했다. 대외적으로 그는 '세계의 변방지대'(이 지역은 곧 제 3세계라 불리기 시작했다)는 세계의 도시들(제국주의)을 포위하게 될 것이라고 주장했다. 그 당시까지 '반제국주의'가 가장 중요한 행동의 원인이었지만 '해방' 역시 두 번째로 중요한 구호가 되었다. 노쇠한 마오쩌둥은 현상유지를 지향하는 소련을 세계의 변방지역에 있는 수탈당한 제 3세계를 해방시키기 위한 운동의 지도자가 될 수 없다고 주장했다. 오직 중국만이 그 일을 할 수 있다는 것이다.

그 같은 분석은 반둥의 비동맹 회원국들의 얼굴에 나타난 미소를 일소시켜 버리는 것이었다. 베이징은 인도네시아 정부를 축출하려 했다는 이유 때문에 자카르타로부터 축출당했다. 1959년 중국은 이전에는 잘 지내던 인도의 네루정부와 싸웠다. 1960년대 중반 문화혁명 당시 "우리 마음속의 붉은 태양"(마오쩌둥)을 존경하던 중국인들은 창과 폭탄을 동원, 친구 나라인 미얀마와 캄보디아의 당국자들을 살해했다.

제 2단계에서 중화제국이 현대세계에서 존재한다는 우스꽝스러움은 여러 가지 마찰을 빚었다. 마오쩌둥의 국가는 모든 사람, 모든 것을 일시에 거부할 수 있는 나라였다. 많은 황제들이 야만족들에 대항하는 데 수동적이기도 했고 조용하게 행동했던 것과는 달리 마오쩌둥은 분노하는 마음과 광적 태도를 표출했다. '중국이라는 집'(the Chinese jia)이라는 말이 세계와 갈등을 빚었다. 지아, 즉 집이라는 중국어는 중국이 아닌 세계에서는 불편한 개념이었지만, 마오쩌둥은 세계 다른 나라들의 불편함은 아랑곳하지 않았다. 중국의 문화혁명은 마치 교회에 출석하는 사람들의 뱃속에 들어 있는 술처럼, 중국인의 마음속 깊은 곳에 잠재해 있던, 그러나 1911년 이후의 세계에서는 아직 적용되지 않고 있던 어두운 진리를 끄집어냈다.

1960년대의 중국은 중화인민공화국 역사상 신유가사상에 의해 신법가사상이 쇠락하는 시점이었다. 중국의 국가이익은 교리에 대한 베이징의 믿음에 의해 압도당하는 상황이었다. 그러나 문화혁명 기간중에도 마오쩌둥은 법가사상적 채찍을 들어올림으로써 순수한 사람들을 실망하게 만들었다. 홍위병들이 외무장관 천이[陳毅]를 체포했을 때, 마오쩌둥은 그의 무릎을 꿇렸다. 마오쩌둥은 천이의 몸무게가 "27파운드 줄었다. 나는 이 같은 상태에서 천이가 외국인을 만나도록 할 수 없다"고 말했다. 홍위병들이 울며 소리를 질러대는 1966년의 여름 동안에도 진시황은 존재했다. "나는 궁극적으로 천이를 보호할 것이다. 그러나 우선 홍위병들이 그에게 압력을 가하도록 내버려 두라"고 마오쩌둥은 말했다. 마오쩌둥의 사상에는 신법가사상과 신유가사상이 혼합되어 있었던 것이다.[11]

1949년 중국은 사회주의 캠프로 들어갔고, 1959년에는 아래로부터의 통일전선을 시작했으며, 1969년에는 위로부터의 통일전선이라고도 부를 수 있는 일을 시작하고 있었다. 폭력적이던 1960년대에 두 가지 문제점이 야기되었다. 국내적 무질서가 더 이상 손을 쓸 수 없을 정도가 되었다. 해외에서는 아래로부터의 통일전선에 가담한 멤버 국가들이 더 이상 베이징의 선동에 부화뇌동하지 않게 되었다. 1956년 당시 네루(인도수상)는 반제국주의자라고 불렸지만, 1960년에는 더러운 부르주아지라고 불렸다.

중화인민공화국 외교의 제3단계가 된 위로부터의 통일전선 시기에 연합전선의 적은 하나의 표적이었다. 당시 아젠다에는 통일전선 내부에서의 계급갈등은 포함되지 않았다. 스탈린이 제2차 세계대전 당시 베를린-로마-도쿄의 축에 대항하여 미국, 영국과 동맹을 체결했던 사례는 마오쩌둥에게 위로부터 통일전선의 성공적인 예가 되었다. 모스크바와 워싱턴은 반파시즘 투쟁을 공동으로 벌이는 동안에는 서로 상대방을 뒤엎으려 하지 않았고, 상대방의 사회를 비판하지도 않았다. 이 같은 변형된 통일전선의 경우 계급분석이 아니라 국제체제에서 차지하는 지정학적 위치에 대한 고려가 통일

---

11) Gurtov, 1969, p.92.

전선 형성의 알파요, 오메가였다.

1969년 이래 소련과 중국은 동북아시아 지역에서 국경분쟁에 빠져들었으며, 모스크바는 마오쩌둥의 위로부터 통일전선의 주요 표적국이 되었다. 베이징은 강력한 반소 국가라면 누구인지 불문하고 포용하였다. 여기 포함된 나라는 파키스탄, 아옌데 정권 이후의 칠레, 샤가 통치하던 이란이었으며, 그 외에 우익적, 군사적, 반혁명적 정권들도 포함되었다. 베이징은 완전하지 못한 좌익국가들의 국내문제에 개입하는 데 흥미를 잃었다. 세계는 중국이 이데올로기(신유교주의)뿐 아니라 현실주의 국제정치(신법가사상)에도 능란한 나라라는 것을 알게 되었다.

마오쩌둥은 전통적 법가사상의 교리를 융활하게 만들었다. "먼 곳의 친구와 교류하고 가까운 이웃을 공격한다"(遠交近攻)는 것이다. 그는 자신이 젊은 시절 시로 표현했던 곳으로 다시 돌아왔다. "북쪽의 산에는 미움으로 가득 찬 적들이 넘쳐난다."[12] 1950년대, 그리고 1960년대, 마오쩌둥은 상이한 방법으로 외교정책과 국내정치를 연계시켰다. 그러나 1970년대 이후 그는 국내정책과 외교정책을 구분하기 시작했다. 그는 전략적으로 서방과 연계했고 소련에 반대하는 나라들과 전략적으로 제휴했다. 그러나 동시에 국내정치에서는 사회주의적 길을 견지하고 있었다. 대외적으로는 닉슨과 교류하며, 대내적으로는 숙청을 감행한 것이다.

마오쩌둥은 유가사상과 법가사상을 민첩하게 오가는 중국의 전통으로부터 이탈했다. 그러나 마오쩌둥은 교리가 담당해야 하는 역할을 없애지는 않은 채 교리 그 자체는 배제할 수 있었던 것이다. 모스크바가 워싱턴을 대체하여 중국의 적으로 간주되기 시작한 이후, 마오쩌둥은 소련은 '사회주의적 제국주의' 국가가 되었다고 말했다. 그렇게 말함으로써 마오쩌둥은 자신의 행동을 제국주의 이론으로부터 결별시키지 않았다. 마오쩌둥은 유고

---

12) Schram, 1992, p.64.

슬라비아 대사에게 자신은 실용주의라는 사실을 보이면서 "미국인들은 사생아(*bastards*) 같은 놈들이오. 그러나 미국인들은 솔직한 놈들이오. 러시아인들은 거짓말쟁이들이오."[13] 곧 '패권'이라는 용어가 '제국주의'라는 용어보다 지적으로 더 사용하기 편리한 말로 등장하게 되었다. 그러나 마오쩌둥은 아직도 역사는 자기 주머니 속에 들어있다고 생각했다.

중국 외교정책의 제 4단계는 마오쩌둥 이후 중국의 통치체계가 확립된 1979년부터 시작되었으며, 독립주의, 경제주의, 그리고 민족주의라는 특징을 가진다. 덩샤오핑과 더불어 외교정책과 국내정책은 다시 한번 더 보조를 맞추기 시작했다. 1980년대와 1990년대 국내정책과 외교정책의 목표는 모두 국가의 부와 권력이며, 그렇게 함으로써 중국을 세계문제에서 강력한 지위를 차지하는 지도국가로 만들겠다는 것이었다.

덩샤오핑은 이 같은 주장을 중국의 외교정책으로부터 나온 맑스주의의 도덕적 예외('제국주의'에 대항하는 '계급투쟁')라고 선언하고, 중국의 전통적 목적이었던 국가적 위대성의 확장이라는 목적에 매진하였다. 장쩌민 시대 이후 중국은 "독립적 평화의 외교정책"을 과시하기 시작했다. 1990년대의 중화인민공화국은 천안문 광장 사건 혹은 소련의 붕괴 이전 서방으로부터는 그다지 대수로운 평가를 받지 못했지만 아시아 국가들에 대해서는 전례 없이 강한 영향력을 행사할 수 있게 되었다. 중화인민공화국은 1997년 홍콩을 중국의 일부로 포함시키는 데 성공하였다.

베트남전쟁을 일으키고 대만을 위협하며, 천안문 광장의 학생들을 '적'이

---

13) Yugoslav 외교관(관련된 대사의 동료)이 저자에게, Beijing, July 1971.

경우 국제법에도 호소한다고 말했다. 1840년대 청나라도 마찬가지였다. 보편적 이론과 국가이익 간의 변증법은 그처럼 오래된 것이다.

진시황 당시에도 법가사상 및 유가사상 모두를 포함하는 외교정책이 존재했다. 국내정치에서 권력을 극대화한 이후 황제는 해외로 눈을 돌렸다. 그럼으로써 적들을 몰아내고, 유목민족과의 전쟁에 대비한 좋은 말들을 확보할 수 있었다.[17] 이 같은 분석 틀 속에다 중화인민공화국의 중상주의, 독립성의 주장, 관료주의적 조심성, 중국 영토의 통일성 확보에 대한 중국인의 조급성 등을 끼워넣을 수 있을 것이다.

피터 퍼듀는 "우리가 현재 중화인민공화국의 지도자들이 실제로 명나라 혹은 그 이전 시대의 전략기획에 관한 문서들을 참조하고 있다고 믿지 않는 한, 혹은 수백 년 동안 중국인들이 무의식적으로 믿었던 가정들이 변하지 않고 그대로 전승되고 있다고 믿지 않는 한, 오늘날 중국이 과거 중국의 제국적 전략으로부터 어떤 영향을 받는지에 관한 직접적 결론을 도출할 수는 없을 것"이라고 기술했다.[18] 세 번째 가능성도 있다. 베이징은 반복적으로 중국의 과거를 강조하고 있는데, 그 이유는 현재의 중국이 과거 중국이 당면했던 것과 유사한 도전을 받고 있다고 생각하기 때문이며, 또한 중국이라는 정치체제가 우리와 그들을 구분하는 권위주의적 국가로 남아 있기 때문에 그런 것이다.

중국의 외교정책을 규정하는 속성들에는 다른 나라와 주고받는 행동을 하지 못한다는 어려움, 공개적 타협이 이루어지기는 하지만 그 과정이 어렵다는 것 등이 포함된다. 국제적 문제를 해결하는 데 별 관심이 없다는 점, 그런 문제들을 차라리 회피하는 것을 선호한다는 점 등도 중국외교의 특징이다. 중국은 신중하게 공격하는 것이 오히려 더 손해가 된다고 판단할 경

---

17) Tikhvinsky and Perelomov, 1981, p.185.
18) Perdue, 2000, p.260.

우 꿇을 수 있는 능력 — 이는 중국이 대단히 건방지다는 동전의 다른 측면이라고 말할 수 있다 — 도 가지고 있다. 반드시 맞서 싸워야만 할 중국이라는 거대한 가정에 반대하는 '적들'에 대한 정신적 피로감 등 모든 중국외교의 특징들은 중국의 왕조국가가 내포하는 우리와 그들 사이의 수직적인 위계질서적 관점에서 나오는 것이다.

위에 제시한 모든 특징들은 다음처럼 지속적으로 이어지는 중국의 외교정책에 계속 나타나고 있다. 베이징은 일본과 제2차 세계대전 문제를 해결할 수 없었고, 남지나 해의 도서분쟁에 대한 다국간의 해결방법을 거부했으며, 대만문제에 관한 대미외교에서 이리저리 오락가락했으며, 1999년 나토의 코소보 작전에 대해 거의 병적 반응을 보였던 것이다.

이미 오랜 전통을 가진 중국의 외교정책 속에 동맹국이 차지하는 역할은 별로 없다. 우리가 살펴 본 바처럼 중국의 왕실이 이웃나라들을 어떻게 보는가를 살펴 볼 때 '국제관계'라는 개념은 확실히 성립되어 있는 것이 아니다. 윌스는 "중국은 너무 큰 나라이며, 관료적으로 통일되었고, 방어적 군사력을 가지고 있었다는 사실 때문에, 중국은 자신을 방어하기 위해 해외의 동맹국을 필요로 한 적이 없었다"고 기술하고 있다. "혼자서 막강했다"라는 말이 중국의 과거상황을 잘 표현해 주는 것이다.[19] 이것은 오늘날에도 마찬가지다.

중국은 북한을 제외한(북한에게는 대단한 것이다) 그 어느 나라와도 1949년으로부터 오늘에 이르기까지 우호관계를 지속하지 않았다. 1950년대와 1960년대 동맹을 결성하려는 시도는 형편없이 좌절되었다. 중국의 가장 친한 파트너였던 나라들은 — 베트남, 소련, 알바니아 — 결국 형편없는 적이 되고 말았다. 청나라 말엽 이후 오늘에 이르기까지 미국과 중국은 공동의 적이 나타날 때마다 친분관계를 유지했다. 각 사례들마다 미국과 중국의

---

19) Wills, 1968, p.254.

파트너십은 쉬운 일은 아니었다. 오직 적이 있다는 사실만이 미국과 중국의 우호관계를 유지시킬 수 있었다. 덩샤오핑은 카터 대통령 시절 어설픈 실력으로 미국과 중국의 명목적이나마 동맹관계를 성립하기 원했다. 덩샤오핑의 목표는 실현되지 못했다.

　중국이 동맹국과 잘 지내지 못한다는 오래된 전통은 모스크바와 베이징이 이간되었다는 사실과 그 결과에서도 분명히 나타난다. 중국이 소련 모델과 간극이 벌어지면 벌어질수록 중국의 동맹은 떨어져 나갔고, 이는 과거의 행동이 역전된 것이다. 결국 베이징은 사회주의 진영이라는 개념에 반대한 대가로 십여 개의 동맹국을 잃어버리게 되었다. 1963년 중국은 세상에서 가장 중요한 모순을 "사회주의 진영과 제국주의 진영 사이의 모순"이라고 말했다. 1969년이 되었을 때 중국은 "억압당하는 국가를 한편으로 하고 제국주의 및 사회주의적 제국주의 국가들을 다른 편으로 하는 이 두 진영간의 모순"이 가장 중요한 모순이라고 말했다(여기서 사회주의적 제국주의란 소련과 소련의 위성국가를 의미하는 것이다). 베이징은 소련과 등을 돌린 이후 어떤 '억압받는 국가'와도 동맹을 형성하지 않았다.

　왜 중국은 동맹을 추구하거나 유지하지 않는 경향을 가지게 되었는가? 역사적으로 거기에는 네 가지 이유가 있다. 정치적 현실을 위계질서로 생각하는 것이 첫 번째 이유다. 둘째, 중국의 정치체제는 이미 선험적으로 결정된 미래를 향해 나간다고 생각한다. 셋째, 다른 나라들 혹은 문화들이 중국에 필요한 것이 아닌 한 그들에 대해 아무런 관심도 없다. 마지막으로 중국이라는 나라의 영토적 경계에 대한 불분명한 정의다. 이 네 가지 관점은 모두 중화인민공화국의 시대에도 중요하게 나타났다. 중국은 베트남에 대해서 대단한 거만을 떨었고, 사회주의가 자본주의보다 더 높은 단계에 있는 것이라고 주장했으며, 아프리카에 접근할 때에는 인종주의적 태도를 보였고, 난사군도(동지나 해의 영유권 분쟁중인 섬들)에 대해서는 역사적으로 그 땅이 왜 중국의 것인지 자세히 밝히기 거부했다.

1960년대 중반 슈와르츠는 오늘날 우리들이 보듯이 중국을 정확하게 볼 수 없었는지 모른다. 중국은 민족주의적이기도 하고 중국의 힘이 강해져서 가능할 경우 세계의 위대한 중심이(자신의 눈으로 보기에) 되기도 했다. 1990년대 맑스주의가 쇠퇴하는 동안에도 중국은 소련 몰락 이후 중국의 체제를 "중국적 특색의 사회주의"라고 불렀다. 여기에 바로 현대화된 중국인의 세계질서관의 일단이 나타나는 것이다. 해외의 경계선은 국내의 경계선이 확대된 것일 뿐이다.

국제공산주의 시절의 반제국주의는 중국 스스로 민족주의라 표현하는 세계의 이데올로기로 변질되었다. 더 중요한 것은 국내 문제들이었다. 중국공산당의 권력을 유지하고, 국가의 경제를 발전시키는 것이 급선무였다. 우리가 제7장에서 살펴 본 바대로 '중국의 세계관'은 '중국의 정치관'이라고 고쳐 부르는 것이 더 좋을 것이다.

중국의 '부와 권력'을 확보하려는 목표는 19세기 중국의 야망을 현대화시킨 것이며, 미래 중국의 외교정책에도 큰 의미를 가지는 것이다. 1982년 제20차 공산당 전당대회 때 이미 나타났지만, 중국공산당은 중국의 근대화를 반패권주의보다 더 중요한 가치로 내세웠다. 물론 현대화된 중국만이 점차 힘이 약해져 가는 (혹은 그렇다고 가정되는) 미국으로부터 패권적 지위의 바통을 건네 받을 수 있을 것이다. 앞으로 한동안 중국의 경제는 초강대국의 자아(ego)를 가지겠지만 제3세계의 경제로 남아 있을 것이다. 중국 대외정책의 네 가지 우선순위는 그 중요성의 순서에 따라 다음과 같을 것이다. ① 중국 정치체제 내의 인민에 대한 통제력 확보, ② 경제발전, ③ 중국 국경지대에서의 안전관리, ④ 중국이 아시아의 지도국가로서 미국의 지위를 대체하는 계획을 추진하는 일 등이다.

목표를 수립한다는 것과 그 목표를 성취할 힘을 가지고 있다는 것은 별개의 문제다. 중국 왕조시대의 경우 중국의 힘이 변했다는 사실은 바로 중국의 외교정책이 변했다는 사실과 궤를 같이 한다. 중국은 힘이 있을 경우 강압적이었고 그렇지 못한 경우 타협적이었다. 힘이 있는 경우 법가사상적 투쟁이 나타났고, 힘이 약할 경우 유교주의적 관점이 나타났다. 중화인민공화국시대에서 중국은 다시 통일을 성취했고 근대화를 이룩하기 위해 달려가고 있다. 그러나 베이징 자신의 기준에 의해 판단할 경우 ― 주도적 강대국들과 동등한 지위를 차지하기에는 ― 중국의 능력은 아직 중국의 야망을 따르지 못하고 있다.

문화혁명 당시 정신이 도취되었던 순간을 제외하면 베이징 정권은 꿈과 능력의 격차를 잘 인식하고 있었다. 마오쩌둥은 프랑스의 문화부장관 앙드레 말로와의 대담에서 "핵폭탄 여섯 발이면 충분하다"[20]고 말한 바 있다. 그는 중국이 그보다 더 많은 양의 핵무기를 보유할 수 있는 능력이 없다는 사실을 알고 있었다. 대약진운동의 낙관주의는(당시 중국인들은 "우리는 태양과 달에게 자리를 바꾸라고 가르칠 수 있다", "15년 이내에 영국을 따라잡자!" 등의 구호를 외쳤다) 능력과 희망 사이의 간격을 좁히려는 시도였다. 물론 낙관주의의 환상은 대약진운동의 경우처럼 사람의 목숨까지도 빼앗을 수 있다.

중국의 과거 황제들이 그렇게 했던 것처럼 총과 의례를 병렬시키는 중화인민공화국의 지도자들은 국가의 나약함을 국가의 강건함으로 바꾸고자 하며, 나약함을 강건한 것처럼 보이게 하기 위해 교리를 동원, 채색하고 있는 것이다. 이 같은 기술의 결과 중국은 자신의 몸무게보다도 무거운 상자를 열어버린 것이다. "오라, 그리고 중국화되라"(來華)― 베이징으로 오게 만드는 힘 ― 는 약점을 강점으로 바꾸기 위한 테크닉이었다. 외국인들은 중국으로 올 때 중화제국의 위대함을 모르고 온다. 그러나 외국인들이 중국을 떠날 때, 그는 중국을 마음 가득히 존경하는 상황이 되어 떠난다.[21] 그 결과는 중국의 국가이익에 도움이 되는 것이다.

---

20) Nixon, 1978, vol.2, p.24.
21) Bøckman, 1998, p.315; 형편없는 야만인을 지칭하는 용어가 *shengfan*이며, 어느 정도 길들여진 야만인을 의미하는 말은 *shufan*이다.

1971년 시안에 거주하는 한 중국인이 지었다고 알려진 닉슨과 키신저에 관한 시가 비공식적으로 중국 내에서 유포된 적이 있었다. 중국을, 불쌍한 외국인들의 본질을 적나라하게 만드는, "악마의 가면을 벗기는 거울"이라고 지칭한 그 시는 바로 라이후아[來華]라는 개념의 재미있는 현대판이라고 말할 수 있다. 그 시는 "혁명의 빛나는 불꽃은 세계를 비추고 있다"라는 글귀로 시작한다. "끓는 기름이 펜타곤 위에 쏟아지고 있다." 그 시는 해결방법을 제시한다. "중국을 방문하는 것이 유일한 해결책 / 눈썹을 그을릴지도 모르는 활활 타오르는 불꽃으로부터 잠시 동안의 휴식."22)

두 번째 시는, 중국은 미국의 크고 작은 문제점들을 해결해 줄 수 있는 자비로운 국가라고 표현한다.

> 내년도 대통령 선거전을 위해
> 두 개의 약속은 전혀 이행되지 않았네
> 표를 잡기 위한 핵심적 방안은 중국을 방문하는 것이지

그 시인은 닉슨에 대해 "그는 자신이 섹스어필하게 보이기 위해 기름 페인트를 바르는 일을 주저하지 않을 것이다"고 말했다.

닉슨이 당면한 여러 가지 딜레마 상황에서 "키신저의 베이징 방문은 여러 가지 기쁜 소식을 전해 주었다." 닉슨 대통령의 여행에 관해 시안의 중국시인은 다음과 같이 썼다. "예쁘게 보이기 위해 얼굴에 분을 바른 채 그는 협상하기 위해 중국에 왔네 / 그러나 베이징 도시에 있는, 악마의 가면을 벗기는 거울은 진정으로 가혹했었네."

마지막 부분에서, 중국은 방문객의 비애를 들춰냈다. "교회를 가는 것 외에는 다른 방법이 없었네 / 하늘에 대해 기도하고 하느님께 탄원했네. 내가

---

22) 이 번역은 라이든대학의 Dr. Cornelis Schepel의 것을 따랐으며, Dr. Chh'en Li-li의 조언에 따라 수정한 것임.

이 어려운 길을 가는 동안 나를 보호해 주소서."

이처럼 운율이 엉터리인 시에 나타나는 재미있는 사실은 극장에 대한 이미지와 종교에 관한 언어, 그리고 중국인과 외국인 사이에 나타나는 예리한 도덕적 차이점이다.

공산주의 왕조가 시작된 직후 처음 몇 년 동안 중국은 마치 명나라가 시작된 처음 몇 년과 마찬가지로, 세계 어느 곳에서부터 오는 것이던 조공과 존경을 추구하고자 노력했다. 명나라는 북방과 서방의 상황이 별로 양호하지 않았다. 그래서 명나라는 '남방의 바다'에 있는 나라들에 신경을 썼다. 마오쩌둥의 경우 동북방의 상황과 서방진영 국가들과의 상황이 좋지 않았다. 그래서 마오쩌둥은 먼 곳에 있는 제3세계 국가들로부터 조공받기 위한 양탄자를 깔고자 했다.

앞에서 이미 인용한 바처럼 1372년 명나라 황제는 다음과 같이 말했다.

"서쪽의 바다에 있는 나라들은 먼 나라들이라고 부를 수 있다. 그들은 바다를 건너 우리들에게 다가왔다. 그들이 이곳까지 오는 데 몇 년 몇 개월이 걸렸는지 계산할 수도 없을 정도다. 그들의 숫자가 얼마나 많든지 상관하지 말고 우리는 그들을 원칙에 따라 잘 대해 주어야 하며, 돌아갈 때 많은 물건을 주어서 보내야 한다."[23]

명나라의 높고 위대함은 1950년대와 1960년대 마오쩌둥이 아시아와 아프리카에서 온 사람들을 대할 때에도 마찬가지였다.

당나라의 황제는 행복한 상황을 묘사하기 위해 "산 위에 올라가 나는 제사드렸다." "백 명의 야만인들이 선물을 가져왔고, 일만 개의 국가들이 황실을 방문했으며, 황실과 지방은 이를 기뻐했다. 중국과 야만족은 모두 함께 크게 기뻐했다."[24] 조공제도는 중국왕조의 중앙적 성격 및 우월성을

---

23) Perelomov and Martynov, 1983, p.184.

반영하는 것이다. 비중국인 — 처음에는 중국 북방의 유목민족을 지칭하던 말이었다 — 들은 중국의 황실을 방문함으로써 중국문명에 접하게 되었다. 조공제도의 두 번째 목표는 무역이었다.

국경에서부터 중국관리들은 외국사절단을 안내하는 임무를 담당한다. 중국관리들은 돈을 대주며, 방문객들을 수도까지 안내하고, 그들이 천자를 알현할 경우 어떻게 행동하는 것이 옳은지 가르쳐 준다. 방문객들은 천자의 앞에서 코를 마루바닥에 대는 절을 올리며 몸을 조아린다. 선물이 교환되며 존중된다. 천자를 알현한 후 몇 가지 경제적 일들이 진행되는 데, 일을 마친 후 사절단은 반드시 중국을 떠나야만 한다. 이 모든 과정은 중국의 힘이 대단하다는 사실을 보여주는 것이며, 중국이라는 국가가 담당하는 책임을 나타내는 것이고, 공식적 일이 아닌 것들을 제한하는 속에서 이루어진다.

1971년 일단의 호주사절단이 베이징을 방문했는데 그들은 마치 조공사절단과 같은 기분을 느꼈다. 당시 중국을 방문했던 호주사절단은 야당인 노동당 당수 고프 휘틀럼이 주도한 것이었다. 야만족의 일원으로 중국을 방문한 사람 중 하나인 나 자신은 베이징 정부에 의해 '선봉장교'로 임명되었다. 이는 방문이 진행되는 동안 중국 수상 저우언라이가 나에게 해준 말이었다. 야만인의 대표인 휘틀럼이 중국을 떠난 후, '선봉장교'였던 나는 몇 주 동안 중국에 더 머무를 수 있었다. 내가 더 머문 것은 나에게는 보상이기도 했고 중국인들에게는 자원(資源)이기도 했다.

나는 보스턴으로부터 광저우에 도착했고, 남중국의 이 도시에서 며칠간 머무를 계획이었다. 그러나 중국 외교부는 내가 베이징으로 직접 와야 한다고 강요했다. '논의'할 일이 있기 때문이라는 것이었다. 중국관리들은 내가 중국에 의해 '초청'된 것으로 하려 했고, 나를 '손님'으로 취급하고자 했다. 이 용어들은 정확한 것은 아니지만 중국인들에게는 대단히 중요한 것이다.

---

24) *Tang da zhaoling ji*, 14.

이 용어들은 중국인들에게 모종의 의무감을 의미하기 때문이다. 지금부터 2천 년 전 중국 한나라의 학자이며 관리였던 반구는 중국에 손님으로 오는 일과 중국에 조공을 바치러 오는 것은 다른 일이라고 구분해서 말했다. 때로 그는 두 가지의 차이점을 보다 과장하곤 했는데, 이는 황제의 면목을 세워주고 기쁘게 하려는 목적 때문이었다.

그렇다면 호주인들을 '손님'으로 간주한 것이며, 조공사절로 간주한 것은 아니다. 그러나 진실을 말하자면 휘틀럼을 조공사절로 간주할 수는 없는 일이었다. 왜냐하면 그는 호주의 공직에 있지 않았기 때문이다. '손님'이 되는 것은 분명히 '외국의 친구'가 되는 것보다 좋다. 친구라는 용어는, 베이징에서는 예로부터 지금까지 방문자로부터 모든 것들을 빨아내기 위한 목적을 가진 경우에 사용되는 말이다. 그러나 '손님'이라든가 '초청' 등은 중국과 세계 사이에 자유로운 이동이 없다는 사실을 감추기 위한 방편으로 중국의 독재자들이 사용하는 테크닉이다.

호주인들은 코뮌으로부터 아동궁전에 이르기까지 중국관리들의 에스코트를 받았고, 이들이 도중 들린 몇 군데를 포함한 여행에 들어간 경비는 모두 중국의 당정국가가 부담하였다. 그동안 에티켓에 관한 몇 가지 제안사항이 있었으며, 동행한 호주의 저널리스트들에게는 호주의 야당을 초청한 중국을 어떻게 묘사해야 할지에 대한 지침이 있었다. 방문객들을 감명받게 하고 놀라게 하며 또 마음에 들게 하기 위한 목적으로 연회가 베풀어졌다. 맛있는 음식을 먹는 동안, 훌륭한 요리가 계속해서 나오는 동안, 이들을 초청한 중국의 호스트들은 야만인들(호주인 방문단)을 추켜세우거나 혹은 꾸짖기 위한 건배를 제의할 수 있었다. 중국공산당의 비밀문건은 "정중히 대하는 것은 정치적 이유 때문"이라고 정확히 묘사하고 있다.25)

중국의 국제문제연구소가 휘틀럼을 위해 연회를 베푸는 동안 중국의 저

---

25) Brady, 2000, p.955.

명한 지식인인 장시루오는 마오타이〔茅臺〕 잔을 손에 든 채 중국과 호주의
관계에 대해 연설했다. 1920년대 컬럼비아대학에서 박사학위를 취득한 그
는 "중국과 호주 사이에는 거대한 바다가 가로놓여 있지만, 빈번한 접촉의
전통이 있었다"고 말했다. 그는 운동선수, 작가, 과학자, 그리고 다른 종류
의 사람들의 접촉을 예로 들었다. 그들 모두는 중국을 방문한 호주인들이었
다. 그는 유명한 중국인 중 누가 호주를 방문했는지에 대해서는 아무런 예
를 들지 않았다.

명나라의 공식적 역사기록은 "야만인들은 중국의 생산품을 부러워했다."
"야만인들은 중국과의 교역을 통해 엄청난 이득을 보았으며, 그래서 길은
가득 메워졌었다"고 선언하고 있다.26) 1971년 여름 어느 날, 시안에서의
만찬석상에서 중국 외교부의 관리인 주난은 필자에게 다음과 같은 말을 했
다. "모든 사람들이 중국에 오고 싶어합니다. 우리 외교부는 중국을 방문하
려는 기업가, 언론인, 정치인들의 쇄도하는 신청을 따라갈 수 없을 정도입
니다." 사실 이 말들은 모두 과장된 것이었고, 이 말들은 모두 중국이 스스
로를 중요하다고 생각하는 데서 나온 것이다. 이 같은 언급의 1990년대식
버전으로 중국은 미국이 중국을 더욱 필요로 하지, 중국이 미국을 더 필요
로 하지는 않는다고 말하고 있다. 중국의 한 관영언론은 1998년 "만약 중국
과 미국 사이에 '무역전쟁'이 발발한다면 지난 80개월 이상 지속적으로 발
전한 미국의 경제는 심각하게 타격을 입게 되지 않을까?"27)라며 스스로 질
문했다. 당시 미국의 중국에 대한 수출은 미국 수출총액의 3%에 불과했다.

1970년대의 중국과 호주의 관계를 청나라 당시 중국과 네덜란드의 관계
와 비교해 보자.28) 이들 국제관계는 2백 년이나 떨어져 있는 일이지만, 중
국 외교정책에 나타나는 대단히 유사한 이익과 의례가 혼합되어 있다는 사

---

26) Perelomov and Martynov, 1983, p.184.

27) *Xinhua she*, June 19, 1998.

28) Wills, 1968, pp.228~246.

실을 보여주고 있다. 의례는 중국의 영향력을 최대화시키기 위한 방안이었으며, 베이징의 능력과 목표 사이의 간격을 좁히기 위한 방편으로 사용되었던 것이다.

17세기 말엽 네덜란드의 동인도회사와 접촉하게 된 중국의 청나라 황실은 자신이 거의 알지 못하는 먼 곳에 있는 나라를 다루어야 하는 상황이었다. 베이징은 네덜란드와 자바가 같은 곳에 있는 줄 알고 있었다. 마찬가지로 우리가 1971년 만났던 중국인 관료들은 호주와 뉴질랜드를 제대로 구분하지 못하는 사람들이었다. 청나라는 대만을 놓고 전개되는 투쟁에서 네덜란드를 필요로 했다. 그러는 동안 청나라에 적대적인 명나라의 잔존세력인 정성공(鄭成功)은 후퇴할 수밖에 없었다. 청나라는 중국과 무역을 원하는 네덜란드인들의 요구를 협상의 도구로 사용했다. 1971년 베이징은 호주로 하여금 대만과의 외교관계를 정지하고 베이징과 관계를 맺을 것을 요구하고 있었다. 호주인들에게는 중국이 호주산 밀을 수입하겠다는 선물을 주었다. 중국인들은 두 가지 경우 모두 호화스러운 의식을 베풀었다. 그럼으로써 중국은 중국을 방문한 사람들로 하여금 중국문명에 대해 감명받도록 만들었고, 중국외교의 지혜, 인내심, 그리고 자원을 나타내 보였다.

1667년 네덜란드의 사절단은 중국을 방문하는 선물로서 페르시아의 난장이 말 4필과 벵골의 난장이 황소 4마리를 가져갔다. 중국의 황제는 이 8마리의 동물을 보기는 하겠지만 선물로 받는 것은 사절하겠다고 말했다. 1971년 만찬을 마친 후 휘틀럼은 그를 초청한 중국인 관리로부터 호텔에서 머물고 있으라는 요청을 받았다. 이 상황은 긴장상태를 창출했다. 호주 방문객들은 중국제국시대의 면담의 경우에서처럼 무엇을 질문해야 할지, 그리고 어떤 선물을 가져가야 할지에 대해 서투르게 행동한 것이다. 거의 자정이 가까울 무렵 중국 수상 저우언라이와의 모임이 열렸다.

휘틀럼이 자신을 총리가 될 수 있도록 만드는 데 도움이 되었던 중국여행을 마치고 돌아온 지 2년이 지난 후, 중국의 마오쩌둥 주석을 방문하기 위한 상황은 마치 명나라 시절 쯔진청에서 외국의 사절을 맞이하는 것과 마찬가지의 상황이라는 점이 나타났다. 처음에는 계획이 잘못되어 그렇게 된 것이라고 말했지만, 중국관리들은 느닷없이 휘틀럼을 마오쩌둥이 있는 곳으로 데려갔다. 그곳에서 마오쩌둥은 마치 야만인인 호주인들을 개명시키기 위한 제국의 군주와 같은 관점으로 말했다.

네덜란드인들은 중국인들의 의례를 따르라는 요구에 대해 그후 중국을 방문한 영국인들처럼 번민하지는 않았다. 마찬가지로 호주인들은 미국인들보다 중국의 요구에 대해 훨씬 비공식적 입장을 취했다. 윌스는 통역의 잘못은 오히려 중국과 네덜란드 사이의 인식격차를 모호하게 하는 데 기여했다는 점을 발견했다. 네덜란드인들의 요구는 때로 베이징의 지역적, 정치적 간극 속에 묻혀서 없어져버렸다. 이처럼 짜증스럽고 동시에 달콤하기도 한 네덜란드인과 중국인 사이의 이야기는 호주와 중국인 사이에서도 나타났다.

1690년 중국과 네덜란드는 상호간 이해관계가 줄어들어 없어져버렸다. 대만에서 정성공(鄭成功)의 청나라에 대한 위협도 소멸되었다. 네덜란드인들은 더 이상 정성공에 대한 복수를 추구하지 않았으며, 중국의 비단과 금에 대해서도 관심이 떨어졌다. 마찬가지로 중국인과 호주인들 간의 흥분도 가라앉았다. 1972년 닉슨-마오쩌둥의 거래가 성립된 이후 휘틀럼의 호주는 닉슨의 미국에 비교할 때 중국에 대한 중요성이 훨씬 떨어지는 것이었다. 호주는 결국 1970년대, 그리고 1980년대 중국과의 거래에서 별 소득이 없었다. 국가이익을 극대화시키기 위한 중국식 의례의 적용은 다른 쪽으로 그 관심의 방향을 돌렸다.

중국의 여러 왕조사를 연구한 두 명의 러시아 학자는 "중국을 방문하는 것은 중화제국이 세계를 조직하는 데 얼마나 성공하고 있는가 혹은 그렇지 못한가의 상태를 반영하는 것으로 생각될 수 있다"고 말한다. 중국인들의 관점에서 보면 중국의 왕실에 덕이 존재하기 때문에 외국인들이 중국을 방문하는 것으로 보인다. 중국의 정치체제가 시작된 옛날 초기시절인 상나라의 노래에 다음과 같은 구절이 있다. "그 누구도 감히 아무런 선물도 없이 중국을 방문할 엄두를 내지 못했다네."29) 이처럼 오래된 전통은 이를 사용하고 확대하려는 후세의 왕조들에 의해 재인용되었다.

　당나라의 지배자인 종지(Zong Zhi)는 둔황〔敦煌〕(현재 중화인민공화국의 일부분이 되었다)에서 온 사절단을 환영하는 연설에서 다음과 같이 말했다. "그대들은 천자에게 영토를 바쳤다 / 그대들은 우리에게 대한 그대들의 충성을 확인하기 위해 저 넓은 사막을 건너 이곳에 왔다." 먼 옛날 중국을 찾아온 사절단에 대한 위와 같은 환영사는 의례와 현실 사이의 격차를 유쾌하게 인식토록 한다.

　"그래서 오늘날 우리는 옛날을 기억하며 미소짓는 것입니다 / 류(Liu) 족속은 중국황실에 공물을 바침으로써 자신들의 복종적 지위를 밝히기 위해 왔습니다 / 엔가오(Ngao)라 불리는 큰 개를 데리고 말입니다 / 역사는 이같이 아무짝에도 쓸모 없는 공물을 엄청난 선물인 것처럼 기록하고 있지요."30)

---

29) Perelomov and Martynov, 1983, pp.112, 114.

30) Chen Tus-Lung, 1966, pp.32~34.

청나라 당시 고종(Gao Zong)황제는 이와 관련된 시를 지은 바 있다.

하늘을 주관하는 청나라는 공물도 받는다
만국이 조화를 이루고 살고 있도다.
글을 쓰는 양식, 수레의 바퀴자국,
그 누구가 이들 밖에 남아 있을 수 있을까?
신발의 밑창이 사각형인 사람들과 머리가 동그란 사람들 중에서도
우리나라에 오지 못한 사람들은 없었다.…
… 상나라 황실은 의례를 위한 비취옥을 받아들였고,
하늘은 이를 위해 백 번의 자비심을 베풀었도다![31]

마오쩌둥은 1950년대와 1960년대 초반 이상과 같은 세계질서에 관한 문학적 상징들을 동원했다. 베이징 정권은 아시아, 아프리카, 그리고 라틴아메리카 일부 국가들이 중국의 영광을 칭송할 것이라고 생각했다. 베이징 주재 첫 번째 인도네시아 대사는 마오쩌둥에게 신임장을 제청하러 가던 모습을 "마치 루이 16세의 궁정에 가는 것과 같다"고 묘사하였다. "인도네시아 대사는, 나는 마오쩌둥에게 아무 말도 하면 안될 것 같은 기분을 느꼈다. 그는 신과 같았다. 그는 하늘이 지정한 중화왕국을 믿는 것처럼 생각되었다." 주중 인도네시아 대사의 보스인 수카르노는 그 자신이 마오쩌둥을 인도네시아에 여덟 번이나 초청했다는 사실을 투덜거렸다. 마오쩌둥은 수카르노의 초청을 받아들이지 않았던 것이다.[32]

1972년 극장에서의 연극을 통해 닉슨 대통령과 만남의 자리에서, 마오쩌둥의 부인인 장칭은 야만족이 "중국의 황궁을 방문하지 않는 것"에 관해 말하면서 짓궂게 질문했다. "왜 당신은 이전에 중국을 방문하지 않았나요?"[33] 닉슨

---

31) Perelomov and Martynov, 1983, p.114.
32) Mononutu, 저자와의 인터뷰, Jakarta, Dec. 1, 1979.

에게는 다행스러운 일이었지만, 마오쩌둥의 부인이 "대표적인 연극"으로 생각하는 지주에 대한 영웅적 투쟁을 전개하는 한 소녀에 관한 드라마는 갑자기 떠들썩한 소리를 불러일으켰으며, 이는 닉슨이 매카트니 시대와 베트남전쟁 시대에 관한 말을 꺼내지 않아도 되는 상황을 만들었다.

고전적 규율인 중국의 덕에 의한 호소에는 다른 이면이 존재한다. 송사(宋史)는 "당나라 왕조의 힘(덕)이 쇠하게 되었을 때, 중국 주변의 야만족들은 중국의 황실을 더 이상 방문하지 않게 되었다"고 기록하고 있다.[34] 이와 마찬가지 일들이 1989년 천안문 사건이 일어난 몇 년 후 덩샤오핑과 장쩌민에게도 나타났다.

1998년 영국수상 토니 블레어가 베이징을 방문하면서 다음과 같이 선언했다. "나는 영국이 유럽에 있는 국가들 중 중국과 제일 친한 나라가 되기를 원합니다." 이렇게 말함으로써 블레어는 중국의 고전적인 제국적 장치 속에 스스로 갇혀버리는 일을 저질렀다. 그의 목표는 명나라 당시 티베트의 사신들이 가졌던 목표와 동일한 것이다. 즉, 중국 황제를 칭송하고 그 대가로 상을 받으려는 것이었다. 그러나 장쩌민은 영국에 별 포상을 내리지 않았다. 블레어는 현재, 그리고 미래에 있을 중국에 대한 영국의 투자를 거창하게 언급했다. 그러나 조나탄 머스키(Jonathan Mirsky)가 보도한 바대로 "아무런 계약도 이루어지지 못했고, 아무도 중국에 대한 영국의 투자액수가, 작은 나라인 벨기에에 대한 영국의 투자보다도 적다는 사실을 말하지 않았다."[35]

중국은 마치 소련공산주의가 보유했던 기술인 '우정'이라는 제국주의적 장치를 영국에 제공했고, 베이징은 이로부터 이득을 취할 수 있었다. 블레어가 영국은 중국의 친구가 되고 싶다는 희망을 선언한 이후, 중국정부는 블레어는 진짜 친구라고 발표했다. 블레어는 진정한 좋은 친구라고 불렀고,

---

33) Nixon, 1978, vol.2, p.39.

34) *Song shi*, juan 485.

35) *International Herald Tribune*, Oct. 12, 1998.

중국은 블레어에게 "당신은 우리에게 원하는 어떤 말을 해도 좋소"라고 말했다. 친구가 되기를 선언함으로써 해야 할 유일한 일은 ─ 국제관계 차원에서는 타당하지 못한 일인데 ─ 친구로서 해야 할 도리를 지켜야 한다는 것이다. 머스키가 말한 바대로 그 나머지는 베이징의 연극이었다.

이처럼 중국의 연극적 형태에서 결과는 이미 알려진 것이다. 영웅은 과도할 정도로 영웅적이며, 악마는 진정 최악의 악당인 것이다. 문제가 되는 것은 의상과 화장과 대화 및 행동의 정밀성이다. 제국적 연극의 각본은 이 장면 저 장면으로 옮겨간다. 블레어는 장쩌민에게 중국의 정치범 20명의 명단을 건네주었다. 중국의 공식대변인은 중국은 그런 명단에 대한 기억이 없다고 둘러댄다.

중국에서는 상대방을 친구라고 부르는 것 그 자체가 목적이다. 블레어는 아마 그 정도에서 자기 가방을 챙겨 떠날 수 있을 것이었다. 그러나 블레어는 종이 울리고 호각소리가 날 때까지 자리를 지키고 있었다. 블레어가《인민일보》제 1면에 글을 쓸 수 있도록 허가한 것은 중국을 따르라는 마지막 기회였다. 베이징의 연극은 베이징으로 하여금 세계가 중국의 길에 동조하는 것처럼 행동할 것을 허락했던 것이다.

이 모든 것들은 청나라 당시에도 있었던 일이다. 윌스는 "중국인들 자신의 제국을 문명의 유일한 중심지라고 보는 견해는 경험으로부터 도출된 것이며, 중국을 방문한 외국인들은 이 견해에 대해 거의 도전하지 않았다"고 쓰고 있다.[36] 1793년 영국의 사절인 매카트니는 건륭황제에게 완전한 예의를 갖추기를 거부했다. 일부 사람들은 바로 매카트니가 중국의 의전을 거부한 것이 매카트니 사절이 실패한 이유라고 말한다. 그러나 사실은 다르다. 매카트니 사절 직후 네덜란드인들도 중국에 사절단을 파견했고, 완벽한 예의를 갖추었다. 그러나 네덜란드는 건륭황제로부터 영국이 받아낸 것 이상

---

36) Wills, 1968, p.254.

을 받아내지 못했다.

　블레어와 마찬가지로 영국인이었던 전 홍콩총독 크리스 패튼은 블레어의 중국방문은 마치 극장과 같은 일이 될 것이라고 경고했다. 당신은 강당을 떠나게 될 것이며, 중국의 당정국가는 무엇인가 분명한 것을 요구할 것이다. 그것은 심한 강요를 통해 얻을 수 있는 것은 아니다. 패튼은 중국인이 행하는 잘 계획된 위협의 메카니즘을 알고 있었다(예로서 "잘못될 경우 당신이 결과에 대한 모든 책임을 져야 할 것이요" 등을 말하는 것 같은). 사실상 패튼 총독을 향한 중국의 위협은 대개가 실패로 돌아갔다. 중국인들은 극적인 데가 있다. "중국인의 눈에 비치는 정치적으로 좋은 행동과 중국인들의 거래행위 사이에는 아무 관계가 없어 보인다"고 패튼 총독을 결론내렸다.37) 패튼 총독이 통치하는 동안 홍콩은 중국으로부터(중국이 늘 말하는 것과는 달리) 어떤 구체적 처벌도 받은 적은 없었다.

　홍콩의 총독임무를 마친 패튼 총독은 "외국인에게 잘하는 것이 바로 훌륭한 외교라고 이해하는 중국인 관리들이 있다"고 기술했다.38) 그러나 외교의 두 가지 차원을 부드럽게 전개할 줄 아는 중국인들은 이내 외국인들의 아첨을 보게 된다. 홍콩의 기업인 한 명은 리펑〔李鵬〕총리와의 회의에서 "리펑 총리는 마오쩌둥 이후 중국공산당에서 가장 위대한 지도자"라는 아첨으로 회의를 시작했다. 리펑은 기업가의 말을 중단시키고 자신은 실제로는 중국공산당의 지도자가 아니라고 말했다.39) 중국인에게 아첨하는 것은 회고해 보면 즐거운 일이기는 하지만, 중국인들로 하여금 외국인들을 높이 인식하도록 하는 데 성공하는 경우는 거의 없었다. 패튼을 비판하는 영국인들은 그가 '구두닦기'(shoe shine)를 거부했다는 사실을 말한다. 남부 중국에서 구두닦기란 말은 아첨한다는 뜻이다. 영국인들은 패튼이 홍콩에 대해

37) Patten, 1999, p.239.
38) Patten, 1999, p.92.
39) Patten, 1999, p.74.

과도한 민주화를 요구했다고 비난하며, 그것 때문에 영국의 홍콩에 대한 수출이 줄어들었다고 비판한다. 그러나 이 같은 비판은 옳지 않다. 중국에 아직도 살아 남아 있는 신법가사상 때문에 그랬던 것이다.

1998년 달라이 라마는 프라하를 방문했고 체코 대통령 바츨라프 클라우스는 티베트 방문자 바로 옆에서 이틀을 보냈다. 베이징의 선전원들은 엄청나게 비판했다. 체코와 중국의 무역은 손상당할 것 같았다. 중국과 체코의 문화교류도 거의 파탄상태에 이를 것 같았다. 중국인민들은 대단히 기분을 잡쳤다. 1년이 지난 후 필자는 워싱턴주재 체코대사에게 달라이 라마의 방문이 체코와 중국의 관계에 어떤 문제점을 야기했느냐고 물었다. 그의 대답은 "결코 아무런 영향이 없었다"였다. 달라이 라마가 프라하를 떠나자마자 베이징 오페라의 커튼은 내려졌다. 모든 사람들은 각자 자신의 역할을 다했다. 기름 페인트는 지워졌고, 입었던 의상들은 다시 창고로 들어갔다.

'친구'와 '반중국적 나라'에 관한 중화제국의 각본은 나라뿐 아니라 외국에 사는 개인들도 포함된다. 베이징 정권은 지미 카터를 젓가락이 발명된 이후 가장 양호한 사람으로 취급했다. 왜냐하면 카터 때 미국과 중국 사이에 완전한 외교관계가 수립되었기 때문이다. 크리스 패튼 총독은 '동방의 창녀'라고 지칭되었는데, 왜냐하면 그는 홍콩을 중국에 반환하기 직전 홍콩에 대해 일부 자유주의적 조치를 취했기 때문이다.[40] 그러나 이렇게 말하는 것은 과장이며 너무 개인적 측면을 확대해서 말하는 것이다.

저자는 중화제국의 각본에서 작기는 하지만 '영웅'과 '악마'의 역할을 모

---

40) Patten, 1999, p.57.

두 담당했다. 1971년 나는 중국정부로부터 진정으로 원했던 비자를 발급받은 바 있었다. 왜냐하면 나는 베이징 정부를 도와주었기 때문이다(물론 그것은 간접적인 것으로서 내가 호주의 야당지도자인 휘틀럼을 도와주었기 때문이었다). 비자를 받고 몇 가지 인터뷰할 수 있는 기회를 얻은 나는 호주의 야당지도자 휘틀럼의 중국방문을 위해 '선봉장교'와 같은 역할을 하며, 중국에 협력할 것을 요구받았다. 중국의 관영 통신사은 나를 '중국인민의 좋은 친구'라고 불렀다. 그후 나는 중국의 쓰촨성으로부터 상도 받았다.

그러나 '영웅'이란 라벨에 무슨 고유한 의미가 있는 것은 아니다. 카터나 패튼은 중국의 작가들이 원하는 경우 즉각적으로 영웅과 악마의 역할이 뒤바뀔 수 있다. 중요한 것은 중국의 당정국가에 어떻게 이익이 되도록 기능하느냐의 여부다. 서방국가의 좌파든 우파든 누구든지 이슈에 따라 모두 중국의 연인이 될 수도 있고 적이 될 수도 있다. 천안문 광장의 비극 이후, 중국의 친구였던 호주계 미국인인 나는 "중국에 반대하는 세력"으로 낙인찍히고 말았다. 한때 나를 칭찬했던 중국의 관영 미디어는 나를 '분열주의자'라고 불렀고, 중국의 비밀경찰은 내가 "중국인민의 마음을 아프게 했다"고 말했다(이것은 당정국가에서는 항상 나타나는 바로서 불안함과 건방짐을 동시에 표현하는 것이다).

베이징의 전통적 분열-지배(divide and rule)전략에 의하면, 영웅과 악당은 모두 역사적 한 시대에 필요한 배역이다. 1970년 당시 '중국을 승인'한다는 논의가 주류를 이루고 있을 때, 나는 중국이 보기에 긍정적인 편에 속했던 사람이었다. 1990년대 중국문명 내부의 민주주의 문제가 이슈가 되자 나는 부정적인 쪽에 있는 사람으로 변질되었다. 베이징의 우선순위가 변한 것이다.

앤 마리 브래디(Anne Marie Brady)는 중국이 말하는 '외국인 친구'와 '외국인 간첩'은 샴 쌍둥이(허리가 붙어 있을 정도로 닮은 쌍둥이)라고 말한다. '외부세상'의 일을 다루는 모든 일의 체계는 "중국인민들에 퍼져 있는 양극단(외국인에 대한 혐오, 외국인에 대한 열광) 사이의 균형을 유지하기 위한

394

목적을 위해 존재한다. 시대의 정치적 필요에 따라 친외세, 반외세의 감정
은 조작되는 것이다"라고 브래디는 기술하고 있다.[41] 외국인을 다룰 때 항
상 유념해야 할 금언이 있다. "외부와 내부의 구분"은 오늘날 중국의 비밀
문서에서도 발견된다. 현대적 마음을 가지고 있음이 분명한 후진타오 시대
에서도 베이징 동쪽에 있는 멋있는 휴양지 베이다이허〔北戴河〕의 해변은
아직 외국인용과 중국인용으로 구분되어 있다.

　1993년에 이르기까지 중국정권이 따르던 이 같은 규칙은 세계의 어떤
중요한 국가들에서도 찾아볼 수 없는 것이다.

　　"외국인들과 비도적적 행동에 빠져드는 일은 금지되어 있으며, 외국인들
　　과 몰래 결탁하여 국가의 생산품을 팔고사는 일도 금지되어 있다. 외사업
　　무를 담당하는 관청의 허가가 없는 한 외국의 대사관, 영사관, 그리고 외
　　국인들이 거주하는 집을 방문하면 안 된다. 외국인들이 중국에 대해 말하
　　는 불만, 반동적 견해, 중국의 정당 혹은 사회주의 체제에 대한 비판을
　　전파하는 것도 금지된 일이다."[42]

　중국인들의 서방에 대한 사회문화적 애증관계는 중국의 당정국가가 세계
를 조작하는 정도가 훨씬 낮은 다른 종류의 정부에 의해 대체될 때까지 그
대로 남아 있을 것이다. 그날이 올 때까지 "외국인을 타자로 생각하고 중국
인을 자신(self)으로 생각하는 2중주의"(dualism)는 새로운 중화제국을 위해
서는 기능할지 모르지만 중국이 그토록 원하는 "세계공동체를 향한 통합"과
중화인민공화국에서는 중국인과 비중국인이 모두 동등하게 대접받는다는
이상을 위해서는 큰 장애요소가 될 것이다.

---

41) Brady, 2000, p.962.
42) Brady, 2000, p.958.

베이징에서는 맑스주의에 대한 충성심이 줄어들고 있지만, 그렇다고 중국인들의 제국주의적 세계관이 없어진 것은 아니다. 맑스주의는 미국이 '제국주의자'였다고 규정하지 않았는가? 물론이다. 맑스주의가 변화하는 와중에 있는 중국은 미국을 '패권주의자'라고 다시 지칭하는 데 결코 시간을 놓치지 않았다. 사실 제국주의자나 패권주의자가 그다지 다른 것은 아니다. 현재 중국은 과거 마오쩌둥이 반제국주의를 부르짖은 것처럼 반패권주의를 부르짖고 있다. 비록 가사는 변했는지 모르지만 음조는 마찬가지다. 이 노래가 의미하는 사실은 근육을 휘두르는 중국 그 자신은 패권국가가 되고 싶다는 것이다. 중국의 목표는 아시아에서 미국의 영향력을 몰아내고 아시아에서 중국의 의지에 반하는 모든 것을 없애는 일이다. 자신만의 고유한 먼로주의로 무장한 베이징은 미국이 라틴아메리카에서 차지하려는 지위와 마찬가지의 지위를 아시아에서 차지하려고 한다. 그 목적이 먼 곳에 있는 것이라 해도 그 목적이 주는 달콤함을 경감시키지는 않는다.

　우리가 이미 살펴 본 바대로 베이징 외교정책의 목표들은 한 차원에서는 '평화와 발전'을 근간으로 한다. 그리고 이것은 현실적인 것이다. 중국은 남으로부터 괴로움을 당하기 원치 않으며, 앞으로 추구해야 할 엄청난 경제적 아젠다가 있다는 사실을 알고 있다. 그러나 다른 차원에서 베이징은 과거의 오욕을 청산하고자 한다. 중국이 과거를 어떻게 회복할 것이냐에 대한 자세한 내막은 비밀이다. 중국공산당은 자신의 능력이 충분해져 행동으로서 말을 뒷받침할 수 있을 때까지 이러한 사안들을 놔두고 기다릴 것이다. 그렇다면 이 같은 두 번째 목표는 계획적인 것인가 혹은 단순히 상징적인 것뿐인가?

　과거에 관한 신화가 중국 당정국가의 정통성과 직접 연계되어 있다는 점에서 문제가 제기된다. 중국이 외부세상을 대하는 행동의 근원에는 항상 국내정치와 관련되는 요소가 있다. 중국인들이 그들의 더 넓은 세상 — 즉, 질서, 위계, 의례, 모든 것의 통일성, 올바른 가르침 등 — 을 대할 경우에도 똑같은 고려가 적용된다. 아마도 중국의 신화들은 미래의 외교정책을 구사하는 데보다는 국내정치적 목적을 위해 더 크게 사용될 것이다.

일부 인사들은 중국이 가진 과거의 유산이 반드시 보다 정열적이고 적극적인 외교정책 아젠다를 만드는 데 기여하지는 않을 것이라고 말한다. 중국의 과거 왕조시대의 경우 세 가지 요인들이 중국 외교정책의 야망을 결여케 하는 데 기여했다고 말한다. 세 가지 요소란 무사태평주의(*insouciance*), 현실주의(*pragmatism*), 그리고 중국의 영역 밖에 있는 것 중 중국에 관심거리가 될 만한 것은 없다는 사고 등이다. 중화인민공화국시대에서도 이 같은 요인들은 때로 중국의 외교가 관료주의적 경영 혹은 화려한 언어들만으로 구성되도록 한 이유가 되었다.

1966년~1967년 사이 마오쩌둥에게 충성을 바치는 홍위병들이 프놈펜으로 밀어닥쳤을 때 베이징 정권이 캄보디아로부터 얻으려 한 것은 무엇이었나? 어째서 베이징 정권은 1969년 당시 아무르 강, 그리고 신지앙지역에서 소련과의 분쟁에 말려들었는가? 2001년 하이난 섬 부근에서 중국이 미국의 정찰기인 EP3에 대들어서 얻으려 한 이익은 무엇이었던가? 이런 문제를 제기하는 것들은 사실 이 문제에 대해 대답하는 것과 마찬가지다. 위의 세 가지 경우 모두 중국은 분명한 정책이 없는 상황에서 일을 벌였다. 물론 이처럼 연결되지 않는 중국의 제스처들을 중국 외교정책의 모든 것이라고 볼 수는 없다.

중국이라는 국가가 그들의 잠재적 소망(혹은 딜레마) 때문에 모호해 보인다는 사실은 중국 주변국가들의 걱정거리인가? 그것들은 마치 프랑스가 문명국의 사명을 짊어지고 있다고 말하는 것처럼 궁극적으로 아무런 해가 없는, 단지 제국주의적 행동 스타일일 뿐인가? 중국의 외교정책은 궁극적으로 국내정치를 위한 드라마이며, 이념적으로 투쟁하는 공산주의 왕조에 정통성을 부여하기 위한 민족주의적 자만심일 뿐인가?

진실은 현재 중국이라는 국가는 이 세 가지 모두를 고려하고 있다는 점이다. 과거에 대한 보복주의, 영향력을 최대화시키려는 전통주의적 스타일, 그리고 새로운 정통성의 추구 등 세 가지 요인들은 현재 중화인민공화국 외교정책의 실제를 구성하는 요소들이다. 중국이라는 국가는 위로부터 내려온 나라이고, 교리를 수호하는 나라이며, 자신의 국민에 대한 오만함을 세계 정치적 차원에도 적용시키려는 나라이다.

제 11 장

외교정책: 반(半) 제국, 반(半) 현대국가

독립을 이룩한 후 인도는 자신의 식민 모국인 영국과 좋은 사이가 된 데 반해, 중국은 1949년 야기된 역사의 전환을 백 년 동안의 치욕적 열등감으로부터 벗어나서, 중국이 과거 침략국가들보다 더욱 우세하게 되는 빛나는 시기가 도래한 것이라고 해석했다.
                                                           -추세이 스즈키[1]

　베이징과 워싱턴 사이에서 대만 혹은 티베트 문제로 갈등이 야기될 때마다 미국의 국무부와 백악관은 '하나의 중국정책'에는 변화가 없다는 사실을 중국정부에 확신시키려 했다. 클린턴 행정부는 1995년 대만 총통 리덩후이가 미국을 조용히 방문한 직후 중국에 그렇게 말했다. 클린턴 행정부의 관리들은 클린턴 대통령이 방으로(주로 미국 부통령의 방이었다) 들어가 달라이 라마와 잠깐 말을 주고받은 것에 대해 중국이 항의할 때마다 또한 그렇게 행동했다. 2002년 당시 부시 대통령과 그의 외교정책팀도 역시 마찬가

---

1) Suzuki, 1968, p.189.

지로 행동했다.

　왜 세계 최고의 나라 미국은 중국이 고집을 부릴 때마다, 미국은 하나의 중국을 지지한다는 말을 계속 반복하고 있는가? 우리(미국)는 소련 영토의 지리적 일체성을 지지한(endorse) 적은 없었다. 오히려 미국은 라트비아, 리투아니아, 에스토니아가 모스크바의 지배영역에 포함되는 것을 받아들이기 거부했다. 소련의 지도자들은 미국의 그러한 태도를 감내하였다. 왜 소련과 비교될 수 있는 공산제국인 중국의 경우, 미국은 왜 중국의 의심스러운 국경선에 관한 견해를 그대로 받아들이고 있는가?

　인도네시아와 우호적인 국가들은 아체(Aceh) 및 서부 이리안(West Irian) 등 말썽 많은 지방의 권리에 관해 이야기 할 경우, '하나의 인도네시아'라고 말하지 않는다. 몽골에 대해 말할 때 지구 어느 나라 사람들도 '분열된 몽골'에 대해 눈물 흘리지 않는다. 몽골은 실제로 분열된 나라이지만 말이다. 하나의 중국이 있는 것처럼 하나의 몽골이 있어야 하는 것일까? 그러나 중국은 특수하다. 크리스 패튼(마지막 홍콩총독)의 말을 빌리자면 중국은 마치 명나라의 꽃병처럼 조심스레 다루어야 한다. 이 모든 것은 새로운 중국제국에 이익이 되는 것이다. 중국은 21세기에도 살아남은 다인종 제국임에도 불구하고 자신들은 오히려 과거 준식민지 출신의 비참한 나라인 것처럼 행동한다.

　1972년 닉슨-마오쩌둥에 의한 국교재개 이후 미국은 알지 못하는 사이에 자신을 특별한 나라라고 생각하는 베이징의 음모에 동조하게 되었다. 이 같은 일은 대개는 좋은 이유 때문에 그렇게 된 것이다. 그러나 그 효과는 왕조주의적이며 레닌주의적인 국가의 양탄자 밑에 깔려있던 문제점을 쓸어 내버리는 것이 되었다. 때로는 워싱턴의 지도자들이 베이징의 궁전에서 느꼈던 경외감이 다양한 사적 혹은 공적 정책에 영향을 미치기도 했다.

　카터 대통령의 국가안보보좌관이었던 브레진스키는 베트남을 공격하려는 덩샤오핑의 계획을 보고 감명받았으며, 키신저는 중국 독재정권의 뻣뻣

한 방법에 대해 경외심을 가지고 있었다는 사실을 말한다:

  "나는 힘의 사용을 높이 평가하는 덩샤오핑의 입장이 미국 주요 정책결정
  자들의 힘의 사용에 대한 관점에도 영향을 미치기를 은밀히 기대했다."

  중국과 베트남이 전쟁을 벌이는 동안 브레진스키는 매일 주미 중국대사
를 만났고, 그에게 중·월 전쟁에 관한 중요한 정보를 제공했다. 이 같은
행동은 미국의 국가이익에 도움이 될 수도, 혹은 그렇지 않을 수도 있다.
미국으로 하여금 중국이 베트남에 대해 압박을 가하는 것을 지지하도록 유
인한 것은 중국의 외교적 술수가 성공한 것임이 분명하다.
  1979년 중국이 베트남을 공격했을 당시에도 미국의 재무장관 마이클 블
루멘탈(Michael Blumenthal)은 중국의 최혜국 대우에 관한 지위를 논의하기
위해 베이징을 방문하고 있었다. 블루멘탈이 중국의 베트남에 대한 침략을
조심스럽게 비난했을 당시 브레진스키는 그에게 전보를 쳐서 "입 닥치고
무역 이슈만을 이야기할 것"을 주문했다.[2] 명나라 꽃병처럼 조심해서 다룰
것이었다.
  1979년 1월~2월 덩샤오핑이 워싱턴을 방문하는 동안 덩샤오핑은 카터
대통령에게 "만약 중국이 최혜국 대우를 받게 된다면 미국과 중화인민공화
국의 무역액은 미국과 대만 간의 무역액의 열 배가 될 것이다"고 말했다.
그것은 웃기는 선언/예측이었지만 카터는 분명히 그것을 믿었던 것 같다.
사실 중국이 최혜국 대우를 받은 지 20년이 된 시점에서 미국과 중국 사이
의 무역량이 미국과 대만 사이의 무역액의 열 배가 되려면 멀었다. 1999년
당시 중화인민공화국에 대한 미국의 수출총액은 미국의 대만에 대한 수출
총액보다도 적었다.

---

 2) 미국의 모든 공식적 언급은 Mann, 1999, pp.71, 99, 107~108.

1972년 이래 미국의 대중국 외교정책의 이야기는 몇 년 동안은 합리적이며 성공적인 것이었다. 그러나 회고해 본다면, 워터게이트와 그로 인한 닉슨 대통령의 사임과 포드 대통령 취임 이후 미국의 대중국 외교정책의 황금시대는 끝나버렸다. 미국-중국 사이의 데탕트를 통해 미국이 얻을 수 있는 이익의 대부분은 이미 획득하였다. 카터로부터 클린턴에 이르는 동안 미국의 대중 외교정책은 성공과 실패가 혼합된 것이었다. 베이징은 아주 자주 워싱턴을 능가했고 앞서 갔으며, 혹은 기만했던 것이다.

이렇게 된 데에는 다양한 이유가 있다. 미국의 민주주의 체제는 베이징 독재정권의 대미 정책에 대한 장기적 분석을 불가능하게 했던 것이다. 특히 1990년대 행정권의 상당부분을 의회에 상실했던 미국정부는 로비활동가들의 확대된 영향력을 허용하게 되었으며, 그 결과 외교정책을 위한 비전은 조각조각 나뉘어버렸다. 가장 중요한 사실은 미국의 일부는 베이징의 제국주의적 행태를 볼 수 있는 능력을 결여하고 있었다는 점이다.

반대편 상대방을 헷갈리게 하고, 감명을 주며, 균형을 잃도록 하기 위해 의례(*ritual*)가 사용된다. 이를 위한 레퍼토리들은 각본으로 짜여진 연회, 신비한 언어구사, 모호성으로 얻어진 관록 등이다. 닉슨으로부터 클린턴에 이르기까지 많은 미국의 외교관들은 이 같은 레퍼토리들이 사용된 중국의 외교 테크닉에 패배하였다. 끝까지 인내한다는 입장은 중국외교의 두 번째 방법이다. 이는 중국의 대만정책에서 나타나고 있다. 중국공산정부 초기 이 같은 정책은 홍콩 이슈에 관한 영국정책에서도 나타났다. 이 같은 입장은, 중국은 어떤 일에도 동요하지 않는 원칙을 가지고 있다는 인상을 받도록 한다. 이는 특히 미국인들로 하여금 중국의 문화적 심오함을 존경하도록 만들며, 베이징 정부가 말과 행동을 일치시키려 하지 않는다는 사실, 혹은 말과 행동을 일치시킬 수 있는 능력이 없다는 사실을 알지 못하게 만드는 것이다. 이 두 가지 방법은 이미 한나라 시대부터 전해오는 것이다.

중국외교의 세 번째 양식은 중국 현대사에서 도출된다. 중국이 고통받고 있다는 입장을 취하는 것인데, 이는 중국으로 하여금 도덕적으로 우월한 위치에 서게 한다. 이러한 속임수는 중국을 부유한 '북쪽'의 국가들에 의해 착취당하고 훼방당하는 세계의 '남쪽'에 속한 가난한 나라로 자리잡을 수 있게 한다. 공공의 토론에서 항상 나타나는 전제는 서구는 몰락하는 중이라는 것이며, 제3세계는 서방의 제국주의가 붕괴하게 되는 순간 번영을 이룬다는 것이다. 중국의 부상이 제약당하고 있었던 이유를 오로지 반중국적 계략에 의한 것 때문이라고 보는 맑스주의의 감각에는 상당한 문제가 남아 있다. 제3세계는 덕으로 빛나고 있으며, 반면 자본주의자들의 세상은 인종차별주의, 가난, 그리고 폭력의 시궁창이라는 것이다(그래서 그렇게 많은 중국인들이 중국을 벗어나서 그런 자본주의 시궁창으로 몰려간다는 말인가?). 중국은 (여러 강대국 중에서도 제1의 강대국으로 부상하려는 것이 분명한 데도 불구하고) 결코 패권을 추구하지 않을 것이라 한다. 사실 중국은 자신을 강대국으로 인식하며 제3세계를 경멸한다. 중국의 중등학교 역사교육용 주요 교과서들은 중국 이외의 역사를 52개의 장에서 다루고 있는데, 그 중 제3세계는 겨우 8~9개 장에 불과하다.[3]

이 모든 행동으로부터 우리는 중국이라는 국가의 시대착오적인 면을 볼 수 있으며, 국내정치의 경우처럼 외교정책에서도 특수한 사실을 보게 된다. 중국이라는 국가는 그 고유한 논리 때문에 미래를 형성할 수 있는 경제발전을 허락할 수 있는 나라가 아니다. 국민의 여론이 정책에 반영되기 위한 어떠한 제도적 측면이 없는 나라는 없다. 또한 중국이란 국가는 본질적이며 결코 변하지 않는 중국인의 본성을 표현하지도 않는다. 현재의 중국은 자신의 목적에 부합하는 중국의 독재적 전통에 의탁하여 자신의 생존을 추구하는 공산국가다. 이처럼 선거에 의하지 않는 관리들이 통치하는 국가이며,

---

3) *Shijie lishi*, 1993; in vol.1, 처음부터 29장까지가 세계역사로 되어 있으며, 5~6장 정도가 제3세계에 관한 것이다. 제2권의 경우 23개 장이 현대사에 관한 것이며, 3개 장이 제3세계에 관한 것이다.

레닌주의적이고 제국주의적이며 가부장적인 중국에서 경제 혹은 문화가 결코 이 나라의 운명일 수는 없다. 중국 스스로의 정치적 의지는 어느 누구의 정치의지를 반영하는 것이 아니며, 미래를 판별할 수 있는 나침반이다.

1895년 두 명의 자만심 많은 아시아의 지도자들이 일본의 시모노세키〔下關〕항에서 테이블을 마주하고 앉았다. 이홍장(李鴻章)은 청나라 황실을 대변했고, 이토 히로부미〔伊藤博文〕는 메이지시대의 일본정부를 대변했다. 일본은 중국 청나라와의 전쟁에서 승리한 후, 시모노세키조약을 체결하기 위한 협상이 열린 것이다. 서방에게 나라를 개방한 일본은 부상하던 중이었다. 서방과 싸움하던 중국은 비틀거리는 중이었다. 가마(*box seat*)에 앉아 있던 이토 공작은 중국은 국제사회로부터 고립되어 있으며, 기만적이고, 비협력적인 나라라고 비난하였다.

한 회의에서 이토는 물었다. "왜 중국은 다른 모든 나라들이 지키는 규칙을 따르지 않는 것이요?" 자강(自强)주의자이며 청나라 왕실의 유력자였던 이홍장은 대답했다. "우리나라에서는 신하(이홍장 자신)가 주군(청나라 황제)에게 무엇인가를 바꾸라고 말하기 대단히 어려운 법이요." 이토는 "(중국의) 제국주의적 지식"은 반드시, 그리고 확실하게 "개혁의 필요성을 인식해야 할 것"이라고 생각했다. 이홍장은 말했다. "모든 변화에는 시간이 필요한 법이오."

이홍장은 그 자신의 의견을 제시했다. "지금 바로 황인종들이 백인종에 대비해서 준비해야 할 때요." 그러나 이토는 중국과 일본이 반서구적 연합을 형성하는 것에 어떤 이득이 있다고 생각하지 않았다.

이토는 이홍장에게 말했다. "나는 당신 나라의 젊은이들이 유럽에 관해 더 친숙하도록 하는 것이 더 좋을 것 같다고 생각되오." 그러나 중국은 일본을 무시했고 일본의 조언을 듣지 않았다. S. C. M. 패인(Paine)이 중국의 입장에 대해서 쓴 것처럼 "중국이 내부적으로 어려운 시절, 일본은 중국처럼 혼란상황에 빠져들지 않고 성공적 개혁을 했는데, 이러한 사실은 중국을 부끄럽게 만드는 또 다른 사례였다."4)

1세기가 더 지난 후에도 중국은 일본을 서방으로부터 분리시키려고 노력했다. 당시 중국에는 일본을 경멸하는 자들도 있었고, 일본의 장점을 배워야 한다고 주장하는 사람들도 있었다. 서방을 모방해야 한다는 사람들도 있었고, 서방을 거부하는 사람들도 있었다. 중국인들은 아직도 '명분'을 따지고 있었다.

제 2차 세계대전 이후 일본이 성공했다는 사실로도 중국인들이 문화적으로는 동생격인 일본에 대해 가지는 거만한 마음자세는 없어지지 않았다. 1972년 베이징과 도쿄가 화해했을 때, 마오쩌둥은 일본 수상 타나카〔田中〕를 마치 조공을 바치러 온 사람처럼 대했다. 저우언라이는 다나카를 부속실을 통해 마오쩌둥의 집무실로 안내했다. 마오쩌둥은 "당신들 서로 다투는 일은 끝냈소?"라고 물었다. 마오쩌둥은 일본 수상이 대답하기도 전에 "싸우는 것은 좋은 일이요"라고 거창하게 선언했다.

다나카는 "우리는 화기애애한 이야기들을 했다"고 말했다. 그들은 중국과 일본 간의 두 번째 전쟁이(제 2차 세계대전) 중국과 일본 사이에 재앙(*disaster*, 중국 측의 용어)을 초래한 것인지 혹은 일본의 표현대로 문제(*trouble*)를 초래한 것인지에 관한 어려운 논의를 했던 것이다. 다나카가 마오쩌둥에게 직접 1930년 일본이 중국을 침략했던 사실에 대해 사과하려고 하자 마오쩌둥은 다나카를 만류하며, 일본의 침략은 1949년 중국공산당의 승리를 '도운' 일이었다고 말했다.5)

---

4) Paine, 1996, pp.345~346(including Li and Ito quotes).

마오쩌둥은 자신의 지위를 정책의 차원보다 높은 철학의 차원에 올려놓고 있었다. 마오쩌둥은 일본으로부터 온 방문객을 의례적으로 만나주는 황제나 마찬가지였다. 그는 일본이 비록 발전했다고 하나 중국문화의 변방에 있는 나라라는 이미지로서 일본을 보고 있었던 것이다. 마오쩌둥은 중국의 문화적 민족주의가 현재 가지고 있는 자비성과 생색내기를 다시 현대화시키고 있었던 것이다.

마오쩌둥과 다나카가 대화한 이후 4반세기가 지난 후 일본정부는 끊임없이 중국과의 과거사 혹은 상징적 문제들을 제쳐두고 현재의 문제를 다루고자 노력했지만 실패했다. 중국의 당정국가에 일본이 제2차 세계대전의 과거를 정리하려고 노력한다고 해도, 그리고 그것이 미래의 문제라고 생각한다고 해도, 일본과 중국의 과거사를 현실로서 받아들이기 어려운 것이다.

1998년 일본을 방문한 장쩌민은 1930년대 일본이 중국을 침략한 사실을 중심으로 대만을 베이징의 손아귀에 들어가지 못하게 한 일본의 역할 등을 거론하며 여러 차례에 걸쳐 '역사문제'에 대해 언급하였다. 그는 일본 내의 '우호적 조직들'과 시간을 같이 보내며, 그들에게 '군국주의'에 대해 반대할 것을 요구했다. 그는 마치 1998년 동아시아 지역에서 야기된 급격한 군비 증강 현황이 베이징 때문에 야기된 것이 아니고 도쿄 때문에 야기된 것처럼 말한 것이다. 장쩌민은 일본의 교과서가 민족주의적이라고 불만을 표시했다. 장쩌민은 중국공산당이 중국 인민 3천만 명을 죽게 만든 대약진운동과 관련, 역사적 진실을 밝히려는 시도를 했는지에 대해서는 말하지 않았다.

장쩌민의 대일본 외교정책은 일본의 침략적 과거사를 부각시키려는 연극의 일부라고 볼 수 있다. 중국은 필요한 경우 어떻게 일을 진행시켜야 하는지 알고 있다(그래서 중국은 대약진운동에 관한 역사적 기억은 없는 것이다). 그러나 일본을 다루는 데 있어 중국공산당은 과거의 역사에 묻혀 있으려는

---

5) *Tokyo Shimbun*, Sept. 27, 1972.

유혹을 뿌리칠 수 없는 것이다. 중국은 과거 제국주의적 스타일을 유용하게 이용함으로써 중국공산당의 정통성을 지탱하려 한다. 즉, 그들은 중국공산당이 없었더라면 일본의 침략자들을 물리칠 수 없었을 것이라고 말하며, 일본의 죄악상을 중국공산당에 유익하도록 계속 우려먹는 것이다.

장쩌민은 1998년의 일본방문이 별 성과가 없었다는 사실을 인정해야만 할 것이다. 그러나 중국의 제국적 입장이 포기되지는 않았다. 2001년 봄 새로이 일본수상이 된 고이즈미 준이치로〔小泉純一郎〕는 제 2차 세계대전이 공식적으로 종전된 날인 8월 15일 일본의 전쟁사망자의 영령을 위로하기 위해 신사참배를 하겠다는 의향이 있음을 발표했다. 그해 7월 하노이에서 열린 아세안회의에서 중국의 외교부장인 탕자쉬안〔唐家璇〕은 일본 외무장관에게 고이즈미의 야스쿠니〔靖國〕 신사 참배에 항의했다. 회의가 끝난 후 탕자쉬안은 일본기자들을 만나 소리쳤다. "그만 해!" 신사 참배에 대한 베이징의 견해를 표시한 것이다. 《뉴욕 타임스》지는 탕자쉬안이 일본어로 말했다고 보도했으며, "주로 어린이들에게 말하는 투의 권위적 언급이었다"고 부연했다.[6]

탕자쉬안의 분노가 폭발한 것은 1998년 장쩌민이 일본방문시의 행동결과와 유사한 것이다. 일본이 중국의 발꿈치를 건드렸다는 것이다. 고이즈미는 계획한 대로 야스쿠니 신사를 참배했다(비록 8월 13일에 신사참배를 함으로써 8월 15일을 이틀 정도 피했다는 상징성이 있기는 하지만). 1998년 장쩌민이 일본에서 한 제 2차 세계대전 관련 연설 이후, 일본의 관방장관(*Chief Cabinet Secretary*) 노나카 히로무〔野中弘〕는 격분하며 말했다. "이것은 다 끝난 문제가 아닌가?"[7] 베이징에 제국주의적 국가가 존재하는 한 일본이 생각하는 끝난 문제는 결코 끝난 문제가 아니다. 도쿄의 일간지 《산케이》

---

6) *New York Times*, July 26, 2001.

7) *South China Morning Post*, Nov. 28, 1998.

〔産經新聞〕신문은 "우리는 도대체 언제까지 사과를 반복해야 하는가?"라고 반문했다.[8] 그 같은 사과를 자신의 정통성의 기반으로 삼는 현재의 중국정부가 존재하지 않을 때까지, 그리고 중국이라는 제국이 근대국가가 될 때까지 이런 일은 지속될 것이다.

베이징은 일본이 자신들의 교과서를 통해 역사를 왜곡했다고 비판한다. 그러나 중국의 교과서 역시 중국의 역사를 왜곡하는 것은 사실이다. 중국의 중학생들의 역사교과서에는 19세기로부터 20세기에 이르는 기간 동안 중국에 대한 일본의 침략이 9개 장에서 소개되고 있지만, 원나라 당시 중국이 일본을 침략했다는 사실은 언급조차 되지 않는다. 여러 권으로 된 중국역사에 의하면 베트남에 관한 언급은 정말 형편없다. 다른 교과서들과 마찬가지로 이 책도 중국의 당정국가가 편찬한 책이다. 한(漢)나라가 베트남을 정복한 후 천 년 이상 베트남을 식민지로 가지고 있었다는 언급은 전혀 없다. 4권으로 된 중국사에서 베트남에 관한 유일한 설명은 베트남과 관련된 1885년의 프랑스·중국전쟁뿐이다. 베트남이란 중국과 프랑스가 교전을 벌인 '장소'로 표현되었을 뿐이다. 프랑스는 "중국을 침략하기 위한 발판으로서 베트남을 침략했다"[9]고 썼을 뿐이다. 마찬가지로 중국이 한국을 침공했고 식민지 지배를 했다는 사실도 중국역사에 포함되지 않았다.[10]

최근 중국의 정치사도 선택적이기는 마찬가지다. 중국의 교과서는 대약진운동으로 야기된 기근에 대한 설명은 없다. 중국의 교과서는 중국의 대부분을 통일시킨 1927년 장제스의 북방정벌이 성공했던 것은 중국공산당의 덕택인 것처럼 기술하고 있다. 또한 중국공산당은 1937년부터 1945년에 이르는 동안 일본에 대항하여 중국을 통치한 기관인 것처럼 기술하고 있다.[11]

---

8) *South China Morning Post*, Nov. 28, 1998.

9) *Zhongguo lishi*, vol.3, p.64.

10) *Zhongguo lishi*, vols. 1, 2, 3, 4; lesson 11 of vol.3은 1885년의 전쟁을 다루고 있다.

　실제로 베이징 정권이 일본의 교과서를 비판하는 이유는 역사문제라기보다 오히려 현재 혹은 미래의 문제다. 이는 마치 중국의 교과서들이 중국인들을 교육시킬 뿐만 아니라 미래의 중국 민족주의를 고양하기 위한 교육적 목적으로 만들어진 것과 같은 논리다. 중국과 일본 사이의 교과서에 관한 통렬한 논쟁에서 한 샤오룽은 "그 논쟁이 역사적 사실에 관한 것이라는 점은 사실이다. 그러나 문제가 되는 것은 현재 논란중인 이슈와 관계되는 역사의 한 부분"이라고 말했다.12)

　중화인민공화국은 과거 중국의 정권과 마찬가지로 역사를 통치수단으로 사용하고, 중국 이외의 나라 사람들과 투쟁하는 무기로 사용하고 있다. 그러나 역사전쟁의 테크닉은 중국의 경우가 더 위험하다. 왜냐하면 일본의 경우는 정부가 간행하는 교과서도 있지만, 민간인들이 발간하는 교과서도 있기 때문이다. 2001년 4월 중국정부는 일본과 전쟁했던 군인들을 하얼빈〔哈爾濱〕에 모이게 한 후 일본의 교과서에 대한 공격을 퍼부었다. 한 중국인 참전용사는 "이처럼 역사를 왜곡하는 교과서를 가지고 일본은 일본 어린이들의 미래를 어떻게 만들려는지 모르겠다"13)고 말했다. 중국교과서의 왜곡은 더욱 심하다. 다만 누구도 중국 역사교과서의 왜곡을 소리 높여 비판하지 않을 뿐이다.

11) *Zhongguo lishi*, vol.4, lesson 22; vol.3, lesson 27; vol.4, lesson 1; vol.4, lesson 10.

12) Han, 2002, p.11.

13) *Zinhua she*, April 6, 2001.

《책부원구》〔册府元龜, 중국 육조(六朝)・당(唐)・5대(五代)의 사료집(史料集)〕라 불리는 여러 권으로 만들어진 송나라 왕조의 책은 10세기로부터 11세기에 이르는 기간 동안 중국이 당면했던 국경문제를 통해 차후 중국 외교정책에 지속적으로 나타나는 모범을 보인다.《책부원구》의 편집인 서문에 나타난 중국외교의 주요 테마는 다음과 같다. 강하게 보임으로써 약점을 숨겨라. 그리고 이념과 현실정치를 병행하라. 비록 북쪽에 있는 요나라(遼)의 거란족 지도자는 송나라 황제와 대등하지만 송나라의 문서는 그를 중국 황실의 '외부장관'이라고 부르고 있다.[14] 중국이 가진 힘의 한도를 더 감당할 수 있는 것으로 만들기 위해 송나라는 이 책에서 역사를 현재에 봉사하기 위한 것으로 만들었다. 송나라는 기원전 21세기부터 존재했다고 알려진 하(夏)왕조 이래 지속된 외교정책의 전통을 다시 분석하고 확인했다.[15]

　송나라의 역사가들은 아마도 한나라 왕조가 흉노 유목민족을 축출하는 데 충분한 힘을 가지고 있지 못했다는 사실을 인정하기 어려웠을 것이다. 그들의 방법은 한나라 몰락 이후, 그리고 수(隋)나라가 성립되기 이전, 중국에 존재했던 세 개의 왕조를 다섯 부분으로 나누어 역사를 편찬하는 것이었다. 송나라의 역사가들에 의해 당나라의 역사는 새로 썼으며, 당나라는 중국에 힘과 도덕을 가능한 한 많이 가져다 준 나라로 기술되었다.

　《책부원구》의 첫 번째, 그리고 가장 긴 서문인 "외부장관들에 관한 일반적 서론"에서는 당나라의 황제 태종(太宗)의 치적를 재해석하고, 중국인이 아닌 사람들과 타협을 위해 중국인과 중국인이 아닌 사람들을 솔직히 구분

---

14) *Cefu yuangui*, book 19, juan 956, 11237.

15) *Cefu yuangui*, book 19, juan 956, 11237, 11238; Wang Gungwu, 1983, p.56.

했는데, 사실 당나라는 그렇게 하지 않아도 되었다라고 기술하고 있다. 642
년, 결혼조약의 약속을 파기하지 말 것에 대한 조언에 대한 답으로 그는
다음과 같이 말했다.

"옛날, 한나라 당시 흉노족은 강했고, 중국은 약했다. 그렇기 때문에 공주
들은 예쁘게 꾸몄고, 샨유와 결혼하게 되었다. 지금 중국은 막강하며 북
방의 적(狄, 북방 야만족의 통칭)은 약하며 중국병사 수천 명은 그들 병사
수만 명을 격파할 수 있다."

중국이 막강했을 당시 중국은 마음대로 결혼조약을 파기할 수 있었다.
송나라의 책은 티베트와 중국이 맞먹었던 시대도 다루고 있는데, 한나라
황제 태종은 중국과 티베트 사이의 결혼조약을 체결하고 이를 지켜야 했
다. 마찬가지로 한나라의 다른 황제는 위구르족과 결혼조약을 맺고 그 조약
을 준수해야만 했었다. 그러나 《책부원구》는 역사를 자신에게 유리하게 왜
곡하여 기술하기로 작정한다. 법가사상이 유가사상인 것처럼 왜곡되어 기
술되었고, 위구르족들은 중국과 결혼조약을 맺은 이후 중국에 지속적으로
조공을 바쳤다고 기록되었다.16)
　송나라는 1005년 거란왕국과의 조약을 통해 거란왕국을 중국과 동등하
게 대우해야만 했다. "외부장관들에 관한 일반적 서론"이 작성되기 8년 전
의 일이었다. 거란으로부터 중국으로 혹은 중국으로부터 거란으로 양국 사
이에 쌍방향으로 조공이 이루어진 것처럼 보이게 은과 비단이 선물로 제공
되었다. 송나라는 중국이 아니라 거란에 조공을 바치는 모욕을 삼켜야만
했다. 마찬가지로 중국 남부지방의 일부 나라들은 중국이 아니라 베트남에
조공을 바쳤다. 이처럼 위태로운 상황에서 송나라는 — 바로 여기에 정성을
들인 역사적 회고의 목표가 있다 — 고대 중국인들은 자비로운 중국인임을

16) *Cefu yuangui*, book 19, juan 956, 11240.

412

유지하는 동시에 현실주의적 중국인이기도 했다는 사실을 강조하고 있다.

《책부원구》는 20권으로 된 책인데, 유가사상과 법가사상의 혼합으로부터 의미 있는 역사적 전례를 창조하였다. 이 책은 중국이 사실상 다른 나라보다 열세인 시절에도 중국이 우세한 나라였다는 점을 따르고 있다. 현실에 압도된 송나라는 교리와 현실은 다를 수 있다는 사실을 인정해야만 하였다. 왕궁우는 이 편집된 책에 대한 탁월한 분석에서 이렇게 밝히고 있다.

"1005년 이후 송나라 관리들은 중국역사의 지속성을 생각할 때, 중국역사에는 현실을 따로 인식하는 전통이 있었다는 사실을 보게 되었다. 그렇게 함으로써 그들은 수사학을 바꿀 필요가 없었던 것이다. 당신들이 해야 할일은 입장을 견지하는 것이다. 당시 중국적 세계질서가 존재하지 않았음은 분명하다. 그러나 작은 제국의 경우라 하더라도, 특히 그렇게 인식되는 경우라 할지라도 조공의 논리는 중국을 대단히 위로하고 확신케 하는 것이었다."17)

이 같은 지적은 정치적 과정이 중화인민공화국에서도 채택되었는데, 학술적 이유에서가 아니라 과거에 만들어진 두 가지 원칙이 아직도 지속될 수 있었기 때문이다. 즉, 강력함과 취약함이 교대하는 상황에서는 이상과 현실정치가 혼합적으로 적용되어야 하는 것이다.

송나라로부터 오늘에 이르기까지 중국의 외교정책은 엄청나게 변했다. 그 변화 중에는 다음과 같은 사항들이 포함된다. 베이징 정부는 현재 지구 전체를 상대하고 있다. 중국은 451개의 세계정부간 조직 및 2,968개의 비정부간 조직에 참여하며,18) 천하사상에 기초하는 유교주의보다 더욱 보편적

17) Wang Gungwu, 1983, p.62.
18) Union of International Associations, *Yearbook of International Organizations*, 38th ed., 2001/2002, vol.5, p.42.

이라 할 수 있는 맑스-레닌주의를 이데올로기로서 신봉하고, 베이징에서는 외국인들과의 거래가 지속적으로 이루어지며, 중국은 바다 건너편 먼 나라들을(미국 서해안을 포함하며, 중국은 이 사실을 자랑하고 있다) 황폐화시킬 수 있는 군사능력을 보유하고 있고, 캄보디아, 동티모르, 모잠비크, 이라크, 쿠웨이트, 서사하라, 리베리아, 시에라리온 등에 UN 평화유지군으로 참여하고 있다.19)

그럼에도 불구하고 우리는 중국왕조와 중화인민공화국 외교에 분명한 선을 그을 수 없다. 사실 기원전 300년 당시와 진시황제 당시에도 중국은 많은 차이가 났다. 한(漢)나라가 몰락한 후 다가온 혼란은 8세기 무렵 당나라가 최강에 도달했을 때 소리 높여 말하던 상황이었다. 1126년부터 1127년 사이 송나라가 금(金)나라에 군사적으로 패배했다는 사실은 또 다른 이야기였다. 경제적으로 중국은 중세에 약진을 이룩했지만 — 엘빈은 이를 '경제상의 혁명'20)이라고 부른다 — 곧이어 16세기까지 슬럼프가 지속되었다. 송나라 당시 정부는 경제정책에 활발히 개입했지만, 명나라 당시 그 같은 일은 보이지 않았다.21) 청나라가 최대로 팽창했던 시절부터 청나라가 위축되기 시작한 1860년대 이후 사이에는 큰 차이가 있다.22)

이상과 같은 규모와 속성에서의 변화는 중화인민공화국 내에서의 마오쩌둥과 장쩌민의 시대에서 나타난 차이와 비견될 수 있다. 우리는 고대, 중세, 그리고 현재의 중국역사에서 중국이 세계를 확실하게 장악하던 시대와 무질서의 시대가 반복적으로 지속되었음을 보았다. 무질서의 시대에서 중국은 현상을 유지하려고 노력했고, 세계를 장악하던 시대에는 최대한의 목표를 추구했다. 중국은 국가의 번영을 추구하기도 했고, 국가의 영광을 추구

---

19) *China's National Defense*, 1998, 23.

20) Elvin, 1973, p.215.

21) Paul J. Smith, 1991, p.318; Elvin, 1973, p.205.

22) Perdue, 2000, p.266; Hostetler, 2001, p.26.

414

하기도 했다. 중국은 때로는 도덕적 설득을 때로는 무력을 선택하였다. 세계로부터 주목받기도 했고 세계로부터 무시당하기도 했다. 중요한 사실은 이처럼 변화하는 상황의 배후에 있는 법칙을 파악하는 것이다.

수천 년 동안 이처럼 지속적 변화의 와중에서 앞에 말한 두 가지 테마가 지속적으로 나타났다. 중국은 때로 강하기도 했고 때로는 약하기도 했다. 중국이라는 국가의 노력은 이 같은 두 가지 상황을 연계하는, 두 가지 상황의 근저에 존재하는 것들을 엮는 것이었다. 중국은 이 두 가지 상황의 차이점을 숨기고, 약한 것을 강한 것처럼 보이게 함으로써 자신의 영향력을 최대한으로 행사하고자 하였다. 벤자민 슈와르츠는 중국의 부상(rising)과 쇠락(falling) 사이에 개입하던 변수를 보았다. 그 중 하나는 "우연히 야기된 외적 요소"였다.

우리는 이 변수를 다음과 같이 묘사할 수 있을 것이다. 유목민족인 흉노는 한나라에 대한 심각한 도전이었다. 이와 마찬가지로 소련은 마오쩌둥에게 심각한 도전이었다. 거란은 송나라의 장애물이었다. 마찬가지로 미국은 장쩌민의 장애물이었다. 비슷한 비유가 지속된다. 슈와르츠의 다른 변수는 "중국 내부의 우주론적 기반의 튼튼함"이었다. 한나라는 주변국가들에 대해 자존심을 가지고 있었다. 한나라가 멸망한 이후 분열된 중국의 자존심은 줄어들었다. 1950년대, 1960년대 마오쩌둥의 공산주의는 지구 전역에 그 매력을 전파하고 있었다. 2003년 당시 장쩌민과 후진타오의 공산주의는 거의 아무런 매력을 발산하지 못하게 되었다.

두 번째 주제는 중국의 수천 년 변화의 역사에 지속적으로 존재하는 상수가 있다는 점이다. 이는 바로 중국이라는 나라가 도덕적으로 포장된 언어를 구사하는 동시에 적나라한 정치적 현실주의를 기교있게 행하고 있었다는 사실이다. 이러한 이중성은(이러한 것은 미국의 외교사에도 형식은 다르지만 이미 나타났던 것이다) 공자(孔子)와 한비자(韓非子)가 다르다는 것만큼 오래된 일이다. 오늘날 이것은 주룽지 수상이 미국인들을 향해 중국은 미국의

"믿을 수 있는 친구"라고 말하는 것과,23) 중국군의 비밀보고서가 "미중 관계를 본질적으로 향상시킨다는 것은 불가능하다고 증명되었다"24)고 기록하는 것만큼이나 차이가 나는 이야기이다. 중국의 공산당원들이 이상과 현실에 관해 두 가지 소리를 내는 것은 장구한, 그리고 대체적으로는 성공적이었던 중국의 전통으로부터 유래하는 것이다.

송나라는 자신의 능력으로 중국적 세계질서를 강요할 수 없다는 사실에 번민했다. 이는 마치 베이징 정부가 중국과 서구 사이의 부와 권력의 격차 때문에 번민하는 것과 같은 것이다. 송나라의 경우 이 같은 번민을 해소하는 방법은 "내부의 우주론적 기반"으로 회귀하는 것이었다. 오늘날, 이와 유사한 모습이 나타나는데, 중국인과 맑스주의라는 이념적 성향에서 점차 중국인이라는 부분으로 강조점이 옮겨지고 있다는 사실이다. 강점과 약점이라는 요인은, 송나라는 물론 다른 왕조의 경우에도 이상주의와 현실주의라는 요인과 연계되었다. 국가능력의 성장과 쇠퇴는 중국외교가 영광을 추구하는 것과 타협을 추구하는 것, 고상한 유가사상을 추구하는 것과 저급한 법가사상적 투쟁을 결정하는 주요 변수였다. 이처럼 중국외교에 이중적 요소가 관련되어 있다는 사실은 현재 중화인민공화국의 시대에도 그대로 나타나고 있다.

레이건 대통령과 클린턴 대통령의 중국정책을 비교해 보면 베이징 당정국가의 모습이 뚜렷이 드러난다. 놀랍게도 미국과 중국 관계는 레이건 대통령 당시가 클린턴 대통령 당시보다 더 부드러웠다. 이는 레이건 대통령이 클린턴 대통령보다 중국공산주의적 가치에 대해 더 잘 알고 처신했기 때문이 아니다. 오히려 레이건 대통령의 군사력 증강정책과 다른 측면에서 미국의 강력함을 상징했던 것은 베이징의 지도자들로 하여금 레이건 대통령은 결코

---

23) *Wall Street Journal*, April 6, 1999.
24) Munro, 1994, p.358.

굴복할 인물이 아니라고 인식하도록 했기 때문이다. 2천 년 이상 중국인들의 국가는 언제, 그리고 어떻게 레이건과 타협하고 물러서야 하는가에 대해 잘 알고 있었다. 클린턴 시절 미국의 중국정책이 동요하고 문제가 드문드문 발생하자 중국은 더욱더 많은 것을 얻기 위해 미국을 압박했던 것이다.

1997년 10월~11월 장쩌민이 미국을 방문한 것은 미·중 관계에서 값어치 있는 일이었다. 그러나 이곳에서도 역시 중국의 당정국가는 자기 자신을 영광스럽게 만드는 테크닉을 과시했다. 중국의 언론과 영화는 이 사건을 중국의 역사적 승리라고 묘사했다. 장쩌민은 "미국의 심장부를 점령했다"는 것이다. 그는 자신을 사모하는 미국인들 앞에서 기타를 퉁겼으며, 뉴욕의 증권시장에서는 다른 사람들과 함께 손뼉을 쳤고, 하버드대학의 청중들에게 영어로 강연했으며, 워싱턴의 기자회견에서 모든 질문에 대답한 것처럼 묘사되었다. 중국의 언론은 그후 장쩌민을 다음과 같이 평했다.

> "과거와 현재의 사물에 대한 방대한 지식을 과시했으며, 유창한 영어를 사용했고, 기타를 연주했으며, 베이징의 가극을 노래했으며, 수영과 춤에도 능하다." 그는 "진정으로 위트가 있었으며 카리스마적이었다." "그는 사람들과 잘 어울렸으며 존경받을 만했다."[25]

중국인들은 장쩌민이 미국에 준 충격을 이처럼 인식했던 것이다.

중국이라는 국가가 외국에서 자신의 목적을 추구할 때 어떤 절차를 따르는가 하는 점은 장쩌민이 하버드대학을 방문했을 때 잘 나타났다. 하버드대

---

25) *New York Times*, June 16, 1998.

학의 메모리얼 홀에서 열린 강연회에서 장쩌민은 중국이 수천 년 동안 통일국가였다고 주장했다. 사실 이 주장은 문제가 있는 것이다. 중국이 역사적으로 외국과 어떤 관계를 맺었는지 설명할 때 그는 맑스-레닌주의가 의미하는 바에 대해서는 한마디도 언급하지 않았다. 나는 이처럼 장쩌민의 하버드 연설에서 맑스-레닌주의의 중국외교에 대한 의미를 언급하지 않았다는 사실을 지적한 사람을 보지 못했다. 일부 사람들은 이를 장쩌민의 탈공산주의적 자유주의 세계주의적 관점을 반영하는 것으로 생각할 수도 있을 것이다. 그러나 진실은 하버드 혹은 미국 여행 전 기간 동안 장쩌민은 자신의 외교정책 목표를 숨겼다는 것이다.

하버드의 연설에서 장쩌민은 상냥했으며 영어를 일부 사용했다. 일부 하버드 사람들은 그 같은 허상을 보고 장쩌민의 방문을 성공적이었다고 선언했다. 형편없는 것을 보다 나아 보이게 하느라 애를 쓰기는 했지만, 장쩌민이 천안문 광장에서의 실수를 인정한 것은 솔직한 인정은 아니었다. 그는 하버드 강연 이틀 전 워싱턴에서 클린턴 옆에 서서 중국정부는 이미 '오래 전에' 천안문 광장에서의 사건을 올바르게 판단했다고 말했다. 장쩌민이 하버드대학에서 연설한 이후 5년 동안 베이징 정부가 1989년 6월 4일의 천안문 사건에 대해 말한 바는 장쩌민이 하버드 연설에서 천안문에 대해 아무런 사과를 하지 않았다는 사실을 증명한다.

불행하게도 하버드대학 당국은 강의연설이 있은 후 공개된 질의응답 시간을 제공하지 않았다. 대학위원회는 사전에 검열을 통과한 질문 몇 개만을 받았다. 강의 연설이 있은 후 사회자는 이미 선택된 질문 몇 개를 읽었는데, 이는 이미 워싱턴과 뉴욕에서 있었던 질문과 마찬가지였고, 장쩌민이 대답하기에 아무런 어려움도 없는 것들이었다. 그럼에도 불구하고 장쩌민에게 너무 '어려운 질문'이 제기된 데 대해 사과한다고 말했다. 두 개의 선발된 '질문'이 있은 후 세 번째 질문은 청중석에서 받을 것이라는 안내가 있었다. 사회자는 "장쩌민 주석은 미국인의 질문을 받고 싶어한다"고 말했다. 이 말이 있은 후 하버드대학 보건대학원의 바이러스학 교수인 리툰후 교수가 자리에서 일어났다. 사회자는 질문하려 일어난 사람이 중국계 미국인이라는 사실을 인식하고 "당신이 누군지 모르겠군요. 앉아주세요"라고 요구했다.[26]

검열위원회가 받았지만 장쩌민에게 건네지지 않은 질문은 다음과 같은 것이었다. "당신은 대만은 중국의 일부라고 말했습니다. 그리고 미국은 오랫동안 대만이 본토와 합쳐지는 것을 반대했습니다. 과거를 돌이켜 볼 때 대만은 중국과 통일되지 않았던 관계로 대약진운동과 문화대혁명을 회피하게 되었는데, 이는 대만을 위해 좋은 일입니까 혹은 나쁜 일입니까?" 며칠 전 보스턴의 라디오 프로그램에서 나는 이 질문은 대단히 자극적 질문이 될 것이라고 평가한 바 있었다. 검열위원회 위원 한 명은 내가 메모리얼 홀로 걸어가고 있을 때 검열위원회는 이 질문을 접수했다고 말해 주었다. 라디오 방송을 청취했던 사람이 이 같은 질문을 제기한 것이 틀림없어 보였다. 그러나 검열위원회는, 이 질문은 중국의 독재자를 불쾌하게 할 것이라고 생각했을지도 모른다. 오랫동안 지속된 미국인들의 환상을 표현한 것이지만, 사회자는 기자들에게 "우리가 어떻게 공개적 토론회를 혼란을 야기하지 않은 채 평화적이고 민주적인 방법으로 운영하는가를 장쩌민에게 보여 주었고, 이는 중국 내에서의 공개토론에도 의미가 있는 일"이라고 말했다.[27]

중국에는 정치적 이슈 혹은 외교정책에 관한 대중적 토론이란 없다. 그날 하버드대학의 메모리얼 홀에서도 공개적 토론회가 진행된 것은 아니었다(안전을 우려해서 토론회를 알리는 포스터도 부착되지 않았다). 그날 일어난 일 중에서 중국인민들에게 의미 있는 일이란 - 그들이 본 모든 것이란 - 장쩌민이 미국의 위대한 대학에서 진리라는 하버드대학의 로고를 배경으로 삼아 연설했다는 것뿐이었다. 중국이라는 당정국가가 이 여행에서 가장

26) Lee Tun-Hou, e-mail to the author, Feb. 19, 2002.

27) *Boston Globe*, Oct. 31, 1997.

절실히 원한 것 두 가지 중의 하나가 바로 분홍색과 흰색으로 이루어진 하
버드대학의 진리를 상징하는 로고였다. 또 다른 것이란, 장쩌민이 자신의
여행기록에 포함되도록 조치를 잘한 것인데, 필라델피아의 '자유의 종'
(liberty bell)이었다. 《뉴욕 타임스》지는 아마도 클린턴 행정부 관리들이
중국이라는 국가가 의례를 얼마나 중요하게 생각하는지 잘 인식하지 못했
다는 사실을 지적하기 위한 목적은 아니었겠지만, 다음과 같은 기사를 보도
했다.

"장쩌민의 방문을 준비한 미국의 협상가들은 중국의 카운터파트들이 의전
절차의 세심한 부분과 상징성에 엄청난 신경을 쓴다는 사실에 당황했다
고 말했다."[28]

메모리얼 홀 밖에서는 즐거운 장면이 연출되었는데, 바로 베이징 정권에
대해서 찬성하는 중국인들과 반대하는 중국인들 사이에 논쟁이 벌어졌다.
그러나 종합적으로 판단한다면 그날은 하버드대학이 무엇인가를 잃은 날이
었다. 메모리얼 홀 내부에서는 예쁘게 치장된 의례가 진행되었을 뿐이다.
홀 밖에는 소리를 지르는 데모대가 있었다. 양측은 서로를 비난했다. 메모
리얼 홀에서의 대화는 장쩌민을 포용하려는 노력의 중립적 그라운드를 창
출했다. 하버드대학 총장인 닐 루덴슈타인(Neil Rudenstein)이 장쩌민을 언
론자유의 이름으로 환영했다는 것과, 중국이라는 독재적 당정국가가 요청
한 규칙에 따라 진행된 모임에 끝까지 앉아 있었다는 사실, 그리고 중국이
요구한 규칙이 하버드에 의해 받아들여졌다는 사실은 놀라운 일이다. 베이
징의 공산당 언론들은 하버드가 언론자유를 중시하고 있다는 사실에는 초
점을 맞추지 않았다. 대신 중국공산당 언론들은 미국에 있는 사람들은 "그
들의 냉전적 사고를 포기해야만 한다"고 외쳐댔다. 워싱턴으로부터 케임브

28) *New York Times*, Oct. 28, 1997.

리지(하버드대학이 있는 도시)에 이르는 일주일 동안 중국의 당정국가는 탁월한 시간을 보냈다. 장쩌민은 마치 명나라의 꽃병(花甁)처럼 귀중하게 다루어졌던 것이다.

클린턴 대통령은 1998년 6월, 5백 명의 지원 스태프, 2백 명의 기자들, 도합 1천 2백 명에 이르는 방문단을 대동, 장쩌민의 미국방문에 화답하는 중국방문을 했고, 이는 베이징 정권을 하늘 높이 치켜올리는 것이었다. 중국의 관영 뉴스통신사는 클린턴이 베이징에 도착하기 하루 전날, "미국의 일부 반중국 요인들과 정치가들은 백악관의 대중국 포용정책을 온갖 핑계를 대가며 격렬하게 공격했으며, 그들은 또한 클린턴의 중국방문을 저지하기 위해 노력했다"고 보도했다.[29] 베이징 정부는 클린턴을 정치적으로 철저히 치켜올렸다. 이에 대한 응답으로 클린턴은 대만에 대한, 그리고 미중관계에 대한 베이징의 입장에 적극 동조하는 입장을 취했다. 그리고 중국여행을 마치면서 클린턴은 중국공산당의 독재정치를 확실하게 후원하는 조치를 취했다.

베이징에서 중국공산당이 저지른 대약진운동 혹은 문화혁명에 대해 결코 아무런 참회도 표현하지 않은 중국정부 지도자들과 함께 서 있었던 클린턴은, 미국인들은 반드시 "기본적 인권이 거부되었던 우리 역사상의 마음 아픈 순간들을 인식해야만 합니다"고 말했다. 중국이라는 국가가 원하던 바로 그 자리에 위치한 클린턴은 계속 말했다. "우리는 우리 국민들의 존엄과 자유를 증진시키기 위해 계속 일해야만 한다는 사실을 알고 있다고 말해야

29) *Xinhua she*, June 19, 1998.

합니다." 베이징은 마치 바이올린을 연주하듯 미국 대통령을 연주했다. 만약 라이후아(來華, 중국에 와서 보고 중국화된다)라는 개념이 2천 년 전에 발명되지 않았다면, 아마 그 개념은 1998년의 정상회담을 위해 만들어진 개념이었을 것이다.

클린턴이 베이징을 떠나기 전 주사위는 던져졌다. 무역, 인권, 환경에 관해 원했던 협약들은 채결되지 않았다. 그래서 미국정부는 여행 그 자체가 메시지를 전달한 것이라고 선언했다. 클린턴 행정부의 무역대표는 "가장 중요한 결과는 중국을 미국에 소개하는 것"이었다고 말했다. 그것은 바로 중국 측이 원하던 바였다. 그러나 "중국을 미국에 소개한다"는 말은 1998년 미국이 말하기에는 우스운 것이었다. 그 말은 실질적으로는 "일부 미국시민들의 반중국적 정서를 해소시키는 것"을 의미하는 것이었다. 이는 바로 중국공산당이 원하던 것이었고, 클린턴 행정부는 기쁜 마음으로 중국공산당이 원하던 바를 도와준 것이다.

클린턴 행정부의 고위관리는 클린턴은 "감옥에 있거나 가택연금된 중국인들을 만나지 않을 것"이라고 말했다. "이 여행은 집에 있는 미술관을 이동하며 보여주는 로드쇼가 아니다." 실제로는 로드쇼였다. 그러나 그 로드쇼는 중국의 당정국가가 줄을 잡아당기며 연출하던 것이었다. 중국공산당은 이 쇼를 통해 미국 내에 남아 있던 '반중국 세력'과 전투를 벌였던 것이다. 클린턴이 중국을 방문하기 수주일 전, 마치 장쩌민이 미국을 방문하기 이전과 마찬가지로, 중국 당국자들은 일부는 미국에 있고 대부분은 중국에 거주하는 중국인들을 취조하고 겁주었다. 이들 중국인들은 중국정부가 정상회담시 반대의 목소리를 낼 가능성이 있다고 우려한 사람들이다. 미국식품의약국에서 일하는 분자생물학자인 첸방젱은 클린턴이 중국을 방문하기 직전 어머니를 만나기 위해 중국을 방문했다. 중국공안은 그에게 미국 내에서 활동하는 반정부적 중국인들에 관해 심문하기 위해 그를 체포했다. 그는 "중국정부는 그 누구도 장쩌민과 클린턴 사이의 허니문 관계를 망치는 것을

원치 않았다"고 말했다.30)

클린턴이 워싱턴을 떠나기 전날, 베이징 정부당국은 미국에 전화를 걸어 최근 발급되었던 세 건의 비자를 취소한다고 알렸다. 세 명은 자유아시아 라디오 방송국의 기자들로서 클린턴의 중국방문을 취재할 예정이었다. 1994년부터 의회에 의해 공식적으로 지원받는 방송국인 자유아시아 라디오 방송국장은 세 명의 기자가 백악관이 기자들을 위해 전세낸 비행기를 타고 함께 중국에 갈 수 있도록 해달라고 백악관에 요청했다. 백악관은 이를 거부했다. 백안관이 이를 거부한 변명은 "국제항공규정에 의해서라는 것이었다. 즉, 비행기를 타기 위해서는 유효한 비자를 가지고 있어야만 한다는 논리였다."31) 이 같은 언급은 세 명의 기자들이 그들의 여권에 중국이 발행한 비자가 찍혀 있었다는 사실을 간과한 것이다. 1991년 이와 유사한 상황이 있었는데, 영국수상은 베이징 정부에 중국이 배척하려는 기자가 영국 비행기를 타고 오고 있다고 말했다. 베이징 공항에서 중국 당국자는 그 기자에게 비자를 발급했다.32) 그러나 워싱턴은 베이징이 자유아시아 방송기자 세 명의 클린턴 방중취재를 거부하는 것을 받아들였다. 미국정부는 명나라 꽃병 앞에서 떨고 있었던 것이다.

중국의 당정국가는 베이징에서 클린턴의 최고 순간에 관한 보도에서도 백악관을 능가했다. 클린턴과 장쩌민의 공동기자회견을 보도하던 《인민일보》는 자유, 티베트, 그리고 1989년의 천안문의 비극에 관한 클린턴의 탁월한 언급들을 삭제해버렸다. 클린턴이 교회를 방문하여 2천 명의 신도들에게 좋은 말을 한 다음날 《인민일보》는 이 사실을 아예 기사화시키지도 않았다. 그 다음날에도 역시 《인민일보》는 클린턴이 그 전날 베이징대학에서 자유롭게 연설한 것에 대해 일언반구도 없었다.33) 베이징은 기자회견과 대학에

30) *New York Times*, June 9, 1998.

31) *New York Times*, June 24, 1998.

32) *International Herald Tribune*, June 25, 1998.

서의 강연을 TV로 중계하기로 약속하지 않았었나? 중국은 중계방송을 약속
했다. 그러나 조나탄 콜라치(Jonathan Kolatch)가 말하는 것처럼, 중국시민들
에게는 방송이 있다는 사실을 알리지 않았다. 토요일과 월요일 아침이라는
시간을 고려할 때 집에서 TV를 본 사람은 아마도 거의 없었을 것이다.[34]

　이 세 가지 기회에서 클린턴이 언급한 모든 내용을 문서화시킨 자료가
클린턴의 관리들에 의해 미국언론에 제공되었고, 이들은 세계로 타전되었
다. 미국시민들은 클린턴이 참석한 세 가지 모임 모두를 필름을 통해 볼
수 있었다. 그러나 미국인들은 클린턴이 한 말들의 실질적 대상이었던 중국
시민들은《인민일보》의 의도적 정책으로 클린턴이 한 말들을 거의 듣지 못
했을 것이라는 사실을 모르는 듯했다. 이 같은 방법을 통해 중국의 공산당
정부는 취약성을 강력함으로 바꾸어 놓는 것이다.

　《워싱턴포스트》지의 짐 호글랜드(Jim Hoagland)는 중국 접근이 거부되
었지만 중국인들의 연기술에 대해 무의식적 찬사를 보내고 있다.

"클린턴의 중국여행은 한 세트의 픽션으로 쓰였다. 클린턴은 중국인들이
자신들의 목적을 위해 클린턴을 조작하는 데 함께 참여했다. 클린턴은 자
신과 중국인들을 같다고 착각했던 것이다."[35]

　클린턴은 중국을 출발한 후 홍콩에서 열린 기자회견에서 "내가 보고 싶
어했던 것은 개혁의지가 분명하며, 변화의 파도에 올라타 21세기까지 중국
을 이끌어갈 대통령, 총리에 의해 통치되는 현재의 중국"이었다고 말했
다.[36] 클린턴이 현재의 중국정부를 자신을 그처럼 만족시킨 정부라고 말한

33) *Renmin ribao*, June 24, 25, 1998.
34) *Washington Post*, July 28, 1998.
35) *Washington Post*, June 21, 1998.
36) *New York Times*, July 4, 1998.

데 대해 중국인민들은 할 말이 없을 것이다. 클린턴은 장쩌민을 중국의 고르바초프라고 인식했다. 만약 클린턴이 그를 더 자세히 보았다면 장쩌민은 중국의 브레즈네프로 보였을 것이다.

그러는 동안 장쩌민은 자신이 표현하지 않았던 목표를 추구했고, 장쩌민이 방문한 이후 미국의 《뉴욕 타임스》지는 사설을 통해 장쩌민은 자신이 원하던 바를 얻었다고 확신했을 것이다.

"장쩌민은 클린턴 대통령과 함께 나타나는 기회를 통해 자신은 세계에서 제일 막강하고 부유한 나라의 지도자와 동등한 위치에 설 수 있는 지도자임을 과시한 것이다."[37)

바로 그것이 약점을 강점으로 바꾸어 놓는 것이며, 중국 당정국가의 본질적 목표이다.

《뉴스위크지》와의 인터뷰에서 클린턴의 중국방문에 관한 질문을 받은 장쩌민은 그 자신이 듣기 원했던 말을 함으로써 인터뷰를 끝냈다. 그는 말했다. "나는 송나라의 유명한 시 한 구절을 인용함으로써 결론을 내리고자 합니다.… 산이 가로막고 있지만 강은 동쪽으로 흘러가는구나."[38) 이는 마오쩌둥이 문화혁명 당시 금언으로 말했던 "동풍은 서풍을 제압할 것이다"라는 말과 별 차이가 나는 것이 아니다.

《뉴욕 타임스》지의 데이비드 생거(David Sanger) 기자는 중국이 클린턴을 이용하는 것을 알고 있었지만 그도 결코 이를 비판하지는 않았다. "중국인들은 이미지 속의 미국공군 1호기(대통령 전용기)가 일본을 경유하지 않고" 중국으로 곧장 날아오기를 원했다. 생거 기자는 클린턴이 베이징의 요구를 들어주어 일본을 경유하지 않고 중화왕국(Middle Kingdom)으로 직접

37) *New York Times*, July 4, 1998.
38) *Washington Post*, June 21, 1998.

날아왔다는 사실을 기쁘게 말했다.[39] 클린턴이 미국으로 귀국한 직후, 중국 수상 주룽지는 비밀연설에서 클린턴이 "중국을 떠나 돌아갈 때 일본에 들리지 않았고, 그 결과 일본은 면목을 잃게 되었다는 사실에 대해 만족한다"고 말했다.[40]

《인민일보》는 세계의 여론이 장쩌민-클린턴 정상회담을 높이 평가하고 있다고 칭찬했다. 중국의 관영언론은 클린턴과 장쩌민이 동등한 자격으로 만났다는 어떤 외국의 보도도 찾아내려고 했으며, 베이징이 클린턴의 언급들을 직접 방송했다는 사실은 장쩌민이 두 지도자가 함께 아시아를 '더욱 안정적이며', '세계를 더욱 평화적으로' 만드는 데 대해 확신을 가지고 있었기에 가능한 것이라고 전했다.[41]

클린턴과 장쩌민의 정상회담을 보고 월드론은 다음과 같은 언급을 했다. "중국은 미국과의 관계에서 특별하게 행동할 수 있는데, 그것은 오직 우리가 중국을 특별하게 대하는 경우에만 그렇다."[42] 자신의 정통성을 위해서 어떤 가냘픈 희망이라도 잡으려는 공산주의 국가의 독재정권을 향해, 역사상 가장 강한 나라가 의례, 고통스런 입장, 인내심을 견지함으로써 중국이 원하던 바를 얻을 수 있게 해준 것이다.

당나라 시대로부터 명나라에 이르는 기간의 중국 외교정책의 모습을 연구한 러시아의 학자 두 명은 다음과 같이 기술했다.

"잘 준비된 의례와 함께 분명한 이념적 원칙, 그리고 중국과의 무역관계를 유지하고 싶어하는 외국인들의 태도는 중국제국의 관료들로 하여금 중국이라는 중앙의 국가가 실제로 가지고 있는 정치적 영향력보다 훨씬

---

39) *New York Times*, June 21, 24, 1998.
40) *Jingbao*(Hong Kong), Aug. 1, 1998.
41) *Renmin ribao*, June 29, 1998.
42) Waldron, *New Republic*, May 17, 1999, 44.

426

더 큰 능력이 있다는 환상과, 먼 곳에 있는 나라들이 모두 중국에 의존하
고 있다는 환상을 가지도록 하였다.”43)

1990년대 워싱턴이 중국에 대해서 하고싶던 생각들이 위의 모든 단어들
에 담겨져 있다. 1990년대가 과거와 다른 한 가지 사실은 중국에 대한 상업
적 기대가 실제보다 더 환상적인 것이었다는 사실이다. 클린턴 정부의 상무
장관은 중국을 “무지개 끝에 있는 항아리”라고 표현했다.44) 그러나 클린턴
정부가 중국이 점차 자본주의 국가, 민주주의 국가로 변하고 있다고 생각하
고 있음에도 불구하고, 중국은 중상주의 국가가 되고 있다고 생각했으며,
미국을 몰락시키기 위해 자신의 모든 실력을 사용하는 초강대국으로 생각
하고 있었다. 그러는 과정인 1990년대 동안 미국에 대한 중국의 무역흑자
는 60억 달러에서 830억 달러로 늘어났다.45)

43) Perelomov and Martynov, 1983, p.128.
44) *New Republic*, March 10, 1997, 15.
45) 1990년 대미국과의 교역에서 중국 측이 놀라울 정도의 흑자를 내고 있다는
    사실은 미국의 조사자료에 의거한다면 다음과 같다(십억 단위에서 반올림 혹
    은 반내림 한 수치): 1990, $6b(60억 달러); 1991, $12b(120억 달러); 1992,
    $18b; 1993, $22b; 1994, $29b; 1995, $33b; 1996, $39b; 1997, $49b; 1998,
    $56b; 1999, $68b; 2000, $83b; 2001, $77b. 북경은 측정방식이 다르다. 그러
    나 북경의 계산방법을 따르는 경우에도 중국의 미국에 대한 무역흑자는
    2002년 전반기 6개월 동안에만도 2001년 전반기와 비교할 경우 무려 45%나
    증가했다.

조지 부시 행정부가 시작된 이후에도 중국이 미중관계에서 행하는 연막 작전의 커튼은 내려지지 못했다. 2001년 7월 미국 국무장관 콜린 파월의 중국 베이징 방문과 관련된 상황을 생각해 보자. 파월이 베이징에 도착하기 전날, 미국과 관계가 있는 두 명의 중국학자들이 스파이 혐의로 기소되었고 즉각 추방되었다. 이러한 조치는 상황이 발생하면 또 다시 쉽게 일어날 수 있는 일인데, 수천 명의 다른 중국 내의 정치범들의 운명에는 별 영향을 미치지 못하는 것이다. 베이징에서 파월의 TV 인터뷰는 파월이 중화인민공화국의 인권에 관해 비판한 부분은 삭제된 채로 방영되었다. 이는 파월 장관의 언급은 모두 방송되어야 한다는 중국주재 미국대사관과 중국당국의 약속을 위반하는 것이었다. 정치적 효과의 측면에서 본다면 중국인민들에게 정보를 제한한다는 것은 중국에 훨씬 중요한 것이었다. (중국에 이득이 된다는 점에서) 이는 미국에 유리한(몇몇 정치범들을 석방하는 것) 것보다 중국에 훨씬 더 유리한 결과를 초래했다. 기만전술 혹은 과장된 제스처 등은 모두 중국의 오랜 전통을 상기시키듯 중국의 당정국가가 취약함을 강점으로 바꾸기 위해 사용하는 책략들이다.

　파월이 중국을 방문하는 동안 베이징이 보여주었던 좋은 경찰 역할, 나쁜 경찰 역할을 반복하는 신경질적 반응은 미국의 언론매체들로 하여금 박수를 치게 하였다. 파월이 중국방문으로부터 귀국한 후《월 스트리트 저널》은 다음과 같은 기사를 실었다.

"미국 정찰기 추락사건 이후 3개월 동안 냉랭한 관계를 유지했던 중국과 미국의 관계 이후, 베이징 정권과 포용정책을 주장했던 사람들의 견해가 승리하게 되었다."[46]

어떻게 이 같은 결론이 나왔을까? 사실 승리는 기교있는 중국의 당정국가가 차지했다. 중국 내에서는 정치범들을 체포함으로써 야기된 초조와 공포분위기는 지속되고 있었다. 그럼에도 불구하고 베이징은 두 명의 정치범을 석방함으로써 그들의 자비심을 과시했고 이를 통해 이득을 취한 것이다. 파월 그 자신은 중국이 사용한 술책의 희생자였다. 2001년 9월 9일, 중국여행에서 돌아온 후 두 달이 지났을 때 나는 파월 장관에게 미중관계의 현황에 관해 질문한 적이 있었다. 국무장관은 다음과 같이 대답했다. "베이징 여행은 탁월했습니다. 진정 대단히 고무적이었습니다."

파월과 미국 국무성 내에 파월을 추종하는 일부 관리들은 부시 대통령이 혹시 중국을 '화나게 할지도' 모른다, 혹은 '중국을 경멸'할지도 모른다는 데 대해 우려하였다. 만약 우리가 중국공산당의 본질을 이해한다면 이러한 것들은 불필요한 걱정이다. 사실 미국이 중국을 기분 좋게 해줄 수 있는 방법은 없다. 미국이 천 번을 양보한다고 해도 중국이 바라는 존경심을 만족시킬 수는 없다. 그리고 이러한 사실이 중국 자신이 분노하게 된 사실을 정당화시키는 근거가 된 적도 없다. 중화인민공화국의 분노는 절대적인 것으로서 분석 혹은 무시의 범위를 뛰어넘는 것이다. 그것은 중국인의 기분은 다른 모든 나라들의 위에 있는 것으로서, 결코 자신들의 기분은 손상당할 수 없다는 신학이다. 한나라 당시 야만족들은 이 같은 중국신화를 받아들여야만 했다. 20세기 미국은 마찬가지를 중국으로부터 요구당하고 있는 것이다.

중국의 반미감정은 기분을 넘어서는 냉정한 계산에 의한 것이다. 이미 맑스주의가 중국의 사회경제적 정책의 뿌리가 아닌 상황에서, 베이징의 공산주의 정당은 정치의 요직을 자신들이 독점하고 있다는 사실을 어떻게 정당화시킬 수 있을까? 중국공산당은 자신들이 없으면 중국이라는 나라는 '제국주의자' 혹은 '패권주의자'의 손에 의해 파괴되고야 말 것이라고 말함으로

---

46) Neil King in *Wall Street Journal*, July 26, 2001.

써 자신들의 권력독점을 정당화하고 있다. 그렇기 때문에 중국의 공산주의 당정국가가 미국을 악마처럼 만드는 것은 자신들의 정통성을 다시 강조하기 위한 필수적 조건이다.

만약 외국의 많은 나라들이 중국을 점차 — 악의 제국이 아니라 — 정상적 국가로 취급하게 된다면, 그 경우 중국신화는 붕괴될 것이다. 중국은 더 이상 하늘이 혹은 역사가 특별한 사명을 부여한 마술의 왕국이 아니다. 많은 외국인들이 베이징과 관계의 성공은 양측 모두에 달려 있는 양방향의 길이라고 주장할 경우에도 중국신화는 붕괴될 것이다. 베이징은 오랫동안 베이징과의 관계가 나쁜 것은 항상, 그리고 영원히 중국이 아닌 상대방 쪽의 잘못이라는 사실을 확신시키려고 노력하였다. 그러나 크리스 패턴이 관찰한 바처럼 중국과 외국의 관계가 좋다는 것은 "중국에 의해서 제공된다거나 혹은 중국에 의해 중지되는 물품이 아니라, 우리들이 모두 중국과 양자적 관계를 맺는 데서 유래하는 동의 또는 합의 등 업무의 종합적 결과"인 것이다.[47]

2003년 초, 일부 인사들은 9·11로 미국과 중국의 관계는 아주 건강하게 되었다는 장밋빛 전망을 했다. 워싱턴과 베이징은 테러에 반대한다는 같은 입장을 견지했다. 그러나 분명히 해둘 것이 있다. 테러리즘은 방법이고, 민주주의 또한 방법이다. 이 두 가지는 서로 정반대편에 있는 것이다. 여기서 나타나는 반테제는 테러리스트는 선거구에 포함되지 않는다는 점이며, 반면 민주주의 국가의 지도자들은 유권자들을 생각해야만 한다는 것이다. 테러리스트 조직인 알카에다는 비민주적 정부, 즉 독재정부 아래에서 작동하는 것이다. 독재체제의 작동에 관한 한 중화인민공화국은 아주 합리적인 나라다. 그러나 그럼에도 불구하고 중국은 독재국가이다. 중국공산당의 새로운 지도자 후진타오는 알카에다의 두목인 오사마 빈라덴과 마찬가지로

---

47) Patten, 1999, p.258.

결코 중국인민들의 선택에 당면한 적이 없었던 사람이다. 알카에다는 누구든지 죽일 수 있다. 중화인민공화국은 어떤 특정 행위를 처단할 수 있다. 그러나 양자가 같은 차원에서 설명되는 것은 아니다. 중국이라는 국가는 제멋대로 야기되는 테러리즘에 대해서는 즉각적 적대세력이며 동시에 자신은 준테러리스트적 모습을 갖추고 있다. 여기에서 바로 베이징 정권이 부시의 반테러 전략에 동참하는 데에 이상스러움이 나타나게 되는 것이다.

세계의 좌익적 요소들은 자신들의 선택에 반하는 유일 초강대국, 즉 미국의 제국적 존재 때문에 파탄상황에 이르렀다. 누구도 미국의 영향력의 엄청난 범위를 거부할 수 없을 것이다. 그러나 베이징이 말하는 이 '패권국'(미국)은, 사실은 대부분 개인들의 자발적 선택의 결과이다. '미국의 패권'을 증진시키는 힘은 전 세계 방방곡곡에서 미국으로 유입되는 이민, 열린 정보, 기술적 능력, 그리고 자유시장이다. 미국이라는 나라와 중국이라는 나라의 차이점은, 미국은 아래로부터 형성된 국가인데 반해 중국이라는 국가는 위로부터 형성된 구조물이라는 점이며, 양국의 차이는 테러리즘과 자유사회의 싸움에서 우연히 발생한 것 이상이다.

중국공산당의 견해에 의하면, 중국은 과거의 취약함으로부터 아직 회복 중인 과정중에 있는 것인가 혹은 세계에서 더 큰 자리를 차지하기 위한 적극적 아젠다를 시행하고 있는 것인가? 이 같은 질문은 우리들로 하여금 1895년 이홍장에게 이토가 말했던, 중국의 서양국가들에 대한 주저하는 태도를 연상케 한다. 이토와 이홍장이 시모노세키에서 만난 후 백 년이 지난 시점인 1995년, 베이징은 크리스 패튼 홍콩총독을 "뱀 같은 놈이며 거짓말쟁이 … 수천 명의 옛 사람들로부터 저주받을 자"라고 불렀다. 1998년 베이징은 크리스 패튼의 회고록인 *East and West*라는 책을 다음과 같은 말로서 비판했다.

"중국은 세계로부터 악의적 중상 혹은 적대감을 받아야 할 것이 아니라 존경과 동등한 대우를 받아야 한다."

1992년부터 1997년에 이르는 기간 동안 홍콩의 총독을 역임한 이 영국인에 대한 중국의 언급은 중국 외교정책의 이율배반적 상황을 잘 묘사하고 있다. 중국은 세계를 향해 제국적이며 교훈적인 목소리로 말한다. 그러면서 중국은 동시에 다른 강대국들로부터 현대국가로서의 '존경'을 요구하는 것이다.

1995년 휴스턴에서 열린 아시아소사이어티 회의에서 베이징대학 교수인 중국의 한 학자는 중국의 외교정책은 본질적으로는 미국의 힘에 대한 반응이라고 말했다. 서방은 중국의 가슴을 아프게 하는 세력이라는 중국인들의 심리적 요인이 아직 끝나지 않은 것인가, 혹은 중국공산당은 서방에 대한 중국인의 감정을 자신들의 정치적 목적을 위해 조작하는 것인가? 그들은 적국으로서 미국의 존재를 필요로 하는 것은 아닌가?

2001년 12월, 베이징대학에서 온 또 다른 중국의 국제정치학자는 하버드대학의 세미나에서 미국은 지속적으로 "중국을 변화시키려 한다"며 불만을 표시했다. 그러나 잠시 후 그는 "미국은 반드시 변해야 한다"고 말했다. 이 말을 여섯 번 이상 반복했다. 그는 또 "오직 미국시민의 힘으로만 변화를 초래할 수 있다"고 말했다. 그의 말은 유일 초강대국 미국은 너무나 막강해서 중국의 영향력에는 끄떡없을 것이라는 의미를 함축하고 있다. 중국이 원하는 최소한의 것은 중국공산당이 계획하는 제국적 프로젝트를 다른 나라들이 인식하지 못하는 것과 미국이 중국을 존경하고 있다는 사인을 갈구하는 것이다.

만약 두 번째 관점이 중국이 원하는 것이라면, 중국문명의 위대함이라는 측면에서 볼 때 놀라운 일이 아닐 수 없다. 그러나 지난날을 회고해 보면, 20세기의 중국은 보잘것없는 나라였고, 중국이 세계에 기여한 바도 별로 없었다. 중국의 작가 리우빈얀은 지난 2백 년 동안 "우리(중국)는 위대한 사상가를 한 명도 배출하지 못했다"며 탄식했다.[48] 반면 청나라 당시 중국은 도자기, 가구, 직물, 벽지 등을 통해 서방세계를 감명시켰다.[49] 그러나 20세기에 이르러 중국의 문화는 그 어느 것도(탁월한 재능이 있는 몇몇 사람, 요리, 그 외 몇 가지 영화를 제외하면) 서양의 존경심을 이끌어내지 못했다. 오늘날 중국의 상황이 더 좋지 않은 이유는 로웰 디티머(Lowell Dittmer)와 사무엘 킴(Samule Kim)이 기술한 것과 마찬가지로 "중국은 공자가 중국문명의 위대성의 상징으로 가르쳤던 것과 같은 올바른 행동의 원칙이라는 규범적 정치의 측면에서도 서양에 뒤지고 있다"는 사실이다.[50] 고대의 중국제국은 다른 모든 제국들과 마찬가지로 무력에 의해 창조된 것이다. 그러나 중국제국의 특수성과 지속성은 문화 및 사회적 도덕성에 근거하고 있었다. 중국은 과거의 덕을 잃어버렸다. 그러나 새로운 덕을 배우지 못했다. 그렇기 때문에 중국은 반(半)은 제국이며, 반은 현대적 국민국가인 것이다.

중국이 자신에 대한 존경을 갈망한다는 것은 두 번째 다른 이유 때문에 우리를 놀라게 한다. 중국의 당정국가는 사실 우리의 존경을 받을 수 있는 것이 아무것도 없다. 1990년대를 통해, 그리고 21세기에 들어와서도 중국 정부는 대부분 국제관계 이슈에 대해 미국에 반대하는 입장을 취했다. 여러 가지 문제들에서 중국은 미국을 공격했다. 일부 문제들에 대해서 — 1999년 코소보 사태라든가 2001년 발생한 하이난 섬에서의 미군정찰기 사건 등을 포함해서 — 중국은 미국을 히틀러 혹은 그 이상으로 악평하기도 했다.

48) Buruma, 2001, p.23.
49) Crossley, 1997, p.8.
50) Dittmer and Kim, 1993, p.281.

중국정부는 역사적 불만으로 머리를 곤두세웠다. 중국정부는 18세기, 그리고 19세기 중국이 러시아 혹은 서구보다 약했던 기간 동안 중국이 체결했던 어떤 국제조약도 '불평등'조약이었으며, 그렇기 때문에 모두 무효라고 주장한다. 실제로 베이징은 러시아제국이 청나라의 영역으로 확장해 오는 것을 성공적으로 막은 적이 있었다. 1689년에 체결된 네르친스크 조약은 불평등조약은 아니었음이 분명하다.

왜 인도의 과거 식민지 시절에 대한 기억은 훨씬 짧은 기간 동안 식민지를 경험한 중국의 반응보다 훨씬 온건한 것일까? 인도는 중국과 마찬가지로 북방으로부터 공격받은 적이 수없이 많았다. 그러나 인도는 중국과 달리 자신의 문명을 북쪽으로 확대시키려는 노력을 반복하지는 않았다. 인도는 중국처럼 자신들이 문화적으로 남보다 훨씬 우월하다는 특권의식 같은 것이 없었다. 그렇기 때문에 추세이 스즈키가 말하는 바처럼 아시아의 두 강대국은 독립을 이룩할 당시 그 반응이 달랐다. 중국은 복수의 일념에 불타고 있었지만, 인도는 서방의 식민국가들에 대해 느긋한 입장이었다. 노스코트 파킨슨(Northcote Parkinson)은 "만약 제국주의가 궁극적 보복을 불러일으킨다면 그 보복은 결국 필연적으로 새로운 제국주의를 초래하게 될 것이다"[51]고 기술했다. 그는 마치 중국의 미래를 예측했던 것 같다.

제국주의가 세계의 중요한 요인이 아닌 시대에 들어와서도 중국공산당이 제국주의의 신화를 지속적으로 강조하고 있다는 사실은 중국과 비중국 사이에 놓여 있는 간극을 더욱 넓히고 있다. 중국인들은 '반중국적 나라'들에 대해 예외적으로 강력한 반감을 표시하도록 이끌리고 있다. 베이징은 1930년대와 1940년대의 군국주의적 일본의 모습을 떠올리지 않고는 (혹은 떠올리는 척하지 않고서는) 오늘날의 일본을 쳐다볼 수 없는 나라다.

동시에 제국주의의 신화는 미래 중국의 야망을 가늠하는 스프링보드 역

---

51) Parkinson, 1963, xviii.

할을 한다. 자만심 많고, 고통 때문에 화가 난, 그리고 무서운 나라인 중국은 동시에 복수하려는 일념을 가진 국가로 변한 것이다. 중국 지도자들은 난사군도라고 알려진, 석유가 풍부하며 전략적으로 중요한 남지나 해의 섬들을 "고대로부터 중국의 영토였기 때문에"[52] 타협한다는 그 자체를 불가능한 것으로 간주하고 있다. 그러나 중국의 이웃국가 다섯 나라들은 난사군도의 전부 혹은 일부를 자신들의 영토라고 주장하고 있다.[53] 중국정부 지도자들은 아시아 및 태평양 주변지역에 거주하는 6천만 명이 넘는 사람들을 중국가계의 일부라고 간주하고 있다. 그들은 이같이 '해외에 거주하는 중국인'과 '동포'가족들이 베이징을 대표로 인정해 줄 것을 바라고 있다.

중국공산당이 인식하는 자만심은 높으나 고통받았고 분노한, 그리고 무서운 나라라는 세계관은 중국의 일반시민들 마음에도 새겨져 있고, 이는 중국이 제국으로부터 현대 민족국가로 발전하는 데 장애요인이 되고 있다. 1999년 벨그라드주재 중국대사관에 대한 나토공군의 오폭사건, 그리고 2001년 미국 비행기와 중국 비행기가 하이난 섬 상공에서 충돌한 사건 당시 중국 당정국가의 반서방적 민족주의는 도시에 거주하는 중국인들의 상당한(비록 측정하기 어려운 것이겠지만) 지지를 받았다. 어떤 주제의 다른 측면에 대한 정보에 대해 굶주리고 있는 많은 중국인들은 자연히 중국의 당정국가가 원하는 바대로 분노하게 될 것이다.

3명의 '붉은 황제'에 의해 주도되는 50년 동안의 공산주의 통치가 있은 후, 중국인민들은 독재자들을 아직도 부모처럼 생각하며, 서방국가를 반중국적이라고 생각하고, 아시아를 아직도 중국의 뒷마당 정도로 생각하고 있다. 초월적 종교가 스며들지 않은 상태에서, 그리고 인터넷 이외의 거의 모든 정보채널이 당정국가에 의해 통제당하는 상황에서, 국가에 뇌물을 바

---

52) *Zhongguo lishi*, vol.3, p.7.

53) Li Guoqiang, 2000, pp.80~81.

침으로써 자신을 지탱하는 중국인들의 종교는 아마 중국이라는 나라 그 자체라고 말할 수도 있을 것이다.

제 12 장

마지막 독재국가?

국가목표는 결정되었다. 그러나 지식계층이 아직 복종하지 않고 있다. 규칙은 분명하다. 그러나 정책은 아직 완전히 성공하지 못했다. 왜 그렇게 되었는가?
　　　　　　　　　　　　　　　-1106년, 송나라 과거시험문제[1]

일본인들이 중국은 진정한 국가가 아니라고 비웃을 때 우리는 분노했지만, 우리는 마음을 진정하고 잘 생각해 보아야 했다. 우리는 근대민족 국가를 건설하기 위한 조직적 기반을 깔기는 했는가? 현대국가의 사회에서는 국민들이 정치에 참여하기 위한 선거가 있어야 하며, 정확한 뉴스를 보장하기 위한 언론의 자유가 있어야 하고, 다른 계층 사람들의 견해를 모으기 위한 다양한 종류의 결사체가 존재해야만 한다. …
　　　　　　　　　　　　　　　-허루지, 1929년[2]

여기는 중국영토 위에 존재하는 대도시 상하이다. 어떻게 당신이 우리를 공산중국이라고 부를 수 있나. 공산중국은 역사가 되어버렸다. 그 같은 용어는 더 이상 존재하지 않는다.
　　　　　　　　　　-탕자쉬안〔唐家璇〕, 중화인민공화국 외교부장
　　　　　　2001년 상하이 APEC회의에서 대만의 신문기자를 비난하며 …[3]

1) Bol, 2001, p.19.
2) He, 1948(1929), p.12.
3) *South China Morning Post*, Oct. 19, 2001.

438

중국 내외에서 최근 쑨원과 장제스에 대한 존경심이 되살아나는 것은 중
국공산당의 50년 역사는 순환론의 역사였다는 현실을 느끼게 하는데, 이는
어떤 측면에서 보면 중국인민들에게는 한 걸음 진보를 의미하는 반면, 다른
한편으로는 그렇지 않다는 사실을 의미하기도 한다. 1949년 마오쩌둥이 권
력을 장악하기 이전 50년의 세월은 집권에 성공한 중국공산당이 50년 동안
의 문제를 해결해야 하는 실패 혹은 혼란의 시대는 아니었다. 오히려 그
반대로 청나라의 몰락을 곧 초래하게 될 청나라 말기 몇 년 동안의 시대는
공화주의시대였으며 독재정치 혹은 전체주의적 관념에서 벗어날 수 있는
걸음마를 보여준 시대였다. 셸리 야마노(Shelly Yamano)는 군벌시대는 비록
문제점이 많기는 했지만 독재정치 혹은 전체주의가 아니라도 중국의 통일
을 이끌어낼 수 있는 희망의 시기였다고 말한다.4) 1949년 이후 독재정치
및 전체주의 이념은 그 어느 때보다 더 강력하게 나타났다.

1839년부터 1842년 사이의 아편전쟁 이후 150년 동안 지속된 시대를 제
국주의와 혁명의 시대로 인식하는 것은 중국인민공화국을 1840년 이후 가
장 중요한 나라로 보게 만든다. 결국 '새로운 중국'이 도래했다. 그러나 역
사를 이처럼 보는 것은 중요한 측면을 모호하게 만드는 것이다. 중국의 국
력이 증가하는 것이 역사적 변화이며, 중화인민공화국시대에서도 중국의
힘은 지그재그 과정을 거치며 변화했다. 국제적 측면에서 보았을 때 중국은
아마도 지난 2백 년 중 어느 때보다도 좋은 위치에 올라있다고 말할 수
있다. 현재 중국은 청나라 건륭황제 이후 어느 시절보다도 동아시아의 경제
에서 차지하는 비중이 큰 나라가 되었다. 그러나 20세기 말엽 중국의 힘이
증가했다는 사실은 제국주의와 혁명이라는 도덕적 연극을 통해 이루어진
것이라고 말할 수 없다.

'제국주의'와 '혁명'이라는 용어는 분명한 개념은 아니다. 두 용어는 모두

4) Yomano, 1987, p.26.

논쟁적 의미로 사용된다. 중국의 역대 왕조는 제국주의를 시행했다. 즉, 그들은 주변의 다른 나라 국민들을 자국민인 것처럼 생각했다. 이는 중국이 유럽으로부터 당한 제국주의보다 오히려 더 강한 것이었다. 중국의 역대 왕조들은 두 차례의 아편전쟁에서 유럽인들에게 살해된 중국인의 숫자보다 훨씬 많은 숫자의 다른 나라 사람들을 죽였다.[5] 1381년 윈난에 대한 명나라의 정벌작전은 중국의 남서부지역을 중국에 편입시키려는 제국주의적 정책 바로 그것이었다. 당시 윈난은 명나라 지배 아래 있던 지역으로서, 그 지역의 왕 혹은 중국인이 말하는 '야만인'이 통치하던 곳이었다.[6] 중화인민공화국의 공식적 지도는 명나라가 윈난으로 '영역을 확대'한 것이라고 기교있게 표현하고 있다.[7]

오늘날 제국주의 및 혁명에 초점을 맞추는 것은 중국이 당면한 중요한 문제들의 대부분을 다루지 못하게 한다. 다루지 못하는 문제들 중 일부는 급격하게 변화하는 거대한 사회를 지배하는 데 본질적인 것이며, 또 다른 것들은 중국이라는 국가의 병리적 현상에서 유래하는 것이다. 다음 것들이 중국이 당면한 문제들이다.

노령화되는 인구: 인구학적으로 볼 때 중국은 정부의 세금수입 및 사회적 일체성에 긴장을 불러일으킬지도 모르는 단계로 급속히 전진하고 있다. 2001년 현재 중국인구의 약 10% 이상이 65세 이상이다. 2030년이 될 경우 인구의 거의 25% 정도가 65세 이상의 노령층이 될 것이라고 예상된다.[8] 연금, 의료복지 및 다른 분야의 사회적 경비가 치솟을 것이다. 오늘 상하이

---

5) Paine, 1996, p.8.
6) Ma, 1987, chap.6; 청나라 왕조의 구이저우성과 윈난성에 대한 투박한 식민주의에 대해서는 역시 Hostetler, 2001, pp.102, 105, 114~115, 132 참조.
7) Tan, 1996, Mingshi qitu, 1, shuo, following 61~62.
8) Wong, 2001, p.84.

의 아이들은 대부분이 독자들인데, 그들의 부모들도 독자출신이다. 이는 사실 중국이라는 당정국가의 의도적 정책의 산물이다. 그런데 문제는 앞으로 중국 어린이들은 자신의 수중에 6명의 식솔, 즉 두 명의 부모와 4명의 조부모를 모시게 되었다는 점이다. 이 같은 상황에서 더 나은 미래의 삶에 대한 기대는 커지고 있다. 마오쩌둥 이후 중국정부는 인구증강 속도를 완화시키는 현명한 정책을 취했다. 그러나 앞으로 20~30년 이후 중국에는 노령층이 3억 이상이 될 것으로 기대되는데, 이 같은 사실이 미칠 경제적, 사회적 문제는 대단히 심각한 것이다.

민간인들과 군부의 힘 겨루기: 장쩌민의 정치적 업적 중 하나는 무기구입에 많은 돈을 쓰고, 군인들의 봉급을 올려줌으로써 군부를 무마하고 장군들과 평화를 유지했다는 것이다. 그러나 이 같은 전략은 경기침체의 시기 혹은 정치적 혼란의 시기에는 작동하지 못할 것이다.

점증하는 건강 복지문제: 중국의 시골지역 대부분은 질병 및 부상 등에 관한 한 사회적 다윈주의(social darwinism)의 갈등이 만연하는 곳이다. AIDS와 같은 질병에 제대로 대처하지 못하며, 앞으로는 문제가 더욱 심각해질 것으로 예상된다. 그리고 어떤 새로운 유행병이 발생할 경우 중국은 이에 쉽게 대처하기 어려울 것이다. 세계보건기구는 중국의 보건체제를 세계에서 최악에 속한다고 판단한다. WTO 회원국 중 중국의 보건지수는 144위에 불과하다. 몸이 아픈 농민들 대부분은 병원입원이 허락되지 않는다. 농민들이 병원비를 낼 능력이 없다는 것이 그 이유다.[9]

정치적 도피주의를 조장하는 문화적 기질: 중국인들의 오랜 속성인 공공

9) Pei, 2002, p.104.

생활에 대한 무관심[10]은 마오쩌둥 이후의 중국정권에 의해 더욱 조장되었다. 그런데 이는 중국인민들이 이데올로기에 대해서는 짜증을 느끼며 오로지 돈만 벌려는 태도의 조장이라는 역풍을 맞고 있다. 국민들이 정치적으로 무감각하다는 사실은 부드러운 권위주의 체제의 경우 환영할 만한 일일 수도 있으며(다른 사람들이 공적 문제는 처리하라고 하시오. 나는 가족, 기업, 예술 등에 신경 쓰겠소), 정치적 안정을 도출해 낼 수 있다. 그러나 진정한 안정이란 안정에 대한 잠재적 위협이 되는 요소들을 제거할 수 있는 안전장치들이 있는 곳에서 간접적으로 초래되는 것이다. 브레즈네프가 통치하던 시대 소련에는 엔지니어의 숫자가 많았다. 이는 마치 오늘날 베이징의 정권 담당자들 중에 엔지니어가 많은 것과 유사하다(중국의 최고위급 10명 중 9명이 엔지니어 출신이다).[11] 그러나 브레즈네프는 장쩌민이 지난 12년 동안 했던 것처럼 공산당의 정점에서 강압적 조치를 취함으로써 정치적 혼란을 억제 한 것이다. 사실 소련이 몰락하기 직전까지도 소련을 상징하는 용어는 '안정'이었다. 중국인들의 정치적 무관심은 최근 중국의 안정에 기여하고 있지만 시한폭탄이 될 가능성도 있다. 시민정신에 대한 무관심은 정치체제 내의 병리현상이 무제한적으로 자라날 가능성을 허락한다. 이는 민주주의라기보다는 오히려 공산통치를 대체할 파시즘의 위협에 기여할 것이다.

정통성의 문제와 선거가 없는 사회에서의 정권계승: 중국에는 국민주권은 이론상으로도 존재하지 않는다. 중국공산당이 권력을 독점할 수 있다는 하늘의 명을 주는 근거는 역사로부터 나오는 것이다(이는 네 가지 절대주의에 농축되어 있다). 현대적 상황에서 중국공산당이 권력을 독점하고 있다는 사실은 긴장과 갈등, 그리고 궁극적으로 불안정을 초래하게 된다. 급속히

---

10) Pye, 1968, pp.13, 129~131, 247.
11) Li and White, 1998, p.231; 정치국 산둥성위원회의 최고지도자 9명.

발전하는 해안지역과 뒤처지는 내륙지역 사이의 엄청난 경제적 격차는 중국공산당의 국가가 주창하는 '노동자와 농민'의 나라라는 선언의 실현가능성을 어둡게 한다.

미래 중국의 진보를 위한 과학과 기술의 중요성과 과학기술 발전을 조장하는 자유로운 연구 분위기: 30년 전 엘빈은 "중국인들의 기술적 창조성은 심오한 역사적 연원이 있다. 최근 나타나는 중국 과학기술의 정체현상은 주로 현실적 이유 때문에 야기된 것이다. 중국이 점차 잠에서 깨어나고 있으며, 중국은 곧 우리를 놀라게 할 것이라고 기대해야 한다"[12]고 말했다. 중국은 어느 날 그렇게 될 것이다. 그러나 그러기 위해서는 공산당의 억압통치가 해소되어야 할 것이다.

믿을 수 있는 은행제도의 결핍: 중요한 은행들은 지불불능 상태이며, 대출은 비상업적 근거로 이루어진다. 은행대출의 30% 이상은 '불량대출'이며 좋은 정보를 가지지 못한 일반인들은 그들이 저축한 돈을 믿을 수 없는 정부은행에 쏟아 넣고 있다. 부패한 산업-재정의 핵심들은 중앙정부의 세수입 결핍을 조장하고 있다. 세금징수를 둘러싸고 베이징 정부와 지방정부 간에 비밀스런 갈등이 야기되는 중이며, 아마도 베이징은 이 갈등에서 승리하지 못할 것이다.[13]

환경에 대한 위험: 중국에 있는 강들의 거의 절반은 심각하게 오염되었으며, 경작할 수 있는 땅은 줄어들고, 농업투자는 충분치 못하다. 세계에서 가장 오염이 심한 도시 10개 중에서 9개 도시가 중국에 있으며, 중국도시의 공기는 중국 어린이들의 미래를 위축시키고 있다.[14] 중국의 탄광은 세계

---

12) Elvin, 1973, p.319.
13) Friedman, 1995, p.336; Pei, 2002, pp.105~106.

최악의 안전기록으로 악명 높으며, 중국의 핵폭탄은 6개 성 이상에 널리 전개되어 있고, 만약 어떤 성들이 베이징에 항거하려는 경우 제멋대로 사용 될 수도 있을 정도다. 이와 같은 이슈들은 잘 다루어지지 않는다. 왜냐하면 중국에는 자유로운 언론기관이 없으며, 정부의 행동은 벽돌로 만든 담장만 큼이나 투명하지 못하기 때문이다. 주디스 사피로(Judith Shapiro)는 "정치적 압박, 유토피아적 시급성, 교조적 형식주의, 국가가 실시하는 재배치"들은 모두 중국사회와 자연과의 관계를 거역하는 것이라고 말했다.15)

이러한 사회, 경제, 문화, 그리고 환경적 이슈들 중 어느 것도 '제국주의' 를 타파하고 '혁명'을 수행하는 중국공산당의 주문(呪文) 속에 혹은 '중국의 등장'이 미국 '패권주의자'들에 의해 진압되는 상황에 포함되어 있지 않다. 중국의 당정국가의 본질 때문에, 그리고 통제력 유지와 사상의 통일에 과도 하게 유념하는 중국공산당과 공산당 자체의 본질 때문에 문제들의 대부분 은 점차 더 해결하기 어려워질 것이다.

중국에서 정치적 이념들이 공개적 차원에서 다시 부흥하게 될 것이라고 결론내리기를 거부하기 어렵다. 프랑크의 스페인, 수하르토의 인도네시아, 살라자르의 포르투갈, 대만의 장제스 등은 모두 정치적 이념들을 억압한 정권이었다. 그러나 각 정권이 붕괴되었을 때 정치적 토론들은 다시 시작되 었다. 그리고 중국문명은 지난 2천 5백 년 동안 이념과 더불어 존재했다. 오늘날 수면 아래서 혹은 인터넷 속에서 놀라운 정도의 정치이론들이 활동 하는데, 이들 중 90% 이상은 중국공산당의 공식이념과 양립할 수 없는 것 들이다.

그러나 어떤 종류의 정치 이데올로기가 그동안 닫혀졌던 중국의 정치적

---

14) Pei, 2002, p.105.
15) Shapiro, 2001, p.195.

444

논쟁에서 분출될 것인가? 유럽식 사회주의가 다시 부흥할 가능성이 제일 적어 보인다. 그 다음으로 가능성이 없어 보이는 것은 전통적 중국인의 공동체주의에 기반을 둔 지방의 좌파이론이다. 1919년 5·4운동 이래, 그리고 1989년 천안문 광장에서 나타난 것과 같은 친서방적 자유주의의 등장은 가능하지만 그 가능성은 높아 보이지 않는다. 다른 세속적 이데올로기들의 출현가능성도 배제할 수는 없다. 세속적이며 합리적인 중국은 결국 하늘로부터 내려왔다는 종말론적 태평천국의 난을 초래한 적이 있었다.[16] 파룬공의 지도자인 리훙지가 "우리는 비열한 세상에 살고 있다"고 선언했을 당시 그는 초자연적 대안을 가지고 있는 파룬공에 대한 중국공산당의 현상유지 정책을 바꾸려는 충동을 가지고 있었을지도 모른다.

'혁명'을 나타내는 문자 '革命'의 의미는 "하늘의 명을 거둔다"는 뜻을 가지고 있다. 프랑스와 미국혁명이 발발했을 당시 중국은 이 두 가지 해외의 사건을 '거밍'(革命)이라는 말로 표현했다. 1911~1912년 사이 청나라 왕조가 붕괴했을 때, 그것 역시 중국인들이 묘사한 바처럼 "하늘이 명을 거둔 것"이었다. 38년이 지난 후 장제스는 역시 쑨원의 아이디어에 의해 청나라 이후의 중국공화국을 건설하라는 천명으로부터 거부당한 것이었다. 마오쩌둥은 1948~1949년 사이에 장제스의 정통성을 빼앗아버린 것이다.[17] 앞으로 얼마 후 어떤 형태든 "하늘이 명을 거두는 일"이 또다시 발생할 것이다. 네 가지 절대(four absolutes)로 정의되는 중국의 사회주의는 지금 그 마지막 단계에 와있는 것이다.

---

16) 중국의 세속주의에 관한 과정은 Wilkinson, 2000, pp.571, 659, 667 참조.
17) Rozman, 1981, p.52.

2001년 10월, 나를 안내했던 충칭의 한 학교 선생님은 안락한 생활을 하고 싶어하는 인민들의 요구를 강조해서 말했다. 우리는 수영장, 정원, 현대식 부엌시설을 갖춘 아파트를 광고하는 광고판을 보았다. 선생은 어깨를 으쓱하며 "이곳의 시민들은 더 이상 문화혁명이나 전쟁을 원하지 않습니다"라고 말했다. "우리는 이 같은 물질적인 것들을 좋아하지요. 우리는 좋은 결과를 기대하고 있습니다. 장쩌민은 현재까지는 잘하고 있습니다. 그러나 앞으로 무슨 일이 일어날지 누가 알겠습니까?" 물론 나는 충칭의 학교 선생님보다 언제, 그리고 어떻게 중국에서 공산주의 지배가 종말을 고하게 될지 잘 알지 못한다. 중국공산당의 새로운 지도자인 후진타오가 이를 위한 시나리오와 날짜를 제시할지에 대해서도 물론 알 수 없는 일이다.

1989년~1991년간 소련과 동부유럽에서 두 개의 힘이 상호작용을 했다. 당시 동유럽 및 소련의 당정국가들은 인민들에게 현대적 삶의 양식을 제공하는 데 실패했다. 그리고 인민들은 더 이상 정권을 지탱하는 신화들을 받아들일 수 없었다. 중국의 경우 정권을 지탱하는 신화는 이미 상당부분 훼손당했다. 그러나 중국의 당정국가는 중국인민 상당수의 생활수준을 향상시킴으로써 정권을 지탱하고 있다.

공산주의 지배의 종식을 과감하게 예언하려는 경우 우리는 중국공산당이 50년 동안 통치한 이후 얼마나 강해졌는가를 인식해야 한다. 중국공산당은 1989년 천안문 사건의 위축으로부터 회복되었으며, 그후 3년 이내에 안정을 되찾았고 정책노선도 확립했다. 천안문 사건이 발발한 지 10년이 채 되기 전, 중국공산당은 외교정책에서 확신과 자신감을 가지게 되었다.[18] 왜

---

18) 장쩌민의 미국외교에 대한 그 자신의 요약(1992년과 1997년)에서 변화된 사항을 비교해 보라. 1992년 그는 "신뢰를 증진하고, 문제를 감소시키며, 협력을 발전시키고, 갈등을 피하자"라고 제안했다. 1997년에는 더 강력하게 언급했다. "이해를 증진하고, 합의를 확대하며, 협력을 증진시키고, 함께 미래를 창조하자"라고 말한 것이다(홍콩의 *Mingbao*, 1998년 6월 23일자).

중국정권은 소련의 경우처럼 몰락하지 않고 버티고 있는가?

중국은 모스크바 붕괴로부터 교훈을 얻을 수 있었다. 슬라브족에 비해 중국인들의 멘탈리티는 이율배반적 상황을 더 잘 참아낼 수 있다. 중국인들은 오랫동안 "사적 차원에서는 도가주의자, 공적 차원에서는 유교주의자"가 되었다. 더 나아가 공무원이 된 중국인들은 "어느 측면에서는 법가사상가"가 되기도 했다.[19] 외부의 혹은 비중국적 영향력들은 마오쩌둥 이후 중국의 레닌주의적 국가를 여러 모로 완화시켰다. 레닌주의와 중국의 독재적 전통 간에 유용한 결혼이 이루어졌다. 중화인민공화국은 국제적으로 안전을 확보할 수 있었다. 중국인구의 대부분은 몸에 걸칠 옷이라든가 집안에 둘 가구들을 가질 수 있게 되었다. 중국의 당정국가는 자신의 정치적 운명을 잘 알고 있지만 자살을 택할 가능성은 거의 없다. 중국인의 자존심은 (유럽에서 배운) 공산주의를 체면을 손상시키지 않는 방법으로 포기하는 방안을 찾는 데 도움이 될 것이다.

베이징 정권이 가지는 취약성에 대해서도 언급해야만 할 것이다. 공산주의는 자신이 세계역사에서 담당하던 역할을 다 끝냈다. 경제성장과 거친 민족주의 등도 정권이 오랫동안 지속됨을 지탱하는 충분한 힘이 되지 못한다. 어떤 문화적 요건도 정부와 국민을 이어주는 것은 아니다. 중국에는 직업 없이 헤매는 인간집단이 점점 커지고 있다. 중국공산당이 국민들에 대해 행사하던 거만함이 영원히 수용될 수는 없는 노릇이다. 중국정부에 위안이 되었던 중국인의 민족주의는 중국을 파시즘 속으로 던져버릴 수도 있다.

중국이라는 국가는 세 가지 측면에서 변화하는 사회와 잘 일치하지 못하고 있다. 첫째, 베이징의 당정국가는 위로부터의 프로젝트였다. 중국 공산국가는 마치 왕조의 정당성이 하늘로부터 왔다고 주장하는 것처럼, 존

---

19) Hucker, 1975, p.69.

이며 "전체주의의 궁극적 목적과 다른 주장들은 사실상 성취가 불가능한 것이며, 그렇기 때문에 그들의 이상을 현실화하는 데 한계가 있다는 사실을 내포하고 있다."26) 그러나 목적을 추구하기 어렵다는 사실이 중국공산당의 전체주의적 정치가 패망할 것이라는 점을 의미하는 것은 아니다. 그 대신 우리는 덩샤오핑 시대에 '정치적 개혁'들이 나타났던 사실을 알고 있다. 중국 공산체제가 사회주의적 목표를 달성한다는 것이 무망하다는 사실에 당면하게 되자 정치제도를 개혁해야 한다는 아젠다가 나왔다. 그러다가 베이징 정권이 다시 이념의 측면을 강조하게 되는 경우 개혁의 의지는 사라지곤 했다.

1984년 12월 7일 《인민일보》는 맑스-레닌주의는 중국이 당면한 문제를 해결할 수 없다고 말했다. 그 다음날 《인민일보》는 자신이 말한 것을 수정했다. "맑스-레닌주의는 중국이 현재 당면한 모든 문제를 해결할 수는 없다." 부크하임은 "목표는 결코 성취될 수 없다는 것이 전체주의의 본질이다"고 언급했다.27) 목표가 달성될 수 없다는 사실에 장쩌민은 물론 덩샤오핑이나 마오쩌둥의 경우보다는 덜했지만, 주기적으로 목표에 새로운 옷을 입혀야 했다. 후진타오가 장쩌민으로부터 중국공산당의 권력을 물려받은 이후, 경제적 성공은 사회주의적 목표와 그것을 추구해야 하는 논리적 근거 사이의 간극을 오히려 벌려놓고 있다.

중국공산당이 붕괴될 가능성이 있는 두 번째 이유는 법가사상적 독재정권의 유산 때문이다. 레닌주의의 역사를 보았을 때, 과거의 권위주의적 전통이 덜 길고 강한 나라일수록 20세기에 나타난 공산주의 독재정치가 더욱 강고하다는 사실이 보인다. 폴란드와 헝가리는 러시아보다는 레닌주의적 정치체제로부터 더 빨리 탈피할 수 있었다. 중국의 경우는 아마 러시아보다

---

26) Guo, 2000, p.203.

27) Buchheim, 1968, p.38.

도 더 어려울 것이다.

중국의 문화가 다른 문화보다 특별히 더 '제국주의적'인 것은 아니다. 많은 고대문명들은 다양한 양식의 독재정권들을 경험했으며 이웃나라들을 침략하곤 했다. 중국의 독재정치가 문제가 되는 것은 그것이 '중국적'이라는 사실 때문이 아니라 그것이 독재적이라는 사실에 있다. 문제가 되는 것은 통치의 전통, 그리고 그것에 부합하는 멘탈리티인 것이며, 독재제국의 특성이었던 이런 멘탈리티는 오늘날 중국공산당에 의해 전용되고 있다.28) 우리는 중국의 제국주의적 국가의 종막을 보지 못했다. 중국의 제국주의적 국가는 단순히 그 모습을 현대화시켰을 뿐이다.

상하이, 베이징, 광저우의 모습에 친숙한 독자들은 중국공산당의 몰락이란 말이 잘 이해되지 않을 것이다. 그러나 체제의 붕괴가 항상 정체(stagnation)의 결과 때문에 야기되는 것은 아니다. 안정적이었지만 실패하게 된 미얀마, 라오스의 경우에서 그 증거를 볼 수 있다. 때로 정치체제는 현실적으로 이룰 수 없는 높은 기대 때문에 붕괴하는 경우도 있다. 중국의 정치체제가 붕괴한다고 말하는 것은 중국 정치체제가 지금 바닥에 와 있기 때문이 아니다. 문제는 중국의 정치체제는 과거와 새 것 사이의 이율배반, 정치와 경제, 그리고 중국의 특수성과 보편주의 사이에 나타나는 이율배반 때문에 문제가 있다고 말하는 것이다.

공산주의에서 '개혁'이 의미하는 것은 무엇인가? 중국공산당의 경우, 개혁이란 맑스주의의 상당부분을 포기한 후에도 레닌주의를 유지하는 것을 의미한다. 2001년 중국의 외교부장 탕자쉬안은 상하이에서 '공산주의 중국'이란 용어는 '더 이상 존재하지 않는' 용어라고 반박하였다. '공산주의 중국'은 법적인 면에서는 결코 존재한 적이 없었다. 그러나 정치적 현실로서의 공산주의 중국은 지금도 존재하는 것이다. 맑스주의의 근육은 없어졌는지

---

28) Yan, 1987, p.87.

모른다. 그러나 레닌주의라는 뼈는 아직 남아 있는 것이다. 1930년대 및 1940년대에 부상했던 중국공산당 혹은 국가위원회의 간부들은 사회주의를 신봉하는 사람들은 아니었다. 그들은 오히려 더 실용주의자들이었다. 그러나 기능적인 면에서 보았을 때 그들은 레닌주의자이기도 했다. 그들은 네 가지 절대를 근거로 해서 살아갔다. 레닌주의는 레닌이 살았던 당시에서조차도 사회주의와 관련된 것이기보다는 권력과 관련된 것이었다.

1997년 열린 제 15차 중국공산당 당대회에서 장쩌민은 오늘날 중국이 당면하는 대단히 큰 모순을 "개혁이란 혁명이다"라는 말로 풀었다. 그러나 장쩌민은 이 두 번째 혁명의 목표는 끝이 없는 것은 아니라고 말했다. 이렇게 말한 것은, 개혁은 혁명을 거부하는 것이 아니라 혁명을 완전하게 하기 위한 것이었다고 해석되어야 하는 것이다. 개혁이 중국의 공산주의를 해소시키기 위한 것이라는 생각은 오류다. R. H. 토우니(Tawney) "마늘을 한 꺼풀씩 벗길 수는 있을 것이다. 그러나 당신은 호랑이를 한 걸음 한 걸음씩 제압할 수는 없을 것이다"라고 말했다.

장쩌민은 진실로 공산주의 체제는 멸망할 수밖에 없는 것이라고 믿는 것일까? 아마도 그렇지 않은 것 같다. 덩샤오핑은 말했다. "나는 강바닥에 발을 딛고 걸어서 강을 건넜다." 이처럼 아무런 계획도 없이 진행되는 것이 분명한 이러한 움직임들에서 결정적으로 중요한 것은 물을 걷는 사람이 강 저편에 언덕이 있느냐 없느냐에 대해 어떤 믿음을 가지고 있느냐는 것이다. 동부유럽의 경우 '개혁'이란 말은 본질적으로 사회주의라는 전원으로부터 플러그를 뽑는 것을 의미했다. 동부유럽의 경우 강을 건너는 사람은 자신이 공산주의의 '육지'를 떠났으며, 개혁이라는 물을 지나서 저편에 있는 공산주의 땅으로 도달할 수 없다는 사실을 알고 있었다. 그러나 강물을 걸어서 건너며 바닥에 돌이 있다는 느낌을 느낄 때 권위주의적 수단을 통해서 전체주의적 목표를 구하겠다고 생각하는 것도 가능할 것이다. 바로 이것이 리펑이 가졌던 생각임이 확실하다. 그는 2002년에 열렸던 제 16차 중국공산당

454

전당대회가 열리기 이전 약 15년 동안 중국정치의 거의 정점에 근접했던 막강한 인물이었다.

중국 경제개발 전문가인 후앙야셩은 2000년 다음과 같이 말한 적이 있다. "중국정부가 진정으로 자본주의를 신봉하는지 혹은 자본주의의 주변에서 맴돌려고 하는지의 여부는 아주 중요하다." 저자는, 베이징은 자본주의를 다만 권위주의적 목적을 위해 사용하는 것 같다고 믿는다. 사기업들은 다양한 방법으로 통제되며 대기업으로 성장하지 못하고 있다. 사기업들은 당정국가가 가장 훌륭하고 가장 이득을 많이 내는 사기업들을 예의주시하고 있으며, 그 결과 정부에 의해 수용될 것을 두려워한다. 후앙은 많은 기업가들이 비참한 선택에 당면하고 있다는 사실을 발견했다. 아예 이익을 내지 말든지 혹은 이익을 내되 불법적으로 사업을 하든지, 혹은 정부에 대들다가 망가지든지 중 하나라는 것이다. 대부분의 사기업들이 세 가지 종류의 장부를 보관하고 있다는 사실은 앞으로 한판 무슨 일이 벌어질 것 같은 느낌을 가지게 한다. 하나는 은행을 위한 것이고, 다른 하나는 세무서를 위한 것이며, 다른 하나는 그들 자신을 위한 것이다.[29]

모든 정치체제의 미래는, 특히 1980년대의 소련과 21세기 초반 10년 동안의 중국을 포함하는 독재정치체제의 경우는 정치가의 인격, 일반민중들 사이에서 돌고 있는 이야기, 지도자들의 연설, 그리고 공식적 통계들만 가지고 예측할 수는 없다. 독재정치체제가 당면한 상황 혹은 민주주의 체제가 당면한 상황에 대한 이론을 잘 이해하는 것이 중요하다. 미국에서 선거가 진행중인 동안 나타나는 불협화음들은 먼 나라 사람들이 보기에는 불안정을 상징하는 것일 수도 있다. 그러나 민주주의 이론을 아는 사람이라면 정반대의 결론을 도출할 것이다. 미국의 경우 행정부를 바꾸기 위해서는 먼저 일반대중의 지지를 얻기 위해 싸운다. 베이징은 자신의 정부를 (비밀스레)

29) Huang Yasheng, talk at Fairbank Center, Harvard Univeristy, April 2000.

바꾸고 난 후 위로부터 아래로 향하는 캠페인을 실시한다.

물론 중국의 독재정권이 상당기간 지탱할 수 있었느냐는 질문은 타당하다. 그러나 정치체제의 단층선(fault line)이 어디에 위치하는가를 알기 위해 이론을 사용하는 일은 중요하다. 베이징은 시장경제와 공산주의적 가부장주의를 결합하겠다는 불가능한 일을 시도하며, 여기서 야기되는 긴장이 해소될 수는 없을 것이다. 경제개혁과 정치개혁이 두 가지 다른 아젠다라고 말하는 것은 잘못된 것이다. 주슈에친은 경제학자 허칭리안의 용감한 책의 서문에서 "중국에서 경제는 결코 경제만의 문제일 수는 없다. 중국에서의 경제는 궁극적으로는 정치적 내용으로 구성되어 있다. 중국의 계획경제는 어떤 특정 정치체제의 생산품인 것이다. 계획경제가 실제세계와 상호작용하는 순간 계획경제의 각 세포들은 정치와 함께 떨어져나갈 것이다." 개혁에 관해 말하며 주슈에친은 경제구조의 정치적 내용을 무시한다는 것은 "벌거벗은 임금님의 옷을 또 다시 짜는 일과 같다"[30]고 비유했다.

아담 스미스가 그의 책《국부론》에서 시장경제를 "자연스런 자유의 체제"라고 말한 것은 여러 모로 타당하다. 마찬가지로 레닌주의적 국가는 압제가 당연한 체제인 것이다. 베이징이 현재 당면한 질곡상황을 자세히 말할 필요는 없다. 사회와 국가가 상호작용하는 동안 양자 사이의 균형은 시시때때로 변한다. 1989년 천안문 광장 위기 당시 중국이라는 국가와 사회의 관계는 마치 칼날 위에 놓여진 것 같았다. 학생들을 향하는 탱크는 국가가 사회를 압도하는 것처럼 보이게 했다. 향후, 상황이 달라질 경우, 균형은 사회와 경제 쪽으로 유리하게 진행될 수도 있으며, 그럴 경우 새로운 정치가 탄생할 것이다.

---

30) He, 1997, p.9.

우리는 향후 베이징 정권의 미래를 분석하기 위해, 과거 중국의 왕조들이 붕괴하였을 당시 나타났던 현저한 요인들을 살펴보기로 한다.

　열악해지는 지도자의 자질: 최초의 황제들은 통치력이 대단했다. 그러나 그후의 황제들은 연약했고, 동기가 약했으며 때로 꼭두각시이기도 했다.[31] 아마 이 같은 요인이 중화인민공화국에 대한 위협요소는 아닐지도 모른다. 후진타오는 아마도 마오쩌둥의 창백한 그림자일지도 모르지만 중국이 마오쩌둥을 다시 필요로 하지는 않는다. 오늘날 중화인민공화국이 당면한 문제는 마오쩌둥 스타일의 해법을 요구하지 않는다. 중국공산당은 약한 지도력 때문에 붕괴되지는 않을 것이다. 오히려 문제가 되는 것은 공산주의 리더십이 중국의 필요에 부응하지 못하게 되는 것이다.

　부패: 관직을 개인의 이익을 위해 이용하는 것은 한 정권의 몰락과 왕조의 몰락을 초래했다. 호핑티는 청나라 말엽, 부패와 반란의 관계를 요약하고 있다.

　"건륭제(乾隆帝, 1736~1794) 이후 정부관리들의 횡령은 다반사였다. 이러한 사실은 강희제(康熙帝, 1662~1722)와 옹정제(雍正帝, 1722~1736)의 '자비스러운 독재정권'을 악의적 독재정권으로 변질시키게 되었고, 그 결과 백련교(白蓮敎) 및 여러 가지 반란이 초래되었다."[32]

---

31) Dunstan, 1996, p.98.
32) Ho, 1967, p.195.

부패는 중화인민공화국에 대한 치명적 위협이다. 통제가 완화된 공산주의정권은 모두 부패할 가능성이 높다. 권력과 돈은 양자 사이의 거래를 감독해야 할 법치주의를 뛰어넘어 교류하게 된다.[33] 마찬가지 이유로, 외국의 돈이 들어와 있다는 사실도 이 같은 유혹을 부추긴다. 덩샤오핑은 "부자가 되는 것은 영광스런 일이다"고 말했다. 그러나 공산당은 지속적으로 명령한다. 그 결과 일반인들은 복권에 당첨되는 것처럼 부자가 되려하고, 골포스트 부근을 어슬렁거리는 관료들의 주머니는 꽉 차게 된다. 부패는 자원의 분배를 왜곡하고, 중국 국내시장의 확산을 저해하며, 불평등을 확산시킨다.[34] 중국인구의 1%가 중국국부의 40%를 차지하고 있으며, 이 대부분은 부정부패에 의한 것이다. 1980년대 중국의 경제발전은 새로이 나타난 인민들의 근면성에 의해 주도되었다. 1990년대의 경제발전은 정치권력 혹은 권력간의 연계에 더 크게 의존하게 되었다. 다음과 같은 말이 있다.

"부패를 방지하지 못하면 국가가 붕괴될 것이고, 부패를 방지한다면 그것은 공산당을 붕괴시키게 될 것이다."

경제발전이 부진한 동북부에서 야기되는 엄청난 부패현상은 공산주의 스타일 부패의 논리를 보여주는 사례가 된다. 아직도 명령경제가 작동하는 이른바 '녹슨 지대'(rust belt)에서 권력은 돈보다 앞선다. 그렇기 때문에 권력을 가진 자는 이익을 향해 치닫게 마련이다. 1999년 부정을 저지른 선양(瀋陽, 과거의 펑텐[奉天]이며, 동북 중국의 중심도시이다)시장의 사건이 종결되었을 때, 그의 집에서는 6백만 달러에 해당하는 금괴들이 발견되었다.[35] 시장인 그의 연봉은 3천 5백 달러에 불과했다.

---

33) Cabestan, 1992, pp.470~471, 473, 476.

34) Wu Junhua, talk at Fairbank Center, Harvard University, Dec. 11, 2001.

35) *Washington Post*, March 6, 2002.

권력승계를 둘러싼 갈등: 중국의 과거 왕조들은 황제의 후계자를 선택하는 일에 여념이 없을 정도였다. 그 이유는 누가 황제의 직을 이어야 한다는 데 대해 확정된 규칙이 없기 때문이었다. 이 같은 점은 이제까지 중화인민공화국의 경우에도 유사하게 나타났다. 1976년 마오쩌둥의 지위를 잇기 위한 갈등이 야기되었다. 물론 중국왕조를 바꿀 정도의 큰 변화는 아니었지만 마오쩌둥을 대체한 중화인민공화국의 정권은 대폭 변화된 모습이었다. 최근 베이징의 권력승계 갈등은 많이 완화되었다. 그러나 아직 중국공산당의 새로운 대표를 선발하는 규칙이 존재하지 않으며, 그 결과 중국공산당 대표의 선정은 정치적 조작에 의해 영향을 받을 수 있다. 2002년 장쩌민은 과거 중국 지도자들의 사례를 생각하면서 자신의 권력 모두를 후계자인 후진타오에게 이양하는 문제를 다시 고려하였다. 제 16차 중국공산당 전당대회에서 장쩌민은 후진타오에게 당비서직을 이양했다. 그러나 그는 군사최고지도자의 지위를 유지했고, 정치국의 핵심멤버를 자신을 지지하는 사람들로 채웠다. 후계자 문제에 관한 현대적 해결방안인 아래로부터 당원 전체가 참여하는 선거방식은 이야기되지 않았다.

농민들의 반란: 과도한 세금, 자의적으로 징수되는 각종 대금은 농민들로 하여금 왕조에 대해 반란을 일으키게 하는 직접적 불만요인이었다. 말세론적 정치관은 때로 농민들의 폭동을 수반하기도 하였다. 루시앙 비앙코(Lucian Bianco)는 20세기의 경우에도 세금의 과다한 징수가 반란을 일으키는 원인이었다는 사실을 밝히고 있다. 토마스 번스타인(Thomas Bernstein)은 오늘날에도 중국의 시골에서 비슷한 동태가 나타나고 있다는 점을 발견했다. 그는 세금이 농민의 수입에서 차지하는 비중은 20~30%에 이르며 "그것은 끝이 없고, 예측불가능하며, 반동적"[36]이라고 결론내렸다. 중국의

---

36) Lucian Bianco, Thomas Bernstein, Papers at the Panel "Taxation and

시골 중 일부는 무법적이며 폭력적인 전선으로 변하고 있다. 베이징의 한 관리가 번스타인에게 솔직하게 말했다.

"우리들은 시골의 선거를 지지할 수 없습니다. 만약 우리가 시골에서 선거를 하게 한다면, 그리고 선거가 여러 곳에서 실시된다면 농민들의 정당이 생겨날 것이며, 우리들 도시 중국인들은 농민의 늪에 빠지게 될 것입니다."

오늘날 막강한 종교의 힘은 시골에서만 찾아볼 수 있다. 시골은 아직도 외국자본의 유입을 통한 시너지효과로부터 가장 크게 소외된 지역인 것이다(중국의 경우 기독교 신자의 4분의 3은 여성이며, 그들 사이에는 종말론적 경향이 팽배하고 있다).

농민들의 불만은 높은 세금 때문에 야기되고 있으며, 종말론적 정치관으로 표현되는 그들의 사고는 중국공산당의 통치에 위험한 요인이다. 지방에서 농민들의 불만과 도시에서의 실업이 연계되는 경우 이는 중국의 체제를 흔들 수 있다. 이들의 연계는 때로 지방관리들의 동정을 받는 상황이다. WTO의 압력은 농민들의 불만을 현실적인 것으로 만들 수 있다. 이상한 형식의 불교와 기독교에 기반을 둔 종말론적 사고가 이미 존재하고 있으며 때를 기다리고 있다. 민주주의자로서 망명중인 웨이징성〔魏京生〕은 역사와 현실을 연계해서 말한다.

"체제가 약화될 때 대중적 종교운동과 미신이 더욱 심각하게 나타난다. 파룬공과 같은 종파가 백 개나 된다. 이는 중국인민들이 그들을 안내해 줄 어떤 특정 이데올로기를 갈구하고 있다는 의미다. 중국정부는 위험성

Resistance in Twentieth-Century China," Association for Asian Studies annual meeting, Washington, D.C., April 2002.

을 인식하고 있으며, 이 같은 움직임이 성장하지 못하도록 통제할 방안을 강구하는 데 혈안이 되어 있다."[37]

군사적 패배: 왕조의 초기에는 군사적 승리가 더욱 흔히 나타난다. 그러나 그후 용맹성은 줄어들며, 전투를 위한 경비조달을 위해 농민들로부터 세금을 더 많이 걷어야 하며, 전쟁에서는 패배가 흔히 나타나게 된다. 한나라는 흉노족과의 전투에서 패배했으며, 송나라는 금나라에게 패배했고, 청나라는 아편전쟁에서 영국에게 패배했다. 이들은 대개 왕조가 4분의 3 정도 지속한 후 야기된 일들이다.

군사적 패배라는 요인이 중화인민공화국의 장래를 어둡게 하는 요인은 아니다. 중화인민공화국의 제 1기에서 마오쩌둥은 대만해협에서 소규모의 군사충돌을 전개했음은 물론 한국, 인도, 그리고 소련에서 값비싼 전쟁을 치른 적이 있었다. 중국은 이들 중 어떤 전쟁에서도 분명하게 패한 적은 없었다. 중화인민공화국의 제 2기에서 덩샤오핑의 중국은 베트남을 공격했지만 별다른 승리를 얻지 못했다. 장쩌민의 시대에서 전쟁은 발발하지 않았다. 그러나 국방비 지출은 높아졌다.

중화인민공화국은 내부적인 군사적 도전에 당면해 있지는 않다. 외세들도 지금까지는 중국의 주권에 제약을 가하려 하지 않고 있으며, 그럼으로써 베이징 정권이 국내의 사안들에 대한 통치력을 유지한 채 외국의 자본과 기술을 이용할 수 있도록 하였다. 민족주의라는 무드가 현명치 못한 전쟁을 유발할 위험은 있다. 만약 후진타오의 중국이 마치 청나라처럼 두 개의 전선에서 전쟁하는 경우에 당면한다면 그것은 중국에게는 파탄적 상황일 것이다. 베이징은 정치적 이유 때문에 대만, 중앙아시아에서, 그리고 영토분쟁중인 섬들로 인해 일본과 전쟁을 치르게 될지도 모른다.

---

37) Wei to Safire, *New York Times*, June 3, 1999.

법가사상에 근거한 정책은 중국인민의 도덕적 감성을 만족시키지 못했다. 가치의 공백상황이 나타나며, 이는 불안상황을 초래하고, 이 경우 유교적 도덕률이 다시 강조된다. 진나라가 궁극적으로 한나라에 의해 대체되었을 때, 그리고 원나라가 명나라로 대체되었을 때 이 같은 패턴이 반복되어 나타났다. 중화인민공화국시대에 들어온 이후 마오쩌둥이 통치하던 당시 신유교주의가 강조되었다. 덩샤오핑 시대는 다시 신법가사상으로 회귀했다. 천안문 광장에서의 압제사건이 있은 이후, 이미 달아 떨어져버린 이데올로기는 정통성을 회복할 수 있는 방안이 되지 못한다. 장쩌민의 통치가 끝날 무렵 새로운 의미에 대한 굶주림은 중국공산당 정권에 드리워진 구름이 되었다. '믿음의 위기'라는 말이 당시 무드를 나타내 준다.

인구학적 변화: 인구의 증감현상은 중국역사의 변동을 설명하는 중요한 요인이었으며, 중국공산당의 궁극적 운명에도 영향을 미치는 요소다. 토지사용에 관한 압박을 불러일으키게 된 급격한 인구증가는 서방과 일본의 압력과 더불어 청나라의 쇠퇴를 초래한 요인이었다. 중국의 인구는 1580년 당시 약 2억이었고 1850년에는 4억 천만이 되었다. 기독교와 농민반란이 혼합되어 나타난 태평천국의 난은 갈 곳을 잃은 수많은 대중의 지지를 획득했다.

현실주의적 측면을 강조하는 마오쩌둥은 1958년 청중들을 향해 다음과 같이 연설했다.

"우리나라의 6억 인구는 미래 어느 날, 길을 걸어야 할 때 반드시 줄을 서야만 할 것입니다.… 길은 사람들로 꽉 막히게 될 것입니다. 우리는 어떻게 신문을 배달할 수 있겠습니까? 우리는 어떻게 극장에 갈 수 있겠습니까? 어떻게 우리는 공원에 갈 수 있겠습니까? 이 모든 것들이 골칫거리입니다."

462

마오쩌둥이 이처럼 연설한 지 44년만에 중국에는 또 다른 6억의 인구가 추가되었다. 마오쩌둥이 예측했던 문제들도 나타났다. 문제 중 몇 가지는 마오쩌둥의 잘못으로 인한 것이다. 1950년대 마오쩌둥의 인구정책에 대들었던 유명한 경제학자 마인추〔馬寅初〕의 전기작가는 다음과 같이 기록했다.

"대략적으로 말할 경우, 만약 마인추의 (산아제한에 관한) 생각이 받아들여지고 지속적으로 시행되었다면 (인구가 많으면 많을수록 좋다는 마오쩌둥의 생각과 달리) 1986년(마인추의 전기가 출간된 해)의 중국인구는 실제보다 약 2억 5천만 명 정도 적었을 것이다."[38]

마오쩌둥은 상상할 수 없었겠지만, 현재 중국에는 1억 명 이상의 '떠도는 인간들'이 중국정권이 원하는 곳이 아닌 다른 곳을 유랑하며 살고 있다. 지금 이 순간 그들은 폭동을 야기시키기보다는 무엇인가를 추구하기에 바쁜 상황이지만, 이들 농민출신의 떠돌이 인간들은 중국공산당의 '안정과 통일'이라는 수면 아래 잠재한 시한폭탄이다.

궁정의 고립: 황제는 비가 오지 않아 극심한 피해를 입은 지방의 현황에 관해 잘못된 보고를 받을 수 있다. 모르는 사이에 황제가 된 어린 황제는 그의 왕국에 대해서 알 수 없으며, 어린 황제는 중국의 지방들에서 중국의 정권에 대한 이미지가 어떻게 형성되어도 관계없는 권력추구자들에 의해 휘둘리게 된다. 아무런 경고도 없이 음모와 폭동이 발발하며, 중앙정부는 지방의 성들과 연락이 단절되기도 한다. 1900년 당시 청나라가 비틀거리고 있을 때 청나라 황비(empress dowager, 西太后)는 두려움에 떨며 베이징을 탈출했다. 그녀의 공포심을 아는 중국의 일반시민들은 그녀를 존경하지 않았다.

38) Yang, 1986, p.157.

　물리적 측면에서 본다면 오늘날 베이징의 독재정권은 진시황제도 샘낼 정도의 역사상 '첫 번째의 전체주의' 정권을 이룩했다. 중앙정부는 고대 혹은 중세의 어떤 정부도 상상하지 못했던 일들을 할 수 있게 되었다. 양호한 교통수단, 전자통신, 현실을 제대로 반영하는 통계 등은 현대중국의 국가가 더욱 강력한 통치수단을 가질 수 있게 했다. 그럼에도 불구하고 중국공산당은 지적으로 혹은 정신적으로 대부분의 중국인민들과 떨어져 있다. 더욱이 당정국가는 지방의 현실에 대해 일반적으로 잘 알고 있지만, 지방의 관리들은 때로 그들의 보고서를 왜곡함으로써 베이징에 있는 중앙정부 관리들과 '협력'하고 있다.[39] 종교를 포함한 대중문화의 차원에서 본다면 공산당은 아마 다른 별에 있다고 말해도 될 정도이다. 중국인민들은 최근의 발달을 외국의 돈, 외국상품, 그리고 기술의 덕택이라고 간주한다. 중국공산당의 기여는 좋은 일을 했다는 데서가 아니라 나쁜 일을 하지 않고 참았다는 데서 찾는다. 한때 중국공산당에 가입하는 것은 이상주의 때문이었다. 그러나 지금 공산당에 가입하는 것은 경력을 위해서이다.

　중국공산당은 지금 인민들의 실질적 관심에서 소외되고 있음을 느끼며, 장쩌민의 이론에 '세 가지 대표적 문제'를 제시한다. 이는 정당구성에 관한 맑스이론의 '새로운 발전'이다. 서기 2000년 마오쩌둥이 실시했던 바와 유사한 정치캠페인이 장쩌민 독트린을 추진했다. 역사적으로 중국의 정체를 위협했던 여덟 가지 요소들 중에서 '세 가지 문제'는 부패, 권력승계를 둘러싼 갈등, 그리고 가치의 공백상태를 말하며, 중국공산당은 이 문제들을 특히 두려워한다.

　공산당은 국민이 뽑은 적이 없는 당의 지도자인데도 불구하고 "가장 진전된 생산력, 가장 발전된 문화, 그리고 인민의 이익"을 대표한다고 말한다. 군대 내에는 각 단위부대마다 공산당의 세포가 있는데, 이들은 회의를 조직

39) Cai, 2000, pp.787, 789, 796.

해서 장쩌민의 '과학적 이론'을 "장교와 사병의 사상을 무장하고 전쟁에서 승리할 수 있도록 하는데" 적용하고 있다. 짓궂은 중국인이 속삭인다. "영광스런 당은 항상 중국에서 제일 좋은 것들만을 대표하지 않았던가요?"

세 가지 중요한 문제들은 분명히 맑스주의와는 아무 관계가 없다. 이들 문제들에는 계급분석은 존재하지 않는다. 그러나 이들은 변화하는 사회경제적 상황 아래 중국공산당이 나쁜 상태로 미끄러져 들어가고 있음을 나타낸다. 장쩌민의 중국공산당은 중국사회로부터 격리되지 않으며(중국의 자본가들은 상궤를 벗어났다), 중국사회에 끼어들기 위해(중국공산당은 그 누구도, 그 무슨 일도 성공적으로 감독할 수 있다) 중국사회의 변화를 따라 잡기 위해 노력했다.

유럽의 경우 중세 이후 대의제도라는 개념이 발생했다. 처음에는 '대표'란 자신이 대변해야 할 사람을 반영하는 거울과 같은 것으로 생각되었다. 대표란 "그들을 위해서 있는" 사람이었다. 그후 대의제라는 관념은 수도사들의 선거, 도미니코 수도사들의 선거, 그리고 다른 기독교 질서 등에 의해 영향을 받아 책임을 강조하는 방향으로 나가게 되었다. 이처럼 책임을 강조하는 것은 유럽민주주의의 근거가 되었다. 이들을 이어주는 매개체가 의회였다. 의회와 더불어 대의제라는 개념은 인민주권론이라는 개념과 쌍둥이가 되는 것이다.

유럽 초기에 나타났던 대의제란 책임을 의미하기보다 '거울'을 의미한다는 생각은 중국의 천자개념에 나타나는 ─ 전통적 중국과 현대의 공산중국에서 ─ 가부장주의와 완벽하게 양립할 수 있는 개념이다. 아버지 혹은 어머니는 아마도 그럴듯한 이유로 그들의 아이들을 '대표'할 수 있을 것이다. 중국공산당의 간부들은 그들이 중국인민을 '대표'한다고 생각한다.

장쩌민이 말하는 세 가지 문제는 제16차 중국공산당 전당대회에서 후진타오에 의해 '중요한 생각'이라고 다시 확인되었으며, 중국공산당은 중국사회의 핵심적 이익과 고귀한 관점을 표현하는 거울이라는 사실을 선언했다.

그러나 중국공산당은 중국인민에게 책임진다는 측면에서는 그 누구도 대표하지 않는다. 장쩌민은 다만 중국공산당이 자신을 대단히 발전된 조직이라고 생각하고 있음을 말한 것이다. 바로 여기에서 레닌이 말하는 혁명적 전위이론과 유교적 학자-관리들이 말하는 이름(*entitlement*)의 융합이 나타나는 것이다. 세 가지 문제들은 과거 중국의 '예(禮)와 악(樂)'과 마찬가지로 수천 년 동안 일반시민들에게 그들에게 좋은 것이 무엇인가를 확신시킬 목적으로 사용되었던 것이다.[40]

문제가 되는 사실은 정치가 없다면 '대표', '통일' 혹은 지속적 '안정'의 문제도 없으리라는 것이다. 부크하임은 그의 권위주의 연구에 관한 고전적 책에서 "정치란 다수의 희망과 계획의 결과이다. 전체주의적 통치는 모든 것을 포괄하는 단 하나의 계획을 현실화시킨 것이다"[41]라고 했다. 표현과 결사의 자유가 없는 곳에서 정치생활이란 존재할 수 없다. 중국에는 관료주의적 정치가 있을 뿐 진정한 정치는 존재하지 않는다.[42] '대표'라는 제도는 선거가 엉터리인 곳에서 사람들을 속이기 위해 만든 속임수 같은 것이다.

이 글을 쓸 당시 59세인 후진타오(후진타오는 1942년 상해 출신)가 늙은이라면 중국공산당에 그가 해야 할 남겨진 역할은 무엇인가? 만약 법의 지배가 이루어진다면, 그 경우 중국공산당의 명령들은 모두 먼지처럼 사라질 것이다. 만약 사유재산제도와 시장이 성장하게 된다면, 중국의 당정국가가 담당한다는 '할당'이란 무엇일까?[43] 경제가 이미 국가의 지시에서 벗어난 사회에서 레닌주의적 정당이 정권을 장악하고 있는 곳이 세계 어디에 있다는 말인가?

---

40) Bol, 2001, p.13.
41) Buchheim, 1968, p.41.
42) Cabestan, 1992, p.479.
43) Waldron, 1999, p.104.

파이너는 세계정부의 역사에 관한 그의 연구에서 정권의 안정에 중요한 세 가지 받침대로서 신념체계, 사회계층, 그리고 정치제도를 제안했다. 정치체제가 지속되기 위해서는 이 세 가지가 조화를 이루고 있어야 한다. 파이너는 "권위에 대한 통치자의 주장이 사회에 만연한 신념체계와 상이한 것일 때, 지도자는 그의 주장을 바꾸든가 … 자신의 정당성을 훼손하고 정권에서 내려와야 한다"고 말했다. 유가사상은 왕조시대 중국의 위계질서적 사회조직에 부합하는 신념체계였으며, 꼭대기에 위치한 황제를 중심으로 정치제도가 형성되었다.

그러나 파이너가 말하는 오늘날 중국에서의 '사회계층'은 신념체계는 물론 정치에서 보이는 계급을 모두 붕괴시킨 것이다. 중국의 도시들에서는 개인의 자주성이 성장하고 있다. 문화적, 경제적인 생활을 자신의 힘으로 성취해야 한다는 충동은 베이징 정권의 가부장적 통치를 위협하는 판도라의 상자다.

여론조사의 "당신은 스스로 무엇을 하기 원합니까"라는 질문에 대해 젊은 세대들에 가장 흔히 나타나는 반응은 공산주의가 생각하는 (또는 일부 전통적 사고가 생각하는) "개인이란 집단적, 도덕적 장치 속의 톱니바퀴"라는 견해와는 큰 차이가 난다. 두 번째 주제에서 보이듯 젊은이들은 "나의 선택은 모든 사람의 선택은 아닐지 모른다. 그러나 나는 나의 선택이 나를 위해서는 옳다고 믿는다." 그리고 "만약 내가 실패한다면 … 나는 포기하지 않을 것이다. 언젠가 나는 성공할 것이다"고 믿는다.[44] 2002년 상하이에서 어느 오후 나는 교육과 부동산의 구입에 관한 광고에서 "그것은 불가능하지 않다"라는

---

44) *Zhonggou quingnian*, no.9, 1992, pp.12~13; also Yu, 1999.

슬로건을 두 번이나 본 적이 있었다. 이같이 개인주의적이며 패배주의를 거부하는 감정은 민주주의를 위한 밑바탕이 될지도 모른다. 중장기적으로 보았을 때, 중국의 전체주의는 현대화의 바람을 이겨내지 못할 것이다.

베이징에 거주하는, 혹은 2천 마일 이상 떨어진 곳에서 인터넷을 사용하는 영리한 개인들은, 그들이 8세이든 혹은 80세이든, 겉옷이나 속옷을 입고 있든 그렇지 않든, 익명으로 수많은 사람들과 교신할 수 있을 것이다. 그들은 역사 이래 그 어느 때보다 서로 더 많이 말하고 들을 것이다. 예로서 이들은 그 누구도 그 자신이 종교적 책을 읽는지 알 수 없는 상황에서 영어로 되었든 중국어로 되었든 인터넷을 통해 성경책을 훑어볼 수 있을 것이다. 만약 그가 부지런하다면 그는 중국의 당정국가의 견해와 행동이 아닌 제2, 제3의 관점도 습득할 수 있을 것이다. 거리라는 개념은 무의미해졌다. 심지어는 (중국정부가) 사람을 추방하더라도 그의 독소는 남아 있게 되었다. 채팅하는 방은 민주주의를 위한 마당이 되었다.

반면, 인터넷의 사용이 민주주의를 위한 직접적 방편이라고 믿는 것은 옳지 못하다. 많은 중국인들이 게임을 즐기기 위해, 교육적 기회를 추구하기 위해, 돈을 벌기 위해, 혹은 음란물을 보기 위해 인터넷에 접속한다. 더 나아가 베이징의 당정국가는 인터넷을 자신들의 목적, 즉 자신들의 정책을 홍보하는 것을 포함한 목적달성의 대규모적 수단으로 사용하기로 결심했다. 2002년이 끝날 무렵, 중국정부 당국은 잘못된 정치사상을 인터넷에 전파함으로써 "국가의 권력에 도전했다"는 명분으로 33명을 체포하였다. 인터넷은 개인의 힘과 국가의 힘 양자 모두를 강화시키고 있다.

아직까지는 이 새로운 갈등은 중국의 국가-사회의 긴장의 변방지대에서만 야기되었다. 왜냐하면 중국에서 인터넷을 많이 사용하는 사람들은 아직도 작은 부분이라고 말할 수 있기 때문이다. 이들은 대체로 도시에 거주하는 젊은이들이다. 그러나 미래, 엘리트의 견해불일치가 아래로부터의 의견 표출과 불만에 대응해야 할 경우, 인터넷이 널리 사용된다는 사실은 중요한 정치적 요인이 될 것이다. 미래의 어느 날 인터넷의 사용을 체제전복적이라는 이유로 금지하려고 한다면, 이는 마치 냉전 당시 라디오를 듣지 못하게 하기 위해 전파방해를 한 것과 마찬가지의 기억을 불러일으킬 것이다. 중국 공산주의 전체주의는 인터넷을 통한 정보의 동시적 동원에 당면하여 자신의 처지를 잃어버리게 될 것이다.

중국의 시골지역에서도 신념체제와 정치체제 간의 연결이 끊어지는 현상이 나타나고 있다. 중국의 왕조시대 당시, 우주론(cosmology)은 각 지방의 대중적 종교를 황제와 곧바로 연계시킬 수 있었다. 역사의 기억에 의거하여 경축일들이 지정되었다. 그러나 이와는 반대로 중화인민공화국의 새로운 경축일들은(노동자의 날, 국군의 날, 건국일) '문화적 의미'가 별로 없으며, 지방의 관리들에 의해 조직된 것들을 제외한다면 어떤 특별한 행동을 불러일으키지 못한다. 마이런 코헨(Myron Cohen)은 음력정월 축제와 다른 전통적 축제 사이에 대단히 큰 갈등이 존재한다고 기술하고 있다.[45]

2003년 중국에서 종교라 함은 오직 국가가 승인한 종교만을 의미한다. 그 밖의 모든 것은 지방의 대중적 종교이거나, 지하, 하늘, 땅의 신들은 물론 불교의 측면을 보이는 파룬공 등 모든 것이 '미신'이며 추방되어야 할 것이다. 코헨은 "현대중국에서 정치관계 속에는 공유된 문화적 측면이 존재하지 않으며, 그들은 주로 적나라한 명령의 형태로 존재한다"고 부연한다. 국가의 권력은 자연스러운 문화적 연계에 의해 보강되지 않는다. 오히려 "순응, 슬로건, 포스터, 의미보다는 메시지를 전달하기 위한 동원"의 수단을 통해 국가권력을 강화하려고 한다. 바로 이 같은 사실은 장쩌민이 말하는 '세 가지 대표문제'에서도 증명되는 것이다.

아래로부터 올라오는, 믿었던 공공철학을 다시 회복하려는 충동은 때로 명멸하곤 하였다. 그 예들은 1990년대 이후 나타나는 "구원을 위한 잠재적

---

45) Cohen, 1991, p.128.

요구"인 파룬공46)과 1992년 후난성에서 나타났던 '리 황제'의 경우 등이다. 어린 시절 리는 소를 먹이기도 했고, 남의 지갑을 훔치기도 했으며, 칼과 항아리 등 물건행상을 하기도 했다. 나중에 사회주의자의 작업팀에서 그는 탁월한 능력과 가치의 공백을 채우는 매혹적 아이디어로 그 능력을 인정받아 그룹의 지도자가 되었다. 그는 병을 고치는 능력과 홍콩에서 시계와 녹음기로 마술을 보여줌으로써 자신의 능력을 증명했다. 사실 리는 사기꾼이었다. 그러나 리가 자신은 황제라고 선언했을 때, 많은 농민들은 그의 주장을 받아들였다.

리는 돈과 선물세례를 받았다. 그는 자신이 황제라는 사실을 믿도록 하기 위해 신자들로 하여금 함께 쓰촨성에 있는 오메이 산으로 가서 마술을 공부하자고 설득했다. 그들의 진실성을 나타내기 위해 일부 농민들은 황제에게 자신의 딸을 황제의 첩으로 바치기도 했다. 돈, 기적, 그리고 섹스는 매혹적인 거미줄을 짜도록 하였다.

리의 행적을 발굴한 앤 아나그노스트(Ann Anagnost)는 그녀의 연구에서 '인간황제'에 대한 "신비주의적이고 역사적인 이미지"는 "공적 질서에서는 인식되지 않는 오늘날의 정치적 감상을 표현한 것"이라고 말했다.47) 이 시골에서 나타난 영웅이 될 인간은 "신화적 과거를 물질적 현실과 기가 막히게 연계시킬 수 있었던 것이다." 그는 시장화 때문에 짜증이 난, 그리고 문화가 없는 당정국가로부터 버림받은 시민들을 동원할 수 있었다. 그 자신 불쾌한 모습이었음에도 불구하고 리는 중국공산당이 잃어버린, 지도자와 국민 사이의 덧없는 신념체계의 고리를 연결시킬 수 있었던 것이다.

이같이 애처로운 사례가 발생한 이유의 대부분을 알아차리지 못한 중국공산당은 리의 이야기를 종식시킨 후, 마치 머리에 못을 하나 박은 듯한

---

46) Vermander, 2001, p.11.
47) Anagnost, 1985, p.149; 다른 인용들도 모두 같은 논문에서 나온 것들임, pp.150, 154, 156, 169.

충격을 받았다.

"과학적으로 진보된 1980년대에 봉건왕국이 부패로 멸망한 지 70년이 지
난 후, 불량배 한 놈이 '황제', '하늘의 칙령', 그리고 '신선' 등의 단어를
쓰고 다니면서 혹세무민하였다. 이것은 이상한 일이 아닌가? 그렇지 않
다. 비록 우리들은 발전된 시대에 살고 있다고 할지라도, 오래된 옛적의
생각들이 아직 남아 있기 때문이다."

이상한 일인 것 같지만 중국공산당의 당정국가를 감정적으로 중국인민들
과 연계시킨 사람은 마오쩌둥만이 유일한 인물이다. 절충주의적 중국인들
의 대중적 믿음에 관한 전통 속에 마오쩌둥은 믿음의 신전을 건설하였다.
20세기 종반까지 택시운전사들은 사고를 방지하며, 경찰을 피하고 범죄자
들을 피하기 위한 방편으로 핸들에다 마오쩌둥의 사진을 부착하고 다녔다.
1991년 양쯔 강 유역에 대홍수가 발발했을 때, 농민들은 마오쩌둥의 기념
품을 움켜쥐고 있었는데, 이는 마치 불교도들이 수백 년 동안 관음보살(觀
音菩薩), 즉 자비의 여신상이 그들을 안전하고 부유하게 해준다고 믿으며
움켜쥐고 있었던 것과 마찬가지다.
　스스로 백만장자라고 말하는 안후이〔安徽〕성에서 온 한 사람은, 내가 쓴
마오쩌둥 전기의 중국어 번역판을 읽은 후 나에게 편지를 보냈다. "나는
돈이 많아지면 많아질수록 마오쩌둥에 대한 향수를 더 느끼게 됩니다." 톈
진에 있는 과거 공장의 관리인은 기쁜 마음으로 나에게 편지를 보냈다. "당
신이 지은 마오쩌둥 전기를 읽은 후, 나는 내 자신의 높고 존경받는 직책을
포기하기로 결심했습니다. 그리고 무엇인가 보람있는 일을 하기로 했습니
다. 나는 지금 사업가가 되었습니다." 마오쩌둥이 죽은 이후 중국인민들의
이 같은 비정치적 생활은 인민들이 자신을 중국인이라고 믿는 집단적 일체
감에서 나오는 것이다. 이는 당정국가에 대한 감정적 연계가 존재하지 않음

으로써 나타난 것이다. 중국인민들이 새로운 도교주의자가 되고, 돈을 벌지
만 아직도 정신의 중요성을 믿는 곳에서, 장쩌민, 후진타오, 그리고 엔지니
어 출신의 지배계급들은 새로운 법가사상가들이 되고 있으며, 뛰어난 솜씨
로서 신도교주의 인민들을 통치하고 있는 것이다.

20세기에 들어와 새로운 정치적 형태를 추구하는 중국의 노력을 연구한
오웬 라티모어는 다음과 같은 질문을 했다.

"고대에 형성된 구조 중 얼마나 많은 부분을 허물어 내야 할까?
… 고대의 기반 위에 어떻게 현대적 구조가 안정되게 성립될 수 있을 것
인가?"

이들은 아직도 정확한 대답이 나오지 않은 질문들이다. 라티모어는 일본
의 대동아공영권(大東亞共榮圈)을 향한 꿈, 혹은 소련의 공산주의보다 더 결
정적인 것은 "중국의 고대문명이 서구화되는 것"이라고 느꼈다.[48] 아시아
내부지역의 전문가인 라티모어가 죽은 1989년 이래 전개된 상황은 그의 견
해가 더욱 흥미를 자아내는 것으로 만들었다. 지난 1세기 동안 중국에서
나타난 가장 생산적 시너지는 일본에 의해 강요된 것도 아니고, 혹은 마오
쩌둥-소련의 파트너십에 의한 것도 아니었다. 그것은 지금 외국의 자본과
더불어 나타나는 것이다.
  그러나 중국역사에서 중국과 외국이 연계됨으로써 생성된 시너지의 정치
적 결과가 일반적으로 수용될 수 있었던 적은 결코 없었다. 특히 서방 및

---

48) Lattimore, 1962, p.9.

서방의 아이디어 혹은 바다 저편의 상대방이 중국과 시너지를 일으키는 것은, 중국이 아시아 내부지역(*inner Asia*)과 시너지를 일으키는 것보다 훨씬 어려운 일이었다. 몽골과 만주왕조는 거의 5백 년 이상 지속될 수 있었다. 이 두 왕조는 중국의 정치체제를 탈취함으로써 성립되었던 왕조들이었다. 19세기와 20세기 더 짧은 기간 동안 나타났던 시너지는 그것이 소련과 함께 한 경우라도, 외세가 중국의 권력을 탈취함으로써 이루어진 것은 아니었다. 이념의 차용, 조작, 외국기업과의 합자투자, 압력, 자금의 유입 등은 짧은 기간 동안만 시너지 효과를 낼 수 있었다.

중국이 WTO에서 어떻게 버텨나갈 수 있을지는 심각한 테스트가 될 것이다. 중국이라는 정치체제와 외부의 자본으로 중국에서 시너지를 일으키는 힘 사이에 만리장성이 지속적으로 존재한다는 것은 불가능한 일이다. 잠재적으로는 중국이나 중국과 무역거래를 하는 나라 모두가 중국이 WTO에 가입함으로써 이득을 보게 될 것이다. 그러나 중국의 당정국가가 자유무역의 기초가 되는 비교우위의 법칙을 따른다는 것은 대단히 어려운 일이 될 것이다. 이것은 경제적 합리성의 법칙이다. 반면 베이징은 정치적 합리성에 의거해서 작동되는 것이다.[49] 2001년 중국 남부지역에서 자유로운 신문사의 연구자는 "세계화에 당면하여, 가장 우선적인 갈등은 회사들과의 갈등이 아니라 정부와의 갈등이다"[50]라는 글을 썼다.

베이징은 면화, 밀, 설탕 등 비교우위론의 관점에서 보면 생산을 제약해야 할 상품들인데, 그렇게 할 수 있을까? 양어장 및 화훼농원을 지원하는 것은 중국의 탁월한 정책처럼 보인다. 그러나 "정치가 모든 것을 명령하는" 베이징에서 중국정부는 면화, 밀, 그리고 사탕을 재배하는 사람들이 실업자가 되는 것을 허락할 수 없을 것이다.

---

49) Cabestan, 1992, p.476.
50) *Nanfang zhoumo*, Oct. 11, 2001.

만약 베이징 정권이 세계무역의 대원칙을 따르겠다는 위험을 감수하고자 한다면, 그때 중국경제 대부분을 포괄하는 환상적 모습들이 분명히 나타날 것이다. 그렇게 될 경우 보이지 않는 뇌물의 미로들, 내부관계자들의 커넥션, 이중 장부, 가짜 주식시장, 부풀려진 통계, 공산당 앞에 무릎을 꿇어야 하는 법규 등이 백일하에 드러날 것이다. 이 같은 상황이 도래했을 때 덩샤오핑과 장쩌민의 통치하에서 중국이라는 국가권력이 줄어들었다는 신화는 거짓으로 밝혀질 것이다.

중국이 WTO에 가입한 이후 지역적 격차는 더 크게 벌어질 것이다. 니콜라스 라디는 "농업과 제조업 부문 모두는 이미 북서부지방에서 더 큰 비중으로 지속될 것이지만, 고용증가는 주로 양쯔 강 유역 및 중국 동남해안지역에서 이루어질 것이다"[51]고 기술하고 있다. 농업부문이 피해를 입게 됨에 따라 수천만 명의 농민들이 유랑자의 대열에 추가될 것이고, 베이징 정부는 이들에게 도시의 직장, 집 혹은 학교를 제공할 수 없는 상황이다. 만약 베이징 정권이 WTO가 규정하는 원칙들을 모두 따르려 한다면, 그것은 정치적으로 중국이 당면할 가장 큰 위협이 될 것이다.

수백 개의 지역적 혹은 분파적 특수 이익집단들이 세계시장과의 거래로부터 오는 도움을 기대하거나 요구하고 있다. 2001년 광둥성의 한 신문은 WTO에 가입하는 것이 베이징의 지하철 체제가 당면하는 문제점과 손실을 해결하는 방안이라고 예측하였다. 이 신문은 국가가 운영하는 기업은 "더 이상 기댈 언덕이 없다." 더 이상 "커다란 대중의 밥통 속에서 게걸스럽게 먹는 일을 포기하라"고 썼다.[52]

미국을 방문중이던 한 중국학자는 중국이 WTO에 가입하는 것은 "중국의 연기금을 구하는 일"이 될 것이라고 예측했다. 그는 "우리는 외국회사들

---

51) Lardy, 2002, p.21.

52) *Nanfang zhoumo*, Oct. 11, 2001, 7.

의 기술을 이용하여 중국의 사회적 서비스 문제들을 해결할 수 있을 것이다"라고 선언했다.[53] 그러나 이 같은 것은 희망적 사고일 뿐이다.

베이징은 조심스레 세계의 규율을 지킨 후, 아마도 두 세계에서 가장 나쁜 점만을 따라 행동하는 모습을 보일지 모른다. 법에 의한 통치개념이 없는 중국의 행동은, 중국이 국제적 행동기준에 맞춰줄 것을 기대하는 WTO의 관리들을 미치게 만들 것이다. 그러나 정용니안이 말하듯 마오쩌둥 이후 시대에 나타나는 새로운 국가주의는 '지역적 발전주의'의 성격을 띠고 있어 WTO의 규칙을 제대로 따르는 것을 어렵게 만들 것이다.[54] 베이징은 제네바에 약속하겠지만 광저우 혹은 청두는 베이징이 약속한 것과는 다른 행동을 할지도 모른다.

경제학자 리차드 쿠퍼(Richard Cooper)는 "2007년이 되면 중국은 WTO의 규칙을 광범하게 어기는 나라가 될 것이다. 베이징은 외국인들의 불만과 중국의 각 성 혹은 지방에서 야기되는 불법행위 사이에 놓일 것이다"라고 예측했다.[55] WTO의 규율을 따르는 일은 베이징 정부로 하여금 중국의 경제에 대한 간섭으로부터 물러날 것을 요구한다. 그러나 레닌주의적 당정국가인 중국에서 작은 정부란 불가능한 일이다. 중국의 정치가 계층처럼 지식이 아주 높은 사람들이라 할지라도, 이 같은 이율배반이 생산해 놓은 위기를 회피하기는 어려울 것이다. 향후 20년 동안 중국정치에 관해서 다섯 가지 시나리오가 가능하다.

첫 번째 시나리오는 신덩샤오핑주의라고 말할 수 있는 것으로서 장쩌민 시대와 같은 정치를 의미한다. 베이징 정권은 정치적 다원주의를 향한 움

---

53) Forum on China and the WTO at Kennedy School, Harvard University, Sept. 13, 2001.

54) Zheng, 2000, p.220.

55) Richard Cooper, talk at Fairbank Center, Harvard University, Nov. 16, 2001.

직임을 거부했고, 중국은 정치와 경제의 이율배반적 상황 속에서 사는 모습이다. 중화인민공화국은 통일성을 유지하고 있고, 일관성과 분명한 목표의 결여는 안전하게 작동중인 체제를 뒤엎어버릴 요인은 되지 않는다. 신덩샤오핑주의는 중국인민들보고 "부자가 되라"고 말하며 국가적 자존심을 고양시키고 있다. 세계는 상도를 벗어난 중국의 공산주의가 어떻게 소련이 당했던 운명을 회피하고 있는가에 대해 경이로워 한다. 미국은 경제적으로 막강해지는 중국이 권위주의적 국가로 남아 있으면서, 미국을 제치고 넘버원의 자리를 차지할 것을 우려하고 있다.

두 번째 시나리오에 의하면, 정치적 동맥경화증에 걸린 중국이 약화되는 것이다. 중국의 남부는 계속 발전하게 되고, 티베트와 신지앙성은 다루기 힘든 채로 남아 있으며, 중앙으로부터 더 많은 자유를 추구하게 됨에 따라 여러 지역들로 분열될 수도 있는 위기상황에 도달한다. 중국공산당은 아직 수도에서 통치한다. 그러나 마치 위안스카이 이후의 청나라 정권처럼, 그리고 1928년 이후의 난징정권처럼, 중국공산당은 실질적으로는 중국의 여러 지역을 통치하지 못하는 상황에 이른다. 중국의 국제적 영향력은 쇠퇴한다. 중국이 아시아를 지배할 것이라고 우려하는 나라는 없다. 그러나 수많은 중국인민들이 중화인민공화국을 떠나 보다 살기 좋은 안전한 곳으로 대규모로 이동할 것을 우려하게 된다.

세 번째 시나리오는 중국공산당 정권이 1980년대의 한국 혹은 대만에서 보인 바처럼 솜씨 좋게 체제변화를 이룩하여 느슨한 권위주의 체제로 전환되고, 점차 투박하기는 하지만 민주주의 국가로 변화하는 것이다. 경제발전과 사회의 분화는 정치적 다원주의를 가능하게 할 것이다. 정치범의 숫자는 줄어들 것이고, 더 이상 정부의 목소리를 메아리처럼 외쳐대는 신문은 줄어들 것이며, 자율성을 가진 직업이 나타날 것이다. 그리고 중산층에 속하며 사유재산을 소유한 수백만 중국인민들이 나타날 것이다. 중국은 국내외로부터 골칫거리였던 비판자들의 숫자가 훨씬 줄어들 것이다.

　네 번째 시나리오는 중국공산당에는 우울한 것이다. WTO의 가입은 궁극적으로 정권이 통제할 수 없는 사회적, 정치적 결과를 초래할 것이다. 경제성장은 지속될 것이다. 그러나 성장속도는 줄어들 것이다. 한때 독일의 공산주의자였던 월리 슈람이 말했던 진리가 지금 널리 받아들여지고 있다. "자본주의의 문제는 자본가들 때문이다. 사회주의의 문제는 바로 사회주의 그 자체 때문이다." 과거에는 침묵을 지켰던 중국인민들이 중국공산당을 마치 불타버려 쓸모없게 된 상자처럼 취급하고 있다. 점잖던 중국인민들은 이제 마지막으로 '임금님은 발가벗었다'고 말하기 시작했다. 1991년 모스크바에서 일어났던 것처럼 공산주의 정권이 급속히 붕괴할 가능성도 있다. 준정치적이며, 종말론적이고, 성(省)차원에 근거를 둔 정치운동들이 혼란스럽게 야기될 가능성이 있다. 중국공산당의 간부들은 자신들을 바닥으로부터 일으켜 세울 수 있을 것이다. 그러나 정치적 경쟁으로 돌아갈 때 그들은 자신들을 반공산주의 민족주의자인 것처럼 치장할 것이다. 헐레벌떡 연기를 몰아쉬며 '붉은 왕조'는 사라져버릴 것이다.

　다섯 번째 시나리오는 중국공산당에 대해 가장 크게 밀려오는 파도와 같은 것인데, 경제발전이 쇠퇴기로 반전될 경우 선택대안은 줄어들게 되며, 철학적 기반의 분열현상이 나타나게 된다. 좌파들은 중국의 통일을 유지하기 위해 레닌주의가 필요하다는 사실을 재빨리 주장한다. 우파들은 말로는 맑스주의를 따르지만 점차 사회민주주의를 따르게 된다. 윌리암 맥건(William McGurn)은 "시장이 그들을 어디로 데려갈지 중국 지도자들이 잘 알고 있는지의 여부는 불분명하다. 만약 프리드리히 폰 하이예크(유명한 자유시장 경제 주창자)가 옳다면, 중국의 지도자들이 시장에 그들을 어디로 끌고 갈지 모르는 편이 더 좋을 것이다."56) 분열이 오는 이유는 좌파 지도자들이 시장과 레닌주의는 양립할 수 없다는 사실을 알고 있으면서도 레닌주

---

56) McGurn, 2000, p.66.

의를 선택하기 때문이다.

논란은 지연되고 있으며 인민해방군은 논란을 해결하기 위해 개입할 수 있다. 군부는 안정을 유지한다는 것과, 자신의 고유한 예산과 철학을 보호하기 위한 목적으로, 부대 속에 남아 있음으로써 중립적 입장을 취하기보다는 좌파 정치가들을 지원하기 위해 나올 수 있을 것이다. 과거에 존재했던 균형상태가 상처를 입은 상태이기는 하지만 다시 회복될 것이다. 위기가 발생하기 이전의 어떤 문제도 해결된 바 없다. 1989년 천안문 광장 사건의 경우처럼 과거의 국가가 새로운 사회와 경제를 억누르고 승리할 수 있을 것이다. 분명한 것은 이 경우 또 다른 혼란이 금명간 발생하고 말 것이라는 사실이다.

위의 다섯 가지 시나리오 중 어느 것도 다음의 두 가지보다 더 현실적인 것은 없다. 각각은 위의 다섯 번째 시나리오의 1단계 및 2단계와 밀접하게 연결되는 것이다.

여섯 번째 시나리오도 역시 도저히 해결불가능할 정도의 경제적 슬럼프 상황이 도래하는 경우, 즉 중국공산당 내의 난투가 발생할 것을 예상한다. 좌파들은 레닌주의로의 복귀를 긴급히 주장한다. 반면 개혁주의자들은 사회민주주의자들이 된다. 좌파들은 시장과 레닌주의가 양립할 수 없다는 사실을 알고 있으며, 과정을 거꾸로 바꾸길 원한다. 그들의 반대자들은 이미 여러 해 동안 사적으로는 마치 1970년대와 1980년대의 체코슬로바키아 혹은 헝가리인들처럼, 개혁의 과정은 정치적 운명을 모호하게 할 것이라고 보고 있다. 이제 그들은 경제적 변화는 레닌주의적 정치체제의 존재근거를 파괴했다고 선언한다.

군대가 개입할 것이다. 그러나 궁극적으로 장군들은 두 개의 반대세력 사이에서 중재하려 하지 않을 것이다. 오히려 그들은 스스로 정치적 공백을 채우는 보스가 되고자 할 것이다. 인민해방군은 양쪽의 지도자들을 정치무대에서 몰아낼 것이고, 군사통치를 선언할 것이다. 파시즘이 도래하는 것이다. 새로운 정부는 중국의 시골에 관심을 쏟을 것이며, 국제적 경제개입을 감소시킬 것이고, 건강해 보이지 않는 문화적 상품들을 파기할 것이며, 부정한 방법으로 축재된 부를 해체할 것이다. 새로운 체제 아래 도시의 폭동이 흔히 나타날 것이다.

이러한 시나리오는 중국에서 레닌주의와 맑스주의가 성공적으로 결별할 수 있는 것으로 되어 있다. 이 상황은 파시즘시대가 도래하는 기반을 제공할 것이며, 1920년대 및 1930년대 유럽에서 레닌주의가 파시즘이 성공하도록 기여했다는 사실을 돌이켜 생각해 보도록 한다. 당시 맑스주의 신념을 대체하기 위해 민족주의가 강요되었다. 파시스트로 변한 베이징은 히틀러와 무솔리니의 시대처럼 압제와 반(半) 자본주의는 병존할 수 있다는 사실을 증명할 수 있을 것이다.

중국에서 맑스주의가 쇠퇴함에 따라 두 가지 관점이 명확하게 나타난다. 중국혁명은 맑스주의와 그렇게 깊이 연관된 것은 아니었다는 사실이다. 둘째로, 공산주의와 파시즘은 정반대편에 위치한 상극적인 것으로 생각하는 것은 서구 지식인들의 오류라는 것이다. 제임스 그리거는 "현실적 혹은 환상적 외세의 침투"라는 개념에 정반대의 각을 세우는 '반동적 민족주의'를 진실에 가깝게 설명했다. 반동적 민족주의는 20세기를 그토록 잔인하게 만든 권위주의 독재정권을 산출한 요인이었다. 20세기의 혁명과 전쟁들은 계급간의 투쟁이 아니라 민족의 투쟁이었다. 이러한 개념은 무솔리니, 쑨원, 스탈린, 마오쩌둥, 히틀러, 카스트로, 그리고 덩샤오핑을 연계시킨다. '프롤레타리아 혁명'은 사실 공산주의적 전체주의와 별 관계가 없는 것이다.

덩샤오핑과 장쩌민이 통치하던 중국은 국제경제에 훨씬 더 많이 노출되었기 때문에 위의 언급에 대해 반론을 제기할 수 있을 것이다. 그러나 이탈리아의 무솔리니의 경우도 마찬가지였다. 이 모든 반동적이며 발전지향적인 국가들은 옳든 그르든 그들이 우려하는 현대세계에서 자신들의 자리를

히 야기될 것이다.

베이징의 대외행동은 중국이라는 국가에 무슨 일이 일어날지 혹은 일어나지 않을지에 따라 달라질 것이다. 개혁주의를 지향하는 학자인 리우준닝은 "중국이 건설적 동반자가 될지 혹은 부상하는 위협이 될지는 중국에서 자유주의의 운명에 크게 의존할 것이다. 자유주의 중국은 건설적 동반자가 될 것이다. 민족주의적 혹은 독재주의적인 중국은 부상하는 위협이 될 것이다."[63]

미국은 중국의 행보에 영향을 미칠 수 있는 어떤 조치를 취할 수 있을까? 미국은 중국의 행보에 영향을 미칠 수 있다. 그러나 그 영향력은 제한적일 것이다. 중국의 정치적 미래는 주로 중국인 자신들의 손에 달려 있기 때문이다. 이는 19세기 말엽 중국의 유교왕조가 비틀거리다가 1911년 몰락했을 당시에도 마찬가지였다. 1940년대 마오쩌둥의 공산군과 장제스의 국민혁명군이 싸울 때도 마찬가지였다. 베이징이 공산주의 이후 시대라는 미래에 당면하게 될 때도 마찬가지일 것이다.

윌리엄 크리스톨(William Kristol)은 "우리(미국) 외교정책의 목표는 분명히 베이징의 독재정치가 평화적으로 대만과 같은 민주주의로 변하도록 도와주어야 한다는 데 있다"[64]고 쓰고 있다. 그러나 미국은 미래의 예측할 수 없는 결과 때문에 이 복잡한 과정을 더욱 어렵게 만들 수도 있다. 우리(미국)의 역할은 중국의 미래가 나갈 길에 불을 밝혀주는 데 있다. 현재 중국인민들은 서방으로부터 배우는 것을 좋아한다. 그러나 중국인들은 스스로 자신들이 옳다고 생각하는 바를 자신들의 페이스대로 할 것이다.

---

63) Liu, 2000, p.60.

64) *Weekly Standard*, June 25, 2001.

484

　미국은 세계에서 민주주의와 개인의 자유를 위한 가장 중요한 햇불이다. 언덕 위의 이 햇불은 중국인민들의 마음에 영향을 미칠 것이고, 중국공산당에는 압박을 가할 것이다. 비록 미국은 중국에 국내문제를 해결하라고 압박해야 할 정도까지는 나가지 말아야 하겠지만, 우리는 연방주의와 개인적 가치 등 미국의 가치를 목소리 높여 주창해야 한다. 그러기 위해서는 오늘, 그리고 내일의 중국정치의 관점을 알고 있어야 하고, 베이징에 있는 중국공산당과 사업하듯이 거래해야 할 것이며, 앞으로 나타날지도 모를 (정권이 바뀐) 다른 베이징과 거래할 준비도 하고 있어야 한다. 그러는 동안 동아시아에 주둔하는 미국의 군사력은 새로운 중국제국이 개인의 자유를 대신하여 국가의 영광을 쉽게 추구할 수 없도록 방지하는 핵심적 수단이 될 것이다.

　라티모어는 "중국의 고유한 고대문명이 서구화된다는 것은" 중국이 전통과 현대 사이의 딜레마를 해결하는 데 결정적인 일이 될 것이라고 정확하게 감지했다. 조세프 레빈슨(Joseph Levenson)은 20세기의 혁명이 중국인들의 과거에 대한 인식을 얼마나 크게 변화시켰는가를 잘 보여주고 있다. 모든 인류에게 보편적으로 적용될 수 있다고 가정하는 철학(유가사상이 가미된 중국왕조들의 세계관)은 한 나라 역사의 한 장으로 편입되어 들어갔다.[65] 레빈슨은 "중국이 더 이상 세계가 아니라 국가로 변하게 되었을 때, 혹은 국가로 변하기 위해 투쟁할 때, 유가사상은 중국이라는 국가를 포함하는 더 큰 세계에서의 가장 중요한 요소였다"[66]고 쓰고 있다. 중국혁명이 진행되는 와중에서 중국공산당은 '가치'로서 중국의 과거를 배척했을 뿐만

---

65) Levenson, 1968, Conclusion to each of the three volumes.
66) Levenson, 1971, p.5.

아니라 서구세계의 대부분도 배척하였다. 중국공산당은 두 가지 다른 서방을 구분했다. 하나는 자유주의 서방이고, 하나는 볼셰비키 서방이었다. 중국은 후자를 미래세계의 주류가 될 것이라 생각하고 선택하였다. 여기서 중국은 자신의 문제를 해결하는 것뿐만 아니라 아프리카 및 라틴아메리카의 배고픈 마을들에도 적용할 수 있는 새롭고 보편적인 진리를 발견한 것이다. 중국공산당은 중국의 과거를 '봉건'이라는 라벨을 붙여 표시했다. 중국공산당은 미국과 민주적 서방은 사회주의의 새로운 역사적 단계에 의해 매장될 운명에 놓여있다고 선언했다. 레빈슨은 공산주의자들이 취한 입장은 "과거와 서방에 대한 복수"였다고 기술하고 있다.[67]

　새로운 중국이 이끄는 반전통적, 좌익적 세계주의는 마오쩌둥이 통치하던 말년 무렵 처절하게 붕괴되었다. 전 지구에 새로운 방식으로 소개되었던 마오쩌둥 사상은 파리, 아바나, 자카르타에서 뿐만 아니라 중국 내에서도 그 매력을 잃어버렸다. 1960년대와 1970년대의 중국은 두 배나 더 거칠었다. 중국은 자신 스스로의 과거를 부정했고 부르주아 서방을 부정했다. 레빈슨의 용어를 빌린다면 홍위병들은 그들이 '거친 사람'들이라고 비판하는 서구화된 중국의 부르주아지 못지 않게 거친 자들이 되었다.

　덩샤오핑과 장쩌민의 중국은 서방을 더 이상 부정하지 않고, 중국의 과거를 일부 수용함으로써 다시 균형을 회복할 수 있게 되었다. 그러나 진실을 말하자면, 오늘날의 중국은 아주 척박한 의미에서만 세계시민적(*cosmopolitan*)이라고 말할 수 있다. 공산주의의 정치질서는 중국의 고유한 문화와의 관계를 잃어버렸고, 공산주의 정치질서 자체도 동맥경화증에 걸려버렸다. 새로운 중국은 오로지 고층건물, 수출흑자, 미사일 등에서 보이고 있을 뿐, 20세기가 시작될 무렵에도 중국이 왕조가 몰락한 이후 추구했던 정치질서와 공공철학이 잘못된 것이었다는 사실을 용서받기에는 충분치 못하다.

---

67) Levenson, 1971, p.54.

인터넷 그 자체도 중국인민들을 인본주의자, 민주주의자 혹은 세계시민으로 바꾸지 못한다.

레빈슨은 마오쩌둥의 중국은 중국철학을 중국의 특수한 역사로 바꾸어 놓았고, 중국을 보편적 맑스-레닌주의의 주변에 위치시키는 것을 선호했다고 말한다. 마오쩌둥의 혁명은 "세상에 반대하며 세상에 동참하기 위해, (중국의) 과거는 부정하면서 (중국을) 과거에 묶어놓기 위한 세계시민정신"에 의해 조장되었다. 장쩌민의 중국은 맑스주의적 세계시민주의를 포기하고 중국을 위해 중국의 과거를 다시 주장했다. 불행하게도 장쩌민과 덩샤오핑은 마오쩌둥과 마찬가지로 중국의 3천 년 역사에 나타나는 신화의 대부분과 독재정치를 선택했다.

두 개의 서방 ― 자유주의와 볼셰비키 ― 을 본 혁명기의 중국은 잘못된 '서방'을 지지했을 뿐만 아니라 '잘못된 중국의 과거'도 지지했던 것이다. 그래서 덩샤오핑이나 장쩌민, 그리고 현재의 후진타오 역시 마오쩌둥 못지 않게 법가사상적이며 독재정치적인 중국의 과거를 붙잡고 있는 것이다. 네 가지 절대원칙을 지탱하기 위해 박물관 속의 진시황제마저 끌어내는 것이다. 인본주의적 유가사상의 과거는 이용되지 않고 있다. 다만 유교의 부정적 사례만이 인용될 뿐이다. 오늘날 중국의 정치와 중국사회의 간극 때문에 야기되는 고통은 과거와 서방의 문제를 해결하기 위해 선택된 방법이 잘못된 것이기에 지불해야 하는 대가다. 문화적인 면에서 마오쩌둥의 중국은 세계에 대해 아무런 메시지도 없었다. 정치적으로 오늘의 중국은 세계에 대해 아무런 메시지가 없다.

계급분석 민족주의로부터 부와 권력의 민족주의로의 도약은 중국을 세계시민의 영토에 안착시키지 못했다. 레빈슨은 그의 생애 마지막 무렵에 과연 중국이 해변에 올라온 고래로 남아 있을지, 혹은 중국이 "세계시민주의의 조류에 올라타서 세계에 합류하게 될지"에 대해 생각해 보았다. 좌익이 번성하던 시절에 쓴 글에서 레빈슨은 중국의 문화혁명은 소기의 역할을 할 수 있을지도 모른다고 썼다. 그러나 그는 미래에 중국이 서구화될 것이고, 그럴 경우 중국은 세계에 합류할 수 있을 것이라는 여운을 남겼다.[68]

돌이켜 보건대 경기는 아직도 끝나지 않았다. 지난 수십 년 이래 어느 때보다도 중국에서 서방의 영향력이 커진 상황이다. 그러나 19세기 말엽 이래 21세기 초반에 이르기까지 중국에서 민족주의는 하나의 가장 큰 상수 (常數)로서 존재하고 있다. 거의 자동적으로 문화나 정치가 아니라 경제생활이 오늘날 중국인들의 세계주의의 가장 핵심적인 요인이 되었다.

중국의 언어와 문학을 연구하는 펜실베이니아대학의 더크 보드(Derk Bodde) 교수는 1940년대 말엽 공산주의자들이 베이징을 장악할 당시 그곳에 살았으며, 중국적 가치 및 서구적 가치를 가진 친구들과 의사교류한 기록을 보유하고 있다. 보드 교수는 자신의 입장을 다음과 같이 말하고 있다.

"서구문명의 그 모든 어려움에도 불구하고, 그리고 개인이 스스로 진보해야 한다고 강조하고 있음에도 불구하고, 더구나 지난 40년 동안 두 번씩이나 세계대전을 야기함으로써 세상을 파탄시켰음에도 불구하고, 나는 서구문명이 인류생활의 발전에 가장 큰 희망을 제공한다고 생각한다. 왜냐하면 서구문명은 지배적이며 교조적인 권위와의 힘든 싸움에서 개인의 표현을 획득하는 데 성공했기 때문이다. 다른 말로 한다면, 우리 서방세계를 그토록 암울하게 보이게 했던 갈등은 그것이 비록 파괴적인 것으로 보이기도 했지만 진화의 가능성과 궁극적 진보를 가져다주는 요인이었던 것이다."[69]

_____

68) Levenson, 1971, p.55.

미국으로 돌아온 후, 이 말들을 다시 음미해 본 보드 교수는, 이 말들에 각주를 달아야겠다는 느낌을 가지게 되었다. 동서 양 진영이 긴장 속에 있고 핵무기가 존재하는 상황에서, 그는 서방에 대해 1948년처럼 객관적 입장을 견지하기 어렵다고 생각했다. 그러나 역사는 20세기 후반 더 큰 뒤틀림을 경험하게 했다. 서방은 쇠퇴하지 않았고 오히려 정점에 올라 선 것이다. 1980년대 중반 약 70개국, 그리고 지구인구의 거의 3분의 2에 해당하는 사람들이 공산주의 혹은 사회주의 정권 아래서 살고 있었다. 그러나 1990년대 초반이 되었을 때, 공산주의의 거의 전부, 그리고 사회주의의 대부분이 죽었거나 죽어가고 있었다. 서구에 근거를 두는 자유주의사상이 상승하는 중에 있는 것이다.

중국은, 북한, 쿠바와 더불어 공산주의를 유지하는 놀라운 상황이지만 엄청난 비현실적 상황에 놓인 것처럼 보인다. 중국의 공식적 입장은 때로 지켜질 수 없는 것처럼 보인다. 중국의 문화와 정치 사이의 관계는 청나라 말엽 당시의 그것보다 오히려 더욱 해결하기 어려워 보인다. 그러나 중국은 일부 사람들이 서구적이라고 말하는 가치를 옹호하고 있다. 중국의 길을 걷는 미국인은 문명의 충돌현상을 느끼지 않는다. 그러나 정치적으로 보았을 때 2002년의 중국은 아직도 사회의 가치와 권력의 제도를 연계시키려는 시도조차 하지 않고 있었다. 그 결과 중국은 보드 교수가 칭송한 서방의 정신적으로 '진전'된 가치를 보여주지 못하고 있다. 중국은 1911년 이후 당면한 것과 유사한 정치적 위기를 맞이하고 있다.

중국공산당이 중국의 역사를 두 개의 부분으로 나눔에 따라, 21세기의 미래 중국도 두 가지 모습을 반영하게 된다. 하나는 남에게 포위당했다는 피해의식을 가지고 있으며, 역사의 사명을 가지고 있다고 믿는 독재국가 중국이다. 제국적 국가의 속성을 가진 채로 힘이 막강해진 중국의 경우다.

---

69) Bodde, 1967, p.53.

그 경우 중국은 대만을 위협할 것이고, 민주주의자들을 가두어 놓을 것이며, 미얀마를 속국 취급할 것이고, 티베트에 대해서는 종교적인 십자군적 조치를 취할 것이며, 인터넷사이트를 폐지하고, 남지나 해의 영토분쟁중인 도서들에 대한 주변국들과의 협상을 거부할 것이다. 이 같은 강압적 제국은 안정적일 수 없으며, 자신의 새로운 사회경제적 활력으로부터, 그리고 미국과 중국의 이웃나라들의 친구들로부터 안락함을 느끼지도 못할 것이다.

두 번째 중국은 오늘날의 중국 젊은이들 — 즉 공산정권의 허세에 감명받지 않으며, 국가보다는 가족, 문화, 그리고 경제생활에 더욱 신경을 쓰는 — 이 주축이 되는 느슨한 중국이다. 저자는 이런 중국이 궁극적으로 도래할 것이고, 그럼으로써 중국제국의 꿈은 끝날 것이라 믿는다. 민주적 연방국가인 중국은 세계를 주도하는 국가가 될 수 있으며, 아시아에서 수십 년 동안 미국의 유익한 동반자가 될 것이다. 중국의 전통은 독재 이외의 다른 비전도 제시할 수 있다는 사실을 기억하자. 중국의 유가사상은 인본주의적 자세를 포함하는, 독재정치의 반대편에 있는 개념이며, 도가사상은 행동하지 않고 다스리는 것을 가르치고 있다. 도가사상의 금언은 "소수민족의 작은 국가"다. "존재한다는 그 사실만을 국민이 아는 지도자가 좋은 지도자"라는 것은 또 다른 금언이다.[70] 중국공산당의 장황스런 언급에 대한 도가사상의 대답은 분명하다.

"지혜가 있는 사람은 말을 적게 한다"고 도가의 경전은 말하고 있다. 또한 도가의 경전은 "말을 많이 하는 자가 지혜를 가진 경우란 거의 없다"고 가르친다.[71]

그러나 중국인들은 정치제도를 어떻게 결정할 것인가의 문제에 대해 어려움을 느낄 것이다. 중국이 민주주의 연방국이 되기 이전 어려운 시간을

---

70) Dittmer and Kim, 1993, p.41.

71) *Daode jing*, zhang 56.

보내야 할지도 모른다. 민주주의를 지향하는, 해외망명중인 중국인사들이 파벌을 형성함으로써 잘못된 긴장 속에 있다는 사실은 심각한 경고의 사인 이다. 중국의 베테랑 정치평론가인 리우빈얀은 "수천 년 동안 우리 중국인 들은 살기 위해 투쟁했습니다"라고 말했다. "그래서 우리는 우리의 이익을 직접 다루지 않고, 추상적 사고를 다루는 고매한 이유를 기초로 해서 뭉치 는 능력이 결여되어 있습니다.… 나는 우리 스스로 문제를 물려받은 것이라 생각합니다. 그 문제들은 바로 우리 피에 흐르고 있습니다."[72]

나는 억압적 중국이 아무리 좋은 기계와 미사일과 달러를 가지고 있다고 해도, 세계의 지도국가 역할을 담당할 수 있다고 믿지 않는다. 오늘날 중국 이라는 국가가 궁극적으로 강한 나라가 될 수 없는 이유는 이미 1859년 존 스튜어트 밀(John Stuart Mill)에 의해 그 이유가 설명되었다.

"장기적 관점에서 국가의 가치는 그 국가를 구성하는 개인의 가치와 같 다.… 심지어 그렇게 하는 것이 국민들에게 이익이 되는 경우라 할지라도, 국가의 말을 잘 듣는 수단으로 만들기 위해 자국민을 위축시키는 나라는 … 위축되어 작아진 국민들과 함께 어떤 위대한 업적도 성취할 수 없다 는 사실을 발견하게 될 것이다."[73]

중화인민공화국이라는 국가는 자신의 국민들을 난쟁이로 만든 나라다. 비록 중화인민공화국 후반부는 전반부와 비교할 때 국민을 위축시키는 정 도가 적었지만 말이다. 그러나 오직 개인만이 진정한 창조적 힘이다. 두 번째의 중국은 궁극적으로 현대적 민주국가를 건설할 수 있을 것이다. 그런 나라는 국민대중의 실질적 소망과 지혜, 그리고 혼합적 사상들이 합쳐진 나라이며, 중국문명의 가치를 보유한 나라일 것이다.

---

72) Buruma, 2001, p.23.
73) Mill, 1929(1859), pp.143~144.

저자는, 중국의 미래는 우리와 같은 중국의 미래에 대한 예언자들이 판단하는 것보다 훨씬 넓게 열려있을 것이라는 사실을 고백한다. 중국은 반복적으로 중국의 황제 혹은 관리들이 현실을 구성하기 위해 만들어 놓은 명분을 피해나갔다는 역사를 보여준다. 마찬가지로 중국의 역사는 과거, 그리고 현재 외국의 신화 창조자들이 설정해 놓은 범주를 초월했다는 사실을 보여준다. 중국문제 전문가인 앤드류 네이션은, "우리는 중국에 대한 우리들의 탐구가 언제라도 지평선을 넘지 못했다는 사실을 발견했다"고 쓰고 있다.[74] 저자가 믿기에 (중국에 관한 연구가) 이처럼 모호하고 윤곽이 잡히지 않는 이유는, 중국의 삶에 나타나는 이론과 실제의 차이, 중국의 본토와 중국 주변의 비중국적 세계와의 모호한 경계 등에서 유래하는 것이다. 이같은 상황에서 저자는 이 책이 중국을 연구하는 데 한두 줄기 빛이 되기를 희망한다. 중국의 본질도 희미하고, 중국에 대한 정의도 모호한 상황이지만, 비정치적 중국은 빛나고 있다. 중국학의 원로인 리차드 워커(Richard Walker)는 "내 인생의 경험은 나로 하여금 중국 ― 꼭 민족국가 혹은 나라(國)로서가 아니라, 천하(天下)를 향한 중국의 많은 기여를 초월하는 삶의 양식으로서의 중국 ― 이 가지고 있는 생명력의 강인함을 믿도록 한다"[75]고 쓰고 있다.

---

74) Hua, 2001, foreword, xiii.
75) Walker, 1994, p.9.

참고문헌

Almond, Gabriel. "The Return to the State," *American Political Science Review*, vol.82, Sept. 1988.

Anagnost, Ann S. "The Beginning and End of an Emperor," *Modern China*, vol.11, no.2, April 1985.

Balazs, Etienne. *Chinese Civilization and Bureaucracy*, trans. by H. M. Wright. New Haven: Yale University Press, 1964.

Bao Ruo-Wang [Jean Pasqualini] and Rudolph Chelminski. *Prisoner of Mao*. New York: Penguin, 1976.

Barendse, R. J. *The Arabian Seas: The Indian Ocean World of the Seventeenth Century*. Armonk, N.Y.: Sharpe, 2001.

Barmé, Geremie. "Private Practice, Public Performance," *China Journal*, no.35, Jan. 1996.

_____. *Shades of Mao*. Armonk, N.Y.: Sharpe, 1996.

Barnett, A. Doak. *China's Far West: Four Decades of Change*. Boulder: Westview Press, 1993.

Beckwith, Christopher I. *The Tibetan Empire in Central Asia*. Princeton: Princeton University Press, 1987.

Beecquelin, Nicolas. "Xingjiang in the Nineties," *China Journal*, no.44, July 2000.

Bedeski, Robert E. *State-Building in Modern China: The Kuomintang in the Prewar Period*. Berkeley: Institute of East Asian Studies, University of California, 1981.

Benson, Linda. *The Ili Rebellion: The Moslem Challenge to Chinese Authority in Xinjiang, 1944~1949*. Armonk, N.Y.: Sharpe, 1990.

Benson, Linda, and Ingvar Svanberg. *China's Last Nomads: The History and Culture of China's Kazaks*. Armonk, N.Y.: Sharpe, 1998.

Bernstein, Richard, and Ross Munro. *The Coming Conflict with China*. New York.: Knopf, 1997.

Bøckman, Harald. "China Deconstructs? The Future of the Chinese Empire State in a Historical Perspective." In Kjeld Erik Brødsgaard and David Strand, eds., *Reconstructing Twentieth-Century China*. Oxford: Oxford University Press, 1998.

Bodde, Derk. *Peking Diary: 1948 ~1949, a Year of Revolution*. Greenwich, Conn.: Fawcett, 1967.

Bol, Peter. "Principles of Unity." Conference on Song Dynasty Statecraft in Thought and Action, Scottsdale, Ariz., 1986.

———. "Emperors Can Claim Antiquity Too-Huizong, the New Policies, and the Examinations." Conference on Huizong and the Culture of Northern Song China, Brown University, Dec. 2001.

Brady, Anne-Marie. "'Treat Insiders and Outsiders Differently': The Use and Control of Foreigners in the People's Republic of China," *China Quarterly*, no.164, Dec. 2000.

Brødsgaard, Kjeld Erik. "Institutional Reform and the *Bianzhi* System in China," *China Quarterly*, no.170, June 2002.

Brødsgaard, Kjeld Erik, and David Strand eds. *Reconstructing Twentieth-Century China*. Oxford: Oxford Univ. Press, 1998.

Buchheim, Hans. *Totalitarian Rule: Its Nature and Characteristics*, trans. by Ruth Hein. Middletown, Conn.: Wesleyan University Press, 1968.

Burles, Mark. *Chinese Policy Toward Russia and the Central Asian Republics*. Santa Monica, Calif.: Rand, 1999.

Burr, William, ed. *The Kissinger Transcripts: The Top Secret Talks with Beijing and Moscow*. New York: The New Press, 1998.

Buruma, Ian. *Bad Elements: Chinese Rebels from Los Angeles to Beijing*. New York: Random House, 2001.

Byington, Mark E. "Claiming the Koguryô Heritage: Territorial Issues in the Management of Koguryô Archaeological Sites in Northeast China." Paper at Society for East Asian Archaeology, Durham, England, July 2000.

Cabestan, Jean-Pierre. *L'administration Chinoise après Mao: Les Réformes de l'ère Deng Xiaoping et leurs Limites*, Paris: Éditions du Centre National de la

Recherche Scientifique, 1992.

Cai Yongshun. "Between State and Peasant: Local Cadres and Statistical Reporting in Rural China," *China Quarterly*, no.163, Sept. 2000.

Carpenter, Ted Galen, and James A. Dorn, eds. *China's Future: Constructive Partner of Emerging Threat?* Washington, D.C.: Cato Institute, 2000.

The Case of Peng Teb-buai, 1959~1968. Hong Kong: Union Research Institute, 1968.

Chang Chun-mai. *The Third Force in China.* New York: Bookman Associates, 1952.

Chang, Gordon. *The Coming Collapse of China.* New York: Random House, 2001.

Chang, K. C. "Chinese Archaeology Since 1949," *Journal of Asian Studies*, vol.36, no.4, Aug. 1977.

Chang Ya-chun. "Beijing's Maritime Rivalry with the U.S. and Japan," *Issues and Studies*, June 1998.

Ch'en Ta-tuan. "Investiture of Liu-Ch'iu Kings in the Ch'ing Period." In John K. Fairbank, ed., *The Chinese World Order: Traditional China's Foreign Policy.* Cambridge: Harvard University Press, 1968.

Chen Dunde. *Mao Zedong yu Nikeson zai 1972.* Beijing: Kunlun chubanshe, 1988.

Chen Fangming. *Zhimin di Taiwan: Zuoying zhengzhi yundong shilun.* Taipei: Maitian chuban gongsi, 1998.

Chen Jian. *China's Road to the Korean War.* New York: Columbia University Press, 1994.

Chen Qiyou, comp. *Lü shi chunqiu jiaoshi.* Shanghai: Xuelin chubanshe, 1984 (reprint).

Chen Qiyu. *Han Feizi zhishi*, 2 vols. Shanghai: 1958.

Chen Tsu-Lung. *La vie et les oeuvres de Wouo-tchen.* Paris: Ecole Francaise d'Extreme-Orient, 1966.

Chesneaux, Jean. "Egalitarianism and Utopian Traditions in the East," *Diogenes*, no.62, 1968.

Ch'i Hsi-sheng. *Nationalist China at War: Military Defeats and Political Collapse, 1937~1945.* Ann Arbor: University of Michigan Press, 1982.

Chiang Kai-shek. *China's Destiny.* New York: Roy Publishers, 1947.

_____. *Soviet Russia in China*. New York: Macmillan, 1970.

China's National Defense. Beijing: Information Office of the State Council, July 27, 1998.

Chou, Eric. *A Man Must Choose*. New York: Knopf, 1963.

_____. *The Dragon and the Phoenix*. New York: Arbor House, 1971.

Chow Ching-wen. *Ten Years of Storm: The True Story of the Communist Regime in China*. New York: Holt, Rinehart and Winston, 1960.

Ch'u T'ung-Tsu. *Local Government in China Under the Ch'ing*. Cambridge: Harvard University Press, 1962.

Chubarov, Alexander. *The Fragile Empire: A History of Imperial Russia*. New York: Continuum, 1999.

Ciepley, David. "Why the State Was Dropped int eh First Place," *Critical Review*, vol.14, nos.2~3, 2000.

Cohen, Myron. "Being Chinese: The Peripheralization of Traditional Identity," *Daedalus*, vol.120, no.2, Spring 1991.

Cohen, Paul. "The Post-Mao Reforms in Historical Perspective," *Journal of Asian Studies*, vol.47, no.3, Aug. 1988.

Cohen, Warren I. *East Asia at the Center: Four Thousand Years of Engagement with the World*. New York: Columbia University Press, 2001.

Courant, M. A. *L'Asie Centrale aux XVII et XVIIIe Siècles: Empire Kalmouk ou Empire Mantchou?* Lyon: A. Rey, 1912.

Creel, Herrlee G. *The Origins of Statecraft in China*. Chicago: University of Chicago Press, 1970.

Critical Review(New York). "Double Issue on State Autonomy," vol.14. nos.2~3, 2000.

Crossley, Pamela Kyle. *The Manchus*. Cambridge: Blackwell, 1997.

_____. *The Translucent Mirror: History and Identity in Qing Imperial Ideology*. Berkeley: University of California Press, 1999.

Dachao xinqi: Deng Xiaoping nanxun qianqian houhou. Beijing: Zhongguo guangbo dianshi chubanshe, 1992.

Davies, John Paton Jr. *Dragon by the Tail*. New York: Norton, 1972.

De Bary, Wm. Theodore. "The New Confucianism in Beijing," *The American Scholar*, vol.64, no.2, 1995.

De Beer, Gavin, ed. *Voltaire's British Visitors*. Geneva: Institut et Musée Voltaire, 1967.

Des Rotours, Robert. "Les Insignes en Deux Parties(fou) Sous la Dynastie des Tang(618~907)," *T'oung Pao*(Leiden), Livres 1~3, 1952.

Demieville, Paul. *Le Council de Lhasa*. Paris: Imprimerie Nationale de France, 1952.

Deng Xiaoping. *Deng Xiaoping wenxuan*, 3 vols. Beijing: Renmin chubanshe, 1983~1993.

D'Entreves, Alessandro. *The Notion of the State*. London: Oxford University Press, 1967.

Diamond, Jared M. *Guns, Germs, and Steel: The Fates of Human Societies*. New York: Norton, 1997.

Dickson, Bruce. *Democratization in China and Taiwan: The Adoptability of Leninist Parties*. New York: Oxford University Press, 1997.

Dittmer, Lowell. and Samuel Kim, eds. *China's Quest for National Identity*. Ithaca: Cornell University Press, 1993.

Doolin, Dennis J. *Territorial Claims in the Sino-Soviet Conflict*. Stanford: Hoover Institution, Stanford University, 1965.

Duara, Prasenjit. *Rescuing History from the Nation: Questioning Narratives of Modern China*. Stanford: Stanford University Press, 1995.

Dunstan, Helen. "The 'Autocratic Heritage' and China's Political Future: A View from a Qing Specialist," *East Asian History*, no.12, Dec. 1996.

Eastman, Lloyd, et al. *The Nationalist Era in China, 1927~1949*. Cambridge: Cambridge University Press, 1991.

Eberhard, Wolfram. *Conquerors and Rulers: Social Forces in Medieval China*. Leiden: Brill, 1952.

_____. *China's Minorities: Yesterday and Today*. Belmont, Calif.: Wadsworth, 1982.

Elliott, Mark C. "The Limits of Tartary: Manchuria in Imperial and National Geographies," *Journal of Asian Studies*, vol.59, no.3, August 2000.

Elvin, Mark. *The Pattern of the Chinese Past*. Stanford: Stanford University Press, 1973.

Esherick, Joseph W. *Reform and Revolution in China: The 1911 Revolution in Hunan and Hubei*. Berkeley: University of California Press, 1976.

Fairbank, John K. "The Early Treaty System in the Chinese World Order." In Johnn K. Fairbank, ed., *The Chinese World Order: Traditional China's Foreign Policy*. Cambridge: Harvard University Press, 1968.

_____. *The U.S. and China*. 4th ed. Cambridge: Harvard University Press, 1983.

Feng Chongyi. "Reluctant Withdrawal of Government and Restrained Development of Society," *China Perspectives*, no.35, May～June 2001.

Feuerwerker, Albert. "Chinese History and the Foreign Relations of Contemporary China," *Annals of the American Academy of Political and Social Science*, vol.402. July 1974.

Finer, S. E. *The History of Government from the Earliest Times*, 3 vols. Oxford: Oxford University Press, 1997.

Fitzgerald, C. P. *The Empress Wu*. Vancouver: University of British Columbia Press, 1968.

_____. *The Southern Expansion of the Chinese People*. New York: Praeger, 1972.

Fletcher, Joseph F. "China and Central Asia." In John K. Fairbank, ed., *The Chinese World Order: Traditional China's Foreign Policy*. Cambridge: Harvard University Press, 1968.

_____. "Ch'ing Inner Asia, c. 1800." In John K. Fairbank, ed., *The Cambridge History of China*, vol.10, pt.1. Cambridge: Cambridge University Press, 1978.

_____. *Studies on Chinese and Islamic Inner Asia*. Brookfield, Vt.: Variorum, 1995.

Forbes, A. D. W. *Warlords and Muslims in Chinese Central Asia*. Cambridge: Cambridge University Press, 1986.

Frank, Andre Gunder. *Re-Orient: Global Economy in the Asian Age*. Berkeley: University of California Press, 1998.

Franke, Wolfgang. "Historical Precedent or Accidental Repetition of Events?" In Françoise Aubin, ed., *Etudes Song: Sung Studies in Memorium Etienne Balazs*. The Hague: Mouton, 1976.

Fried, Morton H. "State: The Institution." In *International Encyclopedia of the Social Sciences*. New York: Macmillan, 1968.

Friedman, Edward. *National Identity and Democratic Prospects in Socialist China.* Armonk, N.Y.: Sharpe, 1995.

_____. "Does China Have the Cultural Preconditions for Democracy?" *Philosophy East and West*, vol.49, no.3, July 1999.

_____. "Globalization, Legitimacy, and Post-Communism in China: A Nationalist Potential for Democracy, Prosperity, and Peace." In Tien Hung-mao and Yun-han Chu, eds., *China Under Jinag Zemin.* Boulder: Lynne Rienner, 2000.

Fu Zhengyuan. *Autocratic Tradition and Chinese Politics.* Cambridge: Cambridge University Press, 1993.

Gao Xingjian. *Soul Mountain*, trans. by Mabel Lee. New York: Harper Collins 2000.

Gernet, Jacques. "Introduction." In Stuart Schram, ed., *The Scope of State Power in China.* New York: St. Martin's Press, 1985.

Gibbon, Edward. *The Decline and Fall of the Roman Empire*, 3 vols. New York: Random House(The Modern Library), 1932.

Gladney, Dru C. *Muslim Chinese: Ethnic Nationalism in the People's Republic.* Cambridge: Council on East Asian Studies, Harvard University, 1991.

Goncharov, Sergei, John Lewis, and Litai xue. *Uncertain Partners: Stalin, Mao, and the Korean War.* Stanford: Stanford University Press, 1993.

Goodman, David S. G. "In Search of China's New Middle Classes," *Asian Studies Review*(Australia), vol.22, no.1, March 1998.

Gregor, A. James. *A Place in the Sun: Marxism and Fascism in China's Long Revolution.* Boulder: Westview Press, 2000.

Grimm, Tilemann. "State and Power in Juxtaposition: An Assessment of Ming Despotism." In Stuart Schram, ed., *The Scope of State Power in China.* New York: St. Martin's Press, 1985.

Guang Pingzhang. "Dangdai gongzhu heqin kao," *Shixue nianbao*(Beijing), no.2, 1935.

Guo Moruo, ed. *Zhongguo shigao*, 2 vols. Beijing: Renmin chubanshe, 1964.

Guo Sujian. *Post-Mao China: From Totalitarianism to Authoritarianism?* Westport, Conn.: Praeger, 2000.

Gurtov, Melvin. "The Foreign Ministry and Foreign Affairs During the Cultural

Revolution," *China Quarterly*, no.40, Oct.~Dec. 1969.

Ha Jin. *Waiting*. New York: Pantheon, 1999.

Hamilton, Gary G., ed. *Cosmopolitan Capitalists*. Seattle: University of Washington Press, 1999.

Han Minzhu, ed. *Cries for Democracy*. Princeton: Princeton University Press, 1990.

Han minzu xingcheng wenti taolunji. Beijing: Sanlian shudian, 1957.

Han Xiaorong. "Official Histories, Official Protests-China's Reaction to Japan's New History Textbook." Paper presented at Association for Asian Studies annual meeting, Washington, D.C., April 2002.

Hayek, Friedrich. *Studies in Philosophy, Politics, and Economics*. Chicago: Univ. of Chicago Press, 1967.

_____. *Denationalisation fo Money: An Analysis of the Theory and Practice of Concurrent Currencies*. London: Institute of Economic Affairs, 1976.

He Luzhi, ed. *Guojia zhuyi gailun*. Shanghai: Zhongguo renwen yanjiusuo, 1948(1929).

He Qinglian. *Zhongguo de xianjing*. Hong Kong: Mingjing chubanshe, 1997.

Hevi, Emmanuel. *An African Student in China*. London: Pall Mall Press, 1963.

Hilton, Isabel. *The Search for the Panchen Lama*. New York: Viking, 1999.

Ho Ping-ti. "The Significance of the Ch'ing Period in Chinese History," *Journal of Asian Studies*, vol.26, no.2, Feb. 1967.

Hoshino, Masahiro. "Neimenggu zizhiqu chengli zhi lishi kaocha," *Zhongguo bianjiang shidi yanjiu*, vol.36, no.2, June 2000.

Hostetler, Laura. *Qing Colonial Enterprise: Ethnography and Cartography in Early Modern China*. Chicago: University of Chicago Press, 2001.

Howe, Christopher. "Taiwan in the 20th Century: Model or Victim?" *China Quarterly*, no.165, March 2001.

Hsiao, Frank S. T., and Lawrence Sullivan. "The Chinese Communist Party and the Status of Taiwan, 1928~1943," *Pacific Affairs*, vol.52, no.3, Fall 1979.

Hsiao Kung-ch'uan. *Rural China: Imperial Control in the Nineteenth Century*. Seattle: University of Washington Press, 1960.

_____. *A History of Chinese Political Thought*, trans. by F. W. Mote. Princeton:

Princeton University Press, 1979.

Hsu, Immanuel. *China's Entrance into the Family of Nations: The Diplomatic Phase, 1858~1880*. Cambridge: Harvard University Press, 1960.

_____. "The Great Policy Debate in China, 1874: Maritime Defense vs. Frontier Defense," *Harvard Journal of Asiatic Studies*, vol.24, 1964~1965.

_____. *The Rise of Modern China*, 6th ed. New York: Oxford University Press, 1995.

Hua Shiping, ed. *Chinese Political Culture, 1989~2000*. Armonk, N.Y.: Sharpe, 2001.

Huang Chang-Ling. "Freedom, Rights, and Authority in Chen Duxiu's Thinking," *Issues and Studies*, vol.36, no.3, May~June 2000.

Huang Wufang. *Zhongguo dui Xianggang huifu xingshi zhuquan de juece licheng yu zhixing*. Hong Kong: Institute for East-West Studies, Baptist University, 1997.

Hucker, Charles O. *China's Imperial Past*. Stanford: Stanford University Press, 1975.

_____. *The Ming Dynasty: Its Origins and Evolving Institutions*. Ann Arbor: Center for Chinese Studies, University of Michigan, 1978.

Hungtington, Samuel. "The Erosion of American National Interests," *Foreign Affairs*, vol.76, no.5, Sept.~Oct. 1997.

Jeans, Roger B. *Democracy and Socialism in Republican China: The Politics of Zhang Junmai(Carsun Chang), 1906~1941*. Lanham, Md.: Rowman & Littlefield, 1997.

Jiang Junzhang. "Song Ziwen Mosike tanpan zuji," *Zhuanji wenxue*, vol.54, no.2, 1989.

Johnston, Alastair Iain. *Cultural Realism: Strategic Culture and Grand Strategy in Chinese History*. Princeton: Princeton University Press, 1995.

Joint Publication Research Service(JPRS), *Translations on Communist China*, no.128, Dec.21, 1970("Talks and Writings of Chairman Mao"), JPRS 52029.

Jones, William C. "Second Ritholz Lecture, East Asian Legal Studies," Harvard University, April 26, 1999.

Kaup, Katherine Palmer. *Creating the Zhuang: Ethnic Politics in China*. Boulder: Lynne Rienner, 2000.

Khodarkovsky, Michael. *Russia's Steppe Frontier: The Making of the Colonial Empire, 1500~1800*. Bloomington: Indiana University Press, 2002.

Khrushchev, Nikita S. *Khrushchev Remembers: The Last Testament*, trans. by Strobe Talbott. Boston: Little, Brown, 1974.

Kim, Samuel. "Beijing's Foreign Policy in the Shadows of Tiananmen: The Challenge of Legitimation," *Issues and Studies*, vol.27, no.1, Jan. 1991.

Kirby, William C. "The Internationalization of China: Foreign Relations at Home and Abroad in the Republican Era," *China Quarterly*, no.150, June 1997.

_____. "The Nationalist Regime and the Chinese Party-State, 1928~1958." In Merle Goldman and Andrew Gordon, eds., *Historical Perspectives on Comtemporary East Asia*. Cambridge: Harvard University Press, 2000.

Krasner, Stephen. "Approaches to the State," *Comparative Politics*, vol.16, no.3, Jan 1984.

Kristof, Nicholas D., and Sheryl Wudunn. *China Wakes: The Struggle for the Soul of a Rising Power*. New York: Times Books, 1994.

Kuhn, Philip A. *Origins of the Modern Chinese State*. Stanford: Stanford Univ. Press, 2002.

Lam Lai Sing. *Mao Tse-Tung's Ch'i and the Chinese Political Economy*. Lewiston, N.Y.: E. Mellon Press, 2000.

Lam Truong Buu. "Intervention Versus Tribute in Sino-Vietnamese Relations, 1788~1790." In John K. Fairbank, ed., *The Chinese World Order: Traditional China's Foreign Policy*. Cambridge: Harvard University Press, 1968.

Landes, David. *The Wealth and Poverty of Nations: Why Some Are So Rich and Some So Poor*. New York: Norton, 1998.

Lardy, Nocholas. *China's Unfinished Economic Revolution*. Washington, D.C.: Brookings Institution, 1998.

_____. "The Challenge of Economic Reform and Social Stability." In Tien Hung-mao and Yun-han Chu, ed., *China Under Jiang Zemin*. Boulder: Lynne Rienner, 2000.

_____. "China's Economy After the World Trade Organization." Paper prepared for the 31st Sino-American Conference on Contemporary China, Taipei, June 2002.

Lattimore, Owen. *The Desert Road to Turkestan*. Boston: Little, Brown, 1929.

_____. *Inner Asian Frontiers of China*. Boston: Beacon Press, 1962.

Lee, Robert H. G. *The Manchurian Frontier in Ch'ing History*. Cambridge: Harvard University Press, 1970.

Levenson, Joseph. *Confucian China and Its Modern Fate*, 3 vols., combined edition. Berkeley: University of California Press, 1968.

_____. *Revolution and Cosmopolitanism: The Western Stage and the Chinese States*. Berkeley: University of California Press, 1971.

Lewis, Mark Edward. *Writing and Authority in Early China*. Albany: State University of New York Press, 1999.

Li Cheng and Lynn White. "The Fifteenth Central Committee of the Chinese Communist Party," *Asian Survey*, vol.38, no.3, March 1998.

Li Guoqiang. "Dui jiejue Nanshao cundao zhuquan zhengyi jige fang'an de jieshi," *Zhongguo bianjiang shidi yanjiu*, vol.10, no.3, Sept. 2000.

Li Hongfeng. *Deng Xiaoping xinshiqi zhongyao huodong jiyao*. Beijing: Huaqiao chubanshe, 1994.

Li Qiang. "Xinli erchong quyu'yu Zhongguo de wenjuan diaocha," *Shebuixue yanjiu*, March 2000.

Li Shiyu. "Qing zhengfu dui Yunnan de guanli yu kongzhi," *Zhongguo bianjiang shidi yanjiu*, Dec. 2000.

Li Xueqin, ed. *Xia Shang Zhou duandai gongcheng, 1996~2000 nian jieduan cengguo baogao, jianben*. Beijing: Shijie tushu chuban gongsi, 2000.

Li Zhisui. *The Private Life of Chairman Mao*. New York: Random House, 1994.

Liao Kyang-Sheng. "Linkage Politics in China," *World Politics*, vol.28, no.4, July 1976.

Lieberthal, Kenneth, et al., eds. *Perspectives on Modern China: Four Anniversaries*. Armonk, N.Y.: Sharpe, 1991.

Link, Perry. "China: The Anaconda in the Chandelier," *New York Review of Books*, April 11, 2002.

Little, Daniel. "Rational-Choice Models and Asian Studies," *Journal of Asian Studies*, vol.50, no.1, Feb. 1991.

Liu Junning. "The Intellectual Turn: The Emergence of Liberalism in Contemporary China." In Ted Galen Carpenter and James A. Dorn, eds., *China's*

Future: Constructive Partner of Emerging Threat? Washington, D.C.: Cato Institute, 2000.

Liu, Lawrence S. "New Identity, Old System and the Relevance of Law: Taiwan After Two Decades of the TRA." Paper delivered at the International Conference on United States-Taiwan Relations, Academia Shnica, Taipei, April 1999.

Loh, Robert. *Escape from Red China*. New York: Coward-McCann, 1962.

Lovelace, Leopoldo, Jr. "Is There a *Question of Taiwan* in International Law?" *Harvard Asia Quarterly*, vol.4, no.3, Summer 2000.

Lukacs, Georg. "Reflections on the Cult of Stalin," *Survey*, vol.47, April 1963.

Luo Guanzhong. *Sanguo yanyi*. Taipei: Wenyuan shuju, 1970(reprint).

Ma Yao. *Yunnan jianshi*. Kunming: Yunnan renmin chubanshe, 1987(revised 1990).

Macartney, George. *An Embassy to China: Being the Journal Kept by Lord Macartney During his Embassy to the Emperor Ch'ien-lung, 1793~1794*. edited by J. L. Cranmer-Byng, Hamden, Conn.: Archon Books, 1963.

MacFarquhar, Roderick. *The Origins of the Cultural Revolution*, vol.3: *The Coming of the Cataclysm, 1961~1966*. Oxford: Oxford University Press, 1997.

Machiavelli, Niccolo. *The Prince*, trans. by Luigi Ricci. London: Oxford Univ. Press, 1960.

Manac'h, Etienne M. *La Chine: Memoires d'Extrême Asie*. Paris: Fayard, 1980.

Mancall, Mark. "The Persistence of Tradition in Chinese Foreign Policy," *Annals of the American Academy of Political and Social Science*, vol.349, Sept. 1963.

_____. "The Ch'ing Tribute System: An Interpretive Essay." In John K. Fairbank, ed., *The Chinese World Order: Traditional China's Foreign Policy*. Cambridge: Harvard University Press, 1968.

_____. *China at the Center: 300 Years of Foreign Policy*. New York: Free Press, 1984.

Mann, James. *About Face: A History of America's Curious Relationship with China from Nixon to Clinton*. New York: Knopf, 1999.

Mao Zedong. *Selected Works*, 5 vols. Beijing: Foreign Languages Press, 1961~1977.

_____. *Jianguo yilai Mao Zedong wengao*, 13 vols., covering 1949~1976. Beijing: Zhongyang wenxian chubanshe, 1987~1998.

Mao Zedong sixiang wansui, 3 vols. 1967; April 1967; 1969.

McDonald, Angus. "Mao Tse-tung and the Hunan Self-government Movement, 1920," *China Quarterly*, no.68, Dec. 1976.

McGurn, William. "The Gang of Three: Mao, Jesus, and Hayek." In Ted Galen Carpenter and James A. Dorn, eds., *China's Future: Constructive Partner or Emerging Threat?* Washington, D.C.: Cato Institute, 2000.

Mei Yi-Pao, trans. *The Ethical and Political Works of Motse.* London: Probsthain, 1929.

Mill, John Stuart. *On Liberty.* London: Watts, 1929(1859).

Miller, H. Lyman. "The Late Imperial Chinese State." In David Shambaugh, ed., *The Modern Chinese State.* Cambridge: Cambridge University Press, 2000.

Millward, James A. *Beyond the Pass: Economy, Ethnicity, and Empire in Qing Central Asia, 1759~1864.* Stanford: Stanford University Press, 1998.

Mosher, Steven W. *Hegemon: China's Plan to Dominate Asia and the World.* San Francisco: Encounter Books, 2000.

Mote, Frederick W., and Denis Twitchett, eds. *Cambridge History of China*, vol.7: *Ming Dynasty*, part 1., Cambridge: Cambridge University Press, 1988.

Mou Fuli [Mote, Frederick W.] et al., eds. *Jianqiao Zhongguo Ming dai shi.* Beijing: Zhongguo shehui kexue chubanshe, 1992.

Munro, Donald J. *The Imperial Style of Inquiry in Twentieth-Century China: The Emergence of New Approaches.* Ann Arbor: Center for Chinese Studies, University of Michigan, 1996.

Munro, Ross. "Eavesdropping on the Chinese Military: Where It Expects War-Where It Doesn't," *Orbis*, vol.38, no.3, Summer 1994.

Nettl, J. P. "The State as a Conceptual Variable," *World Politics*, vol.20, no.4, July 1968.

Ng-Quinn, Michael. "National Identity in Premodern China: Formation and Role Enactment." In Lowell Dittmer and Samuel Kim, eds., *China's Quest for National Identity.* Ithaca: Cornell University Press, 1993.

Nivision, D. S. "The Three Dynasties Chronology Project: Two Approaches to Dating." Paper presented at Association for Asian Studies annual meeting, Washington, D.C., April 2002.

Nixon, Richard. *RN: The Memoirs of Richard Nixon*, 2 vols. New York: Warner, 1978.

Nordlinger, Eric A. *On the Autonomy of the Democratic State.* Cambridge: Harvard University Press, 1981.

Oksenberg, Michel. "China's Political System: Challenges of the Twenty-First Century," *China Journal*, no.45. Jan. 2001.

Paine, S. C. M. *Imperial Rivals: China, Russia, and Their Disputed Frontier.* Armonk, N. Y.: Sharpe, 1996.

Parkinson, C. Northcote. *East and West.* Boston: Houghton Mifflin, 1963.

Patten, Chris. *East and West.* New York: Times Books, 1999.

Pei Minxim. "China's Governance Crisis," *Foreign Affairs*, vol.81, no.5, Sept. ~ Oct. 2002.

Pepper, Suzanne. *Civil War in China.* Berkeley: University of California Press, 1978.

_____. "Elections, Political Change, and Basic Law Government: Hong Kong in Search of a Political Form," *China Quarterly*, no.162, June 2000.

Perdue, Peter C. "Boundaries, Maps, and Movement: Chinese, Russian, and Mongolian Empires in Early Modern Central Eurasia," *International History Review*, vol.20, no.2, June 1998.

_____. "Culture, History, and Chinese Imperial Strategy: Legacies of the Qing Conquests." In Hans Van de Ven, ed., *Warfare in Chinese History.* Leiden: Brill, 2000.

Perelomov, L., and A. Martynov. *Imperial China: Foreign-Policy Conceptions and Methods*, trans. by Vic Schneierson. Moscow: Progress Publishers, 1983.

Perry, Elizabeth J. "Reinventing the Wheel? The Campaign Against Falungong," *Harvard China Review*, vol.11, no.1, Spring/Summer 2000.

Peyrefitte, Alain. *L'Empire Immobile ou Le Choc des Mondes.* Paris: Librarie Artheme Fayard, 1989.

Pillsbury, Michael. *China Debates the Future Security Environment.* Washington, D.C.: National Defense University Press, 2000.

Pomeranz, Kenneth. *The Great Divergence.* Princeton: Princeton Univ. Press, 2000.

Pye, Lucian. *The Spirit of Chinese Politics.* Cambridge: MIT Press, 1968.

_____. "China: Erratic State, Frustrated Society," *Foreign Affairs*, vol.69, no.4, Fall 1990.

Qi Yunshi. *Huangchao fanbu yaoliie*. Hangzhou: Zhejiang shuju, 1884(1846).

Qu Jianyi. *Zhongguo lidai nu zhengzhi jia*. Hong Kong: Shanghai shuju chubanjian, 1963.

Ratchnevsky, Paul. *Genghis Khan*. Oxford: Oxford University Press, 1991.

Rawski, Evelyn. *The Last Emperors: A Social History of Qing Imperial Institutions*. Berkeley: University of California Press, 1998.

Richardson, Hugh E. "Ming-si-lie and the Fish-Bag," *Bulletin of Tibetology*, vol.3, no.1, 1970.

_____. *High Peaks, Pure Earth*. London: Serindia, 1998.

Rodman, Peter. "Between Friendship and Rivalry." In Ted Galen Carpenter and James A. Dorn, eds., *China's Future: Constructive Partner or Emerging Threat?* Washington, D.C.: Cato Institute, 2000.

Ropp, Paul S., ed. *Heritage of China: Contemporary Perspectives on Chinese Civilization*. Berkeley: University of California Press, 1990.

Ross, Robert. "The Geography of the Peace: East Asia in the Twenty-first Century," *International Security*, vol.23, no.4, Spring 1999.

Rossabi, Morris. "Two Ming Envoys in Inner Asia," *T'oung Pao*(Leiden), vol.62, nos.1~3, 1976.

Rossabi, Morris, ed. *China Among Equals: The Middle Kingdom and Its Neighbors, 10th~14th Centuries*. Berkeley: University of California Press, 1983.

Rozman. Gilbert, ed. *The Modernization of China*. New York: The Free Press, 1981.

Sabine, George. H. "State." In *Encyclopedia of the Social Sciences*. New York: Macmillan, 1930~1935.

Sage, Steven. *Ancient Sichuan and the Unification of China*. Albany: State Univ. of New York Press, 1992.

Sakai, Robert K. "The Ryukyu(Liu-Ch'iu) Islands as a Fief of Satsuma." In John K. Fairbank, ed., *The Chinese World Order: Traditional China's Foreign Policy*. Cambridge: Harvard University Press, 1968.

Sautman, Barry. "Anti-black Racism in Post-Mao China," *China Quarterly*, no.138. June 1994.

_____. "Peking Man and the Politics of Paleoanthropoliogical Nationalism in China," *Journal of Asian Studies*, vol.60, no.1, Feb. 2001.

Sawyer, Ralph D. *The Tao of Spycraft*. Boulder: Westview Press, 1998.

Schafer, Edward H. *The Golden Peaches of Samarkand*. Berkeley: University of California Press, 1963.

Schram, Stuart. *Mao's Road to Power: Revolutionary Writings 1912~1949*, vol.1: *The Pre-Marxist Period*, 1912~1920. Armonk, N.Y.: Sharpe, 1992.

Schram, Stuart, ed. *The Scope of State Power in China*. New York: St. Martin's Press, 1985.

Schrecker, John. *The Chinese Revolution in Historical Perspective*. New York: Greenwood, 1991.

Schwartz, Benjamin. "The Chinese Perception of World Order, Past and Present." In John K. Fairbank, ed., *The Chinese World Order: Traditional China' Foreign Policy*. Cambridge: Harvard University Press, 1968.

Segal, Gerald. "Does China Matter?" *Foreign Affairs*, Fall, Sept.~Oct. 1999.

Seton-Watson, Hugh. *Nations and States: An Enquiry into the Origins of Nations and the Politics of Nationalism*. Boulder: Westview Press, 1977.

Shakya, Tsering. *The Dragon in the Land of Snows*. New York: Penguin, 2000.

Shambaugh, David, ed. *The Modern Chinese State*. Cambridge: Cambridge Univ. Press, 2000.

Shao Dongfang. "Controversy on the 'Modern Text' *Bamboo Annals* and Its Relation to Three Dynasties Chronology." Paper presented at Association for Asian Studies annual meeting, Washington, D.C., April 2002.

Shapiro, Judith. *Mao's War Against Nature: Politics and the Environment in Revolutionary China*. Cambridge: Cambridge University Press, 2001.

Shepherd, John Robert. *Statecraft and Political Economy on the Taiwan Frontier*, *1600~1800*. Stanford: Stanford University Press, 1993.

Sheridan, Mary. "The Emulation of Heroes," *China Quarterly*, no.33, Jan.~March, 1968.

Shi Zhe. *Zai lishi juren shenbian*. Beijing: Zhongyang wenxian chubanshe, 1991 (revised 1995).

Shijie lishi, 2 vols. Beijing: Renmin jiaoyu chubanshe, 1993.

Short, Philip. *Mao: A Life.* London: Hodder & Stoughton, 1999.

Smith, Anthony. *National Identity.* London: Penguin, 1991.

Smith, Paul J. *Taxing Heaven's Storehouse: Horses, Bureaucrafts, and the Destruction of the Sichuan Tea Industry, 1074~1224.* Cambridge: Council on East Asian Studies, Harvard University, 1991.

Smith, Richard J. *China's Cultural Heritage: The Qing Dynasty 1644~1912*, 2nd ed. Boulder: Westview Press, 1994.

_____. *Chinese Maps: Images of "All Under Heaven."* New York: Oxford Univ. Press, 1996.

_____. "Mapping China's World: Cultural Cartography in Late Imperial Times." In Yeh Wen-hsin, ed., *Landscape, Culture and Power in Chinese Society.* Berkeley: Institute of East Asian Studies, University of California, 1998.

Snow, Edgar. *Red Star Over China.* New York: Grove Press, 1961.

Solinger, Dorothy. "Globalization and the Paradox of Participation: The Chinese Case," *Global Governance*, vol.7, 2001.

Song Ki-ho. "Open History, Open Nationalism," *Harvard Asia Pacific Review*, vol.3, no.1, Winter 1998~1999.

Steinfeld, Edward. *Forging Reform in China: The Fate of State-Owned Industry.* Cambridge: Cambridge University Press, 1998.

Sun Yat-sen. *The International Development of China.* New York: Putnam, 1922.

_____. *Xuanji*, 3 vols. Beijing: Renmin chubanshe, 1956.

Suzuki, Chusei. "China's Relations with Inner Aisa." In John K. Fairbank, ed., *The Chinese World Order: Traditional China's Foreign Policy.* Cambridge: Harvard University Press, 1968.

Takeuchi, Minoru, ed. *Mao Zedong ji*(in Chinese), 2nd ed., 10 vols. Tokyo: Soshosa, 1983. Plus ten supplementary volumes(*Bujuan*), same publisher, 1983~1986.

Talmon, J. L. *The Origins of Totalitarian Democracy.* London: Secker & Warburg, 1952.

Tan Qixiang, ed. *Jianming Zhongguo lishi di tuji.* Beijing: Ditu chubanshe, 1996.

Tang Xiaobing. *Global Space and the National Discourse of Modernity: The Histor-*

ical Thinking of Liang Qichao. Stanford: Stanford University Press, 1996.

Teiwes, Frederick C., with Warren Sun. *China's Road to Disaster.* Armonk, N.Y.: Sharpe, 1999.

Terrill, Ross. "Trying to Make China Work," *Atlantic Monthly*, July 1983.

————. *China in Our Time.* New York: Simon & Schuster, 1992.

————. *Mao: A Biography.* Stanford: Stanford University Press, 1999.

Tian Xiaoxiu, ed. *Zhonghua minzu.* Beijing: Huaxia chubanshe, 1991.

Tien Hung-mao and Yun-han Chu, eds. *China Under Jiang Zemin.* Boulder: Lynne Rienner, 2000.

Tikhvinsky, S. L., and Perelomov, L., eds. *China and Her Neighbors from Ancient Times to the Middle Ages.* Moscow: Progress Publishers, 1981.

Ting, V. K. *How China Acquired Her Civilization.* Shanghai: China Institute of Pacific Relations, 1931.

Tsou Tang. *America's Failure in China, 1941~1950.* Chicago: Chicago University Press, 1963.

Tu Cheng-sheng. Interview, *China Perspectives*, no.15, Jan.~Feb. 1998.

Tu Wei-ming. "Chutural China: The Periphery as the Center," *Daedalus*, vol.120, no.2, 1991.

Unger, Jonathan, ed. *Using the Past to Serve the Present.* Armonk, N.Y.: Sharpe, 1993.

Van de Ven, Hans. "Recent Studies of Modern Chinese History," *Modern Asian Studies*, vol.30, pt.2, 1996.

Van de Ven, Hans, ed. *Warfare in Chinese History.* Leiden: Brill, 2000.

Vermander, Benoît. "Looking at China Through the Mirror of Falungong," *China Perspectives*, no.35, May~June 2001.

Wade, Geoff. "The Southern Chinese Borders in History." In Grant Evans et al., eds., *Where China Meets Southeast Asia.* New York: St. Martin's Press, 2000.

Wagner, Rudolf. "Reading the Chairman Mao Memorial Hall in Beijing." In Susan Naquin and Chun-fan Yu, eds., *Pilgrims and Sacred Sites in China.* Berkeley: University of California Press, 1992.

Wakeman, Frederic. "Models of Historical Change: The Chinese State and Society, 1839~1989." In Kenneth Lieberthal et al., eds., *Perspectives on*

Modern China: Four Anniversaries. Armonk, N.Y.: Sharpe, 1991.

Wakeman, Frederic, and Xi Wang, eds. *China's Quest for Modernization*. Berkeley: Institute of East Asian Studies, University of California, 1997.

Waldron, Arthur. *The Great Wall of China: From History to Myth*. Cambridge: Cambridge University Press, 1990.

_____. "Historical Pivot," *Free China Review*(Taipei), March 1991.

_____. *From War to Nationalism: China's Turning Point, 1924～1925*. Cambridge: Cambridge University Press, 1995.

_____. "China's Future: Implications for U.S. Interests." Summary remarks at seminar sponsored by National Intelligence Council and Library of Congress, Washington, D.C., Sept.24, 1999.

_____. "The Life of Mao Zedong," *Orbis*, vol.44, no.4, Fall 2000.

Walker, Richard. "The Cultural Factor Still Counts," *American Journal of Chinese Studies*, vol.2, no.1, April 1994.

Wang, David. "The Xinjiang Question of the 1940s: The Story Behind the Sino-Soviet Treaty of August 1945," *Asian Studies Review*(Australia), July 1997.

_____. *Under the Soviet Shadow: The Yining Incident: Ethnic Conflicts and International Rivalry in Xinjiang, 1944～1949*. Hong Kong: Chinese University Press, 1999.

Wang Guanghao. *Chu wenhua yuan liu xin zheng*. Wuhan, China: Wuhan daxue chubanshe, 1988.

Wang Gungwu. "Early Ming Relations with Southeast Asia." In John K. Fairbank, ed., *The Chinese World Order: Traditional China's Foreign Policy*. Cambridge: Harvard University Press, 1968.

_____. "The Rhetoric of a Lesser Empire: Early Sung Relations with Its Neighbors." In Morris Rossabi, ed., *China Among Equals: The Middle Kingdom and Its Neighbors, 10th～14th Centuries*. Berkeley: University of California Press, 1983.

_____. "Chineseness: The Dilemmas of Place and Practice." In Gary Hamilton, ed., *Cosmopolitan Capitalists*. Seattle: University of Washington Press, 1999.

Wang Guowei. *Shuijing zhujiao*. Shanghai: Shanghai renmin chubanshe, 1984.

Wang Ruilai. "Lun Songdai xiangquan," *Lishi yanjiu*, no.2, 1985.

Wang Shaoguang and Angang Hu. *The Chinese Economy in Crisis*. Armonk, N.Y.: Sharpe, 2001.

Watkins, Frederick H. "State: The Concept." In *International Encyclopedia of the Social Sciences*. New York: Macmillan, 1968.

Watson, Burton, trans. *Han Fei Tzu: Basic Writings*. New York: Columbia University Press, 1964.

Whitlam, Edward Gough. *The Whitlam Government, 1972~1975*. New York: Viking, 1985.

Wilkinson, Endymion. *Chinese History: A Manual, revised and enlarged*. Cambridge: Harvard University Asia Center for the Harvard-Yenching Institute, 2000.

Wills, John E., Jr. "Ch'ing Relations with the Dutch, 1662~1690." In John K. Fairbank, ed., *The Chinese World Order: Traditional China's Foreign Policy*. Cambridge: Harvard University Press, 1968.

Wittfogel, Karl A. "The Foundations and Stages of Chinese Economic History," *Zeits fur Sozialforschung*(Paris), vol.4, no.1, 1935.

Wong, John. "China's Sharply Declining Fertility," *Issues and Studies*, May~June 2001.

Woodside, Alexander. "Emperors and the Chinese Political System." In Kenneth Lieberthal et al., eds., *Perspectives on Modern China: Four Anniversaries*. Armonk, N.Y.: Sharpe, 1991.

Wright, A. F. and D. C. Twitchett, eds. *Perspectives on the T'ang*. New Haven: Yale University Press, 1973.

Wright, Mary, ed. *China in Revolution: The First Phase, 1900~1913*. New Haven: Yale University Press, 1968.

Wu, Harry, and Carolyn Wakeman. *Bitter Winds: A Memoir of My Years in China's Gulag*. New York: Wiley, 1994.

Wu Xiuquan. *Huiyi yu huainian*. Beijing: Zhonggong zhongyang dangxiao chubanshe, 1991.

Xie Yizheng. *Song zhi waijiao*. Shanghai: Dadong shuju, 1935.

Xu Yuqi, ed. *Xinjiang sanqu geming shi*. Beijing: Minzu chubanshe, 1998.

Yan Jiaqi. *Quanli yu zhenli*. Beijing: Guangming ribao chubanshe, 1987.

_____. *Lianbang Zhongguo gouxiang*. Hong Kong: Mingbao chubanshe, 1992.

Yang, Benjamin. *Deng: A Political Borgraphy*. Armonk, N.Y.: Sharpe, 1998.

Yang, C. K. *The Chinese Family in the Communist Revolution*. Cambridge: MIT Press, 1959.

Yang Jianye. *Ma Yinchu zhuan*. Beijing: Zhongguo qingnian chubanshe, 1986.

Yang Lien-sheng. "Historical Notes on the Chinese World Order." In John K. Fairbank, ed., *The Chinese World Order: Traditional China's Foreign Policy*. Cambridge: Harvard University Press, 1968.

Yomano, Shelly. "Reintegration in China Under the Warlords, 1916~1927," *Republican China*, vol.12, no.2, April 1987.

Young, Ernest. "China in the Early Twentieth Century: Tasks for a New World." In Merle Goldman and Andrew Gordon, eds., *Historical Perspectives on Contemporary East Asia*. Cambridge: Harvard University Press, 2000.

Yu Jie. *Shuo, haishi bu shuo*. Beijing: Wenhua yishu chubanshe, 1999.

Zhang Bibo. "Guanyu lishishang minzu guishu yu bianyu wenti de zai sikao," *Zhonggyo bianjiang shidi yanjiu*, vol.36, no.2, June 2000.

Zhang Bofeng and Li Zongyi, eds. *Beiyang junfa*. Wuhan: Wuhan chubanshe, 1990.

Zhang Boquan and Wei Chncheng, eds. *Dongbei gudai minzu, kaogu, yu jiangyu*. Changchun: Jilin daxue chubanshe, 1998.

Zhang Weihua. *Lun Han Wudi*. Shanghai: Shanghai renmin chubanshe, 1957.

Zhang Shilin, ed. *Fang 'zuo' beiwanglu*. Taiyuan: Shuhai chubanshe, 1992.

Zheng Yongnian. "Institutionalizing de Facto Federalism in Post-Deng China." In Tien Hung-mao and Yun-han Chu, eds., *China Under Jiang Zemin*. Boulder: Lynne Rienner, 2000.

Zhongguo falu nianjian. Beijing: Zhongguo falu nianjian she, various years.

Zhongguo lishi, 4 vols. Beijing: Renmin jiaoyu chubanshe, 1992~1995.

Zhou Enlai. *Zhou Enlai zhuanji*. Hong Kong: Zilian, 1971.

■ Notes on Old Chinese Books

Cefu yuangui(Outstanding Models from the Storehouse of the Past); early 11th century; I used a reprint of the 1642 edition, Taipei: Xianggang Zhonghua shuju, 20 vols., 1960, 1967.

Chunqiu(Spring and Autumn Annals); covers the years 722~481 B.C.; an English version exists in James Legge, editor and trans., *The Chinese Classics*, 5 vols., Hong Kong: Hong Kong University Press, 1960(1865), vol.5.

Chunqiu fanlu(Commentary on the Spring and Autumn Annals); by Dong Zhongshu, 2nd century B.C.: covers the years 722~481 B.C.

Daode jing(Classic of Morality); attributed to Lao Zi and others; 5th~3rd centuries B.C.; in English as *The Classic of the Way and Virtue*, trans. by Richard John Lynn, New York: Columbia University Press, 1999.

Liji(Records of Ritual); Spring and Autumn era; in English as *Book of Rites*, trans. by James Legge, edited by Ch'u Chai and Winberg Chai, New Hyde Park, New York: University Books, 1967.

Lü shi chunqiu(Annals of Lü Buwei); 3rd century B.C.; trans. by John Knoblock and Jeffrey Riegel, Stanford: Stanford University Press, 2000.

Jiu Tangshu(History of the Tang-Old Version); comp. by Liu Xu and others, 10th century; covers the years 618~906.

Ming shilu(Veritable Records of the Ming); Ming Shi Zong shilu refers to the records of the reign of Emperor Shi Zong, 16th century, vols. 339~353 of the total work; likewise, Ming Ying Zong shilu refers to the section covering the reign of Emperor Ying Zong, 15th century, vols. 144~187.

Shangjun shu(Book of Lord Shang); 4th century B.C.; trans. by J. J. L. Duyvendak, as *The Book of Lord Shang: A Classic of the Chinese School of Law*, London: Probsthain, 1928.

Shiji(Records of the Historian); by Sima Qian(145~86 B.C.) and others; covers earliest times until 95 B.C.; part of the work in trans. by Burton Watson, *Records of the Grand Historian*, 3 vols., New York: Columbia University

Press, 1993.

Song huiyao jigao(Collection of Important Documents of the Song); comp. by Xu Song(1781~1848); covers the years 960~1220.

Song shi(History of the Song); comp. by Toghto and others, 14th century; covers the period 960~1279.

Sui shu(History of the Sui); comp. by Wei Zheng and others, 7th century; covers the years 581~617.

Tang da zhaoling ji(Collected Edicts of the Tang); comp. by Song Minqiu, 11th century.

Xin Tangshu(History of the Tang-New Version); comp. by Ouyang Xiu, Song Qi, and others, 11th century; covers the years 618~906.

Zizhi tongjian(Comprehensive Mirror to Good Government); by Sima Guang (1019~1086) and others; covers 403 B.C. to A.D. 959.

Zuozhuan(The Tradition of Zuo); a commentary on the Chunqiu; 5th~2nd centuries B.C.; covers 805~453 B.C.; trans. into English in Legge, *The Chinese Classics*, vol.5.

■Items from the following newspapers and periodicals are cited in the notes:

The Australian's Review of Books, Sydney, monthly in English(now defunct).

Beijing Review, Beijing, weekly in English.

Boston Globe, Boston, daily in English.

China Daily, daily in English, Beijing.

China Focus, Princeton, J. J., monthly in English(now defunct).

China Rights Forum, New York, quarterly in English.

Christian Science Monitor, Boston, daily in English.

Far Eastern Economic Review, Hong Kong, weekly in English.

Guangjiaojing, Hong Kong, monthly in Chinese.

Guangming ribao, Beijing, daily in Chinese.

Heilongjiang ribao, Harbin, daily in Chinese.

International Herald Tribune, Paris, daily in English.

Jingbao, Hong Kong, daily in Chinese.

Kaifang, Hong Kong, monthly in Chinese.

Lianhe bao, Taiwan, daily in Chinese.

Los Angeles Times, Los Angeles, daily in English.

Mingbao, Hong Kong, daily in Chinese.

Nanfang zhoumou, Guangzhou, weekend edition of *Nanfang ribao*, daily in Chinese.

National Review, New York, biweekly in English.

New Republic, Washington, D.C., weekly in English.

New York Times, New York, daily in English.

Newsday, Long Island, N.Y., Daily in English.

Renmin ribao, Beijing, daily in Chinese.

South China Morning Post, Hong Kong, daily in English.

Taipei Journal, Taiwan, weekly in English.

Taipei Review, Taiwan, monthly in English.

Taipei Times, Taiwan, daily in English.

Taipei Update, Taipei Economic and Cultural Representative Office(TECRO), Washington, D.C., monthly in English.

Wall Street Journal, New York, daily in English.

Washington Post, Washington, D.C., daily in English.

The Weekly Standard, Washington, D. C., weekly in English.

World View, New York, monthly in English(now defunct).

Xinhua she, Beijing, daily news bulletin in Chinese.

Zhengming, Hong Kong, monthly in Chinese.

Zhongguo fazhi bao, Beijing, daily in Chinese.

Zhongguo qingnian, Beijing, monthly in Chinese.

찾아보기

(용 어)

522

찾아보기

(인 명)

524

■ 저자 약력

로스 테릴(Ross Terrill)은 호주 멜버른에서 태어났다.
멜버른 대학(The University of Melbourne)을 수석으로 졸업하고,
하버드대학에서 정치학 박사학위를 취득했다.
하버드대학 정치학과 교수, 텍사스 주립대학 방문교수를 역임했으며,
현재 하버드대학의 훼어뱅크센터 연구교수로 재직중이다.
1964년 이래 중국을 30회 이상 방문한 중국문제 전문가로서 천안문 사건 당시 민주화를 요구하는 데모대가 총격에 의해 사살되는 현장을 목격하기도 했다.

저서로는 *The New Chinese Empire*(2003), *China in Our Times*(1992),
A Biography of Madame Mao Zedong(1984), *Mao: A Biography*(1980),
A Future of China: After Mao(1978), *800,000,000: The Real China*(1972) 등
이 있으며, 특히 마오쩌둥 전기는 독일, 이탈리아, 불가리아, 스페인, 포르투갈, 이스라엘, 중국 등에서 번역본이 출간되었다. *The New Chinese Empire*는 대만
(2004) 및 에스토니아(2005)에서 이미 번역 출간되었다.

■ 역자 약력

이춘근은 연세대학교 정치외교학과와 동 대학원을 졸업하고,
육군 제3사관학교 교관으로 국제관계와 군사영어를 가르쳤다.
육군 대위로 전역한 후 미국 텍사스 주립대학(오스틴)에서
전쟁론을 전공, 정치학 박사학위를 취득했다.
세종연구소 외교안보담당연구위원, 한국해양전략연구소 연구실장을 역임하고,
연세대, 이화여대, 중앙대, 캐나다의 빅토리아대학 정치학과 등에서 강의했다.
미국 오하이오 주립대학 역사학과에서 박사과정(전쟁사)을 수료했다.
현재 자유기업원 부원장, 이화여자대학교 겸임교수로 있다.

저서로 《북한 핵의 문제 : 발단, 전개, 전망》, 역서로 《강대국 국제정치의 비극》 등
이 있으며, 국가안보, 전쟁, 전략관련 편저서와 논문을 다수 집필했다.

자유기업원 시리즈

*01~55까지의 도서주문은 '자유기업원'으로, 56 이후의 책과 국제문제시리즈는 '나남출판'으로 하시기 바랍니다.

헤이룽장

하얼빈

창춘

지린

네이멍구

랴오닝

하오터

베이징

톈진

허베이

스자좡

타이위안

산시

지난

산둥

정저우

장쑤

허난

안후이

허페이

난징

상하이

후베이

우한

항저우

저장

창사

난창

후난

장시

푸저우

푸젠

치구

광둥

광저우

대만

홍콩 특별행정구

마카오 특별행정구

하이커

이난